# C'est à toi!

EMC 3

**Second Edition**

## Authors

Augusta DeSimone Clark

Richard Ladd

Sarah Vaillancourt

Diana Moen

EMC/Paradigm Publishing, Saint Paul, Minnesota

# Credits

*Editor*
Sarah Vaillancourt

*Associate Editor*
Diana Moen

*Illustrators*
Len Ebert
Susan Jaekel
Jane McCreary
Hetty Mitchell
DJ Simison

*Digital Illustrator*
Marty Harris

*Editorial Assistance*
Berkeley Becker

*Design*
Leslie Anderson

*Desktop Production*
Jack Ross

ISBN 0-8219-3309-4

© 2007 EMC Corporation

# Chief Consultants

Karla Winther Fawbush
Director of Magnet Schools
Northwest Suburban Integration School District
Maple Grove, Minnesota

Nathalie Gaillot
Language Specialist
Lyon, France

Christine Gensmer
Language Specialist
Minneapolis, Minnesota

# Consultants

Lynn Heyman-Hogue
La Costa Canyon High School
Carlsbad, California

Michael Nettleton
Smoky Hill High School
Aurora, Colorado

Ann J. Sorrell
South Burlington High School
South Burlington, Vermont

Caroline Durand
Language Specialist
Perpignan, France

**Published by EMC/Paradigm Publishing**
875 Montreal Way
St. Paul, Minnesota 55102
800-328-1452
www. emcp.com
E-mail: educate@emcp.com

Printed in the United States of America
1 2 3 4 5 6 7 8 9 10 XXX 12 11 10 09 08 07 06

# Bienvenue au troisième niveau de français!

Welcome back to *C'est à toi!* You should feel a sense of accomplishment having successfully completed the first two levels of this program. Congratulations on your decision to continue! What are you able to do by studying French? Communicating with others is probably your most important goal in learning French, but you benefit in other ways as well. You are developing cultural understandings about how people in French-speaking regions live, act and think, as well as what they value. In addition, you are learning skills that will help you act independently and successfully in new cultural situations. You are expanding your knowledge of other subject areas through your study of French, finding many connections to French history, geography, art, music, literature, science, etc. You are also learning about your own language and culture as you explore the relationship between them and French. And finally, you are using French to enrich your life and to connect to the world around you, skills that will serve you both now and in the future.

In the third level of *C'est à toi!*, you will expand the communicative tasks and skills you have already practiced. For example, you will be able to explain problems you encounter when traveling or buying something; express feelings like happiness, anger, fear and disappointment; give your opinions; discuss contemporary social and political problems in France; apply for a job; and use computer technology. Your ability to read and write French will improve as you learn how to write compositions and job résumés, give detailed explanations, tell stories using pictures, compare and contrast, decipher want ads and read instructions. You will become acquainted with French speakers, both past and present, who have become famous for their contributions to history, art, science, music, movies and the environment. You will learn more about interesting cities and regions in France. You will also heighten your awareness of other areas in the world where French is spoken: from Saint-Martin to Senegal, from Montreal to Mali.

The format of this textbook is similar to the first and second levels of *C'est à toi!* In the first **Unité** you will review specific verbs and structures from the previous textbooks in order to have a firm foundation for the new material you are about to encounter. In **Unités 2-10** you will learn new vocabulary, structures and functions as well as recycle those that you have already learned. There are several new or expanded sections in each unit of this book, designed to enrich your learning:

- **Tes empreintes ici** and **Dossier ouvert**
These new sections begin each unit. In **Tes empreintes ici**, you will find introductory questions to connect you with the topic of the opening dialogue or reading. **Dossier ouvert** presents a cultural "teaser," challenging you to interact and problem solve in a situation that might happen if you are in a francophone environment. By the end of the unit, you will "uncover" the answer and check it in the **Dossier fermé** section.

- **Aperçus culturels**
Two expanded sections have been designed to broaden your understanding of authentic, contemporary francophone culture. Following each reading are accompanying realia-based activities to help you apply what you have learned in real-life situations.

- **Journal personnel**
In the past, your teacher may have suggested that you keep a cultural journal to record your observations about specific aspects of francophone culture and reflectively compare it with your own. In this book, a specific journal activity has been included in each lesson.

- **Stratégie communicative**
This new section in **Leçon A** focuses on strategies for communicating successfully in French in both oral and written form. Techniques for preparing for college placement exams are also included.

- **Lecture**
In **Leçon B** of each **unité** a different literary technique is presented to help you experience success as you read in French. Applying the various strategies, you will read authentic French texts (stories, poems, excerpts from plays, screenplays and novels).

Once again you will have the opportunity to interact with your classmates either in pairs or in small groups as you apply your knowledge in different situations typical of those that you might encounter as you communicate with French speakers. As you complete your journey with us in the francophone world, we wish you many interesting, enjoyable and rewarding experiences that will enrich your life for years to come.

# Table of Contents

## Unité 1 La vie scolaire et les passe-temps 1

### Leçon A 2

# Leçon B 26

## Unité 2  Les rapports humains 57
### Leçon A 58

### Leçon B 77

# Unité 3 Les arts 105
## Leçon A 106

## Leçon B 125

# Unité 6 L'avenir: la technologie et l'environnement 249

## Leçon B 266

# Unité 7  Les Français comme ils sont  289

## Leçon A  290

## Leçon B  306

## Unité 8  L'histoire de France 337

### Leçon A  338

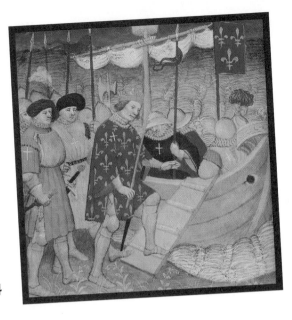

### Leçon B  355

# Unité 9  L'Afrique francophone 385

## Leçon A 386

## Leçon B 403

# Unité 10 On s'adapte 429

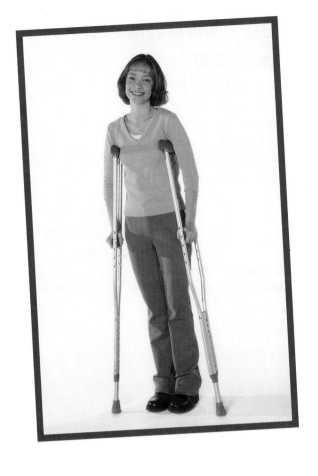

ROYAUME-UNI

PAYS-BAS

BELGIQUE

ALLEMAGNE

LUXEMBOURG

*Pas de Calais*

*La Manche*

Dunkerque
Roubaix
Boulogne-sur-Mer
Béthune
Lille
Douai
Lens
Valenciennes
St-Quentin
Thionville
Hagondange
Forbach
Metz
Nancy
Strasbourg
147
269
Cherbourg
Dieppe
Amiens
Beauvais
Le Havre
Rouen
Reims
*Somme*
*Oise*
*Île de France*
*Marne*
*Meuse*
Mulhouse
Montbéliard
1424
Vosges
504
Caen
Mantes
Paris
Troyes
Chartres
417
Fontainebleau
50
*Seine*
Dijon
178
Besançon
*Doubs*
902
*Saône*
Plateau de Langres
Ouessant
Brest
St-Brieuc
391
Quimper
Rennes
Le Mans
Orléans
143
*Sologne*
434
*Orléanais*
*Bourgogne*
*Cher*
*Allier*
*Yonne*
Lorient
Belle-Île
Angers
Tours
*Loire*
14
St-Nazaire
Nantes
Noirmoutier
285
Poitiers
*Vienne*
Le Creusot
1012
Roanne
1718
*Lac Léman*
SUISSE
Ré
Oléron
La Rochelle
Montluçon
268
329
Lyon
210
Mt Blanc
4807
Chambéry
2083
*Océan Atlantique*
Cognac
Angoulême
Limoges
Clermont-Ferrand
978
St-Étienne
ITALIE
734
1886
Mont-Dore
Massif
Mt du Cantal
*Auvergne*
Le Puy
1754
*Isère*
Grenoble
4102
Barre des Écrins
1854
Arcachon
Bordeaux
*Dordogne*
Brive-la-Gaillarde
1858
Central
*Rhône*
Valence
3841
Mt Viso
*Côte d'Argent*
*Guyenne*
*Vienne*
*Lot*
1702
*Cévennes*
Mont Ventoux
1912
*Alpes*
*Provence*
Nice
Cannes
*Landes*
Montauban
*Garonne*
1587
Nîmes
Avignon
*Durance*
*Gascogne*
Toulouse
*Tarn*
Montpellier
Arles
Aix-en-Provence
*Côte d'Azur*
Biarritz
Bayonne
Pau
1210
*Canal du Midi*
*Languedoc*
Sète
Béziers
Marseille
Toulon
Îles d'Hyères
*Pyrénées*
Pic du Midi d'Ossau
2887
1231
*Golfe du Lion*
ANDORRE
1915
2785
Perpignan

E S P A G N E

*Mer Méditerranée*

0    50    100    150    200 km

© Justus Perthes Verlag Gotha GmbH

**KLETT-PERTHES**

Corse
Bastia
Monte Cinto
2710
Ajaccio
2136

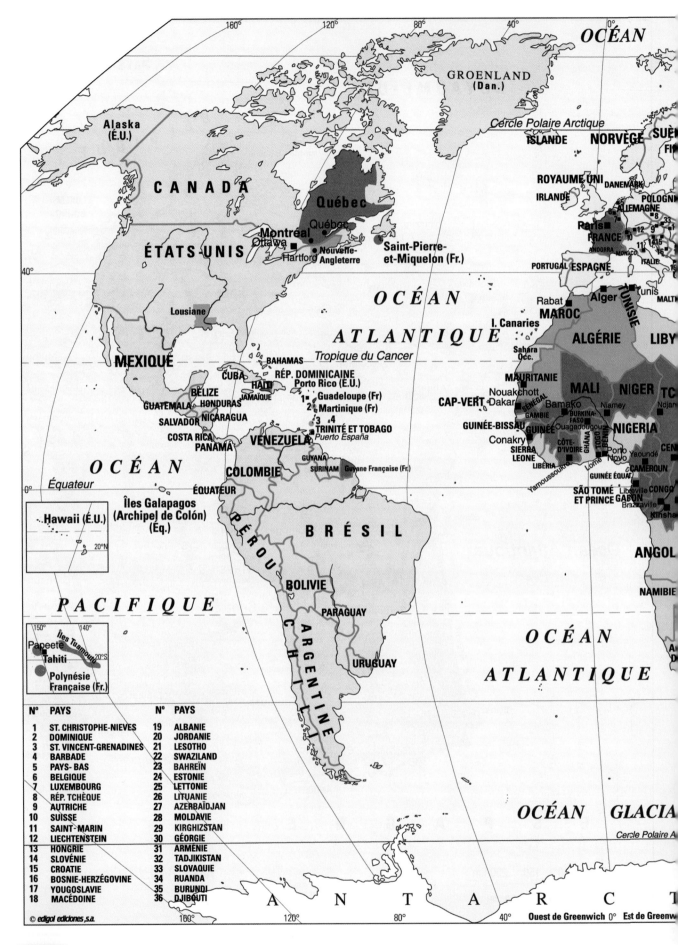

OCÉAN

GROENLAND
(Dan.)

Cercle Polaire Arctique

Alaska
(É.U.)

ISLANDE  NORVÈGE  SUÈ
FI

ROYAUME UNI  DANEMARK
IRLANDE  POLOGN
ALLEMAGNE
Paris  FRANCE  8  33
ANDORRE  12  9  10
MONACO  11  14  15
PORTUGAL  ESPAGNE  ITALIE  16

CANADA

Québec

Québec
Montréal
Ottawa  Hartford  Nouvelle-
Angleterre

ÉTATS-UNIS

Saint-Pierre-
et-Miquelon (Fr.)

40°

Lousiane

MEXIQUE

OCÉAN

ATLANTIQUE

Rabat  Alger  TUNISIE  Tunis
MAROC  MALTE

I. Canaries  ALGÉRIE  LIBY
Sahara
Occ.

Tropique du Cancer

BAHAMAS

CUBA  RÉP. DOMINICAINE
HAÏTI  Porto Rico (É.U.)

BELIZE  JAMAÏQUE  1  Guadeloupe (Fr)
GUATEMALA  HONDURAS  2  Martinique (Fr)
SALVADOR  NICARAGUA  3  4
COSTA RICA  TRINITÉ ET TOBAGO
PANAMÁ  Puerto España

MAURITANIE
MALI  NIGER  TC
Nouakchott
CAP-VERT  Dakar  SÉNÉGAL  Niamey  Ndjam
GAMBIE  Bamako  BURKINA-  NIGERIA
GUINÉE-BISSAU  FASO  Ouagadougou
Conakry  GUINÉE  CÔTE-  Porto  Yaoundé
SIERRA  D'IVOIRE  Novo  CE
LEONE  Lomé  CAMEROUN
LIBÉRIA  Yamoussoukro

VENEZUELA

OCÉAN

COLOMBIE

GUYANA
SURINAM  Guyane Française (Fr.)

SÃO TOMÉ  Libreville  CONGO
ET PRINCE  GABON
Brazzaville
Kinsha

Équateur

ÉQUATEUR

Îles Galapagos
(Archipel de Colón)
(Éq.)

0°

Hawaii (É.U.)

20°N

BRÉSIL

ANGOL

P  É  R  O  U

BOLIVIE

NAMIBIE

PACIFIQUE

PARAGUAY

A  R  G  E  N  T  I  N  E

C  H  I  L  I

OCÉAN

ATLANTIQUE

150°  140°  Îles Tuamotu
Papeete
Tahiti  20°S
Polynésie
Française (Fr.)

URUGUAY

| N° | PAYS | N° | PAYS |
|---|---|---|---|
| 1 | ST. CHRISTOPHE-NIEVES | 19 | ALBANIE |
| 2 | DOMINIQUE | 20 | JORDANIE |
| 3 | ST. VINCENT-GRENADINES | 21 | LESOTHO |
| 4 | BARBADE | 22 | SWAZILAND |
| 5 | PAYS- BAS | 23 | BAHREÏN |
| 6 | BELGIQUE | 24 | ESTONIE |
| 7 | LUXEMBOURG | 25 | LETTONIE |
| 8 | RÉP. TCHÈQUE | 26 | LITUANIE |
| 9 | AUTRICHE | 27 | AZERBAÏDJAN |
| 10 | SUISSE | 28 | MOLDAVIE |
| 11 | SAINT-MARIN | 29 | KIRGHIZSTAN |
| 12 | LIECHTENSTEIN | 30 | GÉORGIE |
| 13 | HONGRIE | 31 | ARMÉNIE |
| 14 | SLOVÉNIE | 32 | TADJIKISTAN |
| 15 | CROATIE | 33 | SLOVAQUIE |
| 16 | BOSNIE-HERZÉGOVINE | 34 | RUANDA |
| 17 | YOUGOSLAVIE | 35 | BURUNDI |
| 18 | MACÉDOINE | 36 | DJIBOUTI |

A  N  T  A  R  C  T

OCÉAN  GLACIA

Cercle Polaire A

© edigol ediciones,s.a.

180°  120°  80°  40°  Ouest de Greenwich 0°  Est de Greenw

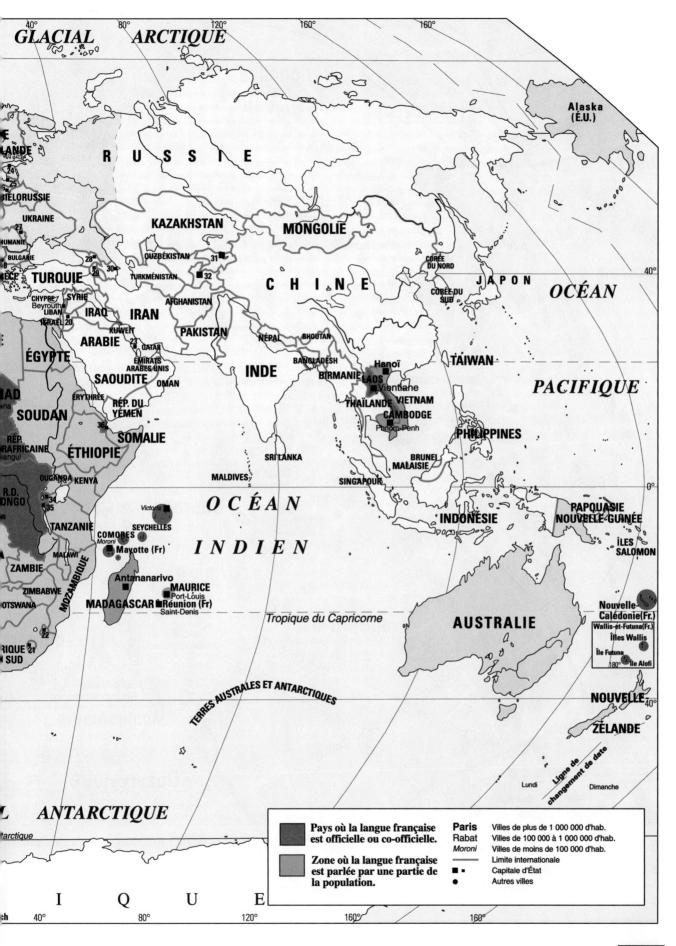

GLACIAL ARCTIQUE

RUSSIE

Alaska
(É.U.)

KAZAKHSTAN          MONGOLIE

OUZBÉKISTAN      31        CHINE

TURKMÉNISTAN      32

CORÉE DU NORD

JAPON          OCÉAN

AFGHANISTAN

CORÉE DU SUD

TURQUIE
CHYPRE
Beyrouth
LIBAN
ISRAËL 20
IRAQ          IRAN          PAKISTAN
SYRIE
KUWEIT                    NÉPAL          BHOUTAN
ARABIE          QATAR
SAOUDITE          OMAN                    BANGLADESH
ÉMIRATS                              INDE          BIRMANIE
ARABES UNIS
ÉRYTHRÉE          RÉP. DU
YÉMEN          36
SOUDAN
RÉP.
CENTRAFRICAINE
Bangui          ÉTHIOPIE          SOMALIE
OUGANDA KENYA
R.D. 34
CONGO 35
TANZANIE
COMORES          SEYCHELLES
Moroni
Mayotte (Fr)
MALAWI
ZAMBIE                    Antananarivo
ZIMBABWE                    MAURICE
Port-Louis
OTSWANA          MADAGASCAR Réunion (Fr)
Saint-Denis
22
RIQUE 21
SUD

ÉGYPTE

TAIWAN

PACIFIQUE

Hanoï
LAOS
Vientiane
THAÏLANDE          VIETNAM
CAMBODGE
Phnom-Penh
PHILIPPINES
SRI LANKA
BRUNEI
MALAISIE
MALDIVES          SINGAPOUR

OCÉAN

INDIEN

Victoria

PAPOUASIE
NOUVELLE-GUINÉE

INDONÉSIE

ÎLES
SALOMON

Nouvelle-
Calédonie(Fr.)
Wallis-et-Futuna(Fr.)
Îles Wallis
Île Futuna
180°    Île Alofi

Tropique du Capricorne

AUSTRALIE

NOUVELLE

ZÉLANDE          40°

TERRES AUSTRALES ET ANTARCTIQUES

Ligne de
changement de date

Lundi          Dimanche

ANTARCTIQUE

arctique

| | | |
|---|---|---|
| ■ | **Pays où la langue française est officielle ou co-officielle.** | **Paris** Villes de plus de 1 000 000 d'hab. |

**Pays où la langue française
est officielle ou co-officielle.**

**Zone où la langue française
est parlée par une partie de
la population.**

**Paris**     Villes de plus de 1 000 000 d'hab.
Rabat      Villes de 100 000 à 1 000 000 d'hab.
*Moroni*    Villes de moins de 100 000 d'hab.
————     Limite internationale
■ ·■·     Capitale d'État
●          Autres villes

I     Q     U     E

40°          80°          120°          160°          160°

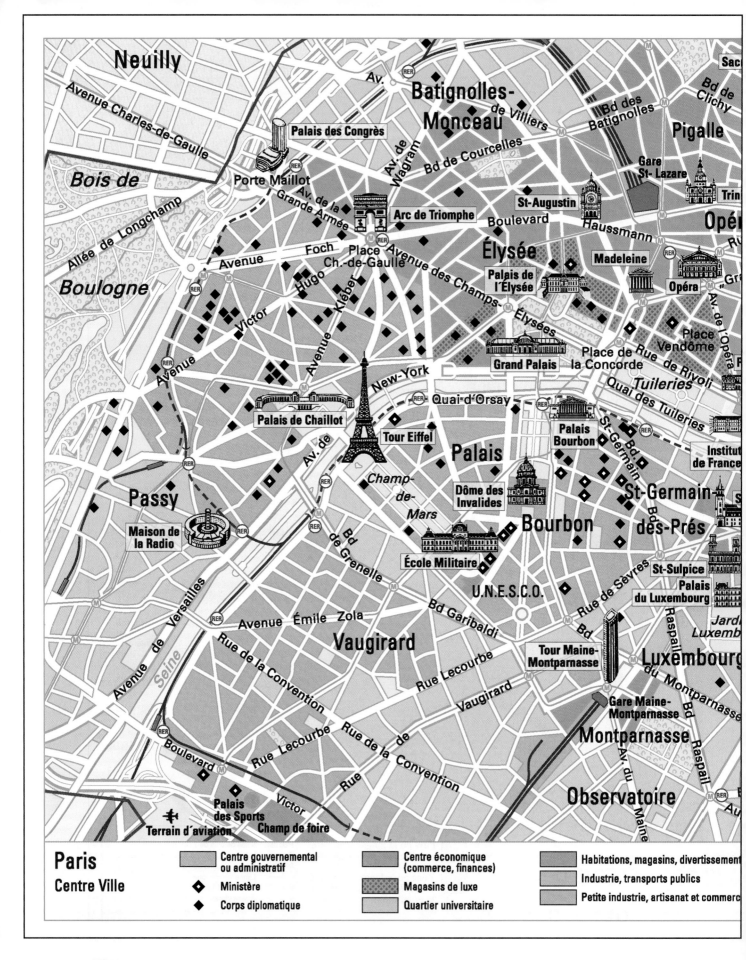

**Paris**

**Centre Ville**

| | |
|---|---|
| ◆ | Centre gouvernemental ou administratif |
| ◆ | Ministère |
| ◆ | Corps diplomatique |
| | Centre économique (commerce, finances) |
| | Magasins de luxe |
| | Quartier universitaire |
| | Habitations, magasins, divertissement |
| | Industrie, transports publics |
| | Petite industrie, artisanat et commerce |

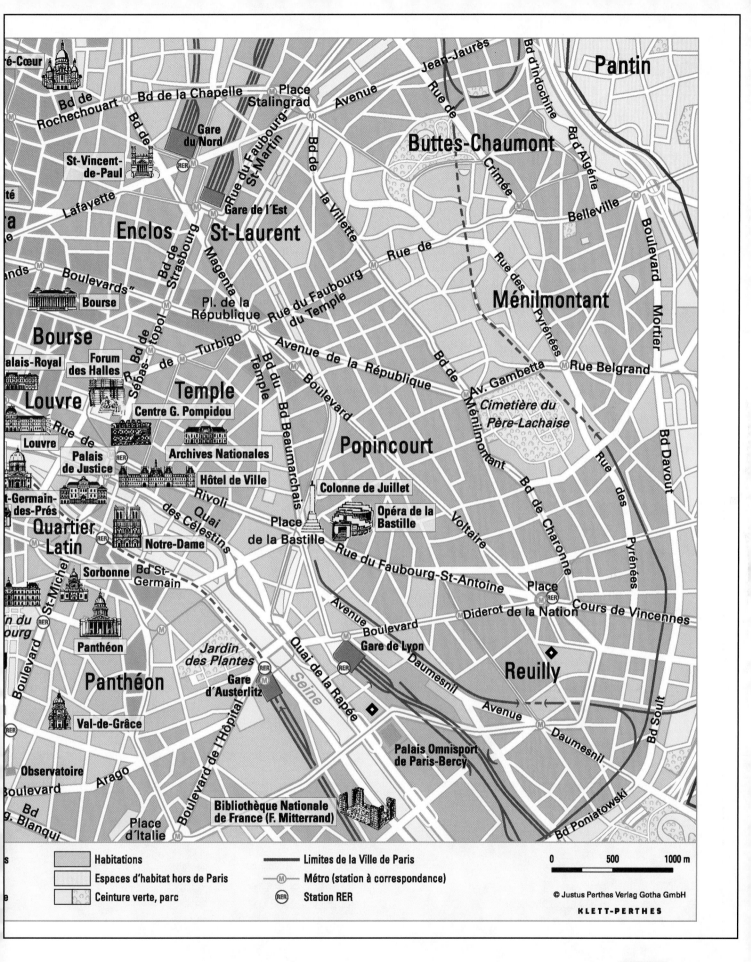

Sacré-Cœur

Bd de Rochechouart · Bd de la Chapelle · Place Stalingrad · Avenue · Jean-Jaurès · Bd d'Indochine

Pantin

St-Vincent-de-Paul · Gare du Nord · Rue du Faubourg St-Martin · Gare de l'Est · Bd de Strasbourg · Bd de la Villette · Buttes-Chaumont · Crimée · Bd d'Algérie

Lafayette · Cité

Enclos St-Laurent · Magenta · Rue de · Belleville · Boulevard Mortier

Boulevards" · Bourse · Pl. de la République · Rue du Faubourg du Temple · Ménilmontant · Rue des Pyrénées · Rue Belgrand

Bourse · Rd de Sébastopol · de Turbigo · Avenue de la République · Bd de Ménilmontant · Av. Gambetta

Palais-Royal · Forum des Halles · Temple · Bd du Temple · Boulevard · Popincourt · Cimetière du Père-Lachaise · Bd Davout

Louvre · Rue de · Centre G. Pompidou · Bd Beaumarchais · Voltaire

Louvre · Palais de Justice · Archives Nationales · Hôtel de Ville · Colonne de Juillet · Opéra de la Bastille · Bd de Charonne · Rue des Pyrénées

St-Germain-des-Prés · Rivoli · Place de la Bastille · Rue du Faubourg-St-Antoine

Quartier Latin · Quai des Célestins · Notre-Dame

Sorbonne · Bd St-Germain · Place de la Nation · Cours de Vincennes

St-Michel · Bd St-Germain · Diderot

Panthéon · Boulevard · Avenue · Boulevard · Gare de Lyon · Daumesnil · Reuilly

Panthéon · Jardin des Plantes · Gare d'Austerlitz · Quai de la Rapée · Avenue · Daumesnil

Val-de-Grâce · Boulevard de l'Hôpital · Seine

Observatoire · Boulevard · Arago · Palais Omnisport de Paris-Bercy

Bd g. Blanqui · Place d'Italie · Bibliothèque Nationale de France (F. Mitterrand) · Bd Poniatowski · Bd Soult

| | Habitations | ——— | Limites de la Ville de Paris |
| | Espaces d'habitat hors de Paris | Ⓜ | Métro (station à correspondance) |
| | Ceinture verte, parc | ⓇⒺⓇ | Station RER |

0   500   1000 m

© Justus Perthes Verlag Gotha GmbH

KLETT-PERTHES

xix

# Unité 1

## La vie scolaire et les passe-temps

**In this unit you will be able to:**

- inquire about the past
- describe past events
- sequence events
- confirm a known fact
- explain something
- give examples
- summarize
- inquire about ability
- express inability
- give orders
- offer something
- express astonishment and disbelief
- express enthusiasm
- express emotions
- express desire

www.emcp.com

un

# Tes empreintes ici

Tu viens de rentrer au lycée après les vacances d'été. Tu penses aux copains, aux profs, aux cours, à la nourriture et au travail. Toi, es-tu prêt(e) à commencer la nouvelle année scolaire?

- Quelle était la date du premier jour de classes à ton lycée?
- Comment est-ce que tu t'es préparé(e)?
- Qu'est-ce que tu as été obligé(e) d'acheter? Tu es allé(e) à une librairie?
- Quels cours sont difficiles? Faciles?
- Quels profs sont sympa?
- Comment est la nourriture à la cantine?
- Est-il difficile de faire des amis dans ton lycée?
- Es-tu content(e) de rentrer au lycée? Pourquoi ou pourquoi pas?

Amélie et Brigitte trouvent que la chimie est un cours difficile.

# Dossier ouvert

Imagine que tu étudies dans un lycée français et c'est le jour de ton premier examen. Tu regardes l'examen et tu vois qu'il consiste seulement en questions à longue réponse. Quelle est ta réaction?

- A. Tu demandes au professeur de te donner l'examen avec des questions à choix multiples.
- B. Tu demandes au professeur si c'est un examen à livre ouvert.
- C. Tu continues parce que c'est le style d'un examen français.

le grec

le russe

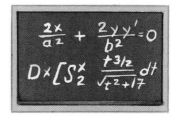

le calcul

## un labo

un examen

un bloc-notes

un manuel

une rédaction

un trombone

un carnet

un feutre

une gomme

une agrafeuse

Aujourd'hui c'est la rentrée.° Amadou, qui vient de déménager de Dakar, et sa nouvelle copine Gilberte sont assis dans la salle de conférences° du lycée Henri IV à Paris. Ils attendent la prof d'histoire avec beaucoup d'autres lycéens.°

Amadou:    Salut, Gilberte. Ça va?

Gilberte:  Ça va bien, mais je suis fatiguée. Et toi?

Amadou:    Oh là là! Crois-moi! Les cours vont être si difficiles pour moi. À Dakar j'ai souvent séché° le cours d'algèbre. Alors, je l'ai raté° et j'ai dû passer° un examen. Enfin, j'ai réussi.

Gilberte:  L'enseignement° qu'on offre ici est vraiment extra. Comment est-ce que tu trouves les profs et les copains?

Amadou:    Je les trouve sympa.

Gilberte:  Tu as rempli la fiche d'inscription° ce matin?

Amadou:    Oui. D'abord, j'ai eu rendez-vous avec le directeur° dans son bureau.° Après, le censeur° m'a donné mon emploi du temps. Puis, j'ai assisté à mon cours de sciences po.°

Gilberte:  Le prof de littérature nous a donné une liste de responsabilités—un exposé° oral chaque semaine, une rédaction deux fois par semaine, une dissertation° à la fin° du cours et des interros. Et bien sûr, la lecture,° c'est du boulot.

Amadou a eu rendez-vous avec le directeur.

la **rentrée** le premier jour de l'année scolaire; **une salle de conférences** *lecture hall*; **un lycéen** un élève au lycée; **sécher** ne pas aller (en cours); **rater** ne pas réussir; **passer** *to take*; **l'enseignement** (m.) *education*; **une fiche d'inscription** *registration form*; **un directeur** *principal*; **un bureau** où travaille le directeur; **un censeur** *dean*; **po** politique; **un exposé** *report*; **une dissertation** *research paper*; **la fin** *end*; **la lecture** *reading*

| | |
|---|---|
| Amadou: | Voilà un cours difficile. C'est comme ça dans mon cours de philosophie et aussi en géométrie. Qu'est-ce qui t'inquiète? |
| Gilberte: | C'est le calcul. Réussir, ce n'est pas facile. Je prends beaucoup de notes dans mon cahier. Après, je les mets dans mon sac à dos parce que je les perds toujours. |
| Amadou: | J'écris beaucoup dans le labo de chimie. Je ne peux pas dormir dans ce cours—il est trop difficile à comprendre.° |
| Gilberte: | Tu parles! Dis, je dois aller à la librairie après les cours. Est-ce que tu peux venir avec moi? |
| Amadou: | Oui, à 5h00. Je suis arrivé il y a une semaine, et alors je n'ai pas eu le temps de tout acheter. |
| Gilberte: | Bon ben, j'ai une autre conférence,° puis je vais aller au Centre de recherches° et ensuite° je peux aller avec toi à la librairie. De quoi as-tu besoin? |
| Amadou: | Qu'est-ce qui est sur ta liste? Qu'as-tu acheté? |
| Gilberte: | Oh, j'ai déjà acheté des trombones, un feutre, une gomme, un bloc-notes, un carnet, le manuel de calcul, une agrafeuse et une belle trousse. |
| Amadou: | Tout ça? |
| Gilberte: | Bien sûr. Dis donc, Amadou, tu choisis le russe ou le grec cette année? |
| Amadou: | Je suis le cours de russe. |
| Gilberte: | Et moi, de grec. Alors, il faut chercher ces livres aussi. |
| Amadou: | Bon, d'accord. Oh, attention! Voilà la prof. |

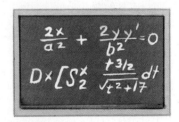

Amadou et Gilberte vont aller à la librairie pour tout acheter pour la rentrée.

**comprendre** *to understand*; **une conférence** *lecture*; **la recherche** *research*; **ensuite** *puis*

 **1** ▶ **Cours ou objet?**

*Écrivez "C" si vous entendez le nom d'un cours;
écrivez "O" si vous entendez le nom d'un objet.*

## 2 ▸ Complétez!

*Choisissez l'expression convenable de la liste suivante pour compléter chaque phrase.*

| comprendre | russe | censeur | rentrée | séchée |
|---|---|---|---|---|
| enseignement | notes | trombones | dissertation | |

1. Aujourd'hui Amadou et Gilberte sont au lycée Henri IV parce que c'est la....
2. Au Sénégal, Amadou n'a pas réussi tout de suite en algèbre parce qu'il l'a souvent....
3. Le lycée Henri IV est bien connu; l'... qu'on y offre est superbe.
4. Le... a donné à Amadou son emploi du temps.
5. Les lycéens qui suivent la littérature doivent écrire une... à la fin du cours.
6. Gilberte écrit beaucoup de... dans son cahier.
7. Pour Amadou, le cours de chimie est difficile à....
8. Gilberte a déjà acheté des... à la librairie.
9. Amadou a choisi de suivre le....

## 3 ▸ Les activités scolaires

*Où êtes-vous quand vous faites les activités suivantes? Mettez un ✔ dans le blanc approprié.*

| | la salle de classe | la librairie | chez moi | le bureau du directeur |
|---|---|---|---|---|
| 1. prendre des notes | | | | |
| 2. choisir de nouveaux feutres | | | | |
| 3. acheter des manuels | | | | |
| 4. recevoir un emploi du temps | | | | |
| 5. assister à une conférence | | | | |
| 6. sécher un cours | | | | |
| 7. finir la lecture | | | | |
| 8. chercher un bloc-notes | | | | |
| 9. remplir une fiche d'inscription | | | | |
| 10. passer un examen | | | | |
| 11. parler du calcul au téléphone | | | | |

## 4 ▸ C'est à toi!

*Questions personnelles.*

1. Est-ce que tu as séché un cours l'année dernière? Si oui, quel cours?
2. La rentrée cette année, c'était quand?
3. Tu as un bon emploi du temps? Pourquoi ou pourquoi pas?
4. Quels cours vont être difficiles pour toi cette année?
5. Quel cours t'inquiète?
6. Dans quel cours est-ce qu'il n'est pas possible de dormir?
7. Dans ton cours de littérature, est-ce que tu as une liste de responsabilités comme Gilberte?
8. Qu'est-ce que tu as besoin d'acheter à la librairie?

La rentrée en France, c'était le 2 septembre.

## ❧❧❧❧❧ ~Aperçus culturels~ ❧❧❧❧❧

### Le Sénégal

Comme vous savez déjà, le Sénégal est une république depuis 1960 quand il a reçu son indépendance de la France. Aujourd'hui, comme beaucoup de pays africains, le Sénégal a des problèmes avec l'environnement. Le nombre d'animaux et de poissons au Sénégal diminue, et le pays, qui se développe, contribue à la déforestation et aussi à la désertification de l'Afrique. Dakar est la capitale du Sénégal. Située au bord de la mer, la ville est sur le point le plus à l'ouest de toute l'Afrique.

Amadou est de Dakar, où le moderne et le traditionnel coexistent.

# L'enseignement au Sénégal

À Dakar il est facile de trouver l'influence de la colonisation des Français. Par exemple, le système d'enseignement reflète le système français. Même au Sénégal on donne une grande importance au bac. Seulement 46 pour cent des lycéens francophones y réussissent. À l'école les cours sont en français, mais au C.E.S. et au lycée, on étudie aussi l'anglais. Pour les élèves qui vont quitter leurs villages, il est important d'apprendre le français aussi bien que l'ouolof, la langue nationale du Sénégal.

Dans le labo, les étudiants pratiquent leur anglais. (Dakar)

# L'enseignement en France

Les écoles françaises insistent sur la compétence de l'élève. On demande souvent aux élèves d'écrire des rédactions et des dissertations. Les examens avec des questions à choix multiples n'existent pratiquement pas.

# Les conférences

En France on a souvent des cours dans une salle de conférences ou dans un amphithéâtre où le professeur donne une conférence à peut-être 200 élèves.

# Les objets scolaires

C'est la responsabilité des lycéens d'acheter les livres et les autres nécessités pour les cours. On achète les livres et les manuels pour les cours dans une librairie, et on trouve les cahiers, les stylos et le papier dans une papeterie. On trouve souvent une librairie-papeterie où on vend toutes ces choses.

La célèbre librairie-papeterie parisienne Gibert Jeune est située sur la rive gauche.

*Répondez aux questions suivantes.*

1. Qu'est-ce qui diminue au Sénégal?
2. Est-ce que le Sahara devient plus grand ou plus petit aujourd'hui?
3. Où est situé Dakar?
4. Le système d'enseignement sénégalais ressemble au système de quel autre pays?
5. Combien d'élèves francophones ne réussissent pas au bac chaque année?
6. Quelles langues apprend-on dans les écoles sénégalaises?
7. En général, est-ce que les élèves français écrivent plus ou moins que les élèves américains?
8. Combien d'élèves peuvent assister à une conférence dans un lycée français?
9. Est-ce que les lycées donnent les manuels pour les cours aux élèves en France?
10. Où achète-t-on toutes les nécessités pour l'école?

La désertification est un problème pour le Sénégal parce que le Sahara devient de plus en plus grand.

# Journal personnel

In first- and second-year French, you may have kept a cultural journal in which you recorded your observations about francophone cultures, similarities and differences between francophone and American cultures, and personal reflections. In this unit you have learned that French students are evaluated on their written and oral work with little testing of specific data as found on multiple-choice or fill-in-the-blank exams. Instead, teachers in France require students to synthesize their knowledge by writing compositions, major papers and essay tests, as well as by reciting in class and giving oral reports. How do you think this type of evaluation helps a student? Compare the French method with your own experiences. How are they the same? How are they different? Which do you prefer? Now begin a cultural journal for third-year French and record your responses to these questions and comments.

# Present tense of regular verbs ending in *-er*, *-ir* and *-re*

To form the present tense of a regular **-er** verb, add the endings **-e**, **-es**, **-e**, **-ons**, **-ez** and **-ent** to the stem of the verb depending on the corresponding subject pronouns.

| regarder | | | |
|---|---|---|---|
| je | **regarde** | nous | **regardons** |
| tu | **regardes** | vous | **regardez** |
| il/elle/on | **regarde** | ils/elles | **regardent** |

Je rate tous mes examens de russe.

Que **regardez**-vous?    *What are you looking at?*
Nous **regardons** le tableau.    *We're looking at the board.*

To form the present tense of a regular **-ir** verb, add the endings **-is**, **-is**, **-it**, **-issons**, **-issez** and **-issent** to the stem of the verb depending on the corresponding subject pronouns.

| choisir | | | |
|---|---|---|---|
| je | **choisis** | nous | **choisissons** |
| tu | **choisis** | vous | **choisissez** |
| il/elle/on | **choisit** | ils/elles | **choisissent** |

Quel cours **choisit** Amélie?    *Which class does Amélie choose?*
Elle **choisit** la géométrie.    *She's choosing geometry.*

To form the present tense of a regular **-re** verb, add the endings **-s**, **-s**, —, **-ons**, **-ez** and **-ent** to the stem of the verb depending on the corresponding subject pronouns.

M. Aknouch finit le journal chaque soir. (La Rochelle)

| perdre | | | |
|---|---|---|---|
| je | **perds** | nous | **perdons** |
| tu | **perds** | vous | **perdez** |
| il/elle/on | **perd** | ils/elles | **perdent** |

Qu'est-ce que tu
perds souvent?    *What do you lose often?*
Je **perds** souvent mes notes.    *I often lose my notes.*

Qu'est-ce que ces Parisiens attendent?

# Pratique

**6** ▸ **Ange ou démon?**

*Dites si c'est Angélique, la bonne élève, ou Sabrina, la mauvaise élève, qui fait les choses suivantes.*

**Modèle:**

écouter le professeur en classe
**Angélique écoute le professeur en classe.**

manger en classe
**Sabrina mange en classe.**

1. parler pendant la leçon
2. penser avant de parler en classe
3. jouer avec les trombones en classe
4. finir le travail
5. vendre ses devoirs
6. sécher le cours de littérature
7. perdre le manuel de chimie
8. rater le cours de russe
9. accepter ses responsabilités

**7** ▸ **Une enquête**

 *Faites une enquête où vous demandez à cinq élèves s'ils ou elles font les choses suivantes à l'école ou après l'école. Copiez la grille suivante. Demandez à chaque élève s'il ou elle fait chaque chose. Puis mettez "à" ou "après" dans l'espace blanc, selon sa réponse.*

| | Patrick | Éric | Katia | Sophie | Jean |
|---|---|---|---|---|---|
| préparer un exposé oral | *après* | | | | |
| attendre les profs | | | | | |
| étudier | | | | | |
| aider tes amis | | | | | |
| échanger des notes | | | | | |
| finir les devoirs | | | | | |
| montrer des photos aux amis | | | | | |
| nager | | | | | |
| recycler les boîtes | | | | | |
| téléphoner | | | | | |

**Modèle:**

Anne: **Est-ce que tu prépares un exposé oral à l'école ou après l'école?**
Patrick: **Je prépare un exposé oral après l'école.**

Avec un(e) partenaire, jouez les rôles d'un(e) élève de votre lycée et d'un(e) élève d'un échange international qui veut connaître la vie dans cette école. L'élève d'un échange international pose les questions et l'autre élève y répond.

**Modèles:**

parler anglais dans le cours de français
A:  **Est-ce que vous parlez anglais dans le cours de français?**
B:  **Non, nous ne parlons pas anglais dans le cours de français.**

déjeuner à la cantine
A:  **Est-ce que vous déjeunez à la cantine?**
B:  **Oui, nous déjeunons à la cantine.**

1. porter des jeans
2. choisir les cours
3. acheter les manuels
4. rendre visite au directeur ou à la directrice chaque jour
5. entrer dans la salle de classe en retard
6. travailler dur
7. utiliser les ordinateurs

Est-ce que vous entrez dans la salle de classe en retard?

Non, nous entrons dans la salle de classe à l'heure.

# Present tense of irregular verbs

Many French verbs are called irregular because their forms follow an unpredictable pattern. Here are the present tense forms of four important irregular verbs, **aller**, **être**, **avoir** and **faire**. These "building block" verbs are also used to form many expressions.

| aller | | | |
|---|---|---|---|
| je | **vais** | nous | **allons** |
| tu | **vas** | vous | **allez** |
| il/elle/on | **va** | ils/elles | **vont** |

Où **vas**-tu?
Je **vais** au bureau de la directrice.

*Where are you going?*
*I'm going to the principal's office.*

Claudette et Normand vont prendre le bus.

## être

| je | **suis** | nous | **sommes** |
|----|----------|------|------------|
| tu | **es** | vous | **êtes** |
| il/elle/on | **est** | ils/elles | **sont** |

Vous **êtes** russes?     *Are you Russian?*
Non, nous **sommes** allemands.     *No, we're German.*

Je suis de Dakar, au Sénégal.

## avoir

| j' | **ai** | nous | **avons** |
|----|--------|------|-----------|
| tu | **as** | vous | **avez** |
| il/elle/on | **a** | ils/elles | **ont** |

De quoi **ont**-ils besoin?     *What do they need?*
Ils **ont** soif, donc ils **ont** besoin     *They're thirsty, so they*
d'eau.     *need water.*

## faire

| je | **fais** | nous | **faisons** |
|----|----------|------|-------------|
| tu | **fais** | vous | **faites** |
| il/elle/on | **fait** | ils/elles | **font** |

Que **faites**-vous?     *What are you doing?*
Je ne **fais** rien.     *I'm not doing anything.*

Est-ce que les gens qui **font** de la planche à voile ont chaud?

Here is the **je** form of the other irregular verbs that you have already learned. Beside it is a sentence containing one of the other forms of the verb. Do you remember what these verbs mean? To review all the present tense forms of these verbs, see the Grammar Summary at the end of this book.

| **s'asseoir** | je **m'assieds** | Nous **nous asseyons** dans la salle de conférences. |
|---------------|------------------|------------------------------------------------------|
| **boire** | je **bois** | Que **buvez**-vous? |
| **conduire** | je **conduis** | Ils **conduisent** trop vite. |
| **connaître** | je **connais** | Elle **connaît** le nouvel élève. |
| **courir** | je **cours** | Il ne **court** plus. |
| **croire** | je **crois** | Nous ne te **croyons** pas. |
| **devenir** | je **deviens** | Elle **devient** comptable. |
| **devoir** | je **dois** | Ils **doivent** réussir. |
| **dire** | je **dis** | Que **dites**-vous? |
| **dormir** | je **dors** | Vous **dormez** en cours? |
| **écrire** | j'**écris** | Ils **écrivent** une dissertation. |
| **falloir** | il **faut** | Il ne **faut** pas sécher les cours. |
| **lire** | je **lis** | **Lisez**-vous la lecture? |

Nathalie doit lire la lecture dans son manuel d'histoire.

Est-ce que tu sais jouer de la guitare électrique?

| | | |
|---|---|---|
| **mettre** | je **mets** | Où **mettez**-vous mes manuels? |
| **offrir** | j'**offre** | Qu'est-ce que tu m'**offres**? |
| **ouvrir** | j'**ouvre** | Vous **ouvrez** à quelle heure? |
| **partir** | je **pars** | Ils **partent** tout de suite. |
| **pouvoir** | je **peux** | Nous ne **pouvons** pas comprendre. |
| **prendre** | je **prends** | Vous **prenez** l'agrafeuse? |
| **recevoir** | je **reçois** | Nous **recevons** nos emplois du temps. |
| **revenir** | je **reviens** | D'où **revenez**-vous? |
| **savoir** | je **sais** | **Savez**-vous le grec? |
| **sortir** | je **sors** | Ils ne **sortent** plus ensemble. |
| **suivre** | je **suis** | Quel cours **suis**-tu? |
| **venir** | je **viens** | Il **vient** de Chine. |
| **vivre** | je **vis** | Nous **vivons** à Montréal. |
| **voir** | je **vois** | Vous **voyez** mon carnet? |
| **vouloir** | je **veux** | Elle ne **veut** pas passer cet examen. |

## Pratique

### 9 De quoi a-t-on besoin?

*Dites qui a besoin de chaque objet illustré.*

**Modèle:**

Françoise
**Françoise a besoin d'un roman.**

1. je

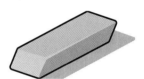

2. Joanne et toi

3. tu

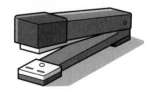

4. Nathalie et moi

5. la prof

6. Laurent et Céline

**14** quatorze

**Unité 1**

## 10 ▸ Où va-t-on pour les cours?

*Dites que vous et vos copains suivez les cours indiqués. Puis dites où vous allez pour ces cours avec l'expression convenable de la liste suivante.*

| au labo | dans la salle de classe | dans la salle de conférences |
|---|---|---|

**Modèle:**

Gérard/la chimie

**Gérard suit un cours de chimie. Il va au labo.**

1. Jean-Luc et Louis/le calcul
2. tu/la biologie
3. Assane et Nora/l'algèbre
4. Martine et toi/la physique
5. je/les sciences po
6. Olivier/la philosophie
7. Marielle et moi/la géométrie
8. Benjamin et Patricia/la littérature

## 11 ▸ Qu'est-ce qu'on fait?

*Utilisez l'illustration pour dire ce que fait chaque élève avant la classe.*

**Modèle:**

Raphaël dort.

Amadou a écrit une lettre à ses parents à Dakar. Avant de l'envoyer, il veut vérifier les verbes. Aidez-le et écrivez le présent des verbes indiqués.

Mes chers parents,

Je (être) à Paris chez les Morot depuis huit jours. Ils (habiter) dans un appartement assez loin de mon lycée. Mme Morot (travailler) comme médecin, et son mari (faire) le ménage pour le moment.

Je (aller) au lycée tous les jours. Mes amis et moi, nous (prendre) le métro au lycée.

Mon professeur de sciences po n'(être) pas un très bon prof. Par exemple, quand il (donner) une conférence, il (lire) ses notes d'un livre, puis il (sortir) sans nous dire le travail pour demain.

Pour mon cours de français nous (préparer) un exposé oral deux fois par semaine. Nous (étudier) beaucoup et nous (écrire) une rédaction chaque jour. Tous les élèves (vouloir) suivre ce cours parce que la prof (être) dynamique. Mlle Nguyen (vivre) à Paris depuis quelques semaines. Là, on (savoir) qu'on (aller) apprendre quelque chose!

À la fin de la journée, je (mettre) tout dans mon sac à dos, et je (partir) pour le café où je (voir) mes amis. Nous (boire) un café, un jus de fruit ou un coca.

(Envoyer)-moi une lettre bientôt!

Ton fils,
Amadou

Après les cours, Amadou voit ses amis au café. (Paris)

# Interrogative pronouns

To ask for information, use interrogative pronouns. The pronoun you use depends on whether you are referring to a person or a thing and on whether the pronoun is the subject, direct object or object of a preposition.

|  | **Subject** | **Direct Object** | **Object of Preposition** |
|---|---|---|---|
| **People** | qui<br>qui est-ce qui | qui<br>qui est-ce que | qui |
| **Things** | qu'est-ce qui | que<br>qu'est-ce que | quoi |

Use **qui**, **qui est-ce qui** or **qu'est-ce qui** as the subject of the verb.

**Qui** te donne ton emploi du temps?     *Who gives you your schedule?*

**Qu'est-ce qui** t'inquiète?     *What worries you?*

Use **qui, qui est-ce que, que** or **qu'est-ce que** as the direct object of the verb.

**Qui est-ce que** Gilberte et
Amadou attendent?

*For whom are Gilberte and
Amadou waiting?*

**Qu'est-ce que** tu as acheté?

*What did you buy?*

**Que** remplit-on?

*What are they filling out?*

Use **qui** or **quoi** as the object of a preposition.

Pour **qui** est-ce que les cours vont
être difficiles?

*For whom are classes going
to be hard?*

De **quoi** as-tu besoin?

*What do you need?*

*Que choisit Françoise à la librairie?*

## Pratique

### 13  L'enquête de Sandrine

*Sandrine est reporter pour le journal du lycée. Elle a fait une enquête sur ce que ses copains pensent de leur école, mais elle a perdu la première partie des questions de l'enquête de Khadim. Elle a toujours ses réponses à droite. Aidez Sandrine à compléter chaque question avec l'expression interrogative convenable.*

| Questions | Réponses |
|---|---|
| 1. … suis-tu cette année? | français, grec, maths |
| 2. … tu aimes écrire? | des rédactions |
| 3. … tu n'aimes pas? | les dissertations |
| 4. … est-ce que tu réussis? | à des examens |
| 5. … t'inquiète? | le bac |
| 6. … est ton professeur favori? | Mlle Jourlait |
| 7. … tu n'aimes pas beaucoup? | le prof de maths |
| 8. … parles-tu avec tes amis? | du directeur |
| 9. … as-tu souvent besoin? | d'un ordinateur |
| 10. … viens-tu d'acheter à la librairie? | des carnets |

**Modèle:**

**Qu'est-ce que** tu
aimes à l'école?
les cours

## 14 ▸ L'article de Sandrine

*Sandrine vient d'écrire un article pour le journal sur Salima, une élève qui vient de Tunisie. Sandrine n'est pas certaine si tous les détails sont corrects. Quelles questions doit-elle poser pour vérifier les expressions en italique?*

1. Sur la photo Salima porte *un tee-shirt de Westbury High School*.
2. Salima habite *avec les Johnson*.
3. *Toute la famille* est allée la chercher à l'aéroport.
4. Thomas lui a offert *des fleurs*.
5. *Mme Johnson* conduit Salima à l'école tous les jours.
6. Salima a préparé *le couscous* pour la famille Johnson.
7. En Tunisie *le couscous* est super!
8. Elle avait besoin *de poulet et de légumes* pour le couscous.
9. Le weekend dernier elle a assisté à un concert *avec Brandon et Sherry*.

Qu'est-ce qui est super?

# Direct object pronouns: *me, te, le, la, nous, vous, les*

Direct object pronouns answer the question "who" or "what" and replace direct objects. **Le**, **la** and **les** may refer to either people or things; **me**, **te**, **nous** and **vous** refer only to people.

|  | **Masculine** | **Feminine** | **Before a Vowel Sound** |
|---|---|---|---|
| **Singular** | me | me | m' |
|  | te | te | t' |
|  | le | la | l' |
| **Plural** | nous | nous | nous |
|  | vous | vous | vous |
|  | les | les | les |

These pronouns come right before the verb of which they are the object. The sentence may be affirmative, interrogative, negative or have an infinitive.

| | |
|---|---|
| Marie-Claire, tu **m'**entends? | *Marie-Claire, do you hear me?* |
| Non, je ne **t'**entends pas, papa. | *No, I don't hear you, Dad.* |
| Votre dissertation? Où **la** mettez-vous? | *Your research paper? Where are you putting it?* |
| Je vais **la** mettre dans mon cahier, Monsieur. | *I'm going to put it in my notebook, Sir.* |
| Le censeur **nous** attend dans son bureau? | *Is the dean waiting for us in his office?* |
| Non, il **vous** attend dans le couloir. | *No, he's waiting for you in the hall.* |

Tes cours? Tu **les** as ratés?
Non, mais le bac, je **l'**ai raté.

*Your classes? Did you fail them?*
*No, but the bac, I failed it.*

Note in the example above that the past participle of **rater** agrees in number and in gender with the preceding direct object pronoun.

Ses fleurs? Mlle Fillion les a déjà arrosées.

## Pratique

**15** **Trousse ou sac à dos?**

*Est-ce qu'Amadou met les objets dans sa trousse ou dans son sac à dos?*

**Modèles:**

**Il le met dans sa trousse.**

**Il la met dans son sac à dos.**

1.

2.

3.

4.

5.

6.

7.   8.

Ce roman, tu le lis pour ton cours de littérature?

Oui, je dois le finir ce soir.

## 16 ▶ Guy les attend ou pas?

*Guy va à la maison tout de suite après les cours, et il veut prendre l'autobus avec ses amis. Lisez la liste suivante qui dit où vont les autres élèves après les cours. Puis dites si Guy attend ou n'attend pas ces personnes.*

| | |
|---|---|
| Sandrine | à la maison |
| Paul | chez lui |
| Delphine | au Centre de recherches |
| Julien | au fast-food |
| moi | chez moi |
| Marc | au stade |
| Éric | en ville |
| Mélanie | chez elle |
| Gisèle | à la librairie |
| toi | au travail |
| Élise | à la maison |

**Modèles:**

Sandrine
**Il l'attend.**

tu
**Il ne t'attend pas.**

1. Gisèle
2. je
3. Sandrine et Mélanie
4. Éric
5. Delphine et toi
6. Paul
7. Julien et Marc
8. Élise et moi

## 17 ▶ Parlons ensemble!

 *Avec un(e) partenaire, demandez si les personnes indiquées écoutent les personnes qui les suivent. Dites qu'elles les écoutent, mais qu'elles ne les comprennent pas. Alternez les questions et les réponses avec votre partenaire. Suivez le modèle et l'ordre indiqué par le cercle.*

**Modèle:**

A: **Est-ce que Salim écoute Martine?**
B: **Oui, il l'écoute, mais il ne la comprend pas.**
   **Est-ce que Martine nous écoute?**
A: **Oui, elle vous écoute, mais elle ne vous comprend pas. Est-ce que nous...?**

*Complétez les petits dialogues avec **me**, **te**, **le**, **la**, **nous**, **vous** ou **les**.*

**Modèle:**

— Tu entends la voix du censeur?
— Oui, je **l'**entends.

1. — Est-ce que le censeur vous a vus?
— Eh ben, non! Il ne... a pas vus.
2. — Dis, Aurélie, c'est nous, Leïla et Julien.
— Comment? Je ne... connais pas.
3. — Marie, où as-tu acheté ce manuel de français?
— Je... ai acheté à la librairie, bien sûr.
4. — Tu vas montrer cette dissertation à la prof?
— Oui, et je vais... montrer à Mme Auteuil aussi.
5. — Tu n'as pas de problèmes avec cette rédaction?
— Non, et je vais... terminer avant toi!
6. — Vas-tu faire la lecture pour demain maintenant?
— Non, je vais... faire ce soir.
7. — J'ai mis tous mes devoirs dans mon sac à dos.
— Pardon? Où... as-tu mis?
8. — Vas-tu montrer ton problème au prof?
— Non, je dois partir tout de suite. Je ne peux pas... attendre.
9. — Jean-Marie, est-ce que tu me cherches?
— Oui, je... cherche depuis deux heures. Où étais-tu?
10. — Pourquoi est-ce que tu parles à Francine?
— Parce qu'elle... comprend bien.

# Indirect object pronouns: *me, te, lui, nous, vous, leur*

Indirect object pronouns answer the question "to whom" and replace indirect objects. Note that the preposition **à** is considered part of the indirect object pronouns.

|  | **Masculine or Feminine** | **Before a Vowel Sound** |
|---|---|---|
| **Singular** | me | m' |
|  | te | t' |
|  | lui | lui |
| **Plural** | nous | nous |
|  | vous | vous |
|  | leur | leur |

These pronouns come right before the verb of which they are the object. The sentence may be affirmative, interrogative, negative or have an infinitive.

Qui **t'**a donné la rédaction?
Le prof de littérature. Il va **me** donner
une interro aussi.

*Who gave you the composition?*
*The literature teacher. He is going to*
*give me a quiz, too.*

| | |
|---|---|
| **Vous** donne-t-elle son numéro de téléphone? | *Does she give you her telephone number?* |
| Oui, elle **nous** donne son nouveau numéro de téléphone. | *Yes, she gives us her new telephone number.* |
| Tu offres un cadeau à Annick ou à ses parents? | *Do you give a gift to Annick or to her parents?* |
| Je **leur** offre un cadeau, mais je ne **lui** offre rien. | *I give them a gift, but I don't give her anything.* |

## Pratique

### 19 ▸ À la librairie

*Mme Vernaud travaille à la librairie. Dites ce qu'elle vend aux personnes indiquées.*

**Modèle:**

Jeanne
**Elle lui vend des feutres.**

## Les cartes postales d'Abdel-Cader

*Avant de partir en vacances, Abdel-Cader a fait une liste des personnes à qui il doit envoyer une carte postale. Ce matin il a mis un "X" devant les noms des personnes à qui il écrit aujourd'hui. Avec un(e) partenaire, demandez s'il écrit aux personnes indiquées. Alternez les questions et les réponses avec votre partenaire.*

X   Thomas
      Geneviève et Mireille
X   Mohamed et Abdou
X   mes parents
X   Saleh
      M. Laye
      mes cousins
X   ma sœur
      Moustapha
      les Diouf

**Modèle:**

A: **Est-ce qu'Abdel-Cader écrit à Thomas aujourd'hui ?**

B: **Oui, il lui écrit aujourd'hui. Est-ce qu'il écrit à Geneviève et Mireille aujourd'hui?**

A: **Non, il ne leur écrit pas aujourd'hui. Est-ce qu'il écrit à...?**

## 21   En partenaires

*Avec un(e) partenaire, posez des questions sur ce que les professeurs à votre école font pour vous. Puis répondez aux questions. Suivez le modèle.*

**Modèle:**

ton professeur de littérature/lire des livres en classe

A: **Est-ce que ton professeur de littérature vous lit des livres en classe?**

B: **Non, il ne nous lit pas de livres en classe.**
    **Et toi, est-ce que ton professeur de littérature vous lit des livres en classe?**

A: **Oui, il nous lit des livres en classe.**

1. ton professeur d'histoire/montrer des films
2. ton professeur d'anglais/raconter des histoires
3. ton professeur de géométrie/demander de penser
4. ton professeur de maths/donner beaucoup de devoirs
5. ton professeur de sciences/dire de sécher son cours
6. ton professeur de biologie/téléphoner à la maison

À ses élèves? Mme Minière leur montre les réponses correctes.

# Communication

## 22 Une enquête

*Qu'est-ce que vous faites pour vous préparer pour la rentrée? Copiez la grille suivante. Puis complétez-la selon les réponses de votre partenaire. Demandez-lui s'il ou elle fait les actions indiquées. Mettez un ✔ dans l'espace blanc convenable. Puis changez de rôles.*

| Actions | Oui | Non |
|---|---|---|
| aller au centre commercial | ✔ | |
| écrire ton emploi du temps dans un carnet | | |
| s'inquiéter | | |
| chercher les amis de l'année dernière | | |
| recevoir ton emploi du temps | | |
| parler avec le censeur | | |
| acheter des stylos et des cahiers | | |
| choisir les cours | | |
| remplir la fiche d'inscription | | |
| acheter de nouveaux vêtements | | |
| décider de réussir | | |
| avoir rendez-vous avec le directeur | | |
| trouver ton sac à dos | | |
| aller à la librairie | | |
| faire une liste de choses à faire | | |

**Modèle:**

aller au centre commercial
A: **Est-ce que tu vas au centre commercial?**
B: **Oui, je vais au centre commercial.**

Ces lycéens ne s'inquiètent pas avant la rentrée.

## 23 Un sommaire

*Mettez les réponses de votre partenaire de l'enquête dans l'Activité 22 en ordre chronologique. Puis utilisez ces réponses pour écrire un paragraphe où vous décrivez ce que votre partenaire fait pour se préparer pour la rentrée. Pour vous aider à faire les transitions entre les phrases, utilisez les expressions comme **d'abord**, **ensuite**, etc.*

# Writing a Composition

A well-organized composition contains an introduction, a body and a conclusion. The introduction and the conclusion normally consist of one paragraph each. The number of paragraphs in the body depends on how much you develop your topic and on how many different subtopics you have.

An effective introduction attracts and holds your readers' attention. The introduction usually begins with a *thesis statement*, a tightly focused sentence that gives the main idea of your composition. Be sure to indicate to your audience what they are going to read about in the body of your composition. You might provide an overview of the main points; relate a memorable, relevant anecdote; ask a question or use a quotation.

Each paragraph in the body supports or gives examples of the main idea of the composition, as expressed in the thesis statement. Each paragraph should have a *topic sentence* to identify the topic and tell what your paragraph will say about it. The topic sentence is often the first sentence in the paragraph. The rest of the paragraph contains supporting details that prove, clarify or expand your main idea. Supporting details can be concrete examples, incidents, facts, statistics or reasons. An effective writer also incorporates *transitions* to make each paragraph flow smoothly into the next one.

Finally, your conclusion pulls together all your previous paragraphs and alerts the readers that you are ending your composition. A conclusion, like an introduction, can be written in many different ways. For example, if you are trying to prove a position, you might summarize the main points that you developed in the body of your composition.

## 24 ▸ Une composition

*Écrivez une composition en français sur "Pourquoi étudier le français." Ce livre et l'Internet vous offrent beaucoup d'idées sur l'importance du français. Vous pouvez en trouver d'autres de votre vie ou de vos amis, parents et professeurs.*

Si tu voyages dans un pays francophone, tu peux parler français. (Burkina Faso)

## Vocabulaire

# un parc d'attractions

Jacques et Annie font un tour de grande roue.

Denise fait un tour de montagnes russes.

la galerie des miroirs déformants

les autos → tamponneuses (f.)

une voyante

des jeux d'adresse (m.)

Jérémy fait un tour de manège.

# les sports d'hiver

Yves fait de la planche à neige.

Caro et Anne font de la luge.

Martine et Marc font du ski de fond.

une piste

Véro fait de la planche à roulettes.

Lucien, Francine, Robert et Annette ont passé le weekend après la rentrée à La Ronde, le grand parc d'attractions à Montréal. Maintenant ils sont au café pour déjeuner et pour parler de leurs aventures.

André et Annette sont montés dans les autos tamponneuses et ils ont heurté tout le monde.

Lucien:   Oh là là! Que je suis fana de ce parc! J'ai presque tout fait ce matin. Annette, où as-tu commencé?

Annette:   D'abord, André et moi, nous sommes entrés dans la galerie des miroirs déformants pour nous regarder. Après, nous sommes montés dans les autos tamponneuses et nous avons heurté° tout le monde. Nous avons rigolé comme des fous!° Je n'en reviens pas.° Qu'as-tu fait, Francine? Dis-le-moi!

**heurter** *to run into*; **rigoler comme des fous** *to laugh one's head off*; **Je n'en reviens pas.** Vous ne pouvez pas imaginer.

Robert a fait de la planche à neige.

Peux-tu faire du ski de fond?

**Francine:** Je vous y ai vus avant de flâner dans l'arcade. J'y ai parlé avec une voyante qui m'a dit que je vais avoir de la chance° en amour.

**Annette:** Hein?° Tu l'as crue?

**Francine:** Pourquoi pas? Tu as jamais° eu une consultation?°

**Annette:** Non, mais je veux bien en avoir une. Je voudrais y aller avec toi une fois.° Je peux?

**Francine:** Bien sûr.

**Robert:** Dis, Francine, tu as essayé° des jeux d'adresse?

**Francine:** Naturellement. J'en ai beaucoup essayé, mais je n'ai rien gagné.°

**Robert:** Dites, vous avez jamais assisté au Carnaval de Québec? C'est ma fête favorite. J'y ai assisté cette année. On a pu aussi profiter de la saison pour faire des sports d'hiver, par exemple, faire de la planche à neige, faire du ski de fond et faire de la luge sur de belles pistes. Enfin, on a pu faire un peu de tout.

**Annette:** Tu as fait de la planche à neige? Quelle chance! J'en fais souvent en hiver parce qu'en été je fais de la planche à roulettes et j'aime continuer à m'entraîner.°

**Francine:** Tiens! On a fini de déjeuner? On y va ensemble? Il faut se dépêcher de faire un tour de manège, de montagnes russes et de grande roue.

**Robert:** Ben, j'en ai un peu peur mais je vais essayer. Lucien, tu as acheté assez de tickets° au guichet?

**Lucien:** Oui, j'y en ai beaucoup acheté. Je te les donne, si tu veux.

**Annette:** Alors, on y va?

**Francine:** D'accord.

avoir de la chance *to be lucky;* **Hein?** Comment?; **jamais** *ever;* une consultation séance; **une fois** *once;* **essayer** *to try;* **gagner** ne pas perdre; **s'entraîner** *to work out;* **un ticket** un billet

# 1 ▶ Quelle activité?

*Écrivez la lettre de l'activité que vous entendez.*

A.

B.

C.

D.

E.

F.

# 2 ▶ Mettez-les en ordre!

*Mettez les aventures dans le dialogue en ordre chronologique. Écrivez "1" pour la première phrase, "2" pour la deuxième phrase, etc.*

1. Francine a eu une consultation.
2. Les copains sont allés au parc d'attractions.
3. Robert a parlé de sa fête favorite.
4. On a fini de manger.
5. Annette et André ont rigolé comme des fous.
6. Lucien, Francine, Robert et Annette sont arrivés à Montréal.
7. On est parti pour faire un tour de manège.
8. Les amis ont commencé à déjeuner au café.

Tout le monde a fait un tour de manège.

## 3 Identifiez!

*Qu'est-ce que c'est?*

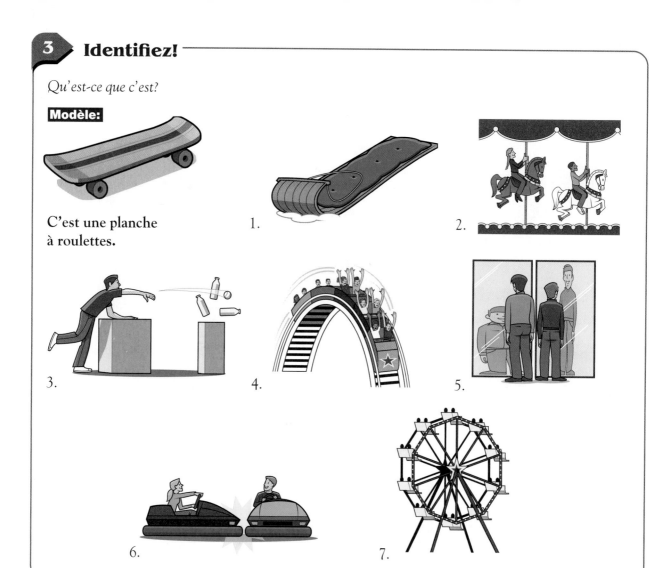

**Modèle:**

C'est une planche
à roulettes.

1.

2.

3.

4.

5.

6.

7.

## 4 C'est à toi!

*Questions personnelles.*

1. Est-ce que tu es déjà allé(e) à Montréal?
2. Est-ce que tu habites près d'un parc
   d'attractions? Si oui, quel est son nom?
3. Est-ce que tu préfères faire un tour de manège,
   de montagnes russes ou de grande roue?
4. Est-ce que tu as essayé des jeux d'adresse? Si oui,
   est-ce que tu as gagné?
5. Est-ce que tu crois aux voyants? Tu as jamais eu
   une consultation?
6. Tu t'entraînes chaque semaine? Chaque jour?
7. Tu fais de la planche à roulettes? Si oui, où?
8. Quel sport d'hiver fais-tu?

Tu aimes les sports d'hiver?

## La Ronde

La Ronde est le plus grand parc d'attractions du Québec. Elle est située sur l'île Sainte-Hélène sur le fleuve Saint-Laurent qui traverse Montréal. Ouverte entre mai et octobre, La Ronde offre plus de 40 attractions. À La Ronde il y a "Le Monstre," la plus grande des montagnes russes du Canada et la plus rapide à 90 kilomètres à l'heure. D'autres attractions sont "Le Cobra," "Le Boomerang" et "Le Bateau Pirate." On y trouve aussi des jeux d'adresse et un spectacle de ski nautique. Un mini-parc offre dix attractions uniquement pour les petits enfants, et le soir on peut voir le grand spectacle de feu d'artifice. Votre ticket offre accès à toutes les attractions du parc. On vend aussi des billets de saison valides pendant tous les jours de l'été.

Veux-tu faire un tour de montagnes russes à La Ronde? (Montréal)

Quand il fait beau, les Montréalais aiment être servis à la terrasse d'un café.

## Au café

Le café français ou canadien est le centre de la vie des jeunes gens. On s'y rejoint souvent pour acheter une boisson, s'asseoir et y passer du temps. Au printemps et en été, on préfère s'asseoir à une table dehors.

## Le Carnaval de Québec

Le Carnaval est une fête d'hiver à Québec en février. Les fanas des sports d'hiver peuvent y faire de la planche à neige ou du ski de fond. Le Carnaval offre des compétitions comme le mini-golf et le volleyball sur neige et la course de motocyclettes sur le fleuve Saint-Laurent. Les gens qui n'aiment pas les sports d'hiver peuvent admirer les jolies sculptures d'hiver à la Place Desjardins et sur les plaines d'Abraham ou voir les spectacles et les jeux devant le Parlement de Québec sur la Place Loto-Québec. Le soir on peut assister aux défilés ou aller danser. Le Bonhomme, symbole du Carnaval, vous invite à participer au Carnaval. Il vous assure des "Wow!" et des "Ho!"

Les Québécois font de la luge sur une longue piste qui se termine près du château Frontenac.

## Les sports d'hiver

Le Québec est idéal pour pratiquer des sports d'hiver parce qu'il y neige souvent entre novembre et avril. Avec ses pistes de ski, la région est superbe pour skier. On fait du ski de fond même dans le centre-ville sur les plaines d'Abraham, site historique d'une victoire anglaise au dix-huitième siècle qui a décidé de l'histoire du Canada.

## La planche à roulettes

Au Canada comme en France, il n'est pas rare de voir des jeunes gens qui font de la planche à roulettes pour aller ici et là. C'est un sport, oui, mais c'est aussi un transport.

### 5 ▶ Au Canada

*Répondez aux questions suivantes.*

1. Est-ce que La Ronde est située dans la ville de Montréal ou dans la ville de Québec?
2. À quelle saison est-ce que La Ronde est ouverte?
3. Quelle est une des grandes attractions à La Ronde?
4. Qu'est-ce que La Ronde offre aux petits enfants?
5. Pourquoi va-t-on à un café?
6. Quand est-ce la fête du Carnaval à Québec?
7. Quelles attractions a le Carnaval pour les personnes qui n'aiment pas les sports d'hiver?
8. Qui nous invite au Carnaval?
9. Peut-on skier dans la ville de Québec?
10. Où à Québec est le site d'une victoire qui a décidé de l'histoire du Canada?

En 1759, sur les plaines d'Abraham, le général Wolfe a gagné la bataille qui a donné le Québec aux Anglais. (Quebec City)

*Regardez l'horaire des activités pour le Carnaval de Québec. Puis répondez aux questions.*

## Carnaval de Québec: Événements

**SAMEDI 1ᵉʳ FÉVRIER**

| | | |
|---|---|---|
| 10h00 | Ouverture officielle de la Place | Place Desjardins |
| 10h00 | Match de volleyball sur neige | Stade McDonald's |
| 13h30 | Championnat provincial de course de traîneaux à chiens | Place Desjardins |
| 18h00 | Grand prix auto | Pointes-aux-Lièvres |
| 20h00 | Bal au palais | Place Loto-Québec |
| 24h00 | La nuit des longs couteaux (sculpture) | Place Desjardins |

**DIMANCHE 2 FÉVRIER**

| | | |
|---|---|---|
| 10h00 | Vote du public (sculpture) | Place Desjardins |
| 10h00 | Journée familiale de ski de fond | Place Desjardins |
| 10h00 | Match de soccer sur neige | Stade McDonald's |
| 10h00 | Course de motos sur rivière | Rivière Saint-Charles |

**SAMEDI 8 FÉVRIER**

| | | |
|---|---|---|
| 10h00 | Petit déjeuner western de Calgary | Place Loto-Québec |
| 15h00 | Bain de neige | Place Loto-Québec |
| 19h00 | Défilé de Charlesbourg | Charlesbourg |
| 20h00 | Bal au palais | Place Loto-Québec |
| 24h00 | La nuit des longs couteaux (sculpture) | Place Desjardins |

**DIMANCHE 9 FÉVRIER**

| | | |
|---|---|---|
| 10h00 | Vote du public (sculpture) | Place Desjardins |
| 13h30 | Course en canot (finales) | Port de Québec |
| 15h00 | Parade des drapeaux | Place Loto-Québec |

**SAMEDI 15 FÉVRIER**

| | | |
|---|---|---|
| 10h00 | Compétition de planche à neige | Place Desjardins |
| 11h00 / 14h00 | Fantaisies sur glace | Galeries de la Capitale |
| 12h00 / 14h00 | Spectacle de Ronald McDonald | Stade McDonald's |
| 19h00 | Défilé de la Haute-Ville | Haute-Ville |

**DIMANCHE 16 FÉVRIER**

| | | |
|---|---|---|
| 10h30 | Brunch de Bonhomme | Radisson des Gouverneurs |
| 11h00 | Spectacle de Ronald McDonald | Stade McDonald's |
| 13h00 | Les Carnavaleries | Stade McDonald's |
| 14h00 | Spectacle de clôture et départ de Bonhomme | Place Loto-Québec |

Pour plus de détails, procurez-vous le programme officiel disponible un peu partout dans la grande région de Québec.

Le Château de Bonhomme promet encore cette année des "Wow!" et des "Ho!"

1. Quels jours de la semaine sont les activités du Carnaval?
2. Où est-ce qu'on peut assister à la première activité officielle du Carnaval?
3. Quelle compagnie internationale participe aux activités du Carnaval?
4. Où danse-t-on au Carnaval?
5. Où et à quelle heure est le match de soccer sur neige?
6. Où et à quelle heure peut-on assister à la course de motos sur rivière?
7. Quels repas font partie du Carnaval?
8. Où sont les deux défilés?
9. Quelle est la dernière activité du Carnaval?

Au Carnaval, le Bonhomme Carnaval aide M. Boulet à prendre un bain de neige à la Place Loto-Québec.

# Journal personnel

In this unit you learned about life in Senegal and Canada. What impact do you think climate has on teenagers' activities and pastimes in both countries? For instance, what activities might you expect to see young Canadians participating in that you wouldn't see in Senegal, and vice versa? How does the climate of the region where you live control the types of activities that you enjoy? Write your responses to these questions in your cultural journal.

Langue active

## Passé composé with avoir

The **passé composé** is used to tell what happened in the past. For most verbs the **passé composé** consists of the appropriate present tense form of **avoir** and the past participle of the main verb.

Lucien **a acheté** assez de tickets.          *Lucien bought enough tickets.*

To form the past participle of **-er** verbs, add an é to the stem of the infinitive. For most **-ir** verbs, add an i, and for most **-re** verbs, add a **u**.

Here are the verbs you've already studied that have irregular past participles in the **passé composé** formed with **avoir**. Note the position of negative expressions in the **passé composé** and how to form questions using inversion. Remember that the past participle agrees in number and in gender with a preceding direct object pronoun.

M. et Mme Charbonneau ont fait du ski de fond à Mont Tremblant dans les Laurentides. (Québec)

| Verb | Past Participle | Passé Composé |
|------|-----------------|---------------|
| avoir | eu | Tu **as** jamais **eu** une consultation? |
| boire | bu | Ils **ont bu** de la limonade au café. |
| conduire | conduit | Patrick **a conduit** comme un fou. |
| connaître | connu | Les **avez**-vous déjà **connus**? |
| courir | couru | Pour s'entraîner, il **a couru**. |
| croire | cru | La voyante? Tu l'**as crue**? |
| devoir | dû | Nous **avons dû** partir. |
| dire | dit | Qu'est-ce qu'ils **ont dit**? |
| écrire | écrit | Christelle ne m'**a** rien **écrit**. |
| être | été | Elle **a été** obligée de venir. |
| faire | fait | Qu'**as-tu fait**, Francine? |
| falloir | fallu | Il n'**a** pas **fallu** se dépêcher. |
| lire | lu | Tout le monde **a lu** mes notes. |
| mettre | mis | Je les **ai mises** sur mon bureau. |
| offrir | offert | Le prof les **a offertes** à Magali. |
| ouvrir | ouvert | Jérôme **a ouvert** son carnet. |
| pouvoir | pu | On **a pu** profiter de la neige. |
| prendre | pris | Nous **avons pris** la première piste. |
| recevoir | reçu | Élise **a reçu** son bac en 2005. |
| savoir | su | L'**as-tu su**? |
| suivre | suivi | Guy **a suivi** un cours de russe. |
| vivre | vécu | Ses parents **ont vécu** à Toronto. |
| voir | vu | Je vous y **ai vus** hier. |
| vouloir | voulu | Les amis **ont voulu** partir. |

# Pratique

**7** **À La Ronde**

*Dites ce que tout le monde a fait pendant le weekend dernier à La Ronde à Montréal. Pour chaque phrase utilisez le verbe convenable de la liste suivante.*

| | | | | |
|---|---|---|---|---|
| gagner | passer | attendre | rigoler | heurter |
| finir | perdre | flâner | essayer | |

**Modèle:**

Robert et ses amis **ont passé** le weekend à La Ronde.

1. Françoise et Claire... les garçons devant la galerie des miroirs déformants.

2. On... dans le parc.

3. Ils... de déjeuner à une heure et demie.

4. Renée et toi, vous... des jeux d'adresse.

5. Renée... l'animal de son choix.

6. Tu... tout ton argent.

7. Laure et moi, nous... tout le monde.

8. J'... comme un fou.

## 8 ▶ Au parc d'attractions

*Pour savoir ce qui a eu lieu au parc d'attractions, complétez les phrases avec les formes convenables des verbes indiqués au passé composé.*

1. Au parc d'attractions, Sandrine et toi, vous... vos portefeuilles pour nous acheter des cocas et des hot-dogs. (ouvrir)
2. Après le déjeuner, j'... des tickets à tout le monde pour faire un tour de grande roue. (offrir)
3. Oh là là! Après ça, nous... malades. (être)
4. Cécile... la connaissance d'un garçon timide, Patrick, devant l'arcade. (faire)
5. L'année dernière Patrick... à Rome. (vivre)
6. Dans l'arcade le voyant lui... qu'il aurait de la chance en amour. (dire)
7. Mais Patrick ne l'... pas.... (croire)
8. Il... Cécile pendant une heure sans lui parler parce qu'il n'... pas... quoi dire. (suivre, savoir)
9. Mes amis... partir à vingt-deux heures. (vouloir)
10. Quand...-tu... partir? (devoir)

## 9 ▶ Trouvez une personne qui....

 *Interviewez des élèves de votre classe pour déterminer s'ils ou elles ont jamais fait les choses indiquées pendant les vacances d'été. Sur une feuille de papier copiez les expressions indiquées. Formez des questions avec ces expressions pour poser aux élèves. Quand vous trouvez une personne qui répond par "oui," dites à cette personne de signer votre feuille de papier à côté de l'activité convenable. Trouvez une personne différente pour chaque activité.*

**Modèle:**

visiter un parc d'attractions
Robert:   **Est-ce que tu as visité un parc d'attractions pendant les vacances?**
Michèle:  **Oui, j'ai visité un parc d'attractions pendant les vacances.**

1. prendre l'autobus pour aller au parc d'attractions
2. avoir une consultation avec une voyante
3. faire un tour de montagnes russes
4. conduire les autos tamponneuses
5. boire beaucoup de boissons froides
6. voir un beau feu d'artifice
7. écrire des cartes postales
8. faire de la planche à roulettes
9. pouvoir faire un peu de tout

*Est-ce que tu as pu faire un peu de tout pendant les vacances?*

*Oui, j'ai fait de la planche à roulettes avec de nouveaux copains.*

## 10 ▶ En partenaires

 *Avec un(e) partenaire, posez des questions sur ce que vous avez fait l'hiver dernier. Puis répondez aux questions. Suivez le modèle.*

**Modèle:**

assister au Carnaval de Québec

A: **Est-ce que tu as assisté au Carnaval de Québec?**

B: **Non, je n'ai pas assisté au Carnaval de Québec. Et toi, est-ce que tu as assisté au Carnaval de Québec?**

A: **Oui, j'ai assisté au Carnaval de Québec.**

1. skier
2. mettre un nouvel anorak
3. faire de la planche à neige
4. jouer au volley sur neige
5. courir tous les jours
6. recevoir de bons cadeaux de Noël
7. lire des romans intéressants
8. profiter de la neige
9. voyager dans un pays chaud

## Passé composé with être

Certain verbs form their **passé composé** with the helping verb **être**. Most verbs that use **être** in the **passé composé** *express motion or movement* of the subject from one place to another. Note that the ending of the past participle of the verb agrees in gender and in number with the subject.

Nous **sommes montés** dans les autos tamponneuses.

*We got in the bumper cars.*

M. et Mme Olivier sont partis du café montréalais à 14h00.

Here are the verbs you've already learned that use the helping verb **être**, along with their past participles. In addition to the agreement of the past participles, note the position of negative expressions and how to form questions using inversion.

| Verb | Past Participle | Passé Composé |
|---|---|---|
| **aller** | **allé** | Gilberte **est**-elle **allée** à la librairie? |
| **arriver** | **arrivé** | Amadou y **est arrivé** il y a une heure. |
| **descendre** | **descendu** | Les filles ne **sont pas descendues** pour prendre le petit déjeuner. |
| **devenir** | **devenu** | M. Poux **est**-il **devenu** censeur? |
| **entrer** | **entré** | Nous **sommes entrés** dans la galerie des miroirs déformants. |
| **monter** | **monté** | Les copains **sont montés** dans le métro. |
| **mourir** | **mort** | Jeanne d'Arc **est morte** en 1431. |
| **naître** | **né** | Vous **êtes née** à Québec, Mme Vaillancourt? |
| **partir** | **parti** | Nous **somme parties** pour l'Europe. |
| **rentrer** | **rentré** | René, tu **es rentré** à quelle heure? |
| **rester** | **resté** | Maman **est restée** au lit. |
| **revenir** | **revenu** | Je n'en **suis** jamais **revenu**. |
| **sortir** | **sorti** | Avec qui **es-tu sortie**, Mireille? |
| **venir** | **venu** | Ils ne **sont** plus **venus** en retard. |

**11** ▸ **On fait des excuses.**

*Pauvre Sébastien! Il n'a trouvé personne pour l'accompagner au parc d'attractions aujourd'hui. Selon la liste suivante, faites les excuses de tout le monde.*

| | |
|---|---|
| Chantal | revenir trop tard hier soir |
| Christian | rester au lit |
| Gisèle | descendre en ville |
| Guillaume | rentrer de l'école avec trop de devoirs |
| moi | aller au cinéma |
| Jeanne | partir à la montagne |
| Luc | devenir malade |
| Vincent | arriver en retard |
| toi | descendre en ville |
| Karine | sortir avec sa correspondante |
| Frédéric | aller au cinéma |
| Marcel | rentrer de l'école avec trop de devoirs |
| Hélène | revenir trop tard hier soir |

*Gisèle est-elle descendue en ville?*

**Modèle:**

Jeanne

**Jeanne est partie à la montagne.**

1. Luc
2. tu
3. Chantal et Hélène
4. Frédéric et moi
5. Vincent

6. Gisèle et toi
7. Christian
8. Karine
9. je
10. Guillaume et Marcel

**12** ▸ **En partenaires**

 *Avec un(e) partenaire, jouez les rôles d'un(e) élève de votre lycée et d'un(e) autre élève qui vient de rentrer d'un voyage au Canada. L'élève qui a voyagé répond logiquement aux questions que l'autre élève lui pose.*

**Modèle:**

pourquoi/aller au Canada

A: **Pourquoi es-tu allé(e) au Canada?**

B: **Je suis allé(e) au Canada pour voir le Carnaval de Québec.**

1. quel jour/arriver à Québec
2. où/rester
3. avec qui/sortir
4. à quelle heure/partir le soir
5. dans quel restaurant/entrer
6. pourquoi/devenir fatigué(e)
7. quand/revenir aux États-Unis

*Danièle est entrée dans le restaurant Aux Anciens Canadiens.*

## 13 ▶ Une journée à La Ronde

*Francine et sa classe de physique ont fait une excursion à La Ronde. Complétez sa description de la journée au passé composé avec les formes convenables des verbes indiqués.*

Hier mes camarades de classe et moi, nous (aller) à La Ronde. M. Tremblay, notre prof de physique, (dire) que nous allions faire des devoirs scientifiques au parc, mais nous, on voulait s'amuser. Mon amie Aurélie n'(venir) pas parce qu'elle (rester) au lycée pour passer un examen d'anglais.

M. Tremblay (acheter) les tickets au guichet, et nous (entrer) dans le parc. J'(courir) et tous les autres élèves m'(suivre). Claudette et moi, nous (monter) dans les autos tamponneuses. Comme d'habitude Julien (arriver) en retard, mais, lui aussi, il (venir) aux autos pour nous rejoindre. Nous (heurter) tout le monde.

Puis Yasmine et moi, nous (aller) faire un tour de grande roue. Pauvre Yasmine! Chaque fois que nous (descendre), elle (devenir) malade!

Ensuite tout le monde (entrer) dans la galerie des miroirs déformants. Nous (rigoler) comme des fous. Enfin nous (sortir) de la galerie des miroirs déformants, et nous (aller) faire un autre tour de grande roue. Mais pas Yasmine!

Après deux heures au parc, tout le monde (avoir) très faim. Alors nous (manger) au café. Mais Yasmine (boire) seulement une limonade. Nous autres, nous (prendre) des sandwichs.

Après le déjeuner, nous (faire) la queue pour faire un tour de montagnes russes. Formidable! Cette fois, c'était Jérémy qui (devenir) malade, et nous (devoir) l'aider quand il (descendre).

Nous (partir) à une heure et demie, et nous (rentrer) au lycée pour le cours de physique. Comme vous pouvez imaginer, on n'(faire) pas de devoirs scientifiques au parc!

Francine et ses camarades de classe ont-ils fait un tour de montagnes russes à La Ronde? (Montréal)

## The pronoun y

The pronoun **y** (*there*) replaces a preposition plus the name of a previously mentioned place. It can also mean "(about) it" and replaces **à** plus the name of a thing. Note its position right before the verb of which it is the object in sentences that are affirmative, interrogative, negative or have an infinitive.

Karine était en Suisse? **Y** est-elle restée chez sa correspondante?

Bien sûr, elle **y** est restée chez Nathalie.

Tu as assisté au Carnaval de Québec?

Non, je n'**y** ai pas assisté cette année, mais je vais **y** assister l'année prochaine.

*Karine was in Switzerland? Did she stay there at her host sister's house?*

*Of course, she stayed there at Nathalie's house.*

*Did you attend the Quebec Winter Carnival?*

*No, I didn't attend it this year, but I'm going to attend it next year.*

In an affirmative command, **y** follows the verb. But in a negative command, it precedes the verb.

Tu vas au marché? Alors, achètes-**y** des tomates! Mais n'**y** achète pas d'oignons!

*Are you going to the market? Then buy some tomatoes there! But don't buy any onions there!*

À la librairie? Les lycéens y ont acheté des blocs-notes.

 **Pratique**

### 14 ▸ On y va?

*Tout le monde va faire quelque chose de différent. Si on peut faire l'activité indiquée à l'endroit entre parenthèses, dites qu'on y va. Si non, dites qu'on n'y va pas.*

**Modèles:**

Jacqueline va skier. (à la montagne)
**Elle y va.**

Raoul va acheter des manuels pour les cours. (à la boucherie)
**Il n'y va pas.**

1. Jérôme va faire de la planche à neige. (à la plage)
2. Nous allons assister au Carnaval. (à Montréal)
3. Tu vas faire du ski de fond. (à la salle de conférences)
4. Claire et Juliette vont acheter des billets. (au guichet)
5. Guy et Sylvie vont faire un tour de montagnes russes. (à La Ronde)
6. Véronique va faire un tour de grande roue. (au parc d'attractions)
7. Vous allez faire de la planche à roulettes. (au Carnaval)
8. Je vais prendre un coca. (au café)

Au Carnaval de Québec? Tout le monde y va en février.

## 15 ▸ En partenaires

*Avec un(e) partenaire, jouez les rôles d'un(e) élève de votre lycée et d'un(e) élève qui vient de France et qui va assister aux cours dans votre lycée cette année. Pour mieux connaître l'autre élève, posez des questions sur ce que vous faites pendant l'année scolaire. Puis répondez aux questions. Suivez le modèle.*

**Modèle:**

aller en cours le samedi

A: **Est-ce que tu vas en cours le samedi?**

B: **Oui, j'y vais. Et toi, est-ce que tu vas en cours le samedi?**

A: **Non, je n'y vais pas.**

1. acheter des manuels pour les cours à la librairie
2. conduire pour aller au lycée
3. déjeuner souvent au fast-food
4. étudier à la bibliothèque
5. passer des heures au café

# The pronoun *en*

The pronoun **en** (*some, any, of it/them, about it/them, from it/them*) refers to and replaces a previously mentioned expression containing **de**. Note its position right before the verb of which it is the object in sentences that are affirmative, interrogative, negative or have an infinitive.

| | |
|---|---|
| Qui a essayé des jeux d'adresse? | *Who has tried (some) games of skill?* |
| Marc **en** a beaucoup essayé. | *Marc has tried a lot (of them).* |
| Vous faites des sports d'hiver? | *Do you play winter sports?* |
| Non, je n'**en** fais pas, mais je voudrais en faire. En faites-vous? | *No, I don't (play any), but I'd like to (play some). Do you (play any)?* |
| Non, j'**en** ai peur. | *No, I'm afraid to (play any).* |
| Tu as jamais eu une consultation? | *Have you ever had a séance?* |
| Oui, j'**en** ai eu une. | *Yes, I've had one (of them).* |

In an affirmative command, **en** follows the verb. But in a negative command, it precedes the verb.

Manges-**en**, mais n'**en** mange pas trop!     *Eat some (of them), but don't eat too many (of them)!*

### 16 ▸ Faisons une excursion!

*Imaginez que vous faites une excursion au parc d'attractions avec vos amis. Répondez aux questions basées sur l'illustration. Utilisez* **en** *dans vos réponses.*

**Modèles:**

Est-ce que Cécile prend des photos?
**Oui, elle en prend.**

Est-ce que Denis et Julie mangent des sandwichs?
**Non, i!s n'en mangent pas.**

1. Est-ce que Robert choisit des cadeaux?
2. Est-ce que René et toi, vous buvez de l'eau minérale?
3. Est-ce que Michel essaie des jeux d'adresse?
4. Est-ce que Julie et Denis prennent de la pizza?
5. Est-ce qu'Amélie a une consultation?
6. Est-ce que tu bois un coca?
7. Est-ce qu'André et Philippe font de la planche à roulettes?
8. Est-ce que tout le monde profite de la journée?

*Les ados ont acheté certaines choses au parc d'attractions. Avec un(e) partenaire, demandez si les personnes suivantes ont acheté ce qui est indiqué. Alternez les questions et les réponses avec votre partenaire. Suivez les modèles.*

|  | tee-shirts | casquettes | limonades | hot-dogs |
| --- | --- | --- | --- | --- |
| Diane | 3 |  |  |  |
| Bruno |  | 2 | 1 |  |
| Serge | 1 |  |  |  |
| Amélie |  |  | 1 |  |
| Fred |  |  | 1 | 2 |

**Modèles:**

Fred/limonades
A: **Est-ce que Fred a acheté des limonades?**
B: **Oui, il en a acheté une.**

Diane/casquettes
B: **Est-ce que Diane a acheté des casquettes?**
A: **Non, elle n'en a pas acheté.**

1. Amélie/casquettes
2. Bruno et Amélie/hot-dogs
3. Serge/tee-shirts
4. Fred et Serge/casquettes
5. Amélie/limonades
6. Bruno/tee-shirts
7. Fred/hot-dogs
8. Diane/tee-shirts

## Double object pronouns

When there are two pronouns in one sentence, their order before the verb in a declarative sentence is:

| subject | + | me<br>te<br>nous<br>vous | + | le<br>la<br>les | + | lui<br>leur | + | y | + | en | + | verb |
| --- | --- | --- | --- | --- | --- | --- | --- | --- | --- | --- | --- | --- |

These pronouns come right before the verb of which they are the object in sentences that are affirmative, negative, interrogative or have an infinitive. They also precede the verb in a negative command.

Quand nous as-tu vus au parc d'attractions?
Je **vous y** ai vus hier.
Où sont les tickets?
Il va **me les** donner demain.

Comment Paul a-t-il trouvé ce nouveau film?
Ne **lui en** parle pas!

*When did you see us at the amusement park?*
*I saw you there yesterday.*
*Where are the tickets?*
*He's going to give them to me tomorrow.*

*What did Paul think about this new movie?*
*Don't talk to him about it!*

> Tu vas acheter des pêches au marché?

> Oui, je vais y en acheter.

In an affirmative command, their order is:

| verb | + | le la les | + | lui leur | + | moi toi nous vous | + | y | + | en |
|------|---|-----------|---|----------|---|-------------------|---|---|---|----|

Tu veux aller à La Ronde?  
Oui, emmène-**m'y**!  
Je lis des histoires aux enfants?  
Bien sûr. Lis-**leur-en**!

*Do you want to go to La Ronde?*  
*Yes, take me (along) there!*  
*Shall I read some stories to the children?*  
*Of course. Read them some!*

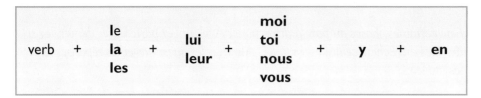

# Pratique

**18** **Parlons ensemble!**

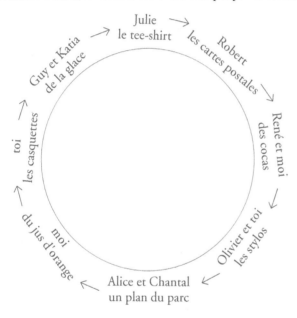

*Avec un(e) partenaire, demandez si les personnes indiquées ont acheté quelque chose pour les personnes qui suivent. Dites que oui. Alternez les questions et les réponses avec votre partenaire. Suivez le modèle et l'ordre indiqué par le cercle.*

Julie le tee-shirt  
Guy et Katia de la glace  
Robert les cartes postales  
toi les casquettes  
René et moi des cocas  
moi du jus d'orange  
Olivier et toi les stylos  
Alice et Chantal un plan du parc

**Modèle:**

A: **Est-ce que Julie achète le tee-shirt pour Robert?**

B: **Oui, elle le lui achète. Est-ce que Robert achète les cartes postales pour René et moi?**

A: **Oui, il vous les achète. Est-ce que René et moi, nous...?**

*Avec un(e) partenaire, posez et répondez aux questions au passé composé. Suivez le modèle.*

**Modèle:**

rendre visite à des amis à Montréal

A: **Est-ce que tu as rendu visite à des amis à Montréal?**

B: **Oui, je leur y ai rendu visite. Et toi, est-ce que tu as rendu visite à des amis à Montréal?**

A: **Non, je ne leur y ai pas rendu visite.**

1. conduire les autos tamponneuses au parc d'attractions
2. emmener ton ami(e) au centre commercial
3. acheter des cadeaux d'anniversaire pour tes amis
4. montrer ton emploi du temps à tes parents
5. parler au censeur de tes problèmes

# Communication

20 > **Un entretien**

 *Avec un(e) partenaire, jouez les rôles d'un reporter d'un journal québécois et d'un(e) élève qui sont à La Ronde. Le reporter va écrire un article qui décrit les expériences d'un(e) élève typique qui y passe la journée. Pendant votre conversation le reporter demande à l'élève:*

1. s'il ou elle s'y est bien amusé(e)
2. comment il ou elle a trouvé les attractions
3. quelle attraction il ou elle a préférée et pourquoi
4. quand il ou elle a rigolé le plus
5. s'il ou elle a gagné quelque chose
6. s'il ou elle a goûté les spécialités du parc
7. s'il ou elle a acheté des souvenirs

*À la fin de votre conversation, le reporter demande à l'élève s'il ou elle a des tickets qui restent, et l'élève lui en offre.*

*Imaginez que vous avez passé la journée à un parc d'attractions. Avant de sortir, on vous demande de compléter une évaluation du parc. À côté de chaque attraction, écrivez un chiffre (number) entre "1" et "10" qui donne votre opinion sur chacune (each one). ("10" est le maximum.) Puis écrivez une phrase qui explique votre évaluation. Par exemple, **des jeux d'adresse—10—J'y ai gagné un grand gorille**.*

| Attractions | Évaluation | Commentaire |
|---|---|---|
| la galerie des miroirs déformants | | |
| les autos tamponneuses | | |
| l'arcade | | |
| le/la voyant(e) | | |
| les jeux d'adresse | | |
| le manège | | |
| des montagnes russes | | |
| la grande roue | | |
| les cafés | | |
| les boutiques | | |
| le cinéma | | |

Y a-t-il des jeux d'adresse que tu aimes?

*Vous travaillez pour un parc d'attractions américain où vous êtes responsable de la publicité. Vous devez dessiner un dépliant pour encourager les touristes francophones à le visiter. Dans votre dépliant nommez toutes les attractions du parc en français. Puis dessinez un plan qui montre où on peut trouver chaque attraction, les cafés et les toilettes. Mentionnez aussi quand le parc est ouvert et combien coûte un billet d'entrée.*

# Point of View

Nicolas is a young boy whose misadventures are chronicled in a popular series of books by Sempé/Goscinny. You are going to read about Nicolas' vacation with his parents at the seaside. It is told through his point of view. Point of view is the vantage point from which a story is told. As you read, think about how different the story would be if it were told through someone else's point of view, for example, that of Nicolas' father or another adult.

**23** **Pour commencer...**

*Avant de lire la lecture, répondez aux questions suivantes.*

1. Avec qui est-ce que tu vas à la plage? Qu'est-ce que tu y fais?
2. Qu'est-ce que tu faisais à la plage quand tu étais petit(e)?

## La plage, c'est chouette

À la plage, on rigole bien. Je me suis fait des tas de copains, il y a Blaise, et puis Fructueux, et Mamert; qu'il est bête celui-là! Et Irénée et Fabrice et Côme et puis Yves, qui n'est pas en vacances parce qu'il est du pays et on joue ensemble, on se dispute, on ne se parle plus et c'est drôlement chouette.

"Va jouer gentiment avec tes petits camarades, m'a dit papa ce matin, moi je vais me reposer et prendre un bain de soleil." Et puis, il a commencé à se mettre de l'huile partout et il rigolait en disant: "Ah! quand je pense aux copains qui sont restés au bureau!"

Nous, on a commencé à jouer avec le ballon d'Irénée. "Allez jouer plus loin", a dit papa, qui avait fini de se huiler, et bing! le ballon est tombé sur la tête de papa. Ça, ça ne lui a pas plu à papa. Il s'est fâché tout plein et il a donné un gros coup de pied dans le ballon, qui est allé tomber dans l'eau, très loin. Un shoot terrible....

—Écoutez, les enfants, je veux me reposer tranquille. Alors, au lieu de jouer au ballon, pourquoi ne jouez-vous pas à autre chose?

—Ben, à quoi par exemple, hein, dites? a demandé Mamert. Qu'il est bête celui-là!

—Je ne sais pas, moi, a répondu papa, faites des trous, c'est amusant de faire des trous dans le sable. Nous, on a trouvé que c'était une idée terrible et on a pris nos pelles....

On a commencé à faire un trou. Un drôle de trou, gros et profond comme tout. Quand papa est revenu avec sa bouteille d'huile, je l'ai appelé et je lui ai dit:

—T'as vu notre trou, papa?

—Il est très joli, mon chéri, a dit papa.... Et puis, est venu un monsieur avec une casquette blanche et il nous a demandé qui nous avait permis de faire ce trou dans sa plage. "C'est lui, m'sieur!" ont dit tous mes copains en montrant papa. Moi j'étais très fier, parce que je croyais que le monsieur à la casquette allait féliciter papa. Mais le monsieur n'avait pas l'air content.

—Vous n'êtes pas un peu fou, non, de donner des idées comme ça aux gosses? a demandé le monsieur. Papa… a dit: "Et alors?" Et alors, le monsieur à la casquette s'est mis à crier que c'était incroyable ce que les gens étaient inconscients, qu'on pouvait se casser une jambe en tombant dans le trou, et qu'à marée haute, les gens qui ne savaient pas nager perdraient pied et se noieraient dans le trou, et que le sable pouvait s'écrouler et qu'un de nous risquait de rester dans le trou, et qu'il pouvait se passer des tas de choses terribles dans le trou et qu'il fallait absolument reboucher le trou.

—Bon, a dit papa, rebouchez le trou, les enfants. Mais les copains ne voulaient pas reboucher le trou.

—Un trou, a dit Côme, c'est amusant à creuser, mais c'est embêtant à reboucher.

—Allez, on va se baigner! a dit Fabrice. Et ils sont tous partis en courant. Moi je suis resté, parce que j'ai vu que papa avait l'air d'avoir des ennuis.

—Les enfants! Les enfants! il a crié papa, mais le monsieur à la casquette a dit:

—Laissez les enfants tranquilles et rebouchez-moi ce trou en vitesse! Et il est parti.

Papa a poussé un gros soupir et il m'a aidé à reboucher le trou. Comme on n'avait qu'une seule petite pelle, ça a pris du temps et on avait à peine fini que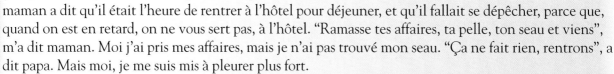
maman a dit qu'il était l'heure de rentrer à l'hôtel pour déjeuner, et qu'il fallait se dépêcher, parce que, quand on est en retard, on ne vous sert pas, à l'hôtel. "Ramasse tes affaires, ta pelle, ton seau et viens", m'a dit maman. Moi j'ai pris mes affaires, mais je n'ai pas trouvé mon seau. "Ça ne fait rien, rentrons", a dit papa. Mais moi, je me suis mis à pleurer plus fort.

Un chouette seau, jaune et rouge, et qui faisait des pâtés terribles. "Ne nous énervons pas, a dit papa, où l'as-tu mis, ce seau?" J'ai dit qu'il était peut-être au fond du trou, celui qu'on venait de boucher. Papa m'a regardé comme s'il voulait me donner une fessée, alors je me suis mis à pleurer plus fort et papa a dit que bon, qu'il allait le chercher le seau, mais que je ne lui casse plus les oreilles. Mon papa, c'est le plus gentil de tous les papas! Comme nous n'avions toujours que la petite pelle pour les deux, je n'ai pas pu aider papa et je le regardais faire quand on a entendu une grosse voix derrière nous: "Est-ce que vous vous fichez de moi?" Papa a poussé un cri, nous nous sommes retournés et nous avons vu le monsieur à la casquette blanche. "Je crois me souvenir que je vous avais interdit de faire des trous", a dit le monsieur. Papa lui a expliqué qu'il cherchait mon seau. Alors, le monsieur lui a dit que d'accord, mais à condition qu'il rebouche le trou après. Et il est resté là pour surveiller papa.

"Écoute, a dit maman à papa, je rentre à l'hôtel avec Nicolas. Tu nous rejoindras dès que tu auras retrouvé le seau." Et nous sommes partis. Papa est arrivé très tard à l'hôtel, il était fatigué, il n'avait pas faim et il est allé se coucher. Le seau, il ne l'avait pas trouvé, mais ce n'est pas grave, parce que je me suis aperçu que je l'avais laissé dans ma chambre. L'après-midi, il a fallu appeler un docteur, à cause des brûlures de papa. Le docteur a dit à papa qu'il devait rester couché pendant deux jours.

—On n'a pas idée de s'exposer comme ça au soleil, a dit le docteur, sans se mettre de l'huile sur le corps.

—Ah! a dit papa, quand je pense aux copains qui sont restés au bureau!

Mais il ne rigolait plus du tout en disant ça.

**24 · "La plage, c'est chouette"**

*Répondez aux questions suivantes.*

1. Selon Nicolas, pourquoi est-ce que la plage est chouette?
2. Qu'est-ce que le père de Nicolas veut faire à la plage?
3. Pourquoi le père de Nicolas n'est-il pas content?
4. Qu'est-ce que le père de Nicolas dit aux garçons de faire au lieu de jouer au ballon?
5. Le monsieur à la casquette blanche dit que le trou est une mauvaise idée. Pourquoi?
6. Pourquoi les copains de Nicolas ne rebouchent-ils pas le trou?
7. Le trou est-il facile ou difficile à reboucher? Pourquoi?
8. Pourquoi Nicolas commence-t-il à pleurer?
9. Que fait le père de Nicolas pour trouver le seau de son fils?
10. Comment est le père de Nicolas quand il rentre à l'hôtel? Que fait-il?
11. Selon le docteur, qu'est-ce que le père de Nicolas doit faire?
12. Pourquoi le père de Nicolas ne rigole-t-il pas cette fois quand il dit "... quand je pense aux copains qui sont restés au bureau"?

**25 · L'histoire du point de vue du père**

*Imaginez que le père de Nicolas rentre au bureau et parle avec ses collègues de ses vacances au bord de la mer. Racontez l'histoire que vous venez de lire du point de vue (point of view) du père de Nicolas. Commencez avec le jeu de ballon. Puis continuez avec l'arrivée du monsieur à la casquette, la recherche (search) du seau et la visite du docteur à l'hôtel.*

**26 · À vous de jouer!**

 *Avec trois autres élèves, faites un sketch (skit) où vous jouez les rôles de Nicolas, de son père, de sa mère et du docteur à l'hôtel. Nicolas raconte au docteur ses aventures à la plage, la mère lui pose des questions sur la santé de son mari, le père se plaint (complains) et le docteur répond à chaque membre de la famille.*

## Dossier fermé

Imagine que tu étudies dans un lycée français, et c'est le jour de ton premier examen. Tu regardes l'examen et tu vois qu'il consiste seulement en questions à longue réponse. Quelle est ta réaction?

C. Tu continues parce que c'est le style d'un examen français.

Peut-être que tu es surpris(e) parce qu'il n'y a pas de questions à choix multiples, de questions "vrai-faux" ou de questions où tu remplis l'espace blanc d'une phrase. Ces sortes d'examens sont pratiquement inexistantes en France. Tu as vu dans cette unité que les professeurs et les examens français demandent à l'élève un bon travail où il ou elle doit beaucoup penser. La sorte de question que tu trouves dans un examen français fait justement ça.

## ✓ Évaluation culturelle

*Pour voir si vous avez bien compris la culture francophone, décidez si chaque phrase est **vraie** ou **fausse**.*

1. Dakar est une ville située sur la côte est de l'Afrique.
2. Le système d'enseignement sénégalais a comme modèle les écoles françaises.
3. Les professeurs français forcent les élèves à travailler, à penser et à apprendre avec des examens à choix multiples.
4. En France il n'est pas rare d'avoir un cours de 200 élèves dans une salle de conférences.
5. Il faut que les élèves français achètent leurs manuels pour les cours.
6. La Ronde est un parc d'attractions à Québec qui reste ouvert pendant l'hiver pour profiter du Carnaval.
7. "Le Monstre" est une attraction spectaculaire à La Ronde.
8. Au Carnaval il y a des compétitions comme la course de motocyclettes sur le Saint-Laurent.
9. Un autre sport d'hiver qu'on pratique au Carnaval est la planche à roulettes sur le Saint-Laurent.
10. Si l'on achète une boisson à un café français, on peut s'asseoir et y passer des heures.

Les Sénégalais habitent dans une république à l'ouest de l'Afrique.

Jérémy a acheté le manuel pour son cours de sciences po à une librairie.

# ✓ Évaluation orale

*Imaginez qu'Ibrahim, un nouvel élève sénégalais, assiste aux cours dans votre lycée cette année. Avec un(e) partenaire, jouez les rôles d'Ibrahim et d'un(e) élève américain(e) du lycée. Pendant votre conversation l'élève américain(e) demande à Ibrahim:*

1. comment il trouve votre lycée, votre ville et les États-Unis en général
2. de lui dire les sports qu'il pratique et s'il s'entraîne souvent
3. de décrire son emploi du temps
4. de lui dire les cours et les profs qu'il aime et n'aime pas et pourquoi
5. de comparer les devoirs et les examens américains aux devoirs et aux examens sénégalais
6. de lui décrire l'enseignement dans son pays et de le comparer à l'enseignement aux États-Unis

# ✓ Évaluation écrite

*Maintenant jouez le rôle d'Ibrahim, l'élève sénégalais. Écrivez un article que vous allez faxer au journal de votre lycée au Sénégal. Dans cet article parlez de vos impressions du lycée américain; faites votre nouvel emploi du temps; dites si vous aimez vos cours et vos professeurs; et comparez la difficulté des cours, des devoirs et des examens américains et sénégalais. Enfin parlez de vos passe-temps favoris aux États-Unis.*

# ✓ Évaluation visuelle

*Imaginez que vous êtes Francine, une élève canadienne qui vient de déménager à Paris. Écrivez une lettre à Xavier, votre copain québécois, où vous décrivez comment vous avez passé l'été à Paris, la rentrée au lycée Henri IV, ce que vous avez acheté à la librairie et ce que vous allez faire pendant les vacances d'hiver. Utilisez les suggestions dans l'illustration et les nouvelles expressions que vous avez apprises dans l'Unité 1. (Avant de commencer, regardez les sections Révision de fonctions aux pages 52-54 et Vocabulaire à la page 55.)*

# Révision de fonctions

Can you do all of the following tasks in French?

- I can ask questions about what happened in the past.
- I can talk about what happened in the past.
- I can talk about things sequentially.
- I can confirm specific information.
- I can explain why.
- I can give examples.
- I can summarize what has been said.
- I can ask if someone is able to do something.
- I can say that someone is not able to do something.
- I can tell someone to do something.
- I can offer something to someone.
- I can express astonishment.
- I can express enthusiasm.
- I can express emotions.
- I can express what I want.

To inquire about the past, use:

**Tu as rempli** la fiche d'inscription ce matin? — *Did you fill out the registration form this morning?*

**Qu'as-tu acheté?** — *What did you buy?*

To describe past events, use:

**J'ai** souvent **séché** le cours d'algèbre. — *I often skipped algebra class.*

**J'ai dû** passer un examen. — *I had to take a test.*

To sequence events, use:

**Après**, le censeur m'a donné mon emploi du temps. — *After that, the dean gave me my schedule.*

Je suis arrivé **il y a une semaine**. — *I arrived a week ago.*

**Ensuite** je peux aller avec toi à la librairie. — *Next I can go with you to the bookstore.*

To confirm a known fact, use:

**C'est ça.** — *That's right.*

**Bien sûr.** — *Of course.*

To explain something, use:

Ils se sont assis au café **pour** déjeuner et **pour** parler.

*They sat down at the café (in order) to have lunch and (in order) to talk.*

Khadim et ses amis aiment se rejoindre à la bibliothèque pour parler et pour travailler.

To give examples, use:

**Voilà** un cours difficile.
**C'est** le calcul.
On a pu aussi profiter de la saison pour faire des sports d'hiver, **par exemple,** faire de la planche à neige.

*There's a difficult course.*
*It's calculus.*
*One could also take advantage of the season to do winter sports, for example, snowboarding.*

Il faut apprendre les capitales, par exemple, Beijing est la capitale de la Chine.

To summarize, use:

**Alors**, je l'ai raté.
**Enfin**, j'ai réussi.
**Tout ça?**
**Donc**, il faut chercher ces livres aussi.

*So then, I failed it.*
*Finally, I passed.*
*All that?*
*So, I have to get these books too.*

To inquire about ability, use:

**Est-ce que tu peux** venir avec moi?

*Can you come with me?*

To express inability, use:

| | |
|---|---|
| **Je l'ai raté.** | *I failed it.* |
| **Réussir, ce n'est pas facile.** | *Passing isn't easy.* |
| **Je ne peux pas** dormir dans ce cours. | *I can't sleep in this class.* |
| **Il est difficile** à comprendre. | *It's hard to understand.* |
| **Je n'ai pas eu le temps** de tout acheter. | *I didn't have time to buy everything.* |

Les Gambart n'ont pas eu le temps de faire la vaisselle.

To give orders, use:

**Dis-le-moi!**

*Tell (it to) me!*

To offer something, use:

**Je te les donne**, si tu veux.

*I'll give them to you, if you want.*

To express astonishment, use:

**Je n'en reviens pas.**

*I can't get over it.*

**Hein?**

*Huh?*

To express enthusiasm, use:

**Que je suis fana de** ce parc!

*I'm really a fan of this park!*

**C'est ma** fête **favorite.**

*It's my favorite festival.*

To express emotions, use:

**Nous avons rigolé comme des fous.**

*We laughed our heads off.*

To express desire, use:

**Je voudrais** y **aller** avec toi une fois.

*I'd like to go (there) with you once. May I?*

**Je peux?**

Que je suis fana du Carnaval! C'est ma fête favorite.

# Vocabulaire

une **agrafeuse** stapler A
l' **algèbre (f.)** algebra A
une **arcade** arcade B
**auto: une auto tamponneuse** bumper car B
**avoir de la chance** to be lucky B
un **bloc-notes** notepad A
un **bureau** office A
le **calcul** calculus A
un **carnet** notebook A
un **censeur** assistant principal, dean A
**comprendre** to understand A
une **conférence** lecture A
une **consultation** séance, session B
un **directeur, une directrice** principal A
une **dissertation** research paper A
l' **enseignement (m.)** education A
**ensuite** next A
s' **entraîner** to train, to work out B
**essayer** to try B
un **examen** test, exam A
un **exposé** report A
**faire de la luge** to go tobogganing B
**faire de la planche à neige** to go snowboarding B
**faire de la planche à roulettes** to go skateboarding B
**faire du ski de fond** to go cross-country skiing B
**faire un tour de grande roue** to go on the Ferris wheel B
**faire un tour de manège** to go on the merry-go-round B
**faire un tour de montagnes russes** to go on the roller coaster B
un **feutre** felt-tip pen A
une **fiche d'inscription** registration form A
la **fin** end A
une **fois** once B
un **fou, une folle** crazy person B
**gagner** to win B
la **galerie des miroirs déformants** fun house B
la **géométrie** geometry A
une **gomme** eraser A
le **grec** Greek A
**Hein?** Huh? What? B
**heurter** to hit, to run into B
**jamais** ever B
des **jeux d'adresse (m.)** games of skill B

un **labo (laboratoire)** laboratory A
la **lecture** reading A
une **liste** list A
la **littérature** literature A
une **luge** toboggan B
un **lycéen, une lycéenne** high school student A
un **manège** merry-go-round B
un **manuel** textbook A
un **miroir** mirror B
des **montagnes russes (f.)** roller coaster B
la **neige** snow B
une **note** note A
**oral(e)** oral A
un **parc d'attractions** amusement park B
**passer** to take (a test) A
un **passe-temps** pastime A
une **piste** trail, run, track B
une **planche à neige** snowboard B
une **planche à roulettes** skateboard B
**po: les sciences po (f.)** political science A
**rater** to fail A
la **recherche** research A
une **rédaction** composition A
la **rentrée** first day of school A
une **responsabilité** responsibility A
**revenir: Je n'en reviens pas.** I can't get over it. B
**rigoler** to laugh B
**rigoler comme des fous** to laugh like crazy B
une **roue** wheel B
**une grande roue** Ferris wheel B
le **russe** Russian A
une **salle de conférences** lecture hall A
les **sciences po (f.)** political science A
**sécher** to skip (a class) A
le **ski de fond** cross-country skiing B
un **ticket** ticket B
un **trombone** paper clip A
un(e) **voyant(e)** fortuneteller, clairvoyant B

# Unité

# 2

## Les rapports humains

In this unit you will be able to:
- ask for information
- express astonishment and disbelief
- express suspicion
- express emotions
- express concern
- express ridicule
- apologize
- express satisfaction
- write a letter
- tell a story
- describe how things were
- explain something
- describe physical traits
- describe temperament
- tell how you were

www.emcp.com

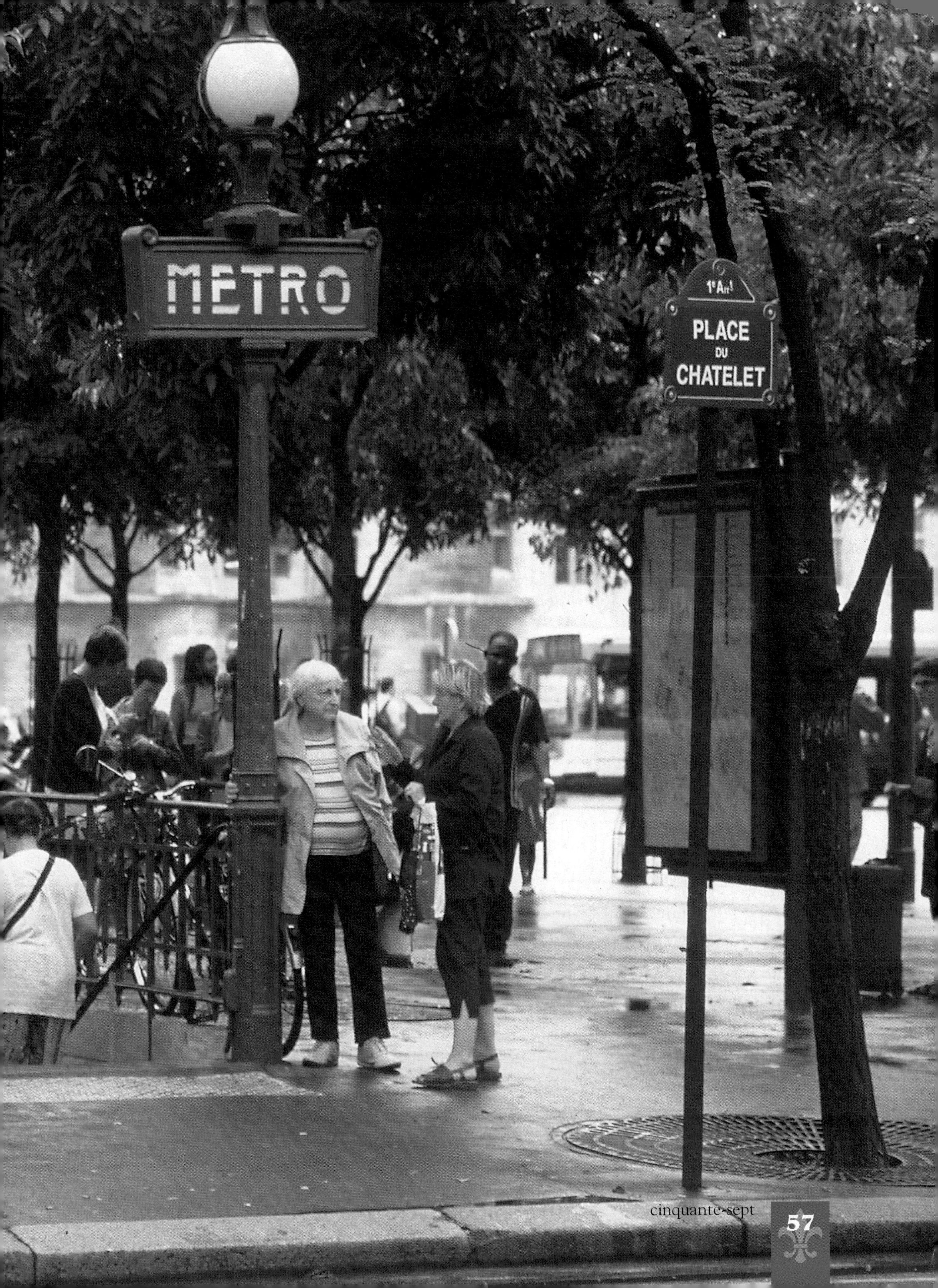

METRO

1ᵉ Arrᵗ
PLACE
DU
CHATELET

# Tes empreintes ici

As-tu jamais perdu quelque chose de spécial? Bien sûr, tu étais triste ou au moins tu n'étais pas content(e).

Est-ce que quelqu'un a jamais été méchant ou pas du tout gentil dans un magasin, à la banque, où tu travailles ou pendant un voyage? Qu'as-tu fait?

As-tu jamais voyagé où on ne parle pas anglais? Il est toujours plus facile de voyager avec un(e) ami(e) qui peut t'aider à résoudre un problème. Si tu avais la chance de voyager avec un(e) ami(e) favori(te), qui est-ce que tu choisirais? Pourquoi?

J'ai la chance de voyager avec mes amis favoris.

# Dossier ouvert

Imagine que tu voyages en Europe avec tes copains français Bénédicte et Sébastien. En Italie Sébastien perd son passeport, mais il ne s'en inquiète pas. Pour rentrer en France, il n'a même pas de problèmes quand il passe au contrôle des passeports. Comment est-ce que c'est possible?

    A. Sébastien a un autre passeport dans sa valise.

    B. Il est sympa et semble innocent. On lui permet de passer.

    C. Il n'a pas besoin de passeport pour aller d'Italie en France.

un récépissé

une ambassade

un commissariat

Monique est souriante.

Elle est fâchée.

Elle est déprimée.

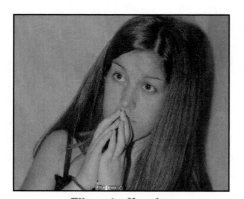

Elle est effrayée.

Elle est épuisée.

Suzanne entre dans sa chambre d'hôtel à Paris. Sa copine Ellen est en train de changer ses vêtements pour sortir parce que c'est son dernier jour à Paris. Demain on rentre aux États-Unis après dix jours passés en France. Suzanne n'est pas souriante. Elle a l'air° épuisé et déprimé.

On m'a volée dans le métro.

Zut! Qu'est-ce qui s'est passé?

Ellen: Mais, dis donc, Suzanne, qu'est-ce que tu as?

Suzanne: Quelle histoire! On m'a volée° dans le métro.

Ellen: Zut! Qu'est-ce qui s'est passé?°

Suzanne: Je vais tout te raconter. Angie, Jim et moi, nous rentrions en métro. Il y avait beaucoup de monde. Tout à coup° un mec m'a demandé l'heure. Son copain était à côté de lui. Je lui ai dit qu'il était 16h00. Je ne sais pas s'il m'a comprise ou pas mais il continuait à répéter la question. Pendant que° le premier mec me demandait l'heure, son copain fouillait° dans mon sac à dos. Il a tout pris.

Ellen: C'est pas vrai! Mais c'est incroyable!°

Suzanne: Attends. Alors, en° sortant du métro, nous avons décidé d'acheter une crêpe. Mais quand j'ai essayé de trouver mon portefeuille dans mon sac à dos, j'ai vu qu'il n'y avait rien, zéro. On a tout pris—mon argent français et américain, mon passeport, mes cartes de crédit, mes chèques de voyage. Alors, en étant effrayée et fâchée, je suis rentrée tout de suite à l'hôtel. J'ai tout raconté à la réceptionniste qui a téléphoné à l'ambassade. On lui a dit qu'il était inutile° de venir à 17h00 samedi après-midi, mais qu'il fallait aller au commissariat faire une déclaration de vol.° Heureusement, Mme Taylor était dans sa chambre, et nous sommes allées ensemble au commissariat.

avoir l'air *to look*; voler *prendre quelque chose d'une autre personne*; se passer *to happen*; tout à coup *suddenly*; pendant que *while*; fouiller *chercher*; incroyable *pas possible à croire*; en *while*; inutile *useless*; un vol *l'action de voler quelque chose*

J'étais contente d'avoir la prof avec moi. Nous y sommes entrées, et Mme Taylor est allée au comptoir pour tout expliquer à l'agent de police. Après quelques minutes un autre agent de police est arrivé. Il nous a invitées à venir nous asseoir dans son petit bureau. Il posait° beaucoup de questions—mon nom, mon adresse, mon anniversaire. L'agent de police m'a aussi demandé comment étaient les deux mecs, leur taille, leur âge et s'ils parlaient avec un accent. Cet agent de police était exigeant,° tu vois. Alors, j'ai répondu qu'ils étaient un peu moches, de taille plutôt° petite que grande, qu'ils avaient les cheveux noirs et les yeux marron, qu'ils n'avaient pas de barbe et qu'ils ne portaient pas de lunettes. Oh, et ils étaient bien habillés.° Le mec qui m'a parlé avait au moins 15 ans. Son français était facile à comprendre. Enfin, l'agent nous a dit qu'on chercherait mes documents et qu'il fallait montrer le récépissé à l'immigration aux États-Unis. L'agent de police était accueillant° et rassurant,° et je me sentais° un peu mieux. Mme Taylor et moi, nous avons remercié l'agent et avons quitté le commissariat. Et me voilà! Quelle imbécile!° Je ne faisais pas attention° dans le métro.

Au commissariat, Mme Taylor a expliqué le vol à l'agent de police.

Le deuxième agent de police était exigeant.

Ellen:      Pauvre Suzanne! Je t'offre quelque chose à boire. Tu veux?

Suzanne:   Oui, s'il te plaît. Tu sais, je vais devoir tout expliquer deux ou trois fois à l'aéroport. C'est si fatigant.°

Ellen:      Ne t'inquiète pas! Tu vas avoir Mme Taylor pour t'aider.

poser *demander*; **exigeant(e)** *demanding*; **plutôt** *rather*; **habillé(e)** *dressed*; **accueillant(e)** *aimable*; **rassurant(e)** *reassuring*; **se sentir** *to feel*; **un(e) imbécile** *idiot*; **faire attention** *to pay attention*; **fatigant(e)** *tiring*

## 1 ▷ Quelle est sa réaction?

*Écrivez la lettre de la phrase qui montre la réaction de Nathalie à chaque situation.*

A. Elle est déprimée.
B. Elle est souriante.
C. Elle est épuisée.
D. Elle est effrayée.
E. Elle est fâchée.

## 2 ▷ Complétez!

*Choisissez l'expression qui complète chaque phrase d'après le dialogue.*

1. Quand Suzanne rentre à l'hôtel, elle a l'air....
   A. souriant      B. rassurant      C. déprimé
2. Dans le métro un mec lui a demandé....
   A. son nom      B. l'heure      C. son adresse
3. Suzanne avait... dans son sac à dos.
   A. ses vêtements      B. son récépissé      C. son portefeuille
4. Il était inutile d'aller....
   A. au commissariat      B. à l'hôtel      C. à l'ambassade
5. L'agent a invité Mme Taylor et Suzanne à venir s'asseoir....
   A. dehors      B. dans son bureau      C. à côté du comptoir
6. L'agent a posé beaucoup de questions; il était....
   A. épuisé      B. accueillant      C. exigeant
7. Les mecs avaient....
   A. des lunettes      B. les yeux marron      C. un accent
8. Il fallait montrer... à l'immigration.
   A. des documents      B. le récépissé      C. la déclaration de vol
9. Suzanne... dans le métro.
   A. faisait de la musculation      B. faisait la queue      C. ne faisait pas attention

Dans le métro, un mec a volé le portefeuille de Suzanne.

**En ce cas...**

*Choisissez la phrase à droite qui suit logiquement chaque phrase à gauche.*

1. On répond aux questions et on écoute le prof.
2. On est de Marseille. On ne parle pas comme quelqu'un qui est de Paris.
3. On dit "Bienvenue!"
4. On dit quelque chose deux fois.
5. On a peur des lions.
6. On a un passeport, un récépissé et un permis de conduire.
7. On fait ses devoirs depuis cinq heures.
8. On fait une déclaration de vol.

A. On répète.
B. On est épuisé.
C. On a ses documents.
D. On a un accent.
E. On est au commissariat.
F. On est effrayé.
G. On est accueillant.
H. On fait attention.

Jean-Paul est épuisé parce qu'il vient de s'entraîner.

4 **C'est à toi!**

*Questions personnelles.*

1. Ton professeur de français, il a l'air comment aujourd'hui?
2. Est-ce que tu fais bien attention aux gens dans la rue? Peux-tu les décrire?
3. Est-ce qu'on t'a jamais volé(e)? Si oui, où? Quoi?
4. Est-ce que tu as jamais perdu quelque chose qu'il fallait avoir? Si oui, qu'est-ce que tu as fait?
5. Si tu as jamais voyagé, quels sont les documents que tu avais sur toi?
6. Si tu avais un problème pendant un voyage, à qui est-ce que tu demanderais de l'aide? Pourquoi?
7. Est-ce que tu as jamais voyagé en France? Si oui, où?
8. Si tu as déjà voyagé dans un autre pays, comment étaient les gens? Ils étaient accueillants?

Les ados français sont accueillants.

## Votre passeport

Quand vous voyagez, votre passeport est très important parce qu'il aide à vous identifier quand vous passez à la douane, quand vous arrivez à l'hôtel et quand vous touchez vos chèques de voyage. Ne le perdez pas! Mettez votre passeport et vos autres papiers importants (chèques de voyage, argent, cartes de crédit) où ils ne sont pas visibles. Vous devez contacter l'ambassade ou le consulat américain tout de suite si vous perdez ou si on vous vole un passeport américain. L'ambassade américaine à Paris est à 2, avenue Gabriel, près de la place de la Concorde. Vous devez aussi faire une déclaration de vol à la police.

La banque va rembourser M. Olson parce qu'on a volé ses chèques de voyage.

## Vos chèques de voyage

C'est une bonne idée aussi d'avoir des chèques de voyage. Si vous les perdez ou si on vous les vole, vous pouvez chercher un remboursement au bureau de la compagnie ou à la banque.

HÔTEL REGINA
★★★★

2, PLACE DES PYRAMIDES - 75001 PARIS
TÉL. : 01 42 60 31 10 - FAX : 01 40 15 95 16

## Votre hôtel

Il est toujours important de savoir le nom et l'adresse de votre hôtel. Beaucoup d'hôtels offrent une petite carte avec le nom, l'adresse et le numéro de téléphone de l'hôtel. Vous pouvez montrer cette carte à un chauffeur de taxi pour rentrer à votre hôtel.

## Le métro

Il y a 14 lignes de métro qui traversent la ville de Paris et offrent aux voyageurs un système de transport très rapide et bon marché. Avec 380 stations de métro à l'intérieur de Paris, on n'est jamais loin d'une "bouche de métro." Vous prenez le train qui va en direction de la station à la fin de la ligne. Vous pouvez changer de train et

Bir Hakeim, une bouche de métro qui est près de la tour Eiffel, est l'une des 380 stations de métro à l'intérieur de Paris.

changer de ligne pour sortir à la station près de votre destination. À beaucoup de stations de métro, il y a deux ou trois lignes qui se rejoignent. En ce cas, cherchez le panneau "Correspondance" qui indique les autres lignes qui sortent de la station.

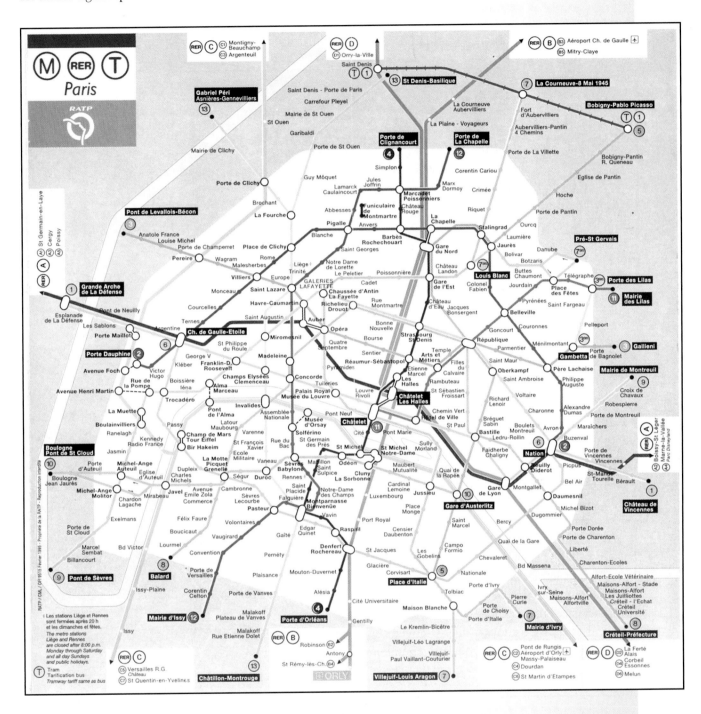

Si vous allez passer quelques jours à Paris, vous voudrez certainement acheter un ticket spécial pour le métro. La carte "Paris Visite" est valide pour un, deux, trois ou cinq jours. Elle vous donne accès à tous les transports en commun: métro, R.E.R., train, bus. Vous pouvez acheter la "Carte Orange" pour une semaine ou pour un mois de voyages en métro. Ces tickets sont aussi valides pour l'autobus et le R.E.R. dans certaines zones. Bien sûr, vous pouvez toujours acheter un ticket simple ou un carnet (dix tickets).

Les cartes "Paris Visite" et "Carte Orange" sont aussi valides pour le bus.

## 5 ▸ En voyage

*Répondez aux questions suivantes.*

1. Pourquoi est-ce que votre passeport est très important quand vous voyagez?
2. Où doit-on mettre le passeport?
3. Qu'est-ce qu'on doit faire si on perd le passeport?
4. Qu'est-ce qu'on peut faire si on lui vole ses chèques de voyage?
5. Qu'est-ce que les clients peuvent demander à la réception de leur hôtel pour savoir tous les détails importants?
6. Combien de stations de métro y a-t-il à Paris?
7. Quel panneau faut-il suivre pour changer de ligne dans le métro?
8. Pour combien de jours est-ce que la carte "Paris Visite" reste valide?
9. Les Parisiens qui voyagent souvent en métro, quelle carte est-ce qu'ils achètent généralement?
10. Combien de tickets y a-t-il dans un carnet?

## 6 ▸ Déclaration de vol

Comme vous savez déjà, Suzanne a dû aller au commissariat faire une déclaration de vol après qu'on l'a volée dans le métro. Regardez la déclaration que l'agent de police a remplie. Puis répondez aux questions.

---

**MINISTÈRE DE L'INTÉRIEUR ET DE LA SÉCURITÉ PUBLIQUE**

DIRECTION GÉNÉRALE DE LA POLICE NATIONALE

RÉPUBLIQUE FRANÇAISE
*Liberté Égalité Fraternité*

**Commissariat de Voie Publique**

**9, Rue Fabert
75007 PARIS
Tél.: 01 44 18 69 07
Fax: 01 44 18 33 87**

| CODE INSEE DU SERVICE | Dept | Commune | N° du Service |
|---|---|---|---|
| | 75 | | |

**1 RÉCÉPISSÉ DE DÉCLARATION DE**

- [X] VOL À LA TIRE
- [ ] VOL À L'ÉTALAGE OU DANS UN TIROIR-CAISSE
- [ ] VOL DANS UN APPAREIL AUTOMATIQUE
- [ ] AUTRE VOL SIMPLE
- [ ] FILOUTERIE

**2** L'an deux mil __sept__
le __Vingt-quatre mars__ à __Dix-sept__ heures __quinze__
Nous __CRAVEAU Éric, Gardien de la Paix__
__Officier__ X Agent de police Judiciaire, en fonction à __Paris 7e__
dressons procès-verbal de la plainte ci-dessous

**3 PLAINTE** (L'ÉTAT-CIVIL DU PLAIGNANT DOIT ÊTRE RELEVÉ SUR UNE PIÈCE D'IDENTITÉ OFFICIELLE)

SERVICE DE RÉCEPTION DE LA PLAINTE          DATE ET HEURE
__7e Arrdt__                                __17 heures 15__
PRÉNOM, NOM, GRADE DU RÉDACTEUR
__CRAVEAU Éric, Gardien de la Paix__
(ÉVENTUELLEMENT NOM DE JEUNE FILLE SUIVI DU NOM D'ÉPOUSE ET PRÉNOMS)

Je soussigné(e) __WEILER Suzanne__
né(e) le __14/11/90__ à __HOUSTON (Texas)__
nationalité __Américaine__ profession __Étudiante__
demeurant __P.O. Box 1235 BROOKSHIRE, TEXAS 77423 USA__

DÉPOSE PLAINTE CONTRE INCONNU POUR LES FAITS RELATES     (REMPLIR LA RUBRIQUE VICTIME SI LE PLAIGNANT AGIT POUR LE COMPTE D'AUTRUI)

| | |
|---|---|
| VICTIME | NOM ET PRÉNOMS (OU RAISON SOCIALE) **WEILER Suzanne** |
| DATE ET LIEU DE NAISSANCE | **14/11/90 HOUSTON TEXAS** NATIONALITÉ **Américaine** |
| ADRESSE | **P.O. Box 1235 BROOKSHIRE TEXAS 77423 USA** |
| CODE POSTAL ET COMMUNE | TÉLÉPHONE |
| DATE EXACTE OU PRÉSUMÉE | JOUR, MOIS, AN, HEURE OU MOMENT **24/03/07 vers 16 heures** |
| NATURE DU JOUR | L M W J V **X** D In ☐ VEILLE DE FÊTE LÉGALE OU CONGÉS SCOLAIRES ☐ PÉRIODE DE FÊTE LÉGALE OU CONGÉS SCOLAIRES ☐ JOUR DE FÊTE OU DE MANIFESTATION LOCALE |
| LIEU INFRACTION | **75 PARIS 7e Métro La Tour Maubourg** NATURE DU LIEU **Métro** (EX. AUTOBUS, BUREAU DE POSTE, MARCHÉ...) |
| OBJETS VOLÉS | DIFFÉRENCIER LES OBJETS PAR VICTIME, NATURE, MARQUE, NUMÉRO(S), CARACTÉRISTIQUES, ÉTAT-CIVIL COMPLET DE TOUTES LES VICTIMES **Un passeport de nationalité américaine au nom de WEILER Suzanne N° 131082315, une somme de 18 dollars américains, 180 dollars en chèques de voyage, et 30 euros, une MasterCard Gold et un permis de conduire de Texas avec photographie.** |
| MODE OPÉRATOIRE PRÉCISIONS COMPLÉMENTAIRES | **Deux individus de type méditerranéen d'environ une quinzaine d'années. L'un demande l'heure pendant que l'autre fouille dans le sac à dos.** |

---

1. Quelle est l'adresse du commissariat où Suzanne est allée?
2. Quelle est la date du vol?
3. À quelle heure est-ce qu'on l'a volée, et à quelle heure a-t-elle fait sa déclaration au commissariat?
4. Comment s'appelle l'agent de police qui a rempli la déclaration?
5. Quel est le nom de famille de Suzanne?
6. Où et quand est-elle née?
7. Quelle est son adresse aux États-Unis?
8. À quelle station de métro est-ce qu'on l'a volée?
9. Quels sont les six choses spécifiques qu'on a volées à Suzanne?
10. Selon la description physique que Suzanne a donnée, comment l'agent a-t-il décrit les deux hommes?

## Journal personnel

Much of our modern society is based on numbers and papers—we carry driver's licenses, passports, credit cards, traveler's checks, social security numbers and personal identification numbers. But what happens if you lose one of them? The French also carry a **carte d'identité**, a sort of national identity card that contains the same information found on a passport. Have you read any stories or seen any movies in which this card plays a crucial part? Do you think U.S. citizens should be required to carry such a card? What are the advantages and disadvantages of having one? Write your responses to these questions in your cultural journal.

## Imperfect tense

The **imparfait** (*imperfect*) is another tense used to talk about the past. You use the imperfect to describe how people or things were and to describe repeated or habitual actions in the past.

Ce mec **parlait** avec un accent.     *This guy spoke with an accent.*

To form the imperfect, add the endings **-ais**, **-ais**, **-ait**, **-ions**, **-iez** and **-aient** to the stem of the present tense **nous** form. The verb **être** has an irregular stem: **ét-**.

Ils ne **portaient** pas de lunettes, et ils **étaient** bien habillés.     *They didn't wear glasses, and they were well dressed.*

The imperfect is used to describe:

- people or things as they were or used to be

  Cet agent de police **était** exigeant.     *This police officer was demanding.*
  Je **me sentais** un peu mieux.     *I felt a little better.*

- conditions as they were or used to be

  Il **fallait** montrer le récépissé à l'immigration.     *It was necessary to show the receipt at immigration.*
  Il n'y **avait** rien.     *There was nothing there.*

- actions that took place repeatedly or regularly in the past

  Son copain **fouillait** dans mon sac à dos.     *His friend was going through my backpack.*
  Il **continuait** à répéter la question.     *He continued to repeat the question.*

Tous les matins Xavier achetait deux baguettes à la boulangerie. (Bayonne)

**7** **Dans le métro**

*Était-on une victime facile? Dites ce que tout le monde faisait dans le métro quand des hommes suspects y sont arrivés. Pour chaque phrase utilisez le verbe convenable de la liste suivante.*

| | | | | |
|---|---|---|---|---|
| fouiller | rigoler | regarder | boire | lire |
| se maquiller | dormir | manger | ouvrir | |

**Modèle:**

Malick et Pierre regardaient
un plan de métro.

## 8 ▶ En partenaires

 *Avec un(e) partenaire, jouez les rôles d'un agent de police et d'un témoin (witness) d'un crime. L'agent de police pose des questions au témoin, et le témoin choisit une réponse logique de la liste suivante. Suivez le modèle.*

| | |
|---|---|
| vouloir acheter une agrafeuse | avoir faim |
| envoyer des cartes postales | traverser la rue |
| aller voir une comédie au cinéma | être en retard |
| désirer des tartes aux cerises | avoir soif |
| finir de manger | |

**Modèle:**

Raoul/attendre devant la librairie
L'agent de police: **Pourquoi est-ce que Raoul attendait devant la librairie?**
Le témoin: **Il voulait acheter une agrafeuse.**

1. Sophie et Martine/chercher un restaurant
2. Julianne et toi/boire du café
3. tu/prendre l'addition
4. les filles/entrer dans la pâtisserie
5. Laurent/acheter des timbres
6. la vieille dame/regarder la circulation
7. les trois mecs/faire la queue devant le guichet
8. Mme Javel/téléphoner à son mari

## 9 ▶ Séance d'identification

*Il y avait quatre personnes qui vous ont volé(e) hier soir. D'après vos souvenirs (recollections), décrivez chaque personne à la police.*

**Modèle:**

**D'abord, il y avait un ado de 16 ans.**
**Il était petit, et il portait un anorak....**

# Present participle

The present participle is a verb form that ends in **-ant**. This ending corresponds to the suffix *-ing* in English. To form the present participle, add **-ant** to the stem of the present tense **nous** form of the verb.

| Verb | Present Participle |
|---|---|
| entrer | **entrant** |
| aller | **allant** |
| offrir | **offrant** |
| sortir | **sortant** |
| répondre | **répondant** |
| dire | **disant** |

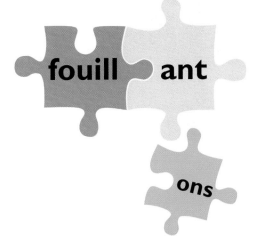

Three infinitives have irregular present participles: **avoir → ayant, être → étant, savoir → sachant**.

The preposition **en** usually precedes the present participle. **En** means "while," "upon," "in" or "on" if the two actions in the sentence take place at the same time.

**En sortant** du métro, nous avons décidé d'acheter une crêpe.

*Upon getting off the subway, we decided to buy a crêpe.*

**En rentrant** à l'hôtel, Suzanne avait l'air épuisé.

*On returning to the hotel, Suzanne looked exhausted.*

Les femmes se parlent en mangeant des moules.

**En** means "by" if a cause-and-effect relationship is expressed.

**En essayant** des jeux d'adresse, j'ai gagné 20 euros.

*By trying some games of skill, I won 20 euros.*

En faisant de l'exercice, Claire est devenue plus forte et plus mince.

# Pratique

## 10 Choisissez!

*Votre grand-père fait toujours des remarques très sages* (wise). *Complétez chaque phrase en utilisant le verbe convenable de la liste suivante.*

| profiter | courir | flâner | avoir | savoir |
|---|---|---|---|---|
| être | donner | travailler | poser | |

1. En... des questions, on comprend.
2. En... lire, on connaît beaucoup de choses.
3. En... dur, on réussit.
4. En... égoïste, on n'a pas beaucoup d'amis.
5. En... un coup de main à quelqu'un qui n'a rien, on reçoit beaucoup.
6. En... envie d'être riche, on devient pauvre.
7. En... de la vie au maximum, on n'est jamais déprimé.
8. En..., on voit tout; en..., on ne voit rien.

En parlant, on n'apprend rien; en écoutant, on apprend beaucoup.

*Julianne a perdu beaucoup de choses hier. Dites ce qu'elle a perdu pendant qu'elle faisait ce qui est illustré. Suivez le modèle.*

**Modèle:**

En quittant la maison,
Julianne a perdu ses gants.

1.

2.

3.

4.

5.

6.

7.

## 12 ► En partenaires

*Avec un(e) partenaire, posez des questions sur ce que vous faites pendant que vous faites d'autres choses. Puis répondez aux questions. Suivez le modèle.*

**Modèle:**

manger/parler au téléphone
A: **Est-ce que tu manges en parlant au téléphone?**
B: **Non, je ne mange pas en parlant au téléphone. Et toi, est-ce que tu manges en parlant au téléphone?**
A: **Oui, je mange en parlant au téléphone.**

1. finir tes devoirs/regarder la télé
2. se regarder dans la glace/se brosser les cheveux
3. dire à tes parents où tu vas/sortir
4. faire attention/conduire
5. faire de l'aérobic/écouter de la musique
6. téléphoner à des amis/faire du baby-sitting
7. prendre des photos/fêter l'anniversaire d'un(e) ami(e)
8. s'amuser/visiter un parc d'attractions

Est-ce que tu fais attention en conduisant?

Est-ce que ces Parisiens font attention à leurs affaires (*belongings*) en prenant le métro?

# Communication

## 13 > À vous de jouer!

*Avec un(e) partenaire, jouez les rôles de deux personnes au commissariat. L'Élève A joue le rôle d'un témoin d'un vol. L'Élève B joue le rôle d'un agent de police. Pendant votre conversation, l'agent de police demande au témoin de décrire le suspect. L'agent de police veut savoir des détails sur:*

1. sa taille
2. son âge
3. la couleur de ses cheveux
4. la couleur de ses yeux
5. sa voix
6. s'il parlait avec un accent
7. s'il avait une barbe
8. s'il portait des lunettes
9. comment il était habillé
10. quel air il avait
11. si quelqu'un était avec lui

*À la fin de votre conversation, l'agent de police remercie le témoin de son aide.*

Merci, Monsieur.

Et il n'y avait personne avec lui.

## 14 > Au voleur!

*Imaginez que vous êtes un écrivain célèbre et que vous êtes prêt(e) à commencer votre prochain roman policier. Le sujet de cette intrigue policière est le vol d'un objet d'art. Vous vous préparez à écrire en pensant aux circonstances du vol. Faites une liste des détails du crime en utilisant les questions suivantes comme guide.*

1. Quel objet d'art est-ce qu'on a volé?
2. Comment s'appelle la personne qui l'a pris?
3. Cette personne, était-elle petite ou grande? Jeune ou âgée? Grosse ou mince?
4. Avait-elle les cheveux blonds, bruns, noirs ou roux?
5. Que portait-elle?
6. Comment a-t-elle volé l'objet d'art?
7. Avait-elle quelque chose à la main?
8. D'où ou de qui est-ce qu'elle l'a pris?
9. Quand l'a-t-elle pris?
10. Est-ce que quelqu'un l'a vue?

## 15 > Mon roman policier

*Maintenant utilisez votre liste des détails du crime dans l'Activité 14 pour écrire le premier paragraphe de votre roman policier. Pour vous aider à faire les transitions entre les phrases, utilisez les expressions comme **d'abord**, **puis**, **ensuite**, **alors**, **de plus**, **enfin**, etc.*

# Narrating

When Suzanne relates her misadventure in **le métro**, she is narrating. Narrating is simply telling a story. It can take the form of fiction, like a short story or novel, or nonfiction, like a biography or memoir. Both types of narrative writing have similar features. We learn whom the story is about and where it takes place, a complication or problem is introduced and events are described that lead to its eventual resolution.

Here are some tips on writing a fictional narrative, using Suzanne's story as a model.

## Narrative Plan

| | |
|---|---|
| **Introduce a main charagter** | Suzanne, American student |
| **Describe the setting** | **l'hôtel**, **le métro** and **le commissariat** in Paris |
| **Introduce a complication** | Suzanne's money, passport, credit cards and traveler's checks are stolen. How will she be able to reenter the U.S. without a passport? |
| **List events in chronological order that advance the plot** | Event 1 - encounter with two boys in **le métro** |
| | Event 2 - discovery of theft while trying to buy **une crêpe** |
| | Event 3 - help sought from receptionist and **l'ambassade** |
| | Event 4 - help sought from Mme Taylor and **les agents de  police** |
| **Suggest the resolution** | **le récépissé** will allow Suzanne to reenter the U.S. |

Note that in Suzanne's story, dialogue brings her character to life and advances the plot. Dialogue is written from a first-person point of view that allows you to hear the thoughts of the character. Good dialogue reflects the character's age, personality and educational background.

After placing quotation marks around a line of dialogue, write a tag line, or the words that identify the speaker, such as "a dit l'agent de police." If you use a pronoun subject like **il** or **elle**, invert this pronoun subject and the verb and separate them with **-t-**, for example, " 'Pauvre Suzanne,' a-t-elle dit."

**16** ▸ **Une narration**

*C'est à vous d'écrire une narration! Racontez l'action d'un film ou d'une émission que vous avez vue ou d'un livre que vous avez lu. (Si vous préférez, vous pouvez créer une histoire.) Suivez le plan narratif à cette page.*

Vocabulaire

un chef

une employée

un employé

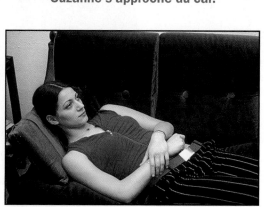

Suzanne s'approche du car.

Elle se tait.

Elle se fâche.

Elle se repose.

Une fois rentrée aux États-Unis, Suzanne écrit une lettre à ses grands-parents au Canada pour leur raconter le drame à l'aéroport.

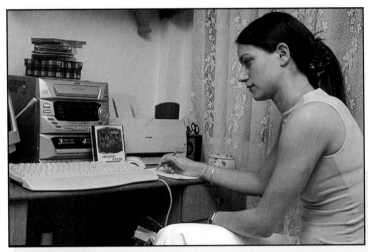

*le 30 mars*

*Mes chers grands-parents,*

*Je ne vous ai raconté au téléphone que° le début° de mes problèmes en rentrant aux États-Unis. Voilà la fin de l'histoire. Le jour après le vol dans le métro, mes copains et moi, nous sommes descendus à la réception, et le car° est arrivé à l'heure. En allant à l'aéroport, nous nous sommes bien amusés à nous rappeler° tous les endroits° que nous avons aimés. Aucun° de nous ne voulait rentrer aux États-Unis.*

*À l'aéroport tout le monde a fait la queue au comptoir d'Air France. D'abord il fallait montrer nos passeports et nos billets. Quand l'employé s'est approché de moi, j'ai commencé à m'inquiéter. Mme Taylor restait à côté de moi. Quand j'ai dit à l'employé que je n'avais plus mon passeport, il nous a emmenées, Mme Taylor et moi, au bureau de son chef. Elle avait l'air occupé. Je ne sais pas pourquoi, mais je me méfiais° d'elle. Mme Taylor lui a raconté l'histoire, puis le chef a*

**ne (n')... que** seulement; **le début** pas la fin; **un car**
un bus pour les touristes; **se rappeler** *to remember*;
**un endroit** *place*; **aucun(e)... ne (n')** *not one*;
**se méfier de** *to distrust*

Suzanne? À l'aéroport il lui a fallu montrer son passeport à l'employé,
mais elle ne l'avait plus.

téléphoné à l'ambassade. On m'a posé beaucoup de questions, par exemple, le nom de jeune fille° de ma mère. Personne ne° pouvait m'aider à répondre à des questions comme ça... même pas Mme Taylor. Heureusement, on était satisfait de mes réponses. Ensuite le chef a regardé le récépissé. Puisque° je ne suis pas allée à l'ambassade, je vais être obligée de payer une amende de 100 dollars à l'immigration aux États-Unis. Mme Taylor s'est fâchée et a expliqué que je n'avais ni argent français ni° argent américain. Moi, je me suis tue. Ce problème de l'immigration, je n'y ai rien compris.

Finalement, une employée nous a aidées à faire enregistrer nos bagages. Puis c'était le moment de passer à la police française. Mme Taylor a dû expliquer l'histoire une deuxième fois. Bien sûr, rien n'était surprenant° pour l'agent de police. Après, nous avons trouvé les autres. On s'est reposé un peu, puis on est allé à la porte d'embarquement. Et voilà un autre contrôle de sécurité! Pauvre Mme Taylor! Ni° elle ni moi n'étions calmes. J'ai dit que je regrettais tous ces problèmes. Enfin nous sommes montées dans l'avion et il a décollé.

Quand nous sommes arrivées à l'immigration aux États-Unis, nous avons raconté l'histoire et avons montré le récépissé une quatrième fois. L'agent a expliqué que je pouvais payer l'amende par courrier. Je n'avais aucune° idée que mon passeport était si important.

Alors, la fin de l'histoire? Tout est bien qui finit bien. Ellen et moi, nous nous sommes si bien entendues° que nous allons être camarades de chambre à l'université l'année prochaine. Et la police de Paris m'a envoyé mon passeport, mes cartes de crédit et mes chèques de voyage. Quelle chance! Je ne m'attendais° pas à une fin si heureuse. À bientôt!

Grosses bises,
Suzanne

Finalement, Suzanne a fait enregistrer ses bagages.

le nom de jeune fille le nom d'une femme avant son mariage; **personne ne (n')** *no one;* **puisque** *since;* **ne (n')... ni... ni...** *neither . . . nor;* **surprenant(e)** quelque chose qui est une surprise; **ni... ni... ne (n')...** *neither . . . nor;* **ne (n')... aucun(e)** *no;* **s'entendre** *to get along;* **s'attendre à** *to expect*

# 1   L'histoire de Suzanne

*Écrivez "oui" si l'événement s'est passé à l'aéroport. Si non, écrivez "non."*

# 2   Le voyage de Suzanne

*Répondez par "vrai" ou "faux" d'après la lettre de Suzanne.*

1. Les élèves ont pris un taxi pour aller de l'hôtel à l'aéroport.
2. Tous les élèves voulaient rentrer aux États-Unis.
3. À l'ambassade on était satisfait des réponses de Suzanne.
4. Suzanne doit payer une amende parce qu'elle est allée à l'ambassade.
5. Suzanne n'avait ni argent américain ni argent français pour payer l'amende.
6. Mme Taylor s'est tue parce qu'elle n'y a rien compris.
7. Mme Taylor a expliqué l'histoire quatre fois.
8. Suzanne ne pouvait pas payer l'amende par courrier.
9. La police de Paris a tout envoyé à Suzanne sauf ses dollars et ses euros.

Les élèves ont pris un car pour aller de l'hôtel à l'aéroport.

En arrivant au bureau du chef, Mme Taylor a expliqué l'histoire.

## 3  Au contraire!

*Choisissez l'expression à droite qui est le contraire de l'expression à gauche.*

| | |
|---|---|
| 1. le début | A. demander |
| 2. tout le monde | B. s'approcher (de) |
| 3. un(e) employé(e) | C. se fâcher |
| 4. être calme | D. personne ne (n') |
| 5. parler beaucoup | E. une réponse |
| 6. répondre | F. se taire |
| 7. rien ne (n') | G. la fin |
| 8. une question | H. satisfait(e) de |
| 9. quitter | I. un chef |
| 10. pas content(e) avec | J. quelque chose |

Les élèves se taisent en étudiant à la bibliothèque.

## 4  C'est à toi!

*Questions personnelles.*

1. Est-ce que tu as jamais eu un problème à l'aéroport? Si oui, quel problème? À qui as-tu demandé de l'aide? Comment te sentais-tu?
2. Est-ce que tu as jamais payé une amende? Si oui, pourquoi?
3. Quel endroit aux États-Unis aimes-tu le mieux?
4. Est-ce que tu écris souvent des lettres? Si oui, à qui écris-tu?
5. Est-ce que tu t'entends bien avec ton frère ou ta sœur? Pourquoi ou pourquoi pas?
6. Est-ce que tu te fâches souvent? Si oui, quand?
7. Est-ce que tu te méfies de quelqu'un? Si oui, de qui? Pourquoi?
8. Qu'est-ce qui est très important dans ta vie?

Quel es ton endroit préféré?

Adja s'entend bien avec sa sœur.

## Le passeport

Quand vous partez en voyage international, ne mettez pas votre passeport dans votre valise! Vous allez en avoir besoin pendant le voyage. Il vous faut montrer le passeport au comptoir quand vous présentez votre billet. À la douane aussi vous devez le montrer au douanier ou à la douanière.

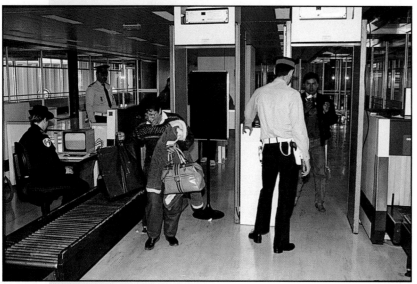

La Police de l'Air et des Frontières vérifient que les voyageurs n'ont pas d'armes. (Paris)

## Au contrôle de sécurité

Chaque aéroport a un contrôle de sécurité qui vérifie que l'on n'a ni armes ni autre contrebande. Les contrôleurs regardent dans les valises, les sacs à dos et les sacs à main à l'aide des rayons X. Les rayons X ne sont pas dangereux pour les films ou les disquettes. Les passagers passent par une porte spéciale qui détermine si on a des objets en métal, par exemple, un revolver ou un couteau.

## L'Union européenne

Dans les aéroports européens il y a deux portes d'entrée: une porte pour les habitants des pays de l'Union européenne et une autre porte pour les voyageurs qui ne viennent pas d'un pays membre. Presque tous les pays de l'Europe participent à l'Union européenne. Les habitants des pays membres n'ont pas besoin de passeport pour aller d'un pays à l'autre. Entre les pays membres il y a aussi moins de taxes sur les importations et les exportations. L'Union européenne a commencé un système d'argent commun avec "l'euro."

# La police

L'ordre public est assuré par la police nationale et la police municipale, qui ont des fonctions différentes. La police nationale s'occupe de la criminalité, de la circulation sur les grandes routes, de la sécurité dans les villes et de l'entrée en France. La police municipale contrôle la circulation locale des véhicules, vérifie les identités et remplit d'autres fonctions administratives et locales. Généralement il y a un commissariat de police municipale dans les villes. Enfin, la C.R.S. (Compagnie Républicaine de Sécurité) est chargée de la sécurité du pays et de l'ordre public. Ses agents sont souvent présents à des démonstrations publiques.

La police municipale arrête une voiture en infraction.

## L'inspecteur Maigret

Le policier le plus célèbre du monde n'est pas un vrai policier du tout! C'est l'inspecteur Maigret dans les romans policiers de l'écrivain belge Georges Simenon (1903-89). Simenon a écrit plus de 200 intrigues policières où Maigret essaie de résoudre des crimes à Paris. Les livres de Simenon existent non seulement en français mais en plus de 30 autres langues.

Simenon écrit dans sa maison à Lausanne, en Suisse.

## 5   En voyage et la police

*Répondez aux questions suivantes.*

1. Où faut-il montrer son passeport quand on part en voyage international?
2. Qu'est-ce qu'on vérifie au contrôle de sécurité?
3. Comment est-ce que les contrôleurs de sécurité regardent dans les valises, les sacs à dos et les sacs à main?
4. Qui participe à l'Union européenne?
5. Qui n'a pas besoin de passeport?
6. Comment s'appelle la monnaie qu'on emploie dans les pays membres de l'Union européenne?
7. Est-ce qu'on trouve la police municipale ou nationale à l'aéroport?
8. Comment s'appelle la station de police?
9. M. Maigret, est-ce un écrivain belge?
10. En combien de langues peut-on lire les romans policiers de Simenon?

M. Schneider, membre de la police nationale, travaille pour un commissariat franco-allemand à Strasbourg.

TÉLÉFILM **20.50**
**LES VACANCES DE MAIGRET**

Mansuy (Ronny Coutteure) et *Maigret* (Bruno Cremer)

## Journal personnel

Traveler's checks, credit cards, security checks, X rays, passport control, customs, immigration, embassies and police of every kind! Travelers need a variety of ways to protect themselves. Why? Are travelers more prey to crime than others? Would you stand the same chance of being robbed in your hometown as in a very large American city? As in a very large French-speaking city? What protective measures can travelers take to avoid robbery and other crimes? Should you take the same steps when you are at home? Write your responses to these questions in your cultural journal.

**Langue active**

## Reflexive verbs

Reflexive verbs describe actions that the subject performs on or for itself. Reflexive pronouns (**me**, **te**, **se**, **nous**, **vous**) are used with reflexive verbs and represent the same person or thing as the subject.

Est-ce que tu te méfies des agents de police?

| | |
|---|---|
| Vous **vous reposez** avant votre vol? | *Are you resting before your flight?* |
| Oui, nous **nous asseyons** près de la porte d'embarquement. | *Yes, we're sitting down near the departure gate.* |
| Tu **t'inquiètes**? | *Are you worried?* |
| Non, je **me sens** beaucoup mieux maintenant. | *No, I'm feeling much better now.* |

In an affirmative, negative or interrogative sentence, the reflexive pronoun comes directly before the verb. In an affirmative command, the reflexive pronoun follows the verb. But in a negative command, it precedes the verb.

| | |
|---|---|
| **Te méfies**-tu de cette fille? | *Do you distrust this girl?* |
| Oui, un peu. Nous ne **nous entendons** pas très bien. | *Yes, a little. We aren't getting along very well.* |
| Geneviève, **tais-toi**! | *Geneviève, be quiet!* |

The **passé composé** of reflexive verbs is formed with **être**. The past participle usually agrees in gender and in number with the subject.

| | |
|---|---|
| En allant à l'aéroport, les copains **se sont** bien **amusés**. | *While going to the airport, the friends really had a good time.* |
| Nous **nous sommes tues** parce que nous n'avons pas compris. | *We were quiet because we didn't understand.* |

However, if a direct object follows the verb, there is no agreement between the past participle and the subject.

| | |
|---|---|
| Suzanne s'est **rappelé** tous les endroits qu'elle a aimés. | *Suzanne remembered all the places that she liked.* |

In an affirmative, negative or interrogative sentence in the **passé composé**, the reflexive pronoun comes directly before the form of **être**.

| | |
|---|---|
| Pourquoi **t'es**-tu fâchée, Marie? | *Why did you get angry, Marie?* |
| Parce que je ne **me** suis pas réveillée à l'heure. | *Because I didn't wake up on time.* |

Des ados se sont reposés à la terrasse d'un café.

## Pratique

**6** **Que fait-on pour se préparer?**

*Dites ce que vous et vos amis faites pour vous préparer pour aller en boîte ce soir.*

**Modèle:**

Jean-Marc/se peigner
**Jean-Marc se peigne.**

1. je/se dépêcher
2. David et Abdou/se raser
3. Denise et moi, nous/se regarder dans la glace
4. Daniel et toi, vous/se brosser les dents et les cheveux
5. Sylvie et Christiane/se rappeler la dernière fois
6. tu/se reposer un peu
7. Sabine/s'attendre à un soir extra

*Pour se préparer, Denise se regarde dans la glace.*

**7** **Une enquête**

*Faites une enquête où vous posez des questions à trois élèves sur leurs émotions. Copiez la grille suivante. Posez les questions indiquées à chaque élève. Puis écrivez sa réponse dans l'espace blanc convenable.*

| | Fabienne | Charles | Ahmed |
|---|---|---|---|
| quand/s'inquiéter | *quand elle pense au bac* | | |
| quand/se fâcher | | | |
| de qui/se méfier | | | |
| avec qui/s'entendre bien | | | |
| qu'est-ce que/se rappeler | | | |
| où/s'amuser bien | | | |

**Modèle:**

Sara:  **Quand est-ce que tu t'inquiètes?**
Fabienne: **Je m'inquiète quand je pense au bac.**

## Sont-ils prêts à partir?

*Les Roget sont à l'aéroport, prêts à partir en vacances. Dites si les membres de la famille ont fait les choses suivantes avant d'arriver à l'aéroport.*

**Modèle:**

Mme Roget/se maquiller
**Mme Roget s'est maquillée.**

1. Delphine/se réveiller
2. Chloé et Michèle/se laver la figure
3. M. Roget et Philippe/se raser
4. Chloé et Michèle/s'habiller bien
5. Mme Roget/se peigner
6. Philippe/bien se reposer
7. M. Roget/se brosser les cheveux
8. M. et Mme Roget/s'habiller bien

## 9 Des conseils

*On annonce le vol des Roget à la porte d'embarquement. Dites aux membres de la famille de faire ou de ne pas faire ce qui est indiqué avant de monter dans l'avion.*

**Modèle:**

Delphine/se réveiller
**Delphine, réveille-toi!**

> Ne vous inquiétez pas!

1. Michèle/se laver la figure
2. M. Roget/se brosser les cheveux
3. Chloé et Michèle/s'approcher du restaurant
4. Philippe/s'asseoir
5. M. et Mme Roget/se lever
6. Chloé/s'inquiéter
7. M. Roget/se dépêcher
8. les Roget/se préparer pour le vol

# Negation

To make a verb negative, put **ne (n')** before the verb and **pas**, **plus**, **jamais**, **rien** or **personne** after it.

| | |
|---|---|
| Suzanne **n'**est **pas** souriante. | *Suzanne isn't smiling.* |
| Elle **n'**a **plus** son passeport. | *She no longer has her passport.* |

In the **passé composé**, **ne (n')** precedes the helping verb and **pas**, **plus**, **jamais** or **rien** follows it. **Personne**, however, follows the past participle.

Suzanne **n'**a parlé à **personne** dans le bureau du chef parce qu'elle **n'**a **rien** compris.

*Suzanne spoke to no one in the boss's office because she understood nothing.*

The expressions **ne (n')... personne** and **ne (n')... rien** may also be used as subjects. In this case, **personne** or **rien** begins the sentence and **ne (n')** is in its usual position.

Qu'est-ce qui s'est passé au commissariat? **Rien ne** s'est passé. **Personne ne** pouvait m'aider.

*What happened at the police station? Nothing happened. No one could help me.*

Personne ne comprenait la lecture dans la classe de littérature.

## Pratique

### 10 ▸ Je n'ai jamais fait ça!

*Dites que vous n'avez jamais fait les choses suivantes quand vous étiez petit(e).*

**Modèle:**

visiter un parc d'attractions
**Je n'ai jamais visité un parc d'attractions.**

1. sécher un cours
2. rater un examen
3. s'inquiéter
4. faire de la planche à neige
5. goûter la cuisine martiniquaise
6. se rappeler l'anniversaire de ma grand-mère
7. perdre mon chemin
8. déménager
9. voyager en avion
10. aller en Europe

### 11 ▸ À la gare

*Comparez les deux illustrations. Puis répondez aux questions en suivant le modèle.*

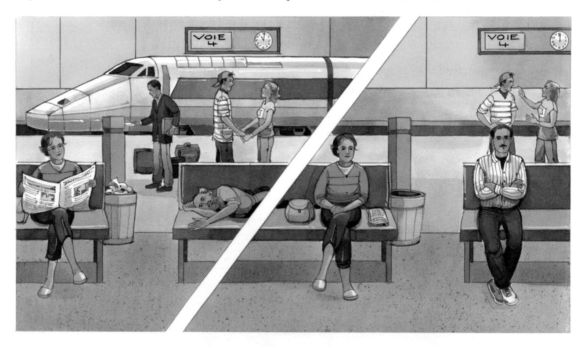

**Modèle:**

Il y avait un train sur la voie numéro quatre?
**À onze heures il y avait un train sur la voie numéro quatre, mais à minuit il n'y avait plus de train.**

1. Qui compostait son billet?
2. Il y avait quelque chose dans la poubelle?
3. Une femme lisait le journal?
4. Qui dormait?
5. Il y avait deux personnes qui s'entendaient bien?
6. Qu'est-ce qu'il y avait sur le quai?

*Avec un(e) partenaire, jouez les rôles de deux personnes au commissariat. L'Élève A joue le rôle d'un inspecteur de police, et l'Élève B joue le rôle d'un suspect d'un vol. L'inspecteur de police pose des questions au suspect, et, naturellement, le suspect répond négativement.*

**Modèle:**

qui/entrer dans la maison des Curielli

L'inspecteur: **Qui est entré dans la maison des Curielli?**

Le suspect: **Personne n'y est entré.**

1. qu'est-ce qui/se passer hier soir
2. qu'est-ce qui/vous inquiéter hier soir
3. qui/être avec vous hier soir
4. qui/ouvrir la porte de la maison des Curielli
5. qui/allumer la lampe dans le salon
6. qu'est-ce qui/vous intéresser dans leur maison
7. qu'est-ce qui/faire un bruit dans le jardin
8. qui/pouvoir dire où vous étiez hier soir

## Other negative expressions

The expression **ne (n')... que** (*only*) is often used instead of the adverb **seulement**. This expression restricts or limits choices. **Ne (n')** precedes the verb, or the helping verb in the **passé composé**, and **que** comes before the word or expression it describes.

Suzanne **ne** devait payer **que** 100 dollars.

*Suzanne had to pay only 100 dollars.*

Elle **ne** leur a raconté au téléphone **que** le début de ses problèmes.

*On the phone she told them only the beginning of her problems.*

The negative expression **ne (n')... ni... ni...** means "neither . . . nor." **Ne (n')** precedes the verb, or the helping verb in the **passé composé**, and each **ni** comes directly before the word or expression it describes.

Suzanne **ne** pouvait trouver **ni** son passeport **ni** ses chèques de voyage.

*Suzanne could find neither her passport nor her traveler's checks.*

Elle **n'**avait **ni** argent français **ni** argent américain.

*She had neither French nor American money.*

Ni la prof ni les élèves ne parlent.

**Ni... ni... ne (n')** may begin a sentence. In this case, each **ni** precedes the word or expression it describes and **ne (n')** is in its usual position.

**Ni** Mme Taylor **ni** moi **n'**étions calmes.     *Neither Mme Taylor nor I was calm.*

**Ni** l'employé **ni** son chef **ne** pouvait     *Neither the employee nor his boss could*
nous aider.     *help us.*

The negative expression **ne (n')... aucun(e)** may be used as an adjective or a pronoun and means "no," "not any" or "not one." As an adjective, **aucun(e)** agrees in gender with the noun following it. **Ne (n')** precedes the verb, or the helping verb in the **passé composé**. **Aucun(e)** comes after the verb, or the past participle in the **passé composé**, and before the noun it describes.

Il **n'**y avait **aucun** employé au comptoir.     *There was no clerk at the counter.*

Je **n'**en ai vu **aucun**.     *I didn't see any.*

Il n'y avait aucune nappe violette au marché.

**Aucun(e)** may also begin a sentence. In this case, it precedes the word or expression it describes and **ne (n')** is in its usual position.

**Aucun** passager **ne** faisait la queue.     *No passenger was standing in line.*

**Aucun** de nous **ne** voulait rentrer.     *Not one of us wanted to return home.*

Au concert aucun spectateur ne connaissait le violoniste.

## 13 ▶ Que Gisèle est difficile!

*Gisèle n'aime que certaines choses à manger et à boire. Dites qu'elle n'aime ni la première chose ni la deuxième chose. Puis faites une généralisation en disant ce qui ne lui plaît pas (she doesn't like). Suivez le modèle.*

**Modèle:**

**Gisèle n'aime ni les cerises ni les bananes.
Aucun fruit ne lui plaît.**

1.

2. 

3.

4.

5.

6.

7.

8.

## 14 ▸ Les exagérations

*Quand votre ami Luc raconte l'histoire de Suzanne et son expérience avec les deux mecs dans le métro, il exagère toujours. Corrigez ses phrases selon les réponses indiquées.*

**Modèle:**

Suzanne et Ellen ont passé deux semaines en France. (dix jours)
**Non, elles n'ont passé que dix jours en France.**

1. Il y avait quatre ados américains qui rentraient en métro. (trois ados américains)
2. Il y avait trois mecs qui se sont approchés de Suzanne dans le métro. (deux mecs)
3. Il était dix-sept heures. (seize heures)
4. Un mec a fouillé dans le sac à dos et le sac à main de Suzanne. (dans son sac à dos)
5. À l'aéroport l'employé d'Air France a emmené Suzanne, Mme Taylor et les autres élèves au bureau de son chef. (Suzanne et Mme Taylor)
6. Suzanne a dû payer deux cents dollars. (cent dollars)
7. Suzanne a montré le récépissé six fois à l'immigration aux États-Unis. (une fois)
8. Suzanne va avoir deux camarades de chambre à l'université. (une camarade de chambre)

## 15 ▸ En partenaires

  *Avec un(e) partenaire, posez des questions sur vos sports et loisirs préférés. Puis répondez aux questions. Suivez le modèle.*

**Modèle:**

regarder les films et les jeux télévisés
A: **Est-ce que tu regardes les films et les jeux télévisés?**
B: **Non, je ne regarde ni les films ni les jeux télévisés. Et toi, est-ce que tu regardes les films et les jeux télévisés?**
A: **Je ne regarde que les films.**

1. louer des films d'amour et des films d'aventures
2. faire de la musculation et de l'aérobic
3. jouer au golf et au tennis
4. faire du camping et de l'escalade
5. jouer du piano et de la guitare
6. écouter le rock et le jazz

On ne joue ni du piano ni de la guitare.

## 16 ▶ Au contraire!

*Écrivez le contraire de chaque phrase. Faites attention aux expressions en italique.*

**Modèle:**

Jérôme a vu *quelqu'un* dans le métro.
**Jérôme n'a vu personne dans le métro.**

1. *Un mec un peu moche* regardait Jérôme.
2. Thomas *et* Rogatien ont suivi ce mec jusqu'au quai.
3. Jérôme a parlé à *ses deux copains*.
4. Il avait *une bonne* idée que ce mec allait le voler.
5. *Quelque chose* lui a dit de faire attention.
6. Ce mec a pris *20 euros* de son sac à dos.
7. Jérôme a cherché *un* agent de police dans le métro.
8. En sortant du métro, Jérôme savait qu'il avait son passeport *et* son portefeuille.
9. Il avait *toujours* son argent français.

# Communication

## 17 ▶ Une enquête

*Avec un(e) partenaire, comparez vos derniers voyages. Copiez la grille suivante. Puis posez les questions indiquées à votre partenaire, et complétez la grille selon ses réponses. Enfin changez de rôles.*

| Destination | le Canada |
|---|---|
| Date du départ | |
| Moyen de transport | |
| Autres voyageurs | |
| Logement | |
| Activités | |
| Réactions | |
| Problèmes | |
| Satisfaction | |

1. où/aller
2. quand/partir
3. comment/voyager
4. avec qui/voyager
5. où/rester
6. qu'est-ce que/faire
7. comment/se sentir
8. quels problèmes/avoir
9. de quoi/être satisfait(e)

De quoi est-ce que tu étais satisfaite?

J'étais satisfaite du camping et du parc d'attractions.

**Modèle:**

A: **Où es-tu allé(e)?**
B: **Je suis allé(e) au Canada.**

## 18 ▶ Un sommaire

*Utilisez les réponses de l'enquête dans l'Activité 17 pour écrire un paragraphe où vous décrivez les bonnes expériences et les mauvaises expériences de votre partenaire pendant son dernier voyage. Rappelez-vous les expressions comme **d'abord**, **ensuite**, etc., qui vous aident à faire les transitions entre les phrases.*

## Visualization

When you read a poem or story in French, it is important to visualize the setting, characters and events. The writer counts on his or her descriptions to help you "see" what is taking place. The two poems that follow, written by the popular twentieth century French poet Jacques Prévert, are made up of a series of images that tell a story. As you read the poems, try to create mental pictures to get in touch with the setting, characters and events.

### 19 ▶ Pour commencer...

*Avant de lire le premier poème de Prévert, répondez aux questions suivantes.*

1. Qu'est-ce que tu prends comme petit déjeuner?
2. Le matin parles-tu beaucoup?
3. Est-ce que tu es triste quand il pleut?
4. Quand est-ce que tu as pleuré (*cried*)?

### Déjeuner du matin

1  Il a mis le café
2  Dans la tasse
3  Il a mis le lait
4  Dans la tasse de café
5  Il a mis le sucre
6  Dans le café au lait
7  Avec la petite cuiller
8  Il a tourné
9  Il a bu le café au lait
10  Et il a reposé la tasse
11  Sans me parler
12  Il a allumé
13  Une cigarette
14  Il a fait des ronds
15  Avec la fumée
16  Il a mis les cendres
17  Dans le cendrier
18  Sans me parler
19  Sans me regarder
20  Il s'est levé
21  Il a mis
22  Son chapeau sur sa tête
23  Il a mis
24  Son manteau de pluie

25 Parce qu'il pleuvait

26 Et il est parti

27 Sous la pluie

28 Sans une parole

29 Sans me regarder

30 Et moi j'ai pris

31 Ma tête dans ma main

32 Et j'ai pleuré.

## 20 ▸ "Déjeuner du matin"

*Répondez aux questions suivantes.*

1. Qu'est-ce que l'homme a pris au petit déjeuner?
2. Est-ce qu'on sait si ces deux personnes étaient à la maison ou au café?
3. Qu'est-ce que l'homme a mis avant de sortir?
4. Quel temps faisait-il?
5. Combien d'actions l'homme a-t-il faites?
6. Quelles deux expressions sont répétées deux fois pour montrer que l'homme n'était pas content?
7. Selon toi, est-ce que la deuxième personne est un homme ou une femme? Explique.
8. La scène est très simple mais aussi très forte. Quels sont les détails que tu imagines ou que tu "vois"? Qui sont ces deux personnes? Pourquoi n'ont-elles pas de noms? Qu'est-ce qui s'est passé avant?

## 21 ▸ Dessinez!

*Faites un dessin original de la scène dans le poème "Déjeuner du matin." Mettez-y les deux personnes et tous les objets du poème. Indiquez aussi le temps qu'il fait et les sentiments (feelings) des deux personnes.*

## 22 ▸ Qu'est-ce qui s'est déjà passé?

*Imaginez l'homme et la femme cinq minutes avant la scène dans le poème. Écrivez le dialogue entre ces deux personnes. Cette conversation devrait expliquer pourquoi la femme est triste et pourquoi l'homme part sans lui parler, sans la regarder.*

*Avant de lire le deuxième poème de Prévert, répondez aux questions suivantes.*

1. Quels sentiments est-ce que tu as quand tu vois ou penses à ton école? Fais-en une liste, et donne une situation spécifique pour chaque sentiment.
2. Est-ce que tu es souvent heureux ou heureuse quand tu es en cours? Pourquoi ou pourquoi pas?
3. Connais-tu des élèves qui ne sont pas comme les autres élèves? Ont-ils des idées différentes? Comment sont ces élèves? Sont-ils heureux?

### Le Cancre

1   Il dit non avec la tête
2   Mais il dit oui avec le cœur
3   Il dit oui à ce qu'il aime
4   Il dit non au professeur
5   Il est debout
6   On le questionne
7   Et tous les problèmes sont posés
8   Soudain le fou rire le prend
9   Et il efface tout
10  Les chiffres et les mots
11  Les dates et les noms
12  Les phrases et les pièges
13  Et malgré les menaces du maître
14  Sous les huées des enfants prodiges
15  Avec des craies de toutes les couleurs
16  Sur le tableau noir du malheur
17  Il dessine le visage du bonheur.

*Répondez aux questions suivantes.*

1. Où est l'élève?
2. Qui lui pose des questions?
3. Est-ce qu'il sait les réponses à ces questions?
4. Quelle est la réaction de l'élève quand "tous les problèmes sont posés"?
5. "Les chiffres" et "Les dates et les noms" indiquent quels deux cours?
6. Quel mot est le contraire du "bonheur"?
7. Dans quelles deux lignes est-ce qu'on comprend que le cancre est heureux?
8. Selon Prévert, faut-il être intelligent pour être heureux?

## 25 ▸ Dessinez!

*Faites un dessin original de la scène dans le poème "Le Cancre." Quelles personnes est-ce que vous voyez? Quels objets est-ce qu'il y a dans la salle de classe?*

## 26 ▸ Aimer ou détester?

*Prévert explique que le cancre "dit oui à ce qu'il aime." Imaginez que vous êtes le cancre. Faites une liste des choses que vous aimez et une autre liste des choses que vous détestez.*

## 27 ▸ Association d'idées

*Pensez aux cours que vous suivez cette année, et puis écrivez une expression qui est associée à chaque cours. Par exemple, **la chimie—le carnet**, **le français—les verbes**.*

## Dossier fermé

Imagine que tu voyages en Europe avec tes copains français Bénédicte et Sébastien. En Italie Sébastien perd son passeport, mais il ne s'en inquiète pas. Pour rentrer en France, il n'a même pas de problèmes quand il passe au contrôle des passeports. Comment est-ce que c'est possible?

C.  Il n'a pas besoin de passeport pour aller d'Italie en France.

Les habitants de France sont membres de l'Union européenne et n'ont pas besoin de passeport pour aller de pays en pays en Europe.

## ✓ Évaluation culturelle

*Pour voir si vous avez bien compris la culture francophone, décidez si chaque phrase est **vraie** ou **fausse**.*

1. C'est une bonne idée de mettre son passeport et ses chèques de voyage dans sa valise où personne ne peut les trouver.
2. Il faut avoir son passeport quand on touche des chèques de voyage.
3. Si vous perdez votre passeport, il faut simplement aller au commissariat de police.
4. Puisqu'il y a 14 stations de métro à l'intérieur de Paris, on n'est jamais loin d'une "bouche de métro."
5. Vous pouvez changer de ligne de métro là où le panneau indique "Correspondance."
6. À l'aéroport les rayons X ne sont pas dangereux pour le film.
7. Tous les pays d'Europe sont membres de l'Union européenne.
8. Les habitants de l'Union européenne n'ont pas besoin de passeport pour visiter les États-Unis.
9. Il y a différents groupes de police qui remplissent des fonctions différentes.
10. L'inspecteur Maigret est un policier dans les romans de Georges Simenon.

Deux agents de la police nationale interrogent un commerçant.

Je n'ai pas besoin de passeport pour visiter les pays membres de l'Union européenne.

# ✓ Évaluation orale

*Avant de partir en vacances avec quelqu'un, il faut savoir si on va bien s'entendre. Pour le déterminer, travaillez avec un(e) partenaire. Faites une enquête pour voir si vous vous entendez bien. Copiez la grille suivante. Mais avant de parler à votre partenaire, mettez un ✓ dans l'espace blanc qui décrit votre personnalité. Ensuite posez les questions indiquées à votre partenaire, et mettez un ✗ dans l'espace blanc qui correspond à ses réponses. Enfin changez de rôles.*

| Es-tu…? | toujours | souvent | jamais |
|---|---|---|---|
| 1. souriant(e) | ✓ | ✗ | |
| 2. triste | | | |
| 3. bavard(e) | | | |
| 4. drôle | | | |
| 5. honnête | | | |
| 6. timide | | | |
| 7. calme | | | |
| 8. déprimé(e) | | | |
| 9. effrayé(e) | | | |
| 10. exigeant(e) | | | |
| **Est-ce que tu…?** | | | |
| 1. te réveilles tôt | | | |
| 2. aimes faire du shopping | | | |
| 3. aimes visiter les musées | | | |
| 4. te fâches | | | |
| 5. te méfies de tout le monde | | | |

**Modèle:**

A: **Es-tu content(e)?**

B: **Je suis souvent content(e).**

*Combien de vos réponses ressemblent aux réponses de votre partenaire?*

1. *Si vous avez 11-15 réponses identiques, vos personnalités sont presque similaires. Vous pouvez voyager ensemble sans problèmes. Bon voyage!*

2. *Si vous avez 6-10 réponses identiques, il y a des différences entre vos deux personnalités. Pouvez-vous voyager ensemble? Il faut voir.*

3. *Si vous avez 0-5 réponses identiques, vos personnalités s'opposent. Il faut beaucoup réfléchir avant de partir en vacances ensemble. Le voyage peut être un désastre!*

Aimes-tu visiter les musées? (Paris)

## ✓ Évaluation écrite

Quand on part en vacances, on entend souvent l'expression "Bon voyage." Mais les voyages sont-ils toujours bons? Selon les réponses que vous avez notées dans l'enquête sur les personnalités de vous et votre partenaire dans l'activité précédente, remplissez les cercles suivants.

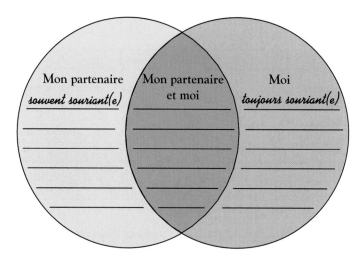

Maintenant imaginez que vous êtes parti(e) en vacances avec votre partenaire. En retournant, écrivez une lettre à vos grands-parents où vous leur décrivez tous les détails de ce voyage. Dites où vous et votre partenaire êtes allé(e)s et ce que vous avez fait. Puis dites si vous vous êtes bien entendu(e)s, et expliquez pourquoi ou pourquoi pas, selon les cercles que vous avez remplis. Enfin dites si c'était un bon voyage ou un désastre.

## ✓ Évaluation visuelle

Jason a voyagé à Paris avec sa classe de français. À la fin de son séjour il a eu une mauvaise expérience. Racontez ce qui s'est passé en écrivant deux paragraphes. Utilisez les illustrations et les nouvelles expressions de cette unité. (Avant de commencer, regardez les sections Révision de fonctions aux pages 101-2 et Vocabulaire à la page 103.)

## Révision de fonctions

Can you do all of the following tasks in French?

- I can ask for information about what's happening.
- I can express astonishment and disbelief.
- I can say whom I'm suspicious of.
- I can express emotions.
- I can express concern.
- I can make fun of myself.
- I can apologize for what I've done.
- I can say that I'm satisfied with something.
- I can write a letter.
- I can tell a story.
- I can describe how things were in the past.
- I can explain why.
- I can describe someone's physical traits.
- I can describe someone's temperament.
- I can tell how I was.

Vous êtes satisfaites de vos sélections?

To ask for information, use:

**Qu'est-ce qui s'est passé?**                    *What happened?*

To express astonishment or disbelief, use:

**Quelle histoire!**                              *What a story!*
**C'est pas vrai!**                               *It's not true!*
**Mais c'est incroyable!**                        *But that's unbelievable!*

To express suspicion, use:

**Je me méfiais d'elle.**                         *I distrusted her.*

To express emotions, use:

**Aucun de nous ne voulait** rentrer.            *Not one of us wanted to return.*
**Elle s'est fâchée.**                            *She got angry.*
**Ni elle ni moi n'étions calmes.**              *Neither she nor I was calm.*

Aucun de nous ne voulait expliquer au prof pourquoi nous n'avons pas fait nos devoirs de chimie.

To express concern, use:
**J'ai commencé à m'inquiéter.**                    *I was beginning to worry.*
To express ridicule, use:
**Quelle imbécile!**                    *What an idiot!*

Quels imbéciles! Ils ont volé un scooter.

To apologize, use:
J'ai dit que **je regrettais** tous les problèmes.          *I said that I regretted all the problems.*
To express satisfaction, use:
**On était satisfait de** mes réponses.          *They were satisfied with my answers.*
To write a letter, use:
**Mes chers** grands-parents          *My dear grandparents*
To tell a story, use:
**Je vais tout te raconter.**          *I'm going to tell you everything.*
**Alors, la fin de l'histoire?**          *So, the end of the story?*
To describe how things were, use:
**Il y avait beaucoup de monde.**          *There were a lot of people.*
**Il était** inutile de venir à 17h00 samedi après-midi.          *It was useless to come at 5:00 Saturday afternoon.*
**Il fallait** montrer le récépissé à l'immigration aux États-Unis.          *It was necessary to show the receipt to U.S. immigration.*
To explain something, use:
**Elle a expliqué que** je n'avais ni argent français ni argent américain.          *She explained that I had neither French nor American money.*
To describe physical traits, use:
**Elle a l'air** épuisé et déprimé.          *She looks exhausted and depressed.*
**Ils étaient** un peu moches, de taille plutôt petite que grande.          *They were somewhat unattractive, short rather than tall.*
**Ils avaient** les cheveux noirs et les yeux marron.          *They had black hair and brown eyes.*
**Ils ne portaient pas** de lunettes.          *They didn't wear glasses.*
To describe temperament, use:
Cet agent de police **était** exigeant.          *This police officer was demanding.*
To tell how you were, use:
**En étant** effrayée et fâchée, je suis rentrée tout de suite à l'hôtel.          *Being frightened and angry, I returned to the hotel right away.*
**J'étais** contente d'avoir la prof avec moi.          *I was happy to have the teacher with me.*
**Je me sentais** un peu mieux.          *I felt a little better.*

# Vocabulaire

un **accent** accent *A*
**accueillant(e)** hospitable, friendly *A*
l' **air (m.)** appearance *A*
une **ambassade** embassy *A*
s' **approcher (de)** to approach, to come up (to) *B*
s' **attendre à** to expect *B*
**aucun(e)... ne (n')** not one, no *B*
**avoir l'air** to look *A*

**calme** calm *B*
un **car** tour bus *B*
un **chef** boss *B*
un **commissariat** police station *A*

le **début** beginning *B*
une **déclaration** report *A*
**déprimé(e)** depressed *A*
un **document** document *A*

**effrayé(e)** frightened *A*
un(e) **employé(e)** employee, clerk *B*
**en** while, upon *A*
un **endroit** place *B*
s' **entendre** to get along *B*
**épuisé(e)** exhausted *A*
**exigeant(e)** demanding *A*
**expliquer** to explain *A*

**fâché(e)** angry *A*
se **fâcher** to get angry *B*
**faire attention** to pay attention *A*
**fatigant(e)** tiring *A*
**fouiller** to search, to go through *A*

un **grand-parent** grandparent *B*

**habillé(e)** dressed *A*
**humain(e)** human *A*

un(e) **imbécile** idiot *A*
**important(e)** important *B*
**incroyable** unbelievable *A*
**inutile** useless *A*

se **méfier de** to distrust *B*

**ne (n')... aucun(e)** no, not any *B*
**ne (n')... ni... ni...** neither . . . nor *B*
**ne (n')... que** only *B*
**ni... ni... ne (n')** neither . . . nor *B*
un **nom de jeune fille** maiden name *B*

se **passer** to happen *A*
**payer** to pay *B*
**pendant que** while *A*
**personne ne (n')** nobody, no one *B*
**plutôt** rather *A*
la **police** police *B*
**poser** to ask (a question) *A*
**puisque** since *B*

une **question** question *A*

se **rappeler** to remember *B*
des **rapports (m.)** relations, relationship *A*
**rassurant(e)** reassuring *A*
un **récépissé** receipt *A*
**regretter** to regret *B*
**répéter** to repeat *A*
**répondre** to answer *A*
une **réponse** answer *B*
se **reposer** to rest *B*
**rien ne (n')** nothing *B*

**satisfait(e) (de)** satisfied (with) *B*
se **sentir** to feel *A*
**souriant(e)** smiling *A*
**surprenant(e)** surprising *B*

se **taire** to be quiet *B*
**tout à coup** all of a sudden *A*

un **vol** theft *A*
**voler** to steal (from), to rob *A*

# Unité 3

## Les arts

In this unit you will be able to:
- ask about importance and unimportance
- express importance and unimportance
- inquire about likes and dislikes
- express likes and dislikes
- list
- state a preference
- state a generalization
- inquire about opinions
- give opinions
- inquire about agreement and disagreement
- inquire about surprise
- compare
- inquire about possibility and impossibility
- express possibility and impossibility
- express need and necessity
- tell location

www.emcp.com

## LA BELLE AU BOIS DORMANT

P.I. Tchaïkovski - R. Noureev d'après M. Petipa
N. Georgiadis - J.B. Read

Orchestre de l'Opéra de Paris
Direction V. Pähn

La Belle au bois domant, grand classique du ballet, dont Rudolf Noureev a effectué une «relecture», sera donné pour les fêtes de fin d'année, permettant à des étoiles prestigieuses du Ballet de l'Opéra ... er dans les rôles principaux.

... (m), 19, 20 (m et s), 21, 22, 23 (m
... 8, 29, 30 (m et s), 31 décembre.

... de 3 à 30 € en matinée

*Audrey* TAUTOU
*Mathieu* KASSOVITZ

# Amélie

*metteur en scène* JEAN-PIERRE JEUNET

THIS FILM IS NOT YET RATED

### arte

**FILM** **20.40**

## CAMILLE CLAUDEL

Drame. De Bruno Nuytten. 1988. Fra. Durée : 2h45. Avec **Isabelle Adjani** (Camille Claudel), **Gérard Depardieu** (Auguste Rodin).
**Le sujet :** l'histoire passionnelle de Camille Claudel et d'Auguste Rodin.
**Le début :** 1885, à Paris. Camille Claudel, la sœur de l'écrivain Paul Claudel, issue d'une famille bourgeoise, se voue jour et nuit à la sculpture...
*Notre avis : sans doute trop classique, mais le sujet est passionnant et l'interprétation d'Isabelle Adjani époustouflante.* B.T.

♥♥ **Adultes et adolescents.** 57 454 100

## Tes empreintes ici

Quand tu as du temps libre, qu'est-ce que tu aimes faire?

- Tu écoutes de la musique? Tu peux acheter de la musique américaine, canadienne, française, anglaise ou africaine.
- Tu aimes aller au cinéma? Tu as un grand choix. Il y a des films d'amour, des films d'aventures, des comédies, des drames, des films d'épouvante et des documentaires. Qu'est-ce que tu préfères?
- Est-ce que tu aimes lire? Tu peux acheter des magazines, des journaux ou des romans.
- Est-ce que le théâtre t'intéresse? As-tu envie de devenir acteur ou actrice?
- Tu aimes visiter un musée? Tu peux regarder la sculpture, les tableaux ou même les photos. L'art te parle....

J'écoute mes CDs quand j'ai du temps libre.

| | AIR PLAY HIT-PARADE FRANCOPHONE STATIONS FM | |
|---|---|---|
| 1 | Amel Bent | "Ma philosophie" |
| 2 | Chimène Badi | "Je viens du sud" |
| 3 | Sinsemilia | "Tout le bonheur du monde" |
| 4 | Eric Prydz | "Call on me" |
| 5 | Collectif A.S.I.E. | "Et puis la terre" |
| 6 | Ilona Mitrecey | "Un monde parfait" |
| 7 | Willy Denzey | "Et si tu n'existais pas" |
| 8 | Lynnsha | "Homme… femmes" |
| 9 | Garou & Michel Sardou | "La rivière de notre enfance" |
| 10 | Clémence & Jean-Baptiste Maunier | "Concerto pour deux voix" |
| 11 | Tragédie | "Bye bye" |
| 12 | Nadiya | "Si loin de vous" |
| 13 | Star Academy | "Adieu monsieur le professeur" |
| 14 | Lorie | "Toi et moi" |
| 15 | Slaï | "La dernière danse (ne rentre pas chez toi ce soir)" |
| 16 | Isabelle Boulay & Johnny Hallyday | "Tout au bout de nos peines" |
| 17 | K-Maro | "Sous l'œil de l'ange" |
| 18 | Julie Zenatti | "Je voudrais que tu me consoles" |
| 19 | Kyo | "Contact" |
| 20 | Anggun | "Être une femme" |

## Dossier ouvert

Imagine que tu passes une semaine à Paris. Comment décider quoi faire dans cette grande ville? Par exemple, à quels concerts, films et spectacles peux-tu aller? Quelles sont les dates et les heures de ces spectacles? Où sont-ils? Est-ce que tu peux acheter quelque chose qui te dit tous ces détails? Mais oui! Tu dois acheter:

- A. *Pariscope*
- B. un journal quotidien
- C. le *Guide Michelin Vert*

une vedette

un scénario

un metteur en scène

Thierry Bardot joue le rôle de Cyrano de Bergerac.

L'artiste peint un portrait à Montmartre.

## un atelier

une collection

un paysage

une nature morte

un assistant

un peintre

M. Roussier peint un tableau.

un sculpteur

Est-ce que les arts vous plaisent?° À quoi pensez-vous lorsque° vous pensez à la culture des pays francophones? À la nourriture, aux vêtements, aux sports? Naturellement. Mais il faut que vous pensiez aussi aux films, à la musique, à la littérature, à la sculpture et aux tableaux. Faisons la connaissance de quelques artistes du monde francophone.

Daniel Auteuil

### Daniel Auteuil

Une des vedettes du cinéma français la plus populaire, c'est Daniel Auteuil. À 17 ans il étudiait pour devenir acteur quand on l'a choisi pour son premier rôle. Ces premiers rôles étaient petits, mais très vite ils sont devenus plus importants. Il a reçu un César pour les films *Jean de Florette* et *Manon des Sources*. Ses autres films très connus sont *Ma saison préférée*, *La Reine Margot*, *Un cœur en hiver*, *Le huitième jour*, *Lucie Aubrac* et *Après Vous*. On passe souvent ses films à la télé.

### Marguerite Duras

Née au Vietnam en 1914 et morte à Paris en 1996, Marguerite Duras est venue en France après son bac. Elle a écrit des pièces de théâtre,° des scénarios et des romans. Elle reste populaire parce que ses idées sont toujours controversées. Deux de ses romans les plus connus sont *Moderato Cantabile* et *L'Amant*. Ce dernier, roman autobiographique, décrit l'Indochine des années 30. Ses films les plus populaires sont *Hiroshima mon amour* et *L'Amant* (du roman).

Marguerite Duras

**plaire** faire plaisir à, aimer; **lorsque** quand; **une pièce de théâtre** *play*

### Céline Dion

La plus jeune de 14 enfants, Céline Dion est née en 1968 près de Montréal. Céline a toujours voulu devenir chanteuse. Très jeune, elle travaillait et chantait° dans le restaurant de ses parents. De plus, toute sa famille passait son temps libre à faire de la musique et à chanter. C'est une musicienne diligente qui n'arrête pas de travailler. On peut acheter ses CDs en version anglaise et française. Peut-être que vous l'avez vue chanter à la télé. Ses chansons sont souvent premières au hit-parade. Céline Dion a reçu un Grammy pour la chanson principale du film *La Belle et la Bête* de Disney. Elle a aussi enregistré° la chanson "My Heart Will Go On" pour le film *Titanic*.

Céline Dion

### Angélique Kidjo

Angélique Kidjo est née au Bénin en Afrique en 1960. Comme Céline Dion, elle vient d'une famille de musiciens. Elle chantait déjà à l'âge de six ans, d'abord avec sa mère et puis avec ses frères. Elle a déménagé en France pendant les années 80. Elle a eu beaucoup de succès avec son troisième album *Logozo*, qui était au hit-parade dans beaucoup de pays. Dans son quatrième album elle chante en fon, la langue° qu'on parle au Bénin. Kidjo a aussi composé la musique des bandes originales° de plusieurs° films. Elle donne des concerts un peu partout° dans le monde. Il faut qu'on assiste

Angélique Kidjo

à un de ses concerts pour profiter de sa musique dynamique qui plaît à tous. Cette musique est si pleine d'énergie qu'on a envie de danser.

### Maurice Jarre

On chante lorsqu'on pense à Maurice Jarre. C'est l'un des compositeurs français modernes qu'on écoute le plus. Aux États-Unis il a composé la musique de plusieurs films, par exemple, *Doctor Zhivago*, *Lawrence of Arabia*, *Gorillas in the Mist*, *Witness* et *Fatal Attraction*. Pour lui la bande originale est aussi importante que l'intrigue. Jarre a composé la musique des ballets et a été le chef d'orchestre° du London Philharmonic Orchestra et du Los Angeles Philharmonic Orchestra.

chanter *to sing*; enregistrer *to record*; une langue *language*; une bande originale *sound track*; plusieurs *quelques*; partout *everywhere*; un chef d'orchestre *conductor*

Maurice Jarre

*Camille Claudel du bonnet* (Auguste Rodin)

## Camille Claudel

En général on n'acceptait pas les femmes dans beaucoup de professions au dix-neuvième siècle. Il était même difficile pour une femme de devenir sculpteur. Camille Claudel faisait ses études à Paris quand elle est devenue l'assistante du sculpteur Auguste Rodin. Pendant 15 ans elle a travaillé dans son atelier et l'a aidé avec ses plus grandes sculptures. Quand Claudel a quitté l'atelier de Rodin, elle a continué à faire des sculptures, mais elle n'a pas réussi à être acceptée pendant sa vie. Elle est morte en 1943.

## Gustave Caillebotte

Gustave Caillebotte est devenu l'un des plus importants peintres impressionnistes. Il a préféré peindre sa maison, la vie et les rues de Paris, et la nature. Même les fleurs et les fruits de ses natures mortes plaisent aux yeux. Ses paysages donnent une jolie vue de la campagne. En ce temps, peindre dehors était une nouvelle idée. On a l'impression que la lumière danse dans tous ses tableaux. Caillebotte a aidé ses amis impressionnistes en achetant beaucoup de leurs tableaux. Il a décidé de donner toute sa collection à la France. Aujourd'hui la collection Caillebotte est une des plus importantes du musée d'Orsay. Et si vous allez à Chicago, il faut que vous passiez par le Art Institute pour voir son chef-d'œuvre,° *Rue de Paris; Temps de pluie*.

**un chef-d'œuvre** *masterpiece*

*Rue de Paris; Temps de pluie* (Gustave Caillebotte)

## 1 Des artistes francophones

*Pour chaque phrase, écrivez la lettre qui identifie l'artiste.*

A. Daniel Auteuil
B. Marguerite Duras
C. Céline Dion
D. Angélique Kidjo
E. Maurice Jarre
F. Camille Claudel
G. Gustave Caillebotte

## 2 Des gens célèbres

*Répondez aux questions d'après les descriptions des personnes célèbres.*

1. Qui a reçu un César pour les films *Jean de Florette* et *Manon des Sources*?
2. Pourquoi est-ce que Marguerite Duras reste populaire aujourd'hui?
3. Avec qui est-ce que Céline Dion passait son temps libre à faire de la musique et à chanter?
4. En quelles langues peut-on acheter les CDs de Céline Dion?
5. Quelle chanteuse africaine a eu du succès avec *Logozo*, enregistré en fon?
6. Selon Maurice Jarre, qu'est-ce qui est aussi important que l'intrigue d'un film?
7. Quand est-ce que Camille Claudel est devenue l'assistante d'Auguste Rodin?
8. Comment est-ce que Gustave Caillebotte a aidé ses amis impressionnistes?

Daniel Auteuil joue le rôle d'Ugolin dans les films *Jean de Florette* et *Manon des Sources*.

## 3  C'est qui?

*Indiquez quelles expressions vous associez à chaque artiste. Il y a plus d'une réponse pour chaque personne.*

1. Daniel Auteuil
2. Marguerite Duras
3. Céline Dion
4. Angélique Kidjo
5. Maurice Jarre
6. Camille Claudel
7. Gustave Caillebotte

A. chante en plusieurs langues
B. des tableaux
C. enregistre des albums
D. des bandes originales
E. une vedette
F. la musique
G. joue des rôles
H. un atelier
I. célèbre
J. des scénarios
K. un sculpteur
L. le Bénin
M. des idées controversées

## 4  C'est à toi!

*Questions personnelles.*

1. Est-ce que tu peux voir des films français dans ta ville?
2. Est-ce que tu as jamais vu un film français en cours? Si oui, quel(s) film(s)?
3. Quel acteur ou quelle actrice est-ce que tu aimes le mieux? Pourquoi?
4. Est-ce que tu aimes lire? Qu'est-ce que tu lis souvent?
5. Quelle musique est-ce que tu aimes? Quel chanteur ou quelle chanteuse préfères-tu?
6. Est-ce que la sculpture te plaît? Connais-tu les sculptures de Rodin? Est-ce que tu aimes la sculpture moderne?
7. Est-ce que tu as jamais visité un musée d'art?
8. Est-ce que tu aimes mieux les peintres impressionnistes ou les peintres modernes? Pourquoi?

Qu'est-ce que tu lis souvent?

Guy et Luc choisissent de regarder un match de basket à la télé.

## La télé

Presque toutes les familles en France (96 pour cent) ont la télévision. En général, les Français passent au moins trois heures par jour devant la télé à regarder une grande variété d'émissions sur 29 chaînes. Presque 10 pour cent des téléspectateurs paient pour la chaîne Canal+, 7 pour cent ont la télévision par câble et 6 pour cent ont la réception par satellite. En France on reçoit aussi les émissions en français de la Belgique et de la Suisse. De plus, la programmation en d'autres langues vient d'Angleterre, d'Allemagne, d'autres pays européens et des États-Unis.

## Le zapping

Une enquête récente a déterminé que les Français ne sont pas satisfaits des programmes offerts, mais ils continuent à regarder la télévision. Presque tous les Français ont une télécommande pour changer rapidement entre chaînes. Avec la télécommande, les Français font beaucoup plus de zapping qu'avant.

### Que regarde-t-on?

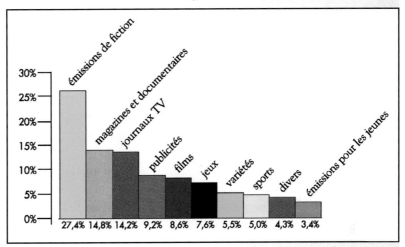

émissions de fiction — 27,4%
magazines et documentaires — 14,8%
journaux TV — 14,2%
publicités — 9,2%
films — 8,6%
jeux — 7,6%
variétés — 5,5%
sports — 5,0%
divers — 4,3%
émissions pour les jeunes — 3,4%

Mme Champetier montre à ses enfants comment utiliser un site sur Internet.

## Les multimédia

Il est intéressant de noter que les heures que les jeunes consacrent aux émissions télévisées commencent à diminuer. C'est probablement parce qu'ils passent plus de temps à regarder des DVDs avec leurs lecteurs de DVD ou à jouer aux jeux vidéo. Les adultes, eux aussi, commencent à passer moins de temps devant la télé depuis l'arrivée des multimédia qu'ils regardent sur l'ordinateur. Il y a 48 pour cent des familles qui ont l'ordinateur à la maison. Bon ou mauvais, les Français, comme les Américains, sont des fanas de la télévision.

*Répondez aux questions suivantes.*

1. Combien de familles françaises ont la télévision?
2. Combien d'heures par jour les Français passent-ils devant la télévision?
3. Pour quelle chaîne française est-ce qu'on paie?
4. Est-ce qu'il y a beaucoup d'émissions qui viennent des États-Unis?
5. Quelles émissions sont les plus populaires en France?
6. Est-ce que les sports ou les documentaires sont plus populaires?
7. Combien de Français ont une télécommande?
8. Est-ce que les jeunes d'aujourd'hui passent plus de temps ou moins de temps à regarder la télé? Pourquoi?
9. Qu'est-ce qui commence à occuper le temps des adultes?
10. Combien de Français ont l'ordinateur à la maison?

## 6 ▶ L'Officiel des Spectacles

*Voici une page d'un magazine qui offre la liste des émissions à la télé française. Lisez la page et puis répondez aux questions.*

1. Combien de chaînes sont représentées dans cette liste?
2. Quelle chaîne offre l'émission américaine "Friends"?
3. Quelle émission américaine peut-on regarder deux fois le 19 septembre?
4. Quel est le nom en français du jeu télévisé américain "The Price is Right"?
5. Sur quelle chaîne peut-on regarder un film de François Truffaut? Quel film est-ce?
6. Quelles deux chaînes offrent deux films chaque jour?
7. Combien de fois par jour peut-on regarder des informations sur la chaîne TF1?
8. À quelle heure est-ce que France 3 offre un programme sur le sport?
9. Notez que la liste des programmes est faite par chaîne et pas en ordre chronologique comme dans les journaux et magazines américains. Qu'est-ce que ça vous dit des téléspectateurs français?

---

## 160 - TÉLÉVISION

### VENDREDI 19 SEPTEMBRE

**TF1**
12h15: Le juste prix.— 13h: Journal.— 13h50: Les feux de l'amour.— 14h40: Arabesque.— 15h40: Côte Ouest.— 16h35: TF1 jeunesse.— 17h05: 21 Jump Street.— 18h: Pour être libre.— 18h30: Mokshû Patamû.— 19h: Tous en jeu.— 20h: Journal.— 20h45: Et si ça vous arrivait.— 23h05: Sans aucun doute.— 0h55: Journal.

**FRANCE 2**
12h20: Pyramide.— 13h: Journal.— 13h50: Rex.— 14h40: Dans la chaleur de la nuit.— 15h40: La chance aux chansons.— 16h35: Des chiffres et des lettres.— 17h10: Un poisson dans la cafetière.— 17h40: Qui est qui.— 18h15: Friends.— 18h45: C'est l'heure.— 19h25: C'est toujours l'heure.— 20h: Journal.— 20h55: P.J.— 23h: Bouillon de culture.— 24h: Journal.— 0h20: Ciné-Club «Journal d'une femme de chambre», film de Luis Bunuel avec Jeanne Moreau, Michel Piccoli, Françoise Lugagne, Georges Géret.

**FRANCE 3**
12h30: Journal.— 13h40: Parole d'expert.— 14h35: « Une lueur au crépuscule », téléfilm de David Jones avec Olympia Dukaris, Lindsay Wagner, Jean Stapleton.— 16h10: Côté jardins.— 16h40: Minikeums.— 17h45: Je passe à la télé.— 18h20: Questions pour un champion.— 18h55: Le 19/20.— 20h05: Fa si la chanter.— 20h35: Tout le sport.— 20h50: Thalassa.— 22h10: Faut pas rêver.— 23h20: Journal.— 23h35: Les dossiers de l'histoire: la sécurité sociale, 30 ans d'indécision.— 0h20: Libre court.

**LA 5ᵉ**
12h: Fête des bébés.— 12h30: À tout savoir.— 13h: Une heure pour l'emploi.— 14h: Caravanes du désert.— 14h30: Jean XXIII: le bon pape Jean.— 15h30: La jeune fille et la glace.— 16h30: La France aux 1000 villages.— 17h: Cellulo.— 17h30: Allô la terre.— 17h45: Quest-ce qu'on mange: le chocolat.— 18h: La course pour la lune.— 18h30: L'île aux oiseaux.

**ARTE**
19h: Tracks.— 19h30: 7 1/2.— 20h: Brut.— 20h30: Journal.— 20h45: «Les allumettes suédoises», téléfilm de Jacques Ertaud avec Naël Marandin, Anne Jacquemin, Dora Doll, Martine Guillaud, Philippe Clay, 3/4.— 22h30: Grand format.— 23h50: «Tirez sur le pianiste», film de François Truffaut avec Charles Aznavour, Marie Dubois, Nicole Berger, Michèle Mercier.

**M6**
12h: Madame est servie.— 12h30: La petite maison dans la prairie.— 13h25: La petite maison dans la prairie.— 15h20: Wolf.— 16h10: Hit machine.— 17h30: Les piègeurs.— 18h: Highlander.— 19h: Los Angeles heat.— 20h: Mister biz.— 20h45: «Armen et Bullik», téléfilm de Alan Cooke avec Mike Connors, Roch Voisine, Marushka Detmers.— 22h35: Two.— 23h30: «Piège pour un flic», téléfilm de Frank Harris avec Richard Lynch, Chris De Rose, Chuck Jeffreys.

# Journal personnel

In this unit you met a variety of francophone artists: actors, writers, composers, singers, sculptors and painters. Are you familiar with any other French or French-speaking artists? If so, what categories do they represent? What are their accomplishments?

Now imagine that you are writing to tell a French friend about actors, writers, composers, singers, sculptors and painters in American culture. Choose any five of these artists and tell why you picked them. What categories do they represent? Write your responses to all these questions in your cultural journal.

## The imperfect and the *passé composé*

You have learned two past tenses in French, the imperfect and the **passé composé**. These two tenses are not used in the same way.

The imperfect describes how people or things were in the past, what happened regularly or a condition that existed at some time in the past.

Céline Dion **travaillait** dans le restaurant de ses parents.

*Céline Dion used to work in her parents' restaurant.*

La famille de Céline **passait** son temps libre à chanter.

*Céline's family spent their free time singing.*

Parce qu'on voulait profiter du beau temps, on faisait une promenade en bateau.

The **passé composé** indicates a single, completed action.

Dion **est née** en 1968 près de Montréal.

*Dion was born in 1968 near Montréal.*

Elle **a enregistré** la chanson "When I Fall in Love."

*She recorded the song "When I Fall in Love."*

To tell a story, use the imperfect to give background information and to describe circumstances in the past. The imperfect answers the question "How were things?" Use the **passé composé** to express what events took place only once in the past. The **passé composé** answers the question "What happened?"

Angélique Kidjo **chantait** déjà à l'âge de six ans avec sa mère et ses frères.

*Angélique Kidjo was already singing at the age of six with her mother and her brothers.*

Elle **a déménagé** en France pendant les années 80.

*She moved to France during the 80s.*

The imperfect and the **passé composé** are often used in the same sentence to describe an ongoing action that was interrupted by another action. Use the imperfect to express the background condition or ongoing action and the **passé composé** to describe the completed action.

Kidjo **a eu** beaucoup de succès avec son troisième album qui **était** au hit-parade dans beaucoup de pays.

*Kidjo had a lot of success with her third album, which was on the charts in many countries.*

Camille Claudel **faisait** ses études à Paris quand elle **est devenue** l'assistante de Rodin.

*Camille Claudel was studying in Paris when she became Rodin's assistant.*

Quand Chantal et Bruno faisaient une promenade, il a commencé à pleuvoir.

# Pratique

### 7 ▶ Complétez!

*Choisissez l'imparfait ou le passé composé des verbes indiqués pour compléter chaque phrase.*

1. Quand Daniel Auteuil… 17 ans, il… dans son premier film. (avoir/jouer)
2. Céline Dion, la chanteuse canadienne qui… "Because You Love Me,"… la plus jeune de 14 enfants. (enregistrer/être)
3. Il y… beaucoup de musiciens dans la famille d'Angélique Kidjo, qui… à chanter à l'âge de six ans. (avoir/commencer)
4. Pendant qu'il… aux États-Unis, Maurice Jarre… le chef d'orchestre du Los Angeles Philharmonic Orchestra. (habiter/devenir)
5. Camille Claudel… à Paris quand Auguste Rodin l'… à devenir son assistante. (étudier/inviter)
6. Gustave Caillebotte, le peintre qui… peindre dehors,… toute sa collection de tableaux à la France. (adorer/donner)
7. Marguerite Duras… au Vietnam, mais elle… en France après son bac. (naître/déménager)

Quand Céline Dion avait 26 ans, son manager, René Angélil, est devenu son mari.

## 8 ▸ Mon grand-père

*Vous avez décidé d'écrire l'histoire de la vie de votre grand-père. Avant de commencer, vous l'avez interviewé. Selon les notes que vous avez prises, écrivez des phrases complètes pour raconter les événements les plus importants de sa vie.*

1945: • mon grand-père / naître au Canada

1955: • sa famille et lui / déménager aux États-Unis
- il / vouloir être acteur
- il / passer tout son temps libre au cinéma
- ses vedettes favorites / être John Wayne et Katharine Hepburn

1962: • il / commencer ses études de théâtre

1965: • un metteur en scène très important / le choisir pour son premier rôle

1966: • il / faire la connaissance de ma grand-mère
- ma grand-mère / avoir 18 ans
- elle / être très jolie
- il / l'aimer beaucoup
- elle / ne pas vouloir être la femme d'un acteur
- il / décider de quitter le théâtre et de trouver un autre métier
- il / suivre des cours de littérature à l'université

1973: • il / écrire son premier roman
- le roman / être très populaire
- mon grand-père / devenir un écrivain célèbre

Quand j'avais 28 ans, j'ai écrit mon premier roman.

Mon mari est devenu un écrivain célèbre.

## 9 ▸ Lucie Aubrac

*Vous savez que* Lucie Aubrac *est un des films très connus de Daniel Auteuil. Voici l'histoire de cette femme. Complétez-la en utilisant les verbes entre parenthèses à l'imparfait ou au passé composé.*

C'(être) en 1943 pendant la guerre que l'histoire de Lucie Aubrac (se passer). Elle (habiter) à Lyon avec sa famille. Lucie (être) très contente parce qu'elle (avoir) un bon mari et un fils adorable qui (avoir) deux ans. De plus, Lucie et son mari, Raymond, (attendre) leur deuxième enfant. Elle (travailler) dans un lycée où elle (être) professeur d'histoire. Son mari (être) très actif dans la Résistance.

Le 13 mai les Allemands (entrer) dans une maison à Lyon où ils (trouver) six membres de la Résistance. L'un de ces Résistants (être) Raymond Aubrac. Les agents allemands (emmener) Raymond à leur bureau où leur chef, Klaus Barbie, lui (poser) beaucoup de questions. Mais Raymond ne (répondre) pas. Barbie (se fâcher) et le (mettre) en prison. Barbie (déclarer) "Aubrac doit mourir."

Naturellement, Lucie (vouloir) aider son mari. Elle (être) intelligente et douée, et elle (penser) à une idée pour délivrer son mari des Allemands. Lucie (prendre) rendez-vous avec Barbie. Personne ne (savoir) que Raymond (être) le mari de Lucie. Elle (dire) à Barbie que Raymond (être) le père de son enfant. Elle lui (expliquer) que sa famille exigeante (vouloir) un mariage entre les deux avant l'exécution de Raymond. Barbie (croire) l'histoire de Lucie, et les Allemands (emmener) Raymond à la mairie pour le mariage. En route des Résistants (délivrer) Raymond des mains des Allemands.

Avec leur fils, Lucie et Raymond (déménager) en Angleterre où ils (avoir) leur deuxième enfant. Quand enfin Lucie (revenir) en France pour recommencer sa vie, elle (avoir) 30 ans.

## Present tense of the irregular verb *plaire*

The verb **plaire** (*to please*) is irregular. Only two of its present tense forms are frequently used, **il/elle/on plaît** and **ils/elles plaisent**. To express likes or dislikes, **plaire** is often used instead of **aimer**. **Plaire** takes an indirect object, using the pronoun **à** with a person or an indirect object pronoun.

| | |
|---|---|
| La musique dynamique d'Angélique Kidjo **plaît** à tous. | *The dynamic music of Angélique Kidjo pleases everyone.* |
| Est-ce que les arts vous **plaisent**? | *Do you like the arts?* |
| Oui, la sculpture me **plaît**. | *Yes, I like sculpture.* |

The irregular past participle of **plaire** is **plu**.

| | |
|---|---|
| Est-ce que le roman de Marguerite Duras t'a **plu**? | *Did you like Marguerite Duras' novel?* |

Est-ce que la cuisine sénégalaise te plaît?

## Pratique

**10** ▸ **Au musée**

*Dites si ce que ces personnes regardent au musée leur plaît beaucoup ou ne leur plaît pas, selon les illustrations.*

**Modèles:**

Claire et Dominique
**Le paysage plaît beaucoup à Claire et Dominique.**

Didier
**Les vases ne plaisent pas à Didier.**

1. Madeleine
2. les élèves de Mme Chapelle
3. M. Roland
4. M. et Mme Deslauriers
5. Mme Chapelle
6. Pierre-Jean

*Avec un(e) partenaire, posez des questions sur ce qui vous plaît. Puis répondez aux questions. Suivez le modèle.*

**Modèle:**

la littérature
A: **Est-ce que la littérature te plaît?**
B: **Oui, elle me plaît beaucoup. Et toi, est-ce que la littérature te plaît?**
A: **Non, elle ne me plaît pas du tout.**

1. les romans autobiographiques
2. le cinéma français
3. le théâtre
4. le ballet
5. les chansons de Céline Dion
6. la musique africaine
7. les tableaux impressionnistes
8. les sculptures de Rodin

## The subjunctive of regular verbs after *il faut que*

Verb forms in both English and French depend on the tense (time of the action) and the mood (attitude of the speaker) they reflect. You already know two moods in French: the indicative, used to state certainty or fact; and the imperative, used to give a command. A third mood is called the subjunctive. This mood is used to express necessity, doubt, uncertainty, possibility, wish, feeling or emotion.

In French the subjunctive usually appears after **que (qu')** (*that*) in a dependent clause. What comes before **que** is one of several expressions. The first of the expressions that you will learn is the expression of necessity **il faut**. You already know that to express necessity or obligation in general, you use **il faut** plus an infinitive. However, to say who specifically needs to do something, you use **il faut que** plus a verb in the subjunctive.

| | |
|---|---|
| Il faut **travailler**. | *It is necessary to work.* |
| Il faut que Malick **travaille**. | *Malick must work. (It is necessary for Malick to work.)* |

To form the subjunctive of most verbs, drop the **-ent** of the present tense **ils/elles** form and add the ending **-e**, **-es**, **-e**, **-ions**, **-iez** or **-ent**, depending on the corresponding subject. Here are the subjunctive forms of regular **-er**, **-ir** and **-re** verbs.

|  | *chanter* | *choisir* | *vendre* |
|---|---|---|---|
| que je (j') | **chante** | **choisisse** | **vende** |
| que tu | **chantes** | **choisisses** | **vendes** |
| qu'il/elle/on | **chante** | **choisisse** | **vende** |
| que nous | **chantions** | **choisissions** | **vendions** |
| que vous | **chantiez** | **choisissiez** | **vendiez** |
| qu'ils/elles | **chantent** | **choisissent** | **vendent** |

Note that the **nous** and **vous** subjunctive forms are exactly like those for the imperfect. The subjunctive in French can be expressed by the present, future, conditional or an infinitive in English.

Il faut que vous **regardiez** le chef-d'œuvre de Caillebotte à Chicago.

*You'll have to look at Caillebotte's masterpiece in Chicago.*

Il faut que vous **pensiez** aux films et à la musique.

*You should think about movies and music.*

Il faut qu'on **assiste** aux concerts d'Angélique Kidjo pour profiter de sa musique dynamique.

*It's necessary to attend (that one attends) Angélique Kidjo's concerts to benefit from her dynamic music.*

# Pratique

## 12 ▶ Quelles corvées?

*Dites ce que les membres de la famille Vannier doivent faire.*

**Modèle:**

**Il faut que maman nourrisse Médor.**

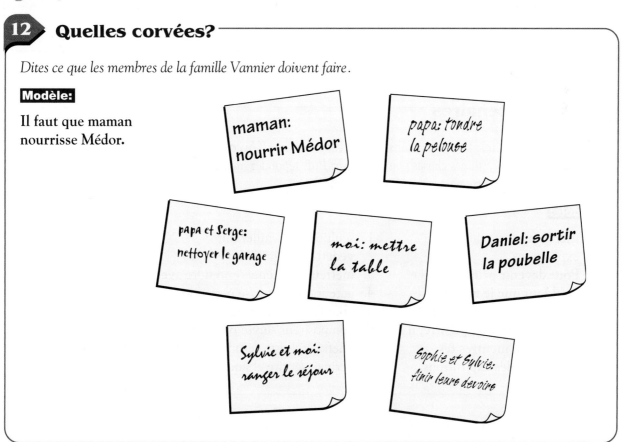

maman: nourrir Médor

papa: tondre la pelouse

papa et Serge: nettoyer le garage

moi: mettre la table

Daniel: sortir la poubelle

Sylvie et moi: ranger le séjour

Sophie et Sylvie: finir leurs devoirs

## 13 Chacun son goût

*Naturellement, chaque personne a des goûts (tastes) différents. Faites une recommandation fondée sur les préférences des personnes suivantes. Suivez le modèle.*

**Modèle:**

Nous aimons les tableaux impressionnistes de Caillebotte.
(passer par le musée d'art à Chicago pour voir son chef-d'œuvre)
**Alors, il faut que vous passiez par le musée d'art à Chicago pour voir son chef-d'œuvre.**

1. Tu trouves *Le Penseur* formidable. (s'arrêter au musée Rodin)
2. L'art du vingtième siècle plaît à Sabrina. (visiter le musée Picasso)
3. Marie-France adore la chanson "My Heart Will Go On." (acheter des CDs de Céline Dion)
4. Les CDs d'Angélique Kidjo intéressent Mireille. (écouter l'album *Logozo*)
5. La musique de Maurice Jarre plaît à mes parents. (entendre la bande originale de *Doctor Zhivago*)
6. Les films de Daniel Auteuil me plaisent. (assister à *Manon des Sources*)
7. Jean-Jacques préfère les films de Gérard Depardieu. (louer *Jean de Florette*)
8. Vous aimez les romans autobiographiques. (lire *L'Amant* de Marguerite Duras)

Si tu es à Paris, il faut que tu visites le musée Rodin.

## 14 En partenaires

*Est-ce qu'une profession dans les arts vous intéresse? Avec un(e) partenaire, demandez s'il faut faire certaines choses pour y réussir. Puis répondez aux questions. Alternez les questions et les réponses avec votre partenaire. Suivez le modèle.*

**Modèle:**

peintre/montrer ses tableaux à des expositions

A: **Pour devenir peintre, est-ce qu'il faut que je montre mes tableaux à des expositions?**
B: **Oui, pour devenir peintre, il faut que tu montres tes tableaux à des expositions.**

1. sculpteur/travailler dur
2. vedette/choisir de bons rôles
3. metteur en scène/s'entendre avec tout le monde
4. acteur ou actrice/se perfectionner en théâtre
5. chanteur ou chanteuse/donner des concerts
6. compositeur/suivre beaucoup de cours de musique
7. chef d'orchestre/étudier la musique du dix-septième siècle
8. écrivain/écrire chaque jour

# Communication

**15** ▶ **Un entretien**

*Quels arts vous plaisent? Interviewez un(e) partenaire. Copiez la grille suivante. Demandez à votre partenaire si chaque art indiqué lui plaît. Mettez un ✓ dans l'espace blanc convenable. Si la réponse est "oui," demandez un exemple. Puis demandez l'impression de votre partenaire. Écrivez l'exemple et l'impression dans les espaces indiqués. Puis changez de rôles.*

| art | non | oui | exemple | impression |
|---|---|---|---|---|
| 1. les films d'épouvante | | ✓ | Scream | formidable |
| 2. les comédies | | | | |
| 3. les émissions de télé | | | | |
| 4. les pièces de théâtre | | | | |
| 5. les tableaux | | | | |
| 6. les sculptures | | | | |
| 7. les chansons | | | | |
| 8. les romans auto-biographiques | | | | |

**Modèle:**

les films d'épouvante
A: **Est-ce que les films d'épouvante te plaisent?**
B: **Oui, ils me plaisent beaucoup.**
A: **Alors, quel est ton film d'épouvante favori?**
B: **C'est Scream.**
A: **Et comment tu trouves ce film?**
B: **Il est formidable.**

**16** ▶ **Notre hit-parade**

*Groupez-vous avec deux autres paires d'élèves. Avec vos grilles de l'Activité 15, discutez les résultats des entretiens sur les arts qui vous plaisent. Puis préparez une affiche qui annonce votre "hit-parade," la liste des exemples favoris de votre groupe dans chaque catégorie, et montrez-la à la classe.*

**17** ▶ **La rentrée**

*Imaginez que vous avez un petit frère ou une petite sœur de six ans. Faites une liste de dix choses qu'il faut faire et qu'il ne faut pas faire quand il/elle va à l'école pour la première fois. Utilisez* **il (ne) faut (pas) que tu....**

**Modèle:**

**En allant à l'école, il ne faut pas que tu montes dans la voiture d'une personne que tu ne connais pas.**

# Explaining in Detail

When telling a story in French, remember to use the **imparfait** for descriptions and the **passé composé** to tell what happened. Can you explain the tense choices used to tell this simple story?

> C'*était* lundi après-midi. Il *faisait* du soleil, mais Gabrielle *était* déprimée. C'*était* son anniversaire, et elle *voulait* le fêter avec des amis. Pierre *est arrivé* chez Gabrielle. Il *est sorti* de sa voiture. Il *avait* dans la main un cadeau énorme couvert de papier jaune et rose. Il *s'est approché* de la porte. Gabrielle *a répondu* à la porte.

To make the story more interesting, add detail to the descriptions by using:

- adjectives

    Il est sorti de sa *nouvelle* voiture *de sport rouge.*

- adverbs

    Pierre est arrivé *un peu en retard.*
    Il est *vite* sorti de sa voiture.

- relative clauses

    Pierre, *qui était un ami du frère de Gabrielle*, est arrivé.
    Il avait dans la main un cadeau *qu'il venait d'acheter dans la boutique préférée de Gabrielle.*

- appositives (expressions after a noun, usually set off by commas, that help explain in detail)

    Pierre, *un grand garçon marocain*, est arrivé.
    Gabrielle, *une petite fille timide*, a répondu à la porte.

By now you're curious to find out what happens next. Using detail makes the story come alive.

## 18 ▸ À vous d'écrire!

*Lisez les événements qui se passent dans les deux histoires qui suivent. Puis récrivez chaque histoire en ajoutant des détails intéressants pour créer une histoire plus développée.*

1. Claire a entendu quelque chose. Elle s'est réveillée. Elle est allée à la fenêtre. Elle l'a ouverte. Elle a vu un chat dans l'arbre.
2. Bernard est entré dans le parc d'attractions. Il a eu une consultation avec une voyante. Il a mangé. Il a essayé des jeux d'adresse.

guide

Paris ● Ile-de-France

**pariscope**

0,40 €
seulement

du mercredi 28 juillet au mardi 3 août

**Conversation culturelle**

prix

M 06310 - n°1888 - F : 0,40 €
BEL : €1,25 - CH : 2.00 FS - CND : $ 2.50 - GB : 0,80 £

Quand vous êtes à Paris, il y a une grande variété de distractions. Mais comment choisir? Ce n'est pas difficile. D'abord, pour tout savoir sur les spectacles, il faut que vous alliez au kiosque à journaux° pour acheter un **guide**. Le **prix**? Ce n'est pas cher. Les renseignements° sont valables° pour une semaine.

**un kiosque à journaux** où vous achetez des journaux, des guides et des magazines; **des renseignements** *information*; **valable** *valid*

M. Diouf travaille dans un kiosque à journaux.

**genre**

**films en exclusivité**

EXPLICATION DES SIGNES — GENRE DES FILMS

○ Films classés X
□ Interdits aux moins de 16 ans.
△ Interdits aux moins de 12 ans.
◆ Recommandés aux très jeunes.
(vo) : version originale
(va) : version anglaise

**A** Aventure
**B** Biographie
**C** Comédie
**D** Drame

**E** Epouvante Horreur
**F** Fantastique Science-Fiction
**G** Guerre
**H** Historique
**J** Dessin animé Vie animaux
**K** Karaté

**M** Film musical
**O** Comédie dramatique
**P** Policier Espionnage
**S** Erotisme
**W** Western
**X** Divers

Est-il possible que vous sachiez l'indice° d'un film en avance? Mais oui! Vous n'avez qu'à regarder les signes. Attention! Il est possible qu'un film soit interdit.° Il est aussi utile° que vous ayez une idée du genre de film que vous préférez.

**description** {

**C** ◆ **ZAZIE DANS LE MÉTRO** - Franç., coul. (60 - 1h28). Comédie, de Louis Malle: Le séjour mouvementé d'une petite provinciale délurée à Paris. D'après le roman de Raymond Queneau. Avec Catherine Demongeot, Philippe Noiret, Jacques Dufilho, Hubert Deschamps, Vittorio Caprioli, Annie Fratellini, Carla Marlier, Yvonne Clech, Antoine Roblot, Nicolas Bataille. **Denfert 14e**.

Pour tout savoir sur un film, il est indispensable que vous fassiez attention à la description dans le guide. Où a-t-on tourné° le film? C'est un film en noir et blanc ou en couleur? Est-il surprenant que vous reconnaissiez° le nom du metteur en scène? C'est Louis Malle. Est-ce qu'on recommande le film aux jeunes?°

**durée** ⟶

**O** ◆ **JOUR ET LA NUIT (LE)** - Franç., coul. (96 - 1h52). Comédie dramatique, de Bernard-Henri Levy: Au Mexique, dans l'étrange climat d'une hacienda délabrée, la malédiction d'un premier roman poursuivant un écrivain vieillissant et une femme mystérieuse fait d'une jeune actrice une nouvelle victime. Avec Alain Delon, Lauren Bacall, Xavier Beauvois, Marianne Denicourt, Arielle Dombasle, Julie Du Page, Jean-Pierre Kalfon, Francisco Rabal, Karl Zéro.

**cinéma** ⟶ Saint-Lambert 15e.

Est-il important que vous ne preniez pas le métro trop tard? Voilà la durée du film. Où passe-t-on le film? Pouvez-vous trouver le nom du cinéma? Il est en bas.°

**un indice** *rating;* **interdit(e)** *prohibited;* **utile** *useful;* **tourner** *to shoot (a movie);* **reconnaître** *to recognize;* **des jeunes** *des jeunes gens;* **en bas** *at the bottom*

**O** ◆ **HIROSHIMA MON AMOUR** - Franco-japonais, noir et blanc (59 - 1h30). Comédie dramatique, de Alain Resnais: Dans Hiroshima détruite, les amours éphémères d'une Française venue tourner un film au Japon et d'un architecte nippon. Scénario et dialogues de Marguerite Duras. Un film-clé de la Nouvelle Vague. Avec Emmanuelle Riva, Eiji Okada, Bernard Fresson, Stella Dassas. **Accatone** 5e

**arrondissement**

Il est essentiel que vous sachiez dans quel arrondissement° se trouve° le cinéma. Voilà l'abréviation du cinquième arrondissement. Il est impossible que vous ne voyiez pas le nom de Marguerite Duras. C'est la scénariste° du film. C'est aussi elle qui a écrit le roman du même° nom.

**drame vécu** →

**D** ◆ **LUCIE AUBRAC** - Franç., coul. (96 - 1h55) Drame vécu de Claude Berri: Grande figure de la Résistance, l'amour pousse Lucie aux plus téméraires actions pour arracher, à Klaus Barbie et à la Gestapo, son mari, Raymond, arrêté à Caluire avec Jean Moulin. D'après "Ils partiront dans l'ivresse" de Lucie Aubrac. Avec Carole Bouquet, Daniel Auteuil, Jean-Roger Milo, Éric Boucher, Patrice Chéreau, Heino Ferch, Bernard Verley, Jean Martin, Hubert Saint-Macary, Andrzej Seweryn, Pascal Greggory, Jean-Louis Richard, Jacques Bonnaffé, Alain Sachs. **UGC Ciné Cité Les Halles 1er, Gaumont Opéra Premier 2e, UGC Danton 6e, UGC Rotonde 6e, Gaumont Ambassade 8e, UGC Triomphe 8e, UGC Opéra 9e, UGC Lyon Bastille 12e, Gaumont Gobelins Fauvette 13e, Gaumont Alésia 14e, Gaumont Parnasse 14e, Gaumont Convention 15e, Pathé Wepler 18e, Gambetta 20e.**

Ce cinéma parisien se trouve dans le 8e arrondissement.

Les Français trouvent que le cinéma est un passe-temps extra. À combien de cinémas passe-t-on ce film? Ce film n'est pas le même genre que les autres films de Daniel Auteuil. C'est un **drame vécu,**° une histoire vraie.

**bureau de location**

On peut aussi voir beaucoup de spectacles formidables à Paris. Vous ne trouvez pas? Pour réserver une place,° il vaut mieux° que vous veniez au **bureau de location.**° Il est bon qu'il y en ait plusieurs.

un arrondissement *district;* se trouver *être situé(e);* un(e) scénariste *la personne qui écrit un scénario;* même *same;* vécu(e) *real-life;* une place *seat;* il vaut mieux *it is better;* un bureau de location *où vous achetez des billets*

HUCHETTE, **TP** 23, rue de la Huchette, Pl. St-Michel (5e), M° St-Michel. (H). Loc. 01 43 26 38 99 (sf dim) de 17h à 21h.

tarif ⟶ **À 19h (sauf dim), pl. 15 €, étud. (sauf sam) 12 € :**

D'Eugène Ionesco, mise en scène de Nicolas Bataille, avec LES COMÉDIENS DU THÉÂTRE DE LA HUCHETTE:

**LA CANTATRICE CHAUVE**

Une autopsie de la société contemporaine par le truchement de propos ridicules par leur banalité et que tiennent deux couples au coin du feu.

D'Eugène Ionesco, mise en scène de M. Cuvelier par LES COMÉDIENS DU THÉÂTRE DE LA HUCHETTE

**LA LEÇON**

Un professeur timide, une élève insolente. Mais les rôles vont changer, la situation se renverser. Lui tyrannique, elle soumise, ce nouveau rapport de force aboutira au crime.

À la Comédie-Française on peut voir des pièces de théâtre classiques. (Paris)

Peut-être que les pièces de théâtre vous plaisent. En général les étudiants paient un **tarif** réduit° aux théâtres. Si vous y allez, il est nécessaire que vous regardiez l'abréviation M° dans le guide qui vous dit où descendre° du métro.

**réduit(e)** moins cher/chère; **descendre** ne pas monter

## 1  Vrai ou faux?

*Écrivez "V" si la phrase est vraie; écrivez "F" si la phrase est fausse.*

## 2  Au cinéma et au théâtre

*Répondez aux questions d'après les renseignements sur les distractions à Paris.*

1. Où faut-il aller pour acheter un guide sur les spectacles à Paris?
2. Qu'est-ce qu'il faut faire pour savoir l'indice d'un film avant de le voir?
3. Qui est le metteur en scène du film *Zazie dans le métro*?
4. Quel est le nom du cinéma où on passe le film *Le Jour et La Nuit*?
5. Quelle est la durée de ce film?
6. Quand est-ce qu'on a tourné le film *Hiroshima mon amour*?
7. Quel est le genre du film *Lucie Aubrac*?
8. À combien de cinémas passe-t-on ce film?
9. Quels sont trois endroits où on peut acheter des billets pour le spectacle "Holiday on Ice"?
10. Combien paient les étudiants au Théâtre de la Huchette?

# 3 ▸ Qu'est-ce que c'est?

*Choisissez l'expression convenable de la liste suivante qui correspond à chaque expression indiquée dans le guide.*

| | | | |
|---|---|---|---|
| l'arrondissement | les cinémas | la description | les vedettes |
| la durée | le genre | les pièces | le prix des places |
| le metteur en scène | le tarif réduit | le théâtre | le métro |
| le film | | | |

**2. 3. 1.**

**D** CHACUN CHERCHE SON CHAT Franç.. coul. (95 1h35). Comédie de Cédric Klapisch À la veille de partir en vacances, Chloé cherche quelqu'un pour garder son chat noir. Une occasion pour elle d'apprendre à connaître les gens de son quartier proche de la Bastille. Avec Garance Clavel, Olivier Py, Zinedine Soualem, Renée Le Calm, Romain Duris, Estelle Larrivaz, Nicolas Koretzky **14 Juillet Parnasse 6e, Denfert 14e, Grand Pavois 15e, Saint-Lambert 15e.**

**4. → 5. 6. 7.**

**8. 10. 9.**

COMÉDIE-FRANÇAISE RICHELIEU NA Pl. du Théâtre Français (2e). M° Palais-Royal Loc. uniquement 2 semaines à l'avance jour pour jour, par tél: 01 44 58 15 15 ou aux guichets. Pl. de 5 € à 30 € TJ dernière minute: 10 € (- 25 ans, étud. - 27 ans) 3/4 d'h. avant le début de la représentation. **Voir aussi rubrique "Spectacles musicaux".**

**11. 12.**

À 20h30 les 19, 31 mars, 4, 9, 18, 23 avril et 2 mai.

À 14h30 les 22, 30 mars, 5, 13, 19 avril et 3 mai (dernière):

De Marivaux, mise en scène de Jean-Pierre Miguel, avec Catherine SAMIE, Gérard GIROUDON, Andrzej SEWERYN, Cécile BRUNE, Florence VIALA, Michel ROBIN, Laurent d'OLCE, Nicolas LORMEAU, Jean-Pascal ABRIBAT, Roch-Antoine ALBALADEJO:

**LES FAUSSES CONFIDENCES**

Une peinture exacte et une critique acérée de la société monarchique et mondaine du temps de Marivaux.

À 20h30 les 20, 24, 26, 30 mars, 1er, 3, 7, 10, 17, 21, 24 avril. À 14h30 dim 23 mars, les 6, 12, 20 avril:

De Molière, avec C. FERRAN, J. DAUTREMAY, A. KESSLER, P. TORRETON, I. TYCZKA, C. BRUNE, N. NERVAL, C. BLANC, O. DAUTREY, E. RUF, B. RAFFAELLI:

**TARTUFFE ou L'imposteur**

La traversée des illusions est rude dans "Tartuffe": elle secoue une famille aux prises avec le plus malfaisant des hypocrites, si malfaisant que son nom est devenu commun.

**13.**

# 4 ▸ C'est à toi!

*Questions personnelles.*

1. Quel est le dernier film que tu as vu? Est-ce que tu le recommanderais?
2. As-tu jamais vu un film en version française? Si oui, quel film?
3. Où est-ce que tu peux trouver la description d'un nouveau film?
4. Quels genres de films est-ce que tu préfères?
5. Qu'est-ce qui est important quand tu choisis un film à voir? L'indice? Les vedettes? Le metteur en scène?
6. Est-ce que tu paies un tarif réduit aux cinémas ou aux théâtres?
7. As-tu jamais vu une pièce de théâtre? Si oui, quelle pièce?
8. Si tu as envie d'assister à un spectacle dans ta ville, où vas-tu pour réserver une place?

## Les attractions à Paris

Pour tout savoir sur les spectacles à Paris, achetez *Pariscope, L'Officiel des Spectacles* ou *Zurban*, trois guides qui offrent des listes de toutes les attractions et les distractions dans la région parisienne. Tout est là avec l'adresse, la station de métro, le numéro de téléphone du bureau de location, les heures, les dates et les tarifs. Et pour moins d'un euro, c'est pas mal! Dans ces guides vous pouvez trouver tous les renseignements sur:

le cinéma
le théâtre (classique, moderne)
les concerts
les cabarets
les discothèques
le sport
les musées
les parcs d'attractions
les jardins
les monuments
les spectacles "Son et lumières"
les zoos
les marionnettes
les variétés
les expositions pour les jeunes
les fêtes populaires
la musique (classique, rock, jazz)
l'opéra
le ballet
la danse
les cafés et les restaurants

Selon *Pariscope*, le Louvre est ouvert tous les jours sauf le mardi.

**À quelles activités culturelles les Français ont-ils participé dans la dernière année?**

L'année dernière, 14 pour cent des Français ont visité un parc d'attractions comme Disneyland Resort Paris.

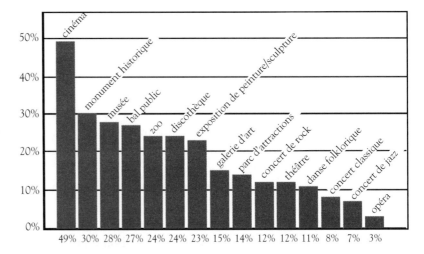

cinéma 49%
monument historique 30%
musée 28%
bal public 27%
zoo 24%
discothèque 24%
exposition de peinture/sculpture 23%
galerie d'art 15%
parc d'attractions 14%
concert de rock 12%
théâtre 12%
danse folklorique 11%
concert classique 8%
concert de jazz 7%
opéra 3%

Ariane est une "cinéphile," une personne qui adore le cinéma.

# Le cinéma

Comme vous le voyez, la visite au cinéma est la première attraction sur la liste des passe-temps culturels pour les Français, surtout dans les années récentes. Il y a approximativement 100 ans les frères Louis et Auguste Lumière ont inventé le cinématographe. On a montré le premier film en public à Paris en 1895. Trente-trois spectateurs ont payé un franc pour y assister. Depuis ce commencement modeste, on voit aujourd'hui jusqu'à 195 millions de spectateurs qui vont au cinéma chaque année. On attribue la popularité récente du cinéma à la diversification de programmation, aux tarifs moins chers et aux cinémas plus accueillants. Maintenant on va au cinéma dans un complexe multisalle qui permet aux spectateurs un plus grand choix de films.

## Qui assiste aux films?

La visite au cinéma est donc devenue l'activité culturelle la plus populaire, mais avec un public limité. Un Français sur deux ne fréquente pratiquement jamais le cinéma. Cinquante-sept pour cent des Français qui vont au cinéma y vont occasionnellement, et deux pour cent seulement vont au cinéma une fois par semaine. Il y a des fanas du cinéma qui assistent aux films au moins une fois par mois; ce sont souvent les jeunes. Les enfants demandent à leurs parents de les emmener au cinéma pour y voir des dessins animés ou des films avec des animaux. Les ados y vont parce que ça leur offre l'occasion de sortir avec des amis, en groupe ou en couple.

## Les films américains

On voit plus de films américains que de films français dans les cinémas en France, mais la proportion commence à diminuer. Il n'y a que quarante pour cent de films français dans les salles de cinéma. Bien sûr, comme tout le monde, les Français ont leurs préférences personnelles: le plus grand nombre des Français aime assister à des comédies et des mélodrames.

Quel est le pourcentage du public français qui préfère les comédies comme *Mariage mixte?*

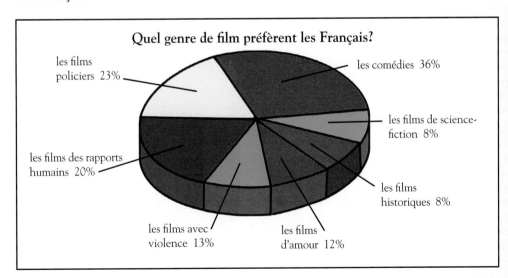

**Quel genre de film préfèrent les Français?**

les films policiers 23%

les comédies 36%

les films de science-fiction 8%

les films des rapports humains 20%

les films historiques 8%

les films avec violence 13%

les films d'amour 12%

## 5 ▸ Les distractions des Français

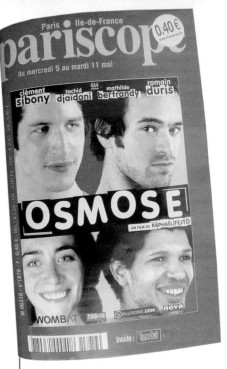

*Répondez aux questions suivantes.*

1. *Pariscope,* qu'est-ce que c'est?
2. Qu'est-ce qu'on peut y trouver?
3. Quel est le passe-temps le plus populaire en France?
4. Est-ce que les Français vont plus souvent aux musées ou aux parcs d'attractions?
5. Qui a inventé le cinématographe?
6. Combien de spectateurs vont au cinéma chaque année en France?
7. Que permet le complexe multisalle?
8. Avec les personnes de quel âge est-ce que le cinéma est le plus populaire?
9. Est-ce qu'on passe plus de films français ou de films américains aux cinémas en France?
10. Quels genres de films sont les plus populaires?

*Pariscope* est un guide qui offre des listes de toutes les attractions et les distractions dans la région parisienne.

## Journal personnel

The French participate in free-time activities based on their personal choices, influences of family and friends, opportunity, availability and advertising. What influences determine your pastimes? Why do you become involved in certain activities and not in others? How do you choose your forms of entertainment, such as films, concerts and exhibits? Write your responses to these questions in your cultural journal.

## *C'est* vs. *il/elle est*

Both **c'est** and **il/elle est** can mean "it is" as well as "he/she is." The expression that you use depends on what follows the verb **être.**

Use **c'est:**

* before a noun modified by an article, an adjective or both.

| | |
|---|---|
| Marguerite Duras? **C'est** la scénariste du film. | *Marguerite Duras? She's the movie's scriptwriter.* |
| **C'est** un drame vécu. | *It's a real-life drama.* |
| Céline Dion? **C'est** une musicienne diligente. **C'est** une Canadienne. | *Céline Dion? She's a hardworking musician. She's Canadian.* |

- before a proper noun.

    **C'est** Louis Malle.                   *It's Louis Malle.*

- before a stress pronoun.

    **C'est** elle qui a écrit le roman du       *It's she who wrote the novel*
    même nom.                                *by the same name.*

- before an adjective that refers to a preceding idea.

    Mais comment choisir?                    *But how to choose?*
    **Ce** n'est pas difficile.              *It's not difficult.*

C'est Max Rivard. Il est peintre.

Use **il/elle est**:

- before an adjective or before an unmodified noun that functions
  as an adjective (for example, the name of an occupation or
  a nationality).

    **Il** n'est pas cher.                   *It's not expensive.*
    **Il** est metteur en scène.             *He's a director.*
    **Elle** est canadienne.                 *She's Canadian.*

- to refer to a previously mentioned person or thing.

    Pouvez-vous trouver le nom du            *Can you find the name*
    cinéma? **Il** est en bas.               *of the movie theater?*
                                             *It's at the bottom.*

- to introduce the main idea of a sentence. **Il est** is usually followed by an adjective and either **de**
  plus an infinitive or **que** plus the subjunctive.

    **Il** est nécessaire de regarder        *It's necessary to look at*
    le guide.                                *the guidebook.*

    **Il** est utile que vous sachiez le genre   *It's useful that you know the type*
    de film.                                 *of movie.*

**6** **Identification**

*Identifiez la personne ou la chose. Puis donnez deux ou trois phrases d'explication* (explanation) *ou de description sur la personne ou la chose. Suivez le modèle.*

**Modèle:**

C'est Brian Joubert. C'est un athlète. Il est très fort.

1.

2.

3.

4.

5.

6.

7.

8.

**7** **Qui est-ce?**

*Choisissez une personne célèbre. Votre partenaire va vous poser des questions pour déterminer l'identité de cette personne. Vous pouvez répondre à ses questions seulement avec "oui" ou "non." Quand votre partenaire devine (guesses) l'identité de la personne, changez de rôles. Suivez le modèle.*

A: **C'est une femme?**
B: **Non, ce n'est pas une femme.**
A: **Alors, c'est un homme. Il est acteur?**
B: **Oui, il est acteur.**
A: **C'est un acteur américain?**
B: **Oui, c'est un acteur américain.**
A: **Il est beau?**
B: **Oui, il est beau.**
A: **C'est Brad Pitt?**
B: **Oui, c'est lui!**

*C'est une vedette du cinéma français?*

**8** **Complétez!**

*Choisissez ce, c', il ou elle pour compléter les petits dialogues.*

1. — Tu connais Daniel Auteuil? … est ma vedette favorite. … est lui qui est dans ce nouveau drame vécu. Pouvons-nous le voir ce soir?
   — Oui, mais pour savoir où aller, … est nécessaire d'acheter un guide.

2. — Tu as vu *Zazie dans le métro*? … est super! … est un film en noir et blanc. Le metteur en scène, … est Louis Malle.
   — Non, je ne l'ai pas encore vu. Est-… un film américain ou français?
   — … est français, bien sûr.

3. — Oh là là! … est difficile de choisir un film à voir ce soir!
   — Mais non, … est facile. Voilà le nom d'un bon film. … est en bas.

4. — Qui est Marguerite Duras? … est chanteuse?
   — Non, … est un écrivain. Elle a écrit *Hiroshima mon amour*. … est née au Vietnam.
   — Ah bon. Et … est aussi scénariste?

5 — Tiens! Tu vois? … est Angélique Kidjo. … est une musicienne extra.
   — … est elle qui a enregistré *Logozo*?
   — Oui, … est nécessaire que tu l'écoutes. … est un CD formidable.

Tu connais Angélique Kidjo?

Oui, c'est ma chanteuse favorite. C'est elle qui a enregistré *Logozo*.

# The subjunctive of irregular verbs

You learned how to form the subjunctive of regular verbs by dropping the **-ent** of the present tense **ils/elles** form and adding the endings **-e, -es, -e, -ions, -iez** and **-ent**. However, there are certain groups of verbs that have irregular forms in the subjunctive.

Verbs such as **aller**, **faire**, **pouvoir**, **savoir** and **vouloir** have irregular stems but regular endings in the subjunctive. Note that the **nous** and **vous** forms of **aller** and **vouloir** use the infinitive stem.

|  | *aller* | *faire* | *pouvoir* | *savoir* | *vouloir* |
|---|---|---|---|---|---|
| que je (j') | aille | fasse | puisse | sache | veuille |
| que tu | ailles | fasses | puisses | saches | veuilles |
| qu'il/elle/on | aille | fasse | puisse | sache | veuille |
| que nous | allions | fassions | puissions | sachions | voulions |
| que vous | alliez | fassiez | puissiez | sachiez | vouliez |
| qu'ils/elles | aillent | fassent | puissent | sachent | veuillent |

Il faut que vous **alliez** au kiosque
à journaux pour acheter un guide.

*You must go to the newsstand to buy
a guidebook.*

Verbs such as **boire**, **croire**, **devoir**, **prendre**, **recevoir**, **venir** and **voir** have regular endings in the subjunctive but irregular stems in the **nous** and **vous** forms.

|  | *boire* | *croire* | *devoir* | *prendre* | *recevoir* |
|---|---|---|---|---|---|
| que je | boive | croie | doive | prenne | reçoive |
| que tu | boives | croies | doives | prennes | reçoives |
| qu'il/elle/on | boive | croie | doive | prenne | reçoive |
| que nous | buvions | croyions | devions | prenions | recevions |
| que vous | buviez | croyiez | deviez | preniez | receviez |
| qu'ils/elles | boivent | croient | doivent | prennent | reçoivent |

Il est indispensable que vous compreniez le subjontif!

|  | *venir* | *voir* |
|---|---|---|
| que je | vienne | voie |
| que tu | viennes | voies |
| qu'il/elle/on | vienne | voie |
| que nous | venions | voyions |
| que vous | veniez | voyiez |
| qu'ils/elles | viennent | voient |

The verbs **avoir** and **être** have both irregular stems and endings in the subjunctive.

|  | *avoir* | *être* |
|---|---|---|
| que je (j') | aie | sois |
| que tu | aies | sois |
| qu'il/elle/on | ait | soit |
| que nous | ayons | soyons |
| que vous | ayez | soyez |
| qu'ils/elles | aient | soient |

# Pratique

## 9 ▸ Au musée

*Avec les élèves de votre cours de français, vous faites une excursion au musée d'art. Mais tout le monde ne suit pas la liste d'instructions que le prof a faite. Dites ce qu'il faut que certains élèves fassent pour les suivre. Suivez le modèle.*

**Instructions pour la visite au musée**

1. ne pas venir en retard
2. avoir un ticket
3. prendre un plan du musée
4. être toujours avec le professeur
5. ne pas faire beaucoup de bruit
6. voir les tableaux les plus importants
7. faire toujours attention
8. aller à la cantine avec les autres
9. ne rien boire dans le musée
10. savoir l'heure du départ

*Il faut que tu voies les tableaux de Van Gogh. (Paris)*

**Modèle:**

Raoul/#7
**Il faut que Raoul fasse toujours attention.**

1. Céleste et moi/#4
2. Damien/#1
3. toi/#3
4. Bernard et Clément/#9
5. Ahmed et Katia/#10
6. Sabrina et toi/#8
7. Zakia/#2
8. moi/#5
9. Bénédicte et Lucien/#6

## 10 ▸ En partenaires

*Pendant votre visite à Paris, votre partenaire et vous ne vous entendez pas très bien. De plus, vous voulez faire le contraire de ce que votre partenaire veut faire. Dites-lui ce qu'on doit faire en faisant des phrases avec **il faut que**. Suivez le modèle.*

**Modèle:**

aller au théâtre/aller
en boîte
A: **Il faut qu'on aille
au théâtre.**
B: **Mais non, il faut
qu'on aille en boîte.**

1. avoir des chèques de voyage/avoir de l'argent français
2. croire le guide/croire le commerçant
3. prendre le métro/prendre un taxi
4. voir les monuments importants/voir les boutiques célèbres
5. faire le tour du Louvre/faire les magasins
6. boire quelque chose au café/boire quelque chose au fast-food
7. vouloir aller au ballet/vouloir aller au match de foot
8. essayer de s'entendre/essayer de s'amuser

## 11 ▸ Que faut-il faire?

*On passe le nouveau film de Gérard Depardieu pendant que vous êtes en France, et tout le monde s'intéresse à le voir. Dites ce qu'il faut que tout le monde fasse.*

**Modèle:**

je/lire tout sur le film
**Il faut que je lise tout
sur le film.**

1. Fayçal et toi/aller au kiosque à journaux
2. tu/acheter un guide
3. le prof/faire attention à la description du film
4. la famille de Sandrine/savoir l'indice du film
5. Fabienne et Yvonne/être au bureau de location à 21h00
6. on/payer un tarif réduit
7. nous/ne pas prendre le métro trop tard
8. tout le monde/descendre du métro à Montparnasse

## The subjunctive after impersonal expressions

You know that the subjunctive is used after the expression of necessity **il faut que.** There are other impersonal expressions that are followed by the subjunctive. These expressions give an opinion about someone or something specific. Here are some of these impersonal expressions.

| | |
|---|---|
| **il est nécessaire que** | *it is necessary that* |
| **il est important que** | *it is important that* |
| **il est indispensable que** | *it is indispensable that* |
| **il est essentiel que** | *it is essential that* |
| **il est possible que** | *it is possible that* |
| **il est impossible que** | *it is impossible that* |
| **il vaut mieux que** | *it is better that* |
| **il est bon que** | *it is good that* |
| **il est surprenant que** | *it is surprising that* |
| **il est utile que** | *it is useful that* |

**Il est essentiel que** vous **sachiez** où se trouve le cinéma.

*It's essential that you know where the movie theater is located.*

**Il est nécessaire que** vous **regardiez** l'abréviation.

*It's necessary that you look at the abbreviation.*

**Il est possible qu'**un film **soit** interdit.

*It's possible that a movie is prohibited.*

**Il est bon qu'**il y en **ait** plusieurs.

*It's good that there are several (of them).*

# Pratique

## 12 ▶ Possible ou impossible?

À *votre avis, est-ce que les choses suivantes sont possibles ou impossibles? Faites des phrases avec **il est possible que** ou **il est impossible que**.*

**Modèles:**

Le nouveau film de Disney est interdit.
**Il est impossible que le nouveau film de Disney soit interdit.**

Ta grand-mère te rend visite ce soir.
**Il est possible que ma grand-mère me rende visite ce soir.**

1. Ton frère sort avec Céline Dion.
2. Tes parents veulent préserver l'environnement.
3. Ta sœur reçoit du courrier de Tom Cruise.
4. Ton prof connaît Gérard Depardieu.
5. Tous les élèves dans ton cours de français réussissent.
6. Tu continues tes études à l'université.
7. Les jeunes ont des idées controversées.
8. Tes copains et toi, vous pouvez aller à Paris.
9. Tu ne te rappelles pas ton adresse.

Est-il possible que les ados aillent au musée Rodin?

## 13 ▶ Faites des phrases!

*Vos amis et vous allez sortir ce soir. Formez sept phrases logiques sur votre décision d'aller au cinéma. Choisissez un élément des colonnes A, B et C pour chaque phrase. Suivez le modèle.*

| A | B | C |
|---|---|---|
| vaut mieux | prendre | au guichet |
| utile | avoir | assez d'argent |
| essentiel | savoir | un guide |
| surprenant | se taire | aller au cinéma à pied |
| bon | arriver | le nom du film |
| indispensable | choisir | pendant le film |
| nécessaire | pouvoir | à l'heure |
| important | aller | un film en noir et blanc |

Il est essentiel que Claude arrive à l'heure.

**Modèle:**

**Il vaut mieux que nous puissions aller au cinéma à pied.**

*Avec deux autres camarades de classe, parlez de vos ambitions pour l'avenir (future). Dites ce qu'il faut faire, à votre avis, pour réaliser ces ambitions. Alternez les phrases avec vos partenaires en utilisant les expressions de la liste suivante.*

| | | |
|---|---|---|
| il est nécessaire que | il faut que | il est indispensable que |
| il est important que | il est essentiel que | |

**Modèle:**

réussir à l'école

A: **Pour réussir à l'école, il faut que je fasse attention au prof.**

B: **Pour réussir à l'école, il est important que je finisse mes devoirs.**

C: **Pour réussir à l'école, il est nécessaire que je prenne de bonnes notes.**

1. avoir de bons amis
2. trouver un boulot intéressant
3. avoir assez d'argent
4. aider les gens pauvres
5. devenir célèbre
6. contrôler la pollution
7. être heureux/heureuse

Pour avoir de bons amis, il est essentiel que je sache garder des secrets.

Pour avoir assez d'argent, il est indispensable que j'aie un travail.

# Communication

## 15 ▸ Une enquête

Interviewez cinq élèves de votre classe pour tout savoir sur le dernier film qu'ils ont vu. Sur une feuille de papier, copiez la grille suivante. Demandez à chaque élève le nom du film, son genre et ses vedettes. Puis demandez-lui s'il ou elle l'a aimé et s'il ou elle recommande le film à d'autres (par exemple, **Oui, il m'a beaucoup plu. Il faut que tu le voies!**). Écrivez ses réponses dans l'espace blanc approprié.

|     | Élève | Film | Genre | Vedettes | Recommandation |
|-----|-------|------|-------|----------|----------------|
| 1.  |       |      |       |          |                |
| 2.  |       |      |       |          |                |
| 3.  |       |      |       |          |                |
| 4.  |       |      |       |          |                |
| 5.  |       |      |       |          |                |

Quel est le dernier film que tu as vu?

C'est *Mariage mixte*, une comédie avec Gérard Darmon.

## 16 ▸ Un sommaire

Maintenant écrivez un sommaire de l'enquête que vous avez faite dans l'Activité 15 sur les films que vos camarades de classe ont vus. Dites quel film chaque élève a vu, son genre, ses vedettes, s'il ou elle l'a aimé et s'il ou elle le recommande. Puis, pour chaque film, dites si vous l'avez vu aussi. Si oui, donnez votre opinion du film et dites si vous le recommandez.

## 17 ▸ Une affiche

Choisissez le film qui vous intéresse le plus de votre sommaire dans l'Activité 16 et dessinez une affiche qui fait de la publicité pour ce film. Sur votre affiche il faut donner les renseignements suivants:

1. le nom du film
2. les vedettes
3. le genre
4. l'indice
5. la durée

6. le nom du cinéma
7. l'adresse du cinéma
8. le tarif
9. les jours et les heures du film

Enfin écrivez une phrase persuasive qui dit pourquoi il faut que tout le monde voie ce film.

# Characterization

In this unit you will read an excerpt from *Au revoir, les enfants*, a movie script written by the film's director, Louis Malle. The story revolves around two brothers, Julien and François, at a Catholic boarding school during the German occupation of France in World War II. Joseph, a boy with a physical disability who works for the demanding Mme Perrin in the school's kitchen, has found a creative but questionable way to make money. In the excerpt of the screenplay that follows, the headmaster, Père Jean, deals with Joseph and the students who have been conspiring with him. As you read, try to determine what kind of person Père Jean is. To do this, it is important to understand how a writer develops characterization.

A *flat character* exhibits a single dominant quality or character trait; a *rounded character* exhibits a complexity of traits, more like a real human being.

Authors create their characters in one of two ways. In *direct characterization*, the writer comments on a character's traits explicitly, telling the reader about the character's appearance, habits, dress, background, personality and motivations. For example, the author may write, "John is stingy." In *indirect characterization* the author reveals a character by means of what he or she says and does and by means of the reactions of other people that shed light on the character's beliefs, actions and motivations. When using indirect characterization, the writer invites the reader to draw his or her own conclusions based on the clues given.

## 18 Pour commencer

*Avant de lire les scènes suivantes, répondez aux questions.*

1. Pour vivre qu'est-ce que tu es préparé(e) à faire?
2. Quelle décision difficile as-tu prise (*made*) dans ta vie? As-tu eu des regrets après?

# Au revoir, les enfants

*On entend des hurlements. La volumineuse Mme Perrin surgit de la cuisine, poursuivant Joseph qu'elle frappe avec un torchon…. la cuisinière est vraiment furieuse. Elle a un verre dans le nez, elle titube et manque de tomber. Elle aperçoit le Père Michel parmi les joueurs d'échasses.*

Mme Perrin:  Père Michel, Père Michel! Je l'ai attrapé en train de voler du saindoux. Il le mettait dans son sac pour aller le vendre. Je vous l'avais bien dit qu'il volait… Voleur, voleur,…!

*Tout en parlant, elle continue à taper sur Joseph, acculé contre un mur. Il lève les bras pour se protéger et semble terrifié.*

Joseph:  C'est pas vrai, elle ment! C'est elle qui vole!

*Les jeux se sont arrêtés, tout le monde regarde. Le Père Michel prend Joseph par le bras et l'entraîne vers la cuisine.*

Le Père Michel:  Pas devant les enfants, Madame Perrin. Rentrez dans votre cuisine et calmez-vous.

François:  (à Julien) Je lui avais dit à ce crétin qu'il allait se faire piquer.

*Ils lèvent la tête et aperçoivent le Père Jean, qui observe la scène de la fenêtre de son bureau….*

*Sept élèves de différentes classes sont alignés dans le bureau du Père Jean. Parmi eux, François et Julien.*

Le Père Jean:  Joseph volait les provisions du collège et les revendait au marché noir. Mme Perrin aurait dû nous prévenir plus tôt et je ne crois pas qu'elle soit innocente. Mais il y a plus.

*Il montre sur sa table des boîtes de pâté, des bonbons, des pots de confiture.*

Le Père Jean:  Voilà ce qu'on a trouvé dans son placard. Ce sont des provisions personnelles. Il vous a nommés tous les sept.

*Il prend une boîte de pâté.*

Le Père Jean:  Auquel d'entre vous appartient ce pâté?

Un élève:  À moi.

Le Père Jean:  Et ces confitures?

Julien:  À moi.

Le Père Jean:  Vous savez ce que vous êtes? Un voleur, tout autant que Joseph.

Julien:  C'est pas du vol. Elles m'appartiennent, ces confitures.

Le Père Jean:  Vous en privez vos camarades. (À tous:) Pour moi, l'éducation, la vraie, consiste à vous apprendre à faire bon usage de votre liberté. Et voilà le résultat! Vous me dégoûtez. Il n'y a rien que je trouve plus ignoble que le marché noir. L'argent, toujours l'argent.

François:  On ne faisait pas d'argent. On échangeait, c'est tout.

*Le Père Jean s'avance vers lui, le visage dur.*

| | |
|---|---|
| *Le Père Jean:* | Contre quoi? |
| *François:* | (*après une hésitation*) Des cigarettes. |
| *Le Père Jean:* | Quentin, si je ne savais pas tous les problèmes que cela poserait à vos parents, je vous mettrais à la porte tout de suite, vous et votre frère. Je suis obligé de renvoyer Joseph, mais je commets une injustice. Vous êtes tous privés de sortie jusqu'à Pâques. Vous pouvez retourner à l'étude. |

*Les élèves sortent…. Dans le couloir, ils se trouvent en face de Joseph qui attend avec le Père Michel, le dos au mur. Il pleurniche comme un gosse.*

| | |
|---|---|
| *Joseph:* | Et où je vais aller, moi? J'ai même pas où coucher. |

*Les élèves sont très gênés. Julien lui met une main sur l'épaule.*

| | |
|---|---|
| *Le Père Michel:* | Allez en classe. |

*Ils s'éloignent. À l'extrémité du couloir, Julien se retourne et voit le Père Jean qui apparaît à la porte de son bureau.*

| | |
|---|---|
| *Le Père Jean:* | (*à Joseph*) Allez voir l'économe. Il vous paiera votre mois. |
| *Joseph:* | Y a que moi qui trinque. C'est pas juste. |
| *Le Père Michel:* | Allez, viens, Joseph. |

*Il l'entraîne, sous le regard du Père Jean, qui semble regretter la décision qu'il a prise.*

## 19 ▶ Au revoir, les enfants

*Répondez aux questions suivantes.*

1. Qui accuse Joseph d'un vol dans la cuisine?
2. Pourquoi Joseph lève-t-il les bras?
3. Selon Joseph, est-ce que Mme Perrin est innocente?
4. Quelle est la réaction des élèves quand ils voient cette scène?
5. Qui observe la scène de son bureau?
6. Où est-ce que Joseph revendait les provisions du collège?
7. Comment le Père Jean sait-il que les provisions dans le placard de Joseph appartenaient aux sept élèves?
8. Pourquoi le Père Jean accuse-t-il Julien d'être un voleur comme Joseph?
9. Quelle est la défense de Julien devant cette accusation?
10. Selon le Père Jean, en quoi consiste la vraie éducation?
11. Le Père Jean, est-il fâché? Si oui, pourquoi?
12. Comment est le visage du Père Jean quand il s'avance vers François?
13. Les sept élèves échangeaient leurs provisions contre quoi?
14. Pourquoi le Père Jean dit-il qu'il commet une injustice quand il renvoie Joseph?
15. De quelle liberté les sept élèves sont-ils privés? Jusqu'à quand?
16. Que fait Julien pour montrer sa compassion pour Joseph?
17. Quelles deux phrases du scénario montrent que le Père Jean regrette sa décision de renvoyer Joseph?

**À vous d'écrire!**

*Écrivez le scénario qui a lieu* (takes place) *quand le Père Jean accuse Joseph du vol. Où la scène a-t-elle lieu? Le Père Jean et Joseph, sont-ils assis ou debout* (standing)? *Comment sont les visages des deux personnes? Que dit le Père Jean quand il accuse Joseph? Que dit Joseph pour se défendre?*

**21** **En partenaires**

*Faites un sketch qui a lieu dans un lycée moderne. Avec un(e) partenaire, jouez les rôles d'un(e) élève qui a volé quelque chose du lycée et du directeur qui lui pose des questions. Si vous jouez le rôle de l'élève, donnez une explication ou une défense de vos actions. Si vous jouez le rôle du directeur, décidez comment vous allez punir* (to punish) *l'élève.*

**22** **Les qualités du Père Jean**

*Pour analyser le caractère du Père Jean, faites une grille comme la suivante. Pour chaque adjectif, choisissez le numéro qui exprime* (expresses) *le caractère du Père Jean (*"5" *indique qu'il montre le maximum de cette qualité). Mettez un ✓ dans l'espace blanc approprié. Puis écrivez deux phrases. Dans la première phrase, faites une généralisation fondée sur la grille que vous avez remplie. Dans la deuxième phrase, défendez votre généralisation avec un exemple du scénario.*

|  | 1 | 2 | 3 | 4 | 5 |
|---|---|---|---|---|---|
| strict |  |  |  |  | ✓ |
| compatissant (*compassionate*) |  |  |  |  |  |
| juste (*fair*) |  |  |  |  |  |
| décisif |  |  |  |  |  |
| matérialiste |  |  |  |  |  |
| idéaliste |  |  |  |  |  |

**Modèle:**

Le Père Jean est très strict. Il renvoie
Joseph parce qu'il a volé du collège et a
vendu des provisions au marché noir.

*Écrivez un paragraphe où vous décrivez le caractère du Père Jean. Est-ce que c'est un bon directeur? Quelle est sa philosophie? Comment est-ce qu'il est influencé par son rôle de prêtre (priest) quand il prend une décision? Est-il difficile pour lui de renvoyer Joseph? Pourquoi ne punit-il pas sévèrement les sept élèves et Mme Perrin? Utilisez votre grille et vos phrases de l'Activité 22 pour développer un portrait précis du Père Jean.*

# Dossier fermé

Imagine que tu passes une semaine à Paris. Comment décider quoi faire dans cette grande ville? Par exemple, à quels concerts, films et spectacles peux-tu aller? Quelles sont les dates et les heures de ces spectacles? Où sont-ils? Est-ce que tu peux acheter quelque chose qui te dit tous ces détails? Mais oui! Tu dois acheter:

A.  *Pariscope*

Tu peux trouver des renseignements dans tous les trois: *Pariscope*, un journal quotidien et le *Guide Michelin Vert*. Certains journaux donnent les heures de films et d'expositions. Le *Guide Michelin Vert* offre des informations historiques et les heures générales des musées et des monuments. Mais il vaut mieux acheter *Pariscope* pour vous informer sur toutes les attractions et les distractions à Paris.

Selon *Pariscope*, le Jardin des plantes est ouvert tous les jours de 7h30 jusqu'à la tombée de la nuit (*nightfall*).

## ✓ Évaluation culturelle

*Pour voir si vous avez bien compris la culture française, décidez si chaque phrase est **vraie** ou **fausse**.*

1. Presque tout le monde en France a la télévision.
2. Il n'y a pas beaucoup de Français qui ont le câble ou le satellite.
3. Les émissions de sports sont les plus populaires à la télévision française.
4. Le Français typique est content de son choix d'émissions à la télé.
5. Les DVDs, les jeux vidéo et l'ordinateur commencent à prendre la place de la télévision.
6. Le *Guide Michelin Vert* offre les renseignements sur les films et les spectacles à Paris.
7. Les trois guides qui offrent des listes de toutes les attractions parisiennes coûtent cinq euros.
8. Les frères Lumière ont inventé la caméra vidéo.
9. Les Français vont plus souvent au cinéma qu'au théâtre.
10. Les Français aiment surtout les drames historiques.

Le cinéma est la destination préférée des Français quand ils ont du temps libre.

## ✓ Évaluation orale

*Qu'est-ce qu'on peut faire dans votre ville pour s'informer et pour s'amuser? Avec un(e) partenaire, parlez des attractions et des distractions dans votre ville. Regardez la liste suivante et demandez à votre partenaire de nommer une attraction dans chaque catégorie et de vous en donner son opinion.*

- musées
- expositions
- librairies
- théâtres
- cinémas
- concerts

- spectacles
- fêtes
- restaurants et cafés
- boutiques, magasins et centres commerciaux
- stades et équipes (*teams*) de sport

*Puis discutez avec votre partenaire lesquelles de ces attractions et ces distractions sont les plus populaires et les plus intéressantes. Est-il important que les ados fréquentent toutes ces attractions? Enfin est-il possible que votre ville ait de nouvelles attractions et distractions à l'avenir?*

# ✓ Évaluation écrite

*Pour aider les touristes francophones qui vont visiter votre ville, préparez un guide des attractions et des distractions que vous venez de discuter avec votre partenaire. Choisissez les attractions qui intéresseraient le plus aux visiteurs. Pour chaque attraction que vous discutez dans ce guide, écrivez une phrase de description et les renseignements nécessaires, par exemple, l'adresse, le numéro de téléphone, le tarif ou les prix, les dates et les heures d'ouverture. Si vous voulez, vous pouvez mettre une photo ou une illustration de l'attraction à côté de chacune.*

# ✓ Évaluation visuelle

*Anne et Grégoire habitent à Paris dans le huitième arrondissement. Anne téléphone à Grégoire pour l'inviter à voir un nouveau film. Grégoire lui demande le nom du film, les noms du metteur en scène et des vedettes, la description du film et sa durée. Finalement, Anne et Grégoire décident quand et où ils vont voir ce film. Avec un(e) partenaire, complétez leur dialogue en utilisant les détails suggérés dans l'illustration et les expressions appropriées de l'Unité 3. (Avant de commencer, regardez les sections Révision de fonctions aux pages 149-50 et Vocabulaire à la page 151.)*

## Révision de fonctions

Can you do all of the following tasks in French?
- I can ask whether or not something is important.
- I can say what is important.
- I can ask what someone likes.
- I can tell what someone likes.
- I can list things.
- I can state someone's preference.
- I can make a generalization.
- I can ask someone's opinion about something.
- I can give my opinion by saying what I think.
- I can ask whether or not someone agrees with me.
- I can ask whether or not something surprises someone.
- I can say what is better.
- I can ask whether or not something is possible.
- I can say what is possible and impossible.
- I can say what someone needs to do.
- I can say what it is necessary to do.
- I can tell location.

Est-ce que les paysages de Gauguin te plaisent?

To ask about importance, use:

**Est-il important que** vous ne preniez pas le métro trop tard?

*Is it important for you not to take the subway too late?*

To express importance, use:

**Il est essentiel que** vous sachiez dans quel arrondissement se trouve le cinéma.

*It's essential that you know in which district the movie theater is located.*

To ask what someone likes, use:

Est-ce que les arts **vous plaisent**?
Est-ce que la musique d'Angélique Kidjo **te plaît**?

*Do you like the arts?*
*Do you like Angélique Kidjo's music?*

To say what someone likes, use:

Même les fleurs et les fruits de ses natures mortes **plaisent** aux yeux.
Sa musique dynamique **plaît** à tous.

*Even the flowers and fruit in his still lifes are pleasing to the eyes.*
*Everyone likes her dynamic music.*

To list, use:

**Ses autres films** très connus **sont** Ma saison préférée, La Reine Margot, Un cœur en hiver, Le huitième jour et Lucie Aubrac.

*His other well-known movies are Ma saison préférée, La Reine Margot, Un cœur en hiver, Le huitième jour and Lucie Aubrac.*

To state a preference, use:

**Il a préféré** peindre sa maison, la vie et les rues de Paris, et la nature.

*He preferred painting his house, Parisian life and streets, and nature.*

To state a generalization, use:

**En général** on n'acceptait pas les femmes dans beaucoup de professions au dix-neuvième siècle.

*In general women weren't accepted in many professions in the nineteenth century.*

To inquire about opinions, use:

**À quoi pensez-vous lorsque vous pensez à** la culture des pays francophones?

*What do you think about when you think of the culture of French-speaking countries?*

To give opinions, use:

Cette musique **est si** pleine d'énergie **qu'**on a envie de danser.

On a l'impression que la lumière danse dans tous ses tableaux.

Aujourd'hui la collection Caillebotte **est une des plus importantes du** musée d'Orsay.

**Il est bon qu'**il y en ait plusieurs.

This music is so full of energy that you want to dance.

You have the impression that light dances in all his paintings.

Today the Caillebotte collection is one of the most important in the Orsay Museum.

It's good that there are several (of them).

To inquire about agreement, use:

**Vous ne trouvez pas?**

Don't you think so?

To inquire about surprise, use:

**Est-il surprenant que** vous reconnaissiez le nom du metteur en scène?

Is it surprising that you recognize the director's name?

To compare, use:

Pour réserver une place, **il vaut mieux que** vous veniez au bureau de location.

To reserve a seat, it's better that you come to the box office.

To inquire about possibility, use:

**Est-il possible que** vous sachiez l'indice d'un film en avance?

Is it possible for you to know a movie's rating in advance?

To express possibility, use:

**Il est possible qu'**un film soit interdit.

It's possible that a movie is prohibited.

To express impossibility, use:

**Il est impossible que** vous ne voyiez pas le nom de la scénariste du film.

It's impossible for you not to see the name of the movie's scriptwriter.

To express need and necessity, use:

**Il faut que** vous pensiez aussi aux films, à la musique, à la littérature, à la sculpture et aux tableaux.

**Il faut qu'**on assiste à un de ses concerts.

**Il est indispensable que** vous fassiez attention à la description dans le guide.

**Il est nécessaire que** vous regardiez l'abréviation dans le guide.

You must also think about movies, music, literature, sculpture and paintings.

You have to attend one of her concerts.

It's indispensable for you to pay attention to the description in the guidebook.

It's necessary that you look at the abbreviation in the guidebook.

To tell location, use:

Le nom du cinéma est **en bas**.

Il est essentiel que vous sachiez dans quel arrondissement **se trouve** le cinéma.

The movie theater's name is at the bottom.

It's essential that you know in which district the movie theater is located.

Le musée Rodin se trouve sur la rue de Varenne à Paris.

# Vocabulaire

une **abréviation** abbreviation *B*
un **album** album *A*
un **arrondissement** district *B*
un(e) **assistant(e)** assistant *A*
un **atelier** studio *A*
**autobiographique** autobiographical *A*

un **ballet** ballet *A*
une **bande originale** sound track *A*
**bas: en bas** at the bottom *B*
le **Bénin** Benin *A*
un **bureau de location** box office *B*

**chanter** to sing *A*
un **chef d'orchestre** conductor *A*
un **chef-d'œuvre** masterpiece *A*
un **cinéma** movie theater *B*
une **collection** collection *A*
**composer** to compose *A*
un **compositeur, une compositrice** composer *A*
**controversé(e)** controversial *A*

**descendre** to get off *B*
une **description** description *B*
une **distraction** entertainment *B*
une **durée** length *B*

**en bas** at the bottom *B*
**en général** in general *B*
**enregistrer** to record *A*
**essentiel, essentielle** essential *B*

le **fon** Fon (African language) *A*

**général(e)** general *B*
un **genre** kind, type *B*
un **guide** guidebook *B*

**impossible** impossible *B*
une **impression** impression, feeling *A*
un **indice** rating *B*
**indispensable** indispensable *B*
l' **Indochine (f.)** Indochina *A*
**interdit(e)** prohibited *B*
une **intrigue** plot *A*

un(e) **jeune** young person *B*
**jouer** to act, to play (a part) *A*

un **kiosque à journaux** newsstand *B*

une **langue** language *A*
une **location: un bureau de location** box office *B*
**lorsque** when *A*

**même** same *B*

la **nature** nature *A*
**une nature morte** still life *A*
**nécessaire** necessary *B*

un **orchestre** orchestra *A*

**partout** everywhere *A*
un **paysage** landscape *A*
**peindre** to paint *A*
un **peintre** painter *A*
une **pièce (de théâtre)** play *A*
une **place** seat *B*
**plaire** to please *A*
**plusieurs** several *A*
**populaire** popular *A*
un **prix** price *B*

**reconnaître** to recognize *B*
**réduit(e)** reduced *B*
des **renseignements (m.)** information *B*
un **rôle** role *A*

un **scénario** script *A*
un(e) **scénariste** scriptwriter *B*
un **sculpteur** sculptor *A*
un **signe** sign *B*
un **spectacle** show *B*
le **succès** success *A*

un **tarif** rate, price *B*
**tourner** to shoot (a movie) *B*
se **trouver** to be (located) *B*

**utile** useful *B*

**valable** valid *B*
**valoir mieux** to be better *B*
une **variété** variety *B*
**vaut: il vaut mieux** it is better *B*
**vécu(e)** real-life *B*
une **vedette** (movie) star *A*
une **version** version *A*

# Unité

# 4

## Le monde du travail

**In this unit you will be able to:**

- write a letter
- express intentions
- express desire
- state want
- express hope
- state a preference
- give opinions
- express disagreement
- inquire about certainty and uncertainty
- express certainty and uncertainty
- describe talents and abilities
- sequence events
- evaluate
- make requests
- explain a problem
- interview
- express that you expect a positive response
- express appreciation

www.emcp.com

## Tes empreintes ici

Est-ce que tu travailles? Si oui, tu dois savoir qu'il est difficile de travailler et d'être lycéen(ne) à la fois, et d'avoir assez de temps pour étudier et pour t'amuser.

Il n'est pas toujours facile de trouver le boulot parfait. Tu peux chercher un travail dans les journaux. Tu peux demander aux fast-foods, aux supermarchés, aux grands magasins ou aux stations-service. Si tu as un(e) ami(e) qui travaille, tu peux toujours demander là où il ou elle travaille pour savoir si on a besoin de quelqu'un. Tu as déjà quelque chose à offrir comme employé(e). Par exemple:

- si tu es doué(e) en maths, travaille à la caisse.
- si tu es fort(e) en informatique, travaille sur un ordinateur.
- si tu aimes parler avec les gens, deviens vendeur ou vendeuse.
- si tu parles bien une autre langue, travaille dans un hôtel ou dans un camping où tu peux parler cette langue.
- si tu aimes les enfants, fais du baby-sitting.

Bonne chance dans le monde du travail!

Je travaille pour une pizzeria parce que j'aime conduire.

## Dossier ouvert

Imagine que tu passes l'été à Paris. À la fin de ton séjour, tu trouves qu'il y a beaucoup de restaurants et de boutiques qui sont fermés. Qu'est-ce qui se passe?

A. On célèbre la fête de l'Assomption (le 15 août).
B. Tout le monde va en vacances au mois d'août.
C. C'est le résultat d'une crise économique.

Fred est diplômé.

Jeanne est organisée.

Anne est enthousiaste.

Allô! Hello!

Michèle est bilingue.

Je m'appelle° Jean-Guy Letourneau. J'ai 25 ans, et j'habite à Saint-Lazare au Québec. Je travaille avec Assurance° Canada depuis deux ans. On m'a embauché° à plein temps° après mes études à l'université. J'ai un contrat de deux ans. Alors, maintenant je cherche un poste dans une autre compagnie. Depuis quand est-ce que je cherche un nouveau poste? Je regarde les petites annonces depuis le début du mois de juin, et j'ai enfin trouvé une annonce qui m'intéresse. J'ai les qualifications qu'on cherche: je suis bilingue, diligent et fort en informatique. Avec mon expérience je souhaite° qu'on m'offre un gros salaire. Voici l'annonce que j'ai lue, la lettre que j'ai écrite et la réponse que j'ai reçue.

**je m'appelle** mon nom est; **l'assurance (f.)** *insurance*; **embaucher** *to hire*; **à plein temps** huit heures par jour; **souhaiter** espérer

M. Dombasle a cinq années d'expérience avec sa compagnie. (Paris)

Jean-Guy Letourneau
12, avenue Laval
Saint-Lazare, Québec J7T ZA1

Saint-Lazare, le 27 juillet 2007

Monsieur Paul Bagnal
Chef du Personnel
Assurance Lacerte
1800, rue Victoria
Montréal, Québec H3A 3J6

Monsieur,

Votre annonce dans le numéro du 27 juillet du *Courrier de Montréal* m'a beaucoup intéressé. Mon contrat avec Assurance Canada va bientôt se terminer. Je pense avoir l'expérience et les qualifications que vous cherchez. Vous trouverez ci-joint° mon CV avec photo.

En attendant une réponse favorable, je vous prie° d'agréer,° Monsieur, mes salutations° distinguées.°

*Jean-Guy Letourneau*

Jean-Guy Letourneau

**la vente** *sales;* **exiger** *to require;* **un chef** *head;* **ci-joint** *enclosed;* **prier** *to beg;* **agréer** *accepter;* **des salutations (f.)** *greetings;* **Je vous prie d'agréer, Monsieur, mes salutations distinguées.** *Yours truly,*

Assurance Lacerte
1800, rue Victoria
Montréal, Québec H3A 3J6

Montréal, le 31 juillet 2007

Monsieur Jean-Guy Letourneau
12, avenue Laval
Saint-Lazare, Québec J7T ZA1

Monsieur,

En réponse à votre lettre du 27 juillet, nous avons le plaisir de vous annoncer que vos qualifications répondent à nos besoins.° Nous vous serions très reconnaissants° de bien vouloir vous présenter° jeudi, le 9 août, à 10h00. Remplissez, s'il vous plaît, le formulaire° de travail ci-joint avant votre arrivée.

En attendant de vous voir, je vous prie d'agréer, Monsieur, mes salutations distinguées.

Paul Bagnal
Chef du Personnel

Pourriez-vous vous présenter mercredi, le 19 septembre, à 11h30?

un besoin *need*; reconnaissant(e) *grateful*; se présenter *venir*; un formulaire *une fiche*

## 1 ► Les qualifications

*Faites correspondre la lettre de la description à ce que vous entendez.*

A. reconnaissant
B. enthousiaste
C. bilingue
D. diligent
E. organisé
F. diplômé

## 2 ► Corrigez!

*Dans chaque phrase corrigez la faute en italique d'après la description de Jean-Guy, l'annonce de la compagnie Assurance Lacerte, la lettre de Jean-Guy et la réponse qu'il a reçue.*

1. Jean-Guy Letourneau cherche *une annonce* dans une autre compagnie.
2. Quelles sont les qualifications de Jean-Guy? Il est *distingué*, diligent et fort en informatique.
3. Avec *sa clientèle* Jean-Guy souhaite qu'on lui offre un gros salaire.
4. Assurance Lacerte veut avoir un(e) employé(e) doué(e) pour *la recherche*.
5. Cet(te) employé(e) doit être *exigeant(e)* et organisé(e).
6. *La salutation* dans le numéro du 27 juillet a beaucoup intéressé Jean-Guy.
7. M. Bagnal peut vérifier les qualifications de Jean-Guy en regardant *son contrat*.
8. M. Bagnal serait très *enthousiaste* si Jean-Guy voulait bien se présenter jeudi, le 9 août.

Mme Blivet peut vérifier les qualifications de M. Vollereaux en regardant son CV.

## 3 ▸ Assurance Lacerte

*Qu'est-ce qu'on peut trouver dans l'annonce pour la compagnie Assurance Lacerte? Indiquez si on peut ou ne peut pas trouver les choses suivantes dans leur annonce en mettant un ✓ dans l'espace blanc convenable.*

| | Oui | Non |
|---|---|---|
| 1. l'âge qu'il faut avoir | | |
| 2. le salaire | | |
| 3. si c'est une compagnie importante | | |
| 4. si le service à la clientèle est important | | |
| 5. un formulaire à remplir | | |
| 6. les qualifications qu'on voudrait | | |
| 7. où on envoie son CV | | |
| 8. si on doit envoyer sa photo | | |
| 9. si on travaille à plein temps | | |
| 10. combien d'années d'expérience il faut avoir | | |

## 4 ▸ C'est à toi!

*Questions personnelles.*

1. Est-ce que tu conduis? Si oui, est-ce toi qui paies l'assurance?
2. Est-ce que tu regardes les petites annonces dans le journal? Pourquoi ou pourquoi pas?
3. Est-ce que tu as jamais écrit un CV? Si oui, pourquoi?
4. Est-ce que tu travailles? Si oui, depuis combien de temps as-tu ce boulot?
5. Quel est le poste parfait pour toi?
6. En quoi est-ce que tu es doué(e)?
7. Selon toi, quelles sont les qualifications d'un(e) bon(ne) lycéen(ne)?
8. Après tes études au lycée, est-ce que tu veux travailler à plein temps ou continuer tes études à l'université?

Je regarde les petites annonces parce qu'il faut que je trouve un job pour l'été.

## La femme au travail

Plus de 12.500.000 de femmes françaises travaillent aujourd'hui. Ça fait 54.9 pour cent comparé à 39 pour cent en 1970. Comparez ça à l'attitude changeante du Français moyen: en 1978, seulement 30 pour cent des Français disaient que la femme pouvait travailler si elle le désirait; mais aujourd'hui, 59 pour cent disent la même chose. Pourquoi la Française moyenne cherche-t-elle un travail? Les enquêtes révèlent que la femme veut y trouver son indépendance, elle veut chercher son identité et elle veut aider aux finances de la maison. Il faut aussi considérer les changements des conditions de vie. Aujourd'hui 66.3 pour cent de femmes avec des enfants travaillent. C'est peut-être parce qu'il y a beaucoup de femmes qui n'ont pas de mari, mais le plus important, c'est que les couples ont besoin de deux salaires pour bien vivre. Plus de 3.757.000 des femmes au travail ont un poste à temps partiel (moins de 15 heures par semaine). C'est le développement des emplois à temps partiel qui a contribué le plus à l'institution du travail féminin. De toutes les personnes qui travaillent à temps partiel, 85 pour cent sont des femmes. Ce sont surtout les assistantes maternelles et les employées de maison.

Mlle Guiheux travaille parce qu'elle veut trouver son indépendance.

## Les jeunes au travail

Seulement 13 pour cent des jeunes entre 15 et 24 ans ont un boulot à plein temps, et trois pour cent un travail à temps partiel. Les autres sont des étudiants qui consacrent leur temps à étudier, des gens qui apprennent un métier (les apprentis) et des personnes qui font un stage. Mais on ne peut pas dire que les jeunes Français n'ont pas d'argent. Au contraire, ils reçoivent jusqu'à 40 euros par mois d'argent de poche (*pocket money*). Ils se paient des distractions (cafés, cinémas), des vêtements et de la musique (stéréo, CDs). Les jeunes Français croient qu'il est important d'acheter des produits "symboles" qui indiquent qu'ils sont membres d'un certain groupe social. À quels emplois les jeunes aspirent-ils?

Aspires-tu à une carrière dans la médecine?

Les métiers les plus prestigieux selon les jeunes sont:

- directeur (directrice) d'une compagnie
- juge/avocat(e)
- médecin
- professeur

- ingénieur
- économiste
- journaliste
- chef de projet en ressources humaines

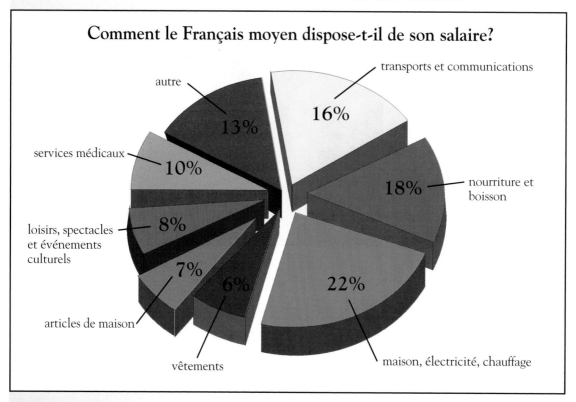

## Comment le Français moyen dispose-t-il de son salaire?

- transports et communications 16%
- nourriture et boisson 18%
- maison, électricité, chauffage 22%
- vêtements 6%
- articles de maison 7%
- loisirs, spectacles et événements culturels 8%
- services médicaux 10%
- autre 13%

# La révolution technique

**D**ans les années 50 une révolution dans le travail a commencé avec l'électronique. Le transistor, le microprocesseur et enfin la télématique (l'union du microprocesseur et des télécommunications) annoncent un nouveau genre de travail. L'automatisation a éliminé beaucoup de boulots dans l'industrie de production. Les travailleurs manuels ont maintenant des emplois dans le service: banquiers (banquières), ingénieurs, serveurs (serveuses) de restaurants, agents de voyage, agents d'assurances, professeurs, policiers (policières), médecins, infirmiers (infirmières). Mais avec tous les boulots techniques et les téléservices, la qualification technique ne va pas être suffisante pour les emplois de demain. Il faut savoir communiquer (surtout dans une autre langue), être prêt(e) à travailler avec les autres, être dynamique et avoir de la créativité. Ces qualités personnelles vont déterminer votre réussite.

Les serveurs et serveuses de café travaillent dans le secteur du service.

## 5 ▶ Au travail

*Répondez aux questions suivantes.*

1. Combien de femmes françaises travaillent?
2. Pourquoi la Française moyenne travaille-t-elle?
3. Les femmes qui ont des enfants, travaillent-elles?
4. Pourquoi est-ce que les femmes qui ont un mari veulent travailler?
5. Combien de femmes ont un travail à temps partiel?
6. Est-ce que la majorité des jeunes entre 15 et 24 ans ont un travail?
7. Que font les jeunes qui ne travaillent pas?
8. Qu'achètent les jeunes avec leur argent?
9. Selon les jeunes, quels sont les métiers les plus prestigieux?
10. Quelles vont être les qualifications importantes pour les emplois de demain?

Jean-Luc est apprenti dans une boulangerie.

## 6 ▶ Une demande d'emploi

*Imaginez que vous voulez travailler à temps partiel dans un fast-food français. Remplissez la demande d'emploi suivante.*

# Journal personnel

The electronic revolution has eliminated jobs that were once in high demand, and new jobs are being created in a variety of sectors. In this age of information, what jobs do you think will be most in demand when you are ready to look for full-time employment? In what areas do you think there will be an abundance of new jobs? What jobs will have disappeared? What classes in high school will have proved to be the most useful in preparing you for a job? After high school how do you plan to use technology to prepare yourself for the world of work?

## *Depuis* + present tense

**Depuis quand** (*since when*) plus a verb in the present tense is used to ask when an action began in the past that is still going on in the present. To answer this question, use a present tense verb form, **depuis** (*since*) and an expression of time.

| | |
|---|---|
| **Depuis quand** est-ce que Jean-Guy cherche un nouveau poste? | *Since when has Jean-Guy been looking for a new job?* |
| Il regarde les petites annonces **depuis** le début du mois de juin. | *He's been looking in the want ads since the beginning of the month of June.* |

**Depuis combien de temps** (*how long*) plus a verb in the present tense is used to ask how long an action has been going on. To answer this question, use a present tense verb form, **depuis** (*for*) and an expression of time.

| | |
|---|---|
| **Depuis combien de temps** cherchez-vous le poste parfait? | *How long have you been looking for the perfect job?* |
| Je le cherche **depuis** des mois. | *I've been looking for months.* |

## 7 Identifiez!

*Quelles sont les professions de ces gens? Depuis combien de temps travaillent-ils? Répondez à ces questions selon les photos. Suivez le modèle.*

**Modèle:**

Isabelle Adjani/30 ans
**Isabelle Adjani est vedette depuis trente ans.**

1. Mme Junot/2 semaines

2. Claire/5 jours

3. M. Maurel/22 ans

4. M. Minetti/30 ans

5. Alain/3 ans

6. M. Renaud/6 mois

7. M. Brunel/40 ans

8. Mme Chouinard/9 mois

*Caroline vient de se présenter à une interview avec Mme Cliquot pour un poste à Naf Naf, une boutique de vêtements française. Pour chaque réponse que Caroline a donnée, écrivez la question correspondante que Mme Cliquot lui a posée.*

**Modèle:**

Je vous attends depuis cinq minutes, Madame Cliquot.
**Depuis combien de temps m'attendez-vous, Caroline?**

1. Naf Naf m'intéresse depuis l'âge de dix ans.
2. Je cherche un nouveau poste depuis un mois.
3. Je lis les petites annonces depuis le 15 août.
4. Je travaille aux Galeries Lafayette depuis 2005.
5. J'y vends des accessoires depuis neuf mois.
6. Je suis diplômée depuis deux ans.
7. Je suis bilingue depuis sept ans.
8. J'habite à Tours depuis le début du mois de novembre.

Depuis quand Naf Naf intéresse Caroline?

# The subjunctive after expressions of wish, will or desire

You remember that in French the subjunctive usually comes after **que** in a dependent clause. In the last unit you learned various impersonal expressions that are followed by the subjunctive. Verbs that express wish, will or desire also take the subjunctive. Use the subjunctive after one of these verbs when the wish or desire concerns someone other than the subject.

| | |
|---|---|
| **aimer** | *to like, to love* |
| **désirer** | *to want* |
| **exiger** | *to require* |
| **préférer** | *to prefer* |
| **souhaiter** | *to wish, to hope* |
| **vouloir** | *to want* |

Nous **exigeons que** vous **ayez** au moins deux années d'expérience.

*We require that you have at least two years of experience.*

Avec mon expérience je **souhaite qu'**on m'**offre** un gros salaire.

*With my experience I hope that they give me a high salary.*

Nous **désirons** aussi **que** vous **soyez** fort en informatique.

*We also want you to be strong in computer science.*

 **Les ordres du chef**

*Bruno et Julianne sont de nouveaux employés à Quick. Jouez le rôle de M. Abdallah, leur chef. Dites-leur ce que vous voulez qu'ils fassent ou ne fassent pas. Pour chaque phrase, utilisez une expression logique de la liste suivante. Suivez le modèle.*

| | |
|---|---|
| ne pas dormir derrière le comptoir | ne pas étudier au comptoir |
| sortir la poubelle | ne pas être en retard |
| nettoyer toutes les tables | offrir du café à la clientèle |
| ne pas brûler les hamburgers | ne pas voler d'argent |
| dire "Merci" à la clientèle | |

**Modèle:**

Je veux que vous ne soyez pas en retard.

1.

2.

3.

4.

Merci.

5.

6.

7.

8.

## 10 ▶ Pour faire bonne impression...

*Imaginez que vous êtes Jean-Guy Letourneau. Demain matin vous allez vous présenter à Assurance Lacerte. Dites ce que votre famille veut que vous fassiez pour faire bonne impression.*

**Modèle:**

ma mère/exiger/s'habiller bien
**Ma mère exige que je m'habille bien.**

1. ma mère/vouloir/se coucher tôt ce soir
2. mes parents/préférer/prendre le petit déjeuner avant de quitter la maison
3. mon frère/exiger/savoir l'adresse de la compagnie
4. mon père/désirer/arriver à l'heure
5. mes parents/exiger/remplir le formulaire de travail
6. tout le monde/désirer/être enthousiaste
7. ma sœur/vouloir/répondre sérieusement aux questions
8. ma mère/souhaiter/remercier le chef du personnel

## 11 ▶ En partenaires

 *Avec un(e) partenaire, posez des questions sur comment vous trouvez les personnes et les choses indiquées. Donnez vos opinions en utilisant l'expression **J'aimerais que**. Suivez le modèle.*

**Modèle:**

la cantine de l'école
A: **Comment tu trouves la cantine de l'école?**
B: **J'aimerais qu'il y ait plus de choix. Et toi, comment tu trouves la cantine de l'école?**
A: **J'aimerais qu'on offre plus de salades.**

1. le cours de français
2. l'enseignement dans cette école
3. le temps qu'il fait
4. les émissions à la télé
5. tes parents
6. les hommes et les femmes politiques

Comment tu trouves tes camarades de classe?

J'aimerais qu'ils m'invitent à sortir après les cours.

# Communication

**12 ► Écrivez une petite annonce!**

Consultez les petites annonces dans un journal français ou américain pour en trouver une qui vous intéresse. (Si vous préférez, vous pouvez inventer une petite annonce intéressante.) Puis copiez la grille suivante, et remplissez-la selon les renseignements de la petite annonce que vous avez choisie. Enfin utilisez la grille pour écrire une petite annonce en français pour ce boulot. (Vous pouvez utiliser votre nom comme chef du personnel.)

> nom de la compagnie: _____
>
> chef du personnel: _____
>
> adresse: _____
>
> numéro de téléphone: _____
>
> boulot: _____
>
> responsabilités: _____
>
> qualifications: _____
>
> expérience: _____
>
> éducation: _____
>
> salaire: _____

**13 ► Répondez à une petite annonce!**

Échangez la petite annonce que vous venez d'écrire dans l'Activité 12 contre (for) l'annonce d'un(e) partenaire. Puis répondez à cette nouvelle petite annonce en écrivant une lettre au chef du personnel de la compagnie qui offre le boulot. Dites que vous cherchez un boulot et ce que vous voulez dans ce boulot. Mentionnez vos qualifications et votre expérience. Utilisez la lettre de Jean-Guy Letourneau à la page 157 comme modèle.

**14 ► À vous de jouer!**

Avec votre partenaire de l'Activité 13, jouez les rôles du chef du personnel (la personne qui offre le boulot dans l'Activité 13) et du candidat (la personne qui veut être embauchée). Le candidat n'a jamais reçu de réponse à sa lettre. Alors, il décide de téléphoner au chef du personnel. Le candidat dit qu'il cherche un nouveau poste et explique pourquoi il téléphone. Il parle de ses qualifications, de son expérience et de son éducation. Le chef du personnel décide s'il veut inviter le candidat à se présenter ou pas.

J'ai les qualifications que vous cherchez. Je suis bilingue et doué pour la vente.

# Writing a Résumé

When you apply for a job, your letter of application should be accompanied by a résumé, or curriculum vitæ. It should contain certain personal information, your background and your experience. In your résumé, be sure to include:

- your name, address and phone number
- your objective in seeking a job with this employer
- your educational history, with your most recent accomplishments listed first
- your work experience, also in reverse chronological order
- [optional] personal information, such as membership in relevant clubs and organizations, community service, volunteer work, hobbies, etc.
- a list of references

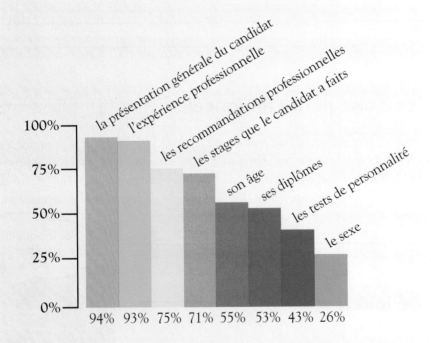

**Pourquoi embauchez-vous ce candidat?**

la présentation générale du candidat — 94%
l'expérience professionnelle — 93%
les recommandations professionnelles — 75%
les stages que le candidat a faits — 71%
son âge — 55%
ses diplômes — 53%
les tests de personnalité — 43%
le sexe — 26%

Here is a sample résumé written by a French teenager interested in working with young children:

Sandrine CHAUGNOT
12, avenue Saint-Exupéry
94000 Créteil
Tél. 01.49.89.73.00

Née: le 12 mai, 1990 à Troyes

**OBJECTIF:** Travailler avec de jeunes enfants chez eux ou à la crèche

**FORMATION:** Lycée Descartes, Créteil (en première)
Collège Voltaire, Créteil
École Sainte-Anne, Créteil

**EXPÉRIENCE:**

| | | |
|---|---|---|
| 2006-présent | École des jeunes filles | 76, rue Rochambeau |
| | | Après l'école je jouais à des jeux avec les enfants. |
| 2005-6 | McDonald's | 34, place de la Gare |
| | | Serveuse |
| 2003-6 | M. et Mme François Junot | 32, allée de la Toison d'Or |
| | | J'ai fait du baby-sitting pour leurs deux enfants: un petit garçon et une petite fille. |

**LOISIRS:** Football, flûte

**À CONTACTER:** Mme Hélène Trélat
École des jeunes filles
76, rue Rochambeau, Créteil
Tél. 01.49.07.32.82

M. et Mme François Junot
32, allée de la Toison d'Or, Créteil
Tél. 01.49.23.90.87

## 15 ▶ Mon résumé

*Maintenant pensez à un boulot d'été idéal dans un pays francophone. Écrivez votre résumé en notant votre objectif, votre formation et votre expérience. Suivez le modèle de Sandrine que vous venez de lire.*

Conversation culturelle

> Croyez-vous que le projet soit une bonne idée?

> Nous ne pensons pas que ce projet aille assez loin.

une manifestation

les manifestants

Marie-José Tenière, qui est reporter pour TF1, une chaîne° de télévision française, va faire un reportage spécial de Lille. Elle va commencer dans un moment. Le bruit qu'on entend vient d'une manifestation. Les rues, qu'on ne peut même pas traverser, sont pleines d'étudiants et de lycéens. Il n'est pas certain que Marie-José puisse s'approcher d'un des manifestants pour lui parler. Attendez, attendez. Ah, voilà. Elle a réussi.

Marie-José: C'est Marie-José Tenière en direct° de Lille. Je parle avec Max Launay, lycéen, qui participe à la manifestation. Je peux vous poser quelques questions?

Max: Ouais, bien sûr.

Marie-José: Max, pourquoi est-ce que les étudiants et les lycéens manifestent° aujourd'hui?

Max: Je ne suis pas sûr° que la raison° soit évidente pour tout le monde.

Marie-José: Croyez-vous que le projet du gouvernement soit une bonne idée?

Max: Non, nous sommes contre° ce projet. Le gouvernement veut créer des emplois° pour les jeunes, mais nous ne pensons pas que ce projet aille assez° loin. Nous, les jeunes, nous comprenons ce qui° se passe. Le problème, c'est qu'il n'y a pas suffisamment° d'emplois pour les jeunes de 18 à 26 ans. Le gouvernement va créer 150.000 emplois. C'est bon. Mais le gouvernement ne veut payer qu'un pourcentage du SMIC.° Et ça, nous ne l'acceptons pas. Je doute que nous acceptions un salaire qui soit inférieur° au salaire minimum. Ce que° le gouvernement n'apprécie pas, c'est qu'un vrai emploi exige un vrai salaire. De plus, on va nous offrir un horaire de travail réduit.

**une chaîne** *channel;* **en direct** *live;* **manifester** *participer à une manifestation;* **sûr(e)** *certain(e);* **une raison** *reason;* **contre** *ne pas être pour;* **un emploi** *un travail, un boulot;* **assez** *enough;* **ce qui** *what;* **suffisamment** *assez;* **le SMIC** *minimum wage;* **inférieur(e)** *moins;* **ce que** *what*

Marie-José: **Et alors, pourquoi êtes-vous ici?**

Max: **Ben, je vais passer mon bac ES au printemps, et puis, ce que je compte° faire, c'est passer deux années en classes préparatoires aux grandes écoles.° Finalement, je vais essayer de trouver un emploi dans le cadre° administratif. Ce n'est pas vrai que les compagnies fassent le maximum pour embaucher les jeunes. Donc, c'est le gouvernement qui doit les aider. Le taux° de chômage monte pour les jeunes. Ce taux élevé° nous pousse° à faire des études° plus longues. Même si on se spécialise, un emploi n'est pas garanti.**

Marie-José: **Alors, Max, pensez-vous que le gouvernement fasse attention au message?**

Max: **Il n'est pas évident que le gouvernement nous écoute. Nous n'avons pas de parti politique. La manifestation, c'est un moyen° de montrer notre mécontentement.°**

Marie-José: **Ce qui est sûr, c'est que les emplois pour les jeunes restent un problème à résoudre. Alors, Max, merci à vous.**

ESIEE est une grande école à Champs-sur-Marne pour les étudiants qui veulent devenir ingénieurs.

**compter** avoir l'intention de; **les grandes écoles** *elite, specialized universities*; **le cadre** *sector*; **un taux** *rate*; **élevé(e)** *high*; **pousser** *forcer*; **faire des études** *étudier*; **un moyen** *way*; **le mécontentement** *l'insatisfaction*

À l'université Mlle Beauvois s'est spécialisée dans la chimie.

## 1   La manifestation

*Choisissez la lettre de la description qui correspond à ce que vous entendez.*

A. ce que le gouvernement offre
B. le chômage
C. le SMIC
D. TF1
E. une manifestation
F. les grandes écoles

## 2 ▸ L'entretien avec TF1

*Répondez par "vrai" ou "faux" d'après le dialogue.*

1. Marie-José Tenière fait un reportage de Paris.
2. Il n'y a pas beaucoup de monde dans les rues.
3. Max Launay participe à la manifestation.
4. Le projet du gouvernement, c'est de créer des emplois pour les jeunes.
5. Le gouvernement offre de payer le SMIC aux jeunes.
6. Max compte aller à une grande école.
7. Max croit que les compagnies font le maximum pour embaucher les jeunes.
8. Le taux de chômage ne monte pas pour les jeunes de 18 à 26 ans.
9. Si on se spécialise, on est sûr d'avoir un emploi.
10. Pour les jeunes, manifester est un moyen de montrer leur mécontentement.

Max ne croit pas que les compagnies fassent le maximum pour embaucher les jeunes.

## 3 ▸ Complétez!

*Choisissez l'expression convenable de la liste suivante pour compléter chaque phrase d'après le dialogue.*

| garanti | minimum | parti | chaîne | manifestants |
|---------|---------|-------|--------|--------------|
| en direct | élevé | cadre | contre | suffisamment |

1. TFI est une… de télévision française.
2. Les… dans les rues font beaucoup de bruit.
3. Marie-José Tenière fait son reportage… des rues de Lille.
4. Max ne pense pas que le projet du gouvernement aille assez loin; il est… ce projet.
5. Il n'y a pas… d'emplois pour les jeunes de 18 à 26 ans.
6. Donc, le taux de chômage de ces jeunes est….
7. Le SMIC, c'est le salaire… qu'on paie.
8. Max espère trouver un emploi dans le… administratif.
9. Mais on ne sait jamais si on va trouver l'emploi qu'on veut parce que l'emploi n'est pas….
10. Les jeunes disent qu'il n'y a pas de… politique qui les écoute.

Mme Fermet et ses enfants sont des manifestants.

*Questions personnelles.*

1. Est-ce que tu regardes souvent les informations à la télé?
2. Quelle est ta chaîne de télé favorite? Quel reporter préfères-tu?
3. Est-ce que la profession de reporter t'intéresse? Pourquoi ou pourquoi pas?
4. Est-ce que tu as jamais participé à une manifestation? Si oui, contre quoi as-tu manifesté?
5. Est-ce que tu as un boulot? Si oui, reçois-tu le salaire minimum? Crois-tu qu'on te paie suffisamment?
6. Selon toi, est-ce que le gouvernement doit aider les jeunes à trouver un emploi?
7. Après tes études, est-ce que tu voudrais travailler pour une grande compagnie nationale? Pourquoi ou pourquoi pas?
8. Est-ce que tu comptes devenir membre d'un parti politique?

Des jeunes Parisiens manifestent contre le racisme.

Tu regardes les actualités à la télé?

## La semaine de travail

Depuis longtemps le gouvernement français participe à la direction des conditions de travail. À présent, la semaine officielle de travail est de 35 heures, mais ça n'existe que pour les salariés qui travaillent à plein temps. Certains emplois exigent une semaine plus longue. Les agriculteurs, par exemple, ont la semaine la plus longue à 57 heures de travail pendant que les professeurs à l'école élémentaire ont une semaine de 27 heures.

M. Boulet, un salarié, ne travaille que 35 heures par semaine.

Les ouvriers du bâtiment (*construction workers*) travaillent 50 heures par semaine.

## La journée de travail

Les gens non-salariés, qui reçoivent un paiement à l'heure, ont une journée de travail plus longue que les salariés. Ils travaillent presque neuf heures par jour comparés aux salariés, qui n'ont qu'une journée longue de sept heures et demie. Ils ont même une semaine plus longue parce qu'ils travaillent six ou sept jours. L'horaire d'une journée de travail varie selon l'activité professionnelle. Dans des bureaux et des magasins, le travail commence entre huit et neuf heures et finit entre 17 et 19 heures. Il y a une courte pause à midi pour le déjeuner. On estime que l'absentéisme au travail est à 7,5 pour cent du temps de travail théorique.

En France les grands magasins sont fermés pour les jours de fête comme Noël.

## Les jours fériés

À certains moments de l'année, les longues semaines sont interrompues par des jours de fête, ou jours fériés. Il y a dix jours fériés nationaux en France. Si c'est le jeudi ou le mardi qui est un jour férié, on prolonge le weekend pour faire un "pont" avec un autre jour sans travail, ou jour de congé. L'action du gouvernement permet aux Français 30 jours de vacances. C'est vraiment évident au mois d'août, et surtout à Paris où tout semble fermé à la fin de l'été pendant que tout le monde part au bord de la mer ou à la montagne.

## Le chômage

Le chômage continue à être un problème grave pour la France. Presque trois millions de Français, plus de 10 pour cent de la population, n'ont pas de travail. Le nombre des jeunes de moins de 25 ans qui sont au chômage monte à 23 pour cent.

---

**5** **Le travail en France**

*Répondez aux questions suivantes.*

1. De combien d'heures est la semaine officielle de travail en France?
2. Qui a une semaine de moins de 35 heures?
3. Qui a une plus longue journée de travail, les salariés ou les non-salariés?
4. À quelle heure le travail finit-il pour les gens qui travaillent dans des bureaux et des magasins?
5. Un jour férié, qu'est-ce que c'est?
6. Combien de jours fériés nationaux y a-t-il en France?
7. Si l'on prolonge une fête avec le weekend, qu'est-ce que c'est?
8. Combien de semaines de vacances a le Français moyen par an?
9. Pourquoi la ville de Paris est-elle déserte en août?
10. Combien de Français sont au chômage? Combien de jeunes?

M. Boulogne, un non-salarié, a une plus longue journée de travail que les salariés.

## Journal personnel

To compare general working conditions in France to those in the U.S., talk to several adults who have full-time jobs. How many hours a week do they work? Are they salaried or hourly employees? How many vacation days do they have each year? How much time do they take for lunch? Do they have flextime (variable hours)? What provisions are there for childcare? Compare the answers the adults give you to what you now know about working conditions in France. What working conditions are the most critical to you: salary, vacations, health and dental insurance, provisions for childcare or flextime?

## The relative pronouns *qui* and *que*

The relative pronouns **qui** and **que** connect two clauses in a complex sentence. The pronouns **qui** and **que** introduce a dependent clause that describes a preceding person or thing, called the antecedent.

**Qui** (*who, which, that*) is used as the subject of the dependent clause. The verb that follows **qui** agrees with the antecedent.

Marie-José Tenière, **qui** est reporter, s'approche des manifestants.

*Marie-José Tenière, who is a reporter, approaches some demonstrators.*

Le projet du gouvernement, **qui** crée des emplois pour les jeunes, ne va pas assez loin.

*The government's project, which creates jobs for young people, doesn't go far enough.*

**Que** (*that, whom, which*) is used as the direct object of the dependent clause.

Le manifestant **que** nous entendons est un étudiant.

*The demonstrator whom we hear is a student.*

Le salaire **qu'**on leur offre est inférieur au salaire minimum.

*The salary that they're offering them is less than the minimum salary.*

L'employée que le chef du personnel a embauchée est diligente et organisée.

When the dependent clause is in the **passé composé**, the past participle of the verb agrees in gender and in number with the antecedent of **que**.

Les emplois **qu'**ils ont trouv**és** étaient dans le cadre administratif.

*The jobs that they found were in the administrative sector.*

# Pratique

**6** ▸ **Complétez!**

*Choisissez **qui** ou **que** pour compléter les phrases suivantes.*

1. J'ai lu toutes les petites annonces… j'ai trouvées dans le journal.
2. Il y avait beaucoup de postes… semblaient être intéressants.
3. Mais c'était le poste à la Fnac… m'intéressait le plus.
4. Je connais une fille… y travaille.
5. Cette fille,… s'appelle Mélanie, aime bien son boulot.
6. Selon Mélanie, le salaire… on offre est inférieur au salaire minimum.
7. Alors, j'ai téléphoné à la Fnac, et j'ai parlé à M. Dugas, le chef du personnel… embauche tous les nouveaux employés.
8. Selon M. Dugas, j'ai l'expérience et les qualifications… il cherche.
9. Il m'a demandé de me présenter aujourd'hui. Donc, je dois choisir les vêtements… je vais porter.
10. Je dois aussi penser aux questions… M. Dugas va me poser pendant mon rendez-vous.

**7** ▸ **Formez des phrases!**

*Faites des phrases avec **qui** ou **que** pour identifier les personnes suivantes ou pour expliquer les choses suivantes. Suivez les modèles.*

**Modèles:**

un(e) étudiant(e)
**C'est une personne qui suit des cours à l'université.**

le bac
**C'est l'examen qu'on passe à la fin de la terminale.**

1. un salaire
2. un(e) manifestant(e)
3. un parti
4. le SMIC
5. un formulaire de travail
6. un chef du personnel
7. un CV
8. une salutation

La clientèle, ce sont les personnes qui achètent les produits ou les services d'une compagnie.

# The relative pronouns *ce qui* and *ce que*

You just learned that the relative pronouns **qui** and **que** always have a definite antecedent. But if the antecedent is not specific or if it is unknown, put **ce** in front of **qui** or **que** to form **ce qui** or **ce que**.

**Ce qui** (*what*) is used as the subject of the dependent clause.

Nous comprenons **ce qui** se passe.

*We understand what is happening.*

**Ce qui** est sûr, c'est que les emplois pour les jeunes sont un problème.

*What is sure is that jobs for young people are a problem.*

Quand Mme Garcin fait les courses, elle achète seulement ce qui est frais.

**Ce que** (*what*) is used as the direct object of the dependent clause.

**Ce que** le gouvernement n'apprécie pas, c'est qu'un vrai emploi exige un vrai salaire.

*What the government doesn't appreciate is that a real job requires a real salary.*

**Ce que** je compte faire, c'est passer deux années en classes préparatoires.

*What I intend to do is spend two years taking preparatory classes.*

Ce que Clarisse doit faire, c'est toucher ses chèques de voyage.

## 8 ▸ Moi, je n'en sais rien!

*Dites que vous ne savez pas la réponse à chaque question. Utilisez **ce qui** ou **ce que**.*

**Modèles:**

Qu'est-ce que Max compte faire après le bac?
**Je ne sais pas ce que Max compte faire après le bac.**

Qu'est-ce qui se passe?
**Je ne sais pas ce qui se passe.**

1. Qu'est-ce qui est évident pour tout le monde?
2. Qu'est-ce que le gouvernement va créer?
3. Qu'est-ce qu'on va offrir aux jeunes?
4. Qu'est-ce que les jeunes n'acceptent pas?
5. Qu'est-ce qui pousse les lycéens à faire des études plus longues?
6. Qu'est-ce que Max va essayer de trouver?
7. Qu'est-ce qui n'est pas garanti?
8. Qu'est-ce qui reste un problème à résoudre?

Est-ce que Leïla va faire ses études à la Sorbonne l'année prochaine?

Je ne sais pas ce que Leïla va faire l'année prochaine.

## 9 ▸ Choisissez!

*Complétez les phrases suivantes avec **ce qui** ou **ce que**.*

1. … est évident pour tout le monde, c'est la raison de cette manifestation.
2. … le gouvernement va créer, ce sont des emplois pour les jeunes.
3. … on va offrir aux jeunes, c'est un horaire de travail réduit.
4. … les jeunes n'acceptent pas, c'est un salaire qui est inférieur au salaire minimum.
5. … pousse les lycéens à faire des études plus longues, c'est un taux de chômage élevé.
6. … Max compte faire après le bac, c'est passer deux années en classes préparatoires aux grandes écoles.
7. … Max va essayer de trouver, c'est un emploi dans le cadre administratif.
8. … n'est pas garanti, c'est l'emploi.
9. … reste un problème à résoudre, ce sont les emplois pour les jeunes.

## 10 En partenaires

*Avec un(e) partenaire, posez des questions en utilisant **qu'est-ce qui** ou **qu'est-ce que**. Puis répondez aux questions en utilisant **ce qui** ou **ce que**.*

**Modèles:**

t'intéresser

A: **Qu'est-ce qui t'intéresse?**

B: **Ce qui m'intéresse, c'est le théâtre. Et toi, qu'est-ce qui t'intéresse?**

A: **Ce qui m'intéresse, c'est la musculation.**

collectionner

A: **Qu'est-ce que tu collectionnes?**

B: **Ce que je collectionne, ce sont les timbres. Et toi, qu'est-ce que tu collectionnes?**

A: **Ce que je collectionne, ce sont les CDs de Céline Dion.**

1. te plaire
2. acheter au centre commercial
3. aimer manger
4. te faire rigoler
5. t'inquiéter
6. apprécier
7. compter faire après tes études
8. te pousser à réussir

Qu'est-ce qui te plaît?

Ce qui me plaît, c'est l'art.

Qu'est-ce que tu remplis?

Ce que je remplis, c'est un formulaire de travail.

# The subjunctive after expressions of doubt or uncertainty

Another use of the subjunctive is after expressions of doubt or uncertainty. For example, the verb **douter** (*to doubt*) is followed by the subjunctive in the dependent clause.

**Je doute que** nous **acceptions** un salaire qui soit inférieur au salaire minimum.

*I doubt we'll accept a salary that is less than the minimum salary.*

When the verbs **penser** and **croire** are used in the negative or in the interrogative, they express doubt and are therefore followed by the subjunctive.

**Pensez-vous que** le gouvernement **fasse** attention au message?
Non, **je ne crois pas que** le gouvernement nous **entende**.

*Do you think that the government is paying attention to the message?*
*No, I don't believe that the government hears us.*

Crois-tu que le gouvernement français réponde au mécontentement des étudiants? (Paris)

When expressions of certainty, such as **être sûr(e)**, **être certain(e)**, **être vrai** and **être évident**, are used negatively or interrogatively, they, too, express doubt and are followed by the subjunctive.

**Il n'est pas certain que** Marie-José **puisse** s'approcher d'un des manifestants.
**Je ne suis pas sûr que** la raison **soit** évidente.
**Est-il vrai que** les compagnies **fassent** le maximum?

*It's not certain that Marie-José can approach one of the demonstrators.*
*I'm not sure that the reason is obvious.*
*Is it true that companies are doing the maximum?*

However, when **penser** and **croire**, as well as expressions of certainty, are in the affirmative or in the negative interrogative, they no longer express doubt and are followed by the indicative.

**Ne crois-tu pas que** le projet **est**
une bonne idée?

*Don't you believe that the project is*
*a good idea?*

**Il est évident que** le gouvernement
y **fait** attention.

*It's obvious that the government is*
*paying attention (to it).*

The following chart can help you determine the use of the subjunctive and the indicative.

| Subjunctive | Indicative |
|---|---|
| Je doute que.... | Je ne doute pas que.... |
| Penses-tu que...? | Je pense que.... |
| Je ne pense pas que.... | Ne penses-tu pas que...? |
| Crois-tu que...? | Je crois que.... |
| Je ne crois pas que.... | Ne crois-tu pas que...? |
| Je ne suis pas sûr(e) que.... | Je suis sûr(e) que.... |
| Es-tu sûr(e) que...? | N'es-tu pas sûr(e) que...? |
| Je ne suis pas certain(e) que.... | Je suis certain(e) que.... |
| Es-tu certain(e) que...? | N'es-tu pas certain(e) que...? |
| Il n'est pas vrai que.... | Il est vrai que.... |
| Est-il vrai que...? | N'est-il pas vrai que...? |
| Il n'est pas évident que.... | Il est évident que.... |
| Est-il évident que...? | N'est-il pas évident que...? |

 **Pratique**

**11** ▶ **Qu'ils sont malcontents!**

*Les employés d'une compagnie participent à une manifestation. Expliquez pourquoi ces employés ne sont*
*contents ni de la compagnie ni de leur chef, M. Bigot, en disant ce qu'ils ne croient pas. Suivez le modèle.*

**Modèle:**

M. Bigot/embaucher assez de femmes
**Les manifestants ne croient pas que**
**M. Bigot embauche assez de femmes.**

1. M. Bigot/voir leur mécontentement
2. leurs salaires/être assez élevés
3. la compagnie/leur offrir assez d'assurance
4. leurs emplois/être garantis
5. M. Bigot/comprendre leurs besoins
6. la compagnie/apprécier leur travail
7. la compagnie/faire le maximum pour ses employés
8. M. Bigot/essayer de résoudre tous les problèmes

## 12 ▶ Le subjonctif ou l'indicatif?

*Complétez les phrases avec la forme convenable du verbe entre parenthèses au subjonctif ou à l'indicatif.*

1. Nous doutons que tout le monde... ce qui se passe. (comprendre)
2. Crois-tu que le gouvernement... résoudre le problème du chômage? (vouloir)
3. Il est vrai qu'il n'y... pas suffisamment d'emplois. (avoir)
4. Il n'est pas évident qu'on... le maximum pour aider les jeunes. (faire)
5. Nous sommes sûrs que le gouvernement... aider les compagnies à embaucher plus de jeunes. (devoir)
6. Je ne suis pas certain que tous les jeunes... contre le projet du gouvernement. (être)
7. Les manifestants ne croient pas que ce projet... assez loin. (aller)
8. Est-il évident qu'un vrai emploi... un vrai salaire? (exiger)
9. Je ne doute pas que les manifestants... fatigués. (être)
10. Pensez-vous que les compagnies françaises... attention au message de cette manifestation? (faire)

## 13 ▶ En partenaires

*Avec un(e) partenaire, donnez votre opinion sur le monde du travail aux États-Unis. Posez des questions en utilisant **Penses-tu que...?** Puis répondez aux questions en utilisant une expression de certitude (**Je pense que, Il est évident que**, etc.) ou une expression de doute (**Je doute que, Il n'est pas vrai que**, etc.).*

**Modèle:**

Il y a suffisamment d'emplois pour les jeunes.
A: **Penses-tu qu'il y ait suffisamment d'emplois pour les jeunes?**
B: **Non, je ne pense pas qu'il y ait suffisamment d'emplois pour les jeunes. Et toi, penses-tu qu'il y ait suffisamment d'emplois pour les jeunes?**
A: **Oui, je pense qu'il y a suffisamment d'emplois pour les jeunes.**

1. On peut trouver un boulot si on se spécialise.
2. L'expérience est plus importante que l'éducation.
3. Les compagnies font le maximum pour embaucher les jeunes.
4. Le chômage est un problème très grave.
5. Les salaires des femmes sont moins élevés que les salaires des hommes.
6. Le salaire minimum doit être plus élevé.

Croyez-vous que le gouvernement puisse faire plus pour aider les jeunes?

Je pense qu'il doit payer plus qu'un pourcentage du SMIC.

# Communication

**14** **Dans mon école je changerais...**

> Nous croyons que les élèves ont besoin de leurs téléphones portables au lycée.

*Est-ce qu'il y a des choses dans votre école qui vous semblent injustes? Par exemple, y a-t-il suffisamment de places sur le parking pour les voitures des lycéens? Y a-t-il assez de choix à la cantine de l'école? Y a-t-il suffisamment d'ordinateurs pour tous les lycéens qui en ont besoin? Avec un(e) partenaire, faites une liste de six choses que vous voudriez changer dans votre école. Puis, pour chaque problème que vous avez mentionné, écrivez une phrase qui l'explique. Par exemple, **Nous ne croyons pas qu'il y ait suffisamment de places sur le parking pour les voitures des lycéens**.*

**15** **Une lettre au directeur**

*Avec votre partenaire de l'Activité 14, écrivez une lettre au directeur ou à la directrice de votre école où vous décrivez chaque problème que vous avez identifié dans l'Activité 14. Demandez-lui quand vous pouvez vous présenter pour discuter ces problèmes plus en détail. Dites-lui aussi que vous comptez recevoir une réponse à votre lettre. Utilisez la lettre de Jean-Guy Letourneau à la page 157 comme guide.*

**16** **À vous de jouer!**

*Avec le/la même partenaire, jouez les rôles d'un(e) des élèves dans l'Activité 15 et du directeur ou de la directrice de l'école. L'élève se présente pour discuter des problèmes qu'il ou elle a identifiés. Après que l'élève a expliqué chaque problème, le directeur ou la directrice décide si on peut le résoudre, et si oui, comment on peut le faire.*

# Deciphering Want Ads

When French speakers hunt for a job in the newspaper's **petites annonces**, they turn to the **Emplois** or **Carrières et emplois** section. To find an apartment, they look at **Maisons & appartements** or **Immobilier** (*Real Estate*). Cars are advertised in the **Automobiles** section. Understanding these ads depends on your ability to decipher the abbreviations. Can you make sense of the following employment opportunity?

> Ch. vendeur (H/F) débutant, pâtiss.
> 18-25a, tps complet lun.-ven., Se prés.
> 6 rue des Halles, 1^er.

The abbreviation **pâtiss.** tells you that a pastry store placed this want ad. **Ch.** stands for **cherche**, so the pastry store is "looking for" a **vendeur**. (Sometimes **rech.** or **recherche** is used instead of **ch.**) H/F means that the applicant can be **un homme** or **une femme**. **Débutant** indicates that no experience is necessary. The applicant should be between the ages of 18 and 25, as indicated by **18-25a (ans)**. The abbreviation **tps** stands for **temps**; **temps complet** means that this is a full-time job, with hours on Monday through Friday (**lun.-ven.**), as opposed to **mi-temps** (*part-time*). A phone number is not given because the applicant is requested to present himself or herself in person (**se présenter**) at 6, rue des Halles in the first (**1^er**) **arrondissement** of Paris.

Here are some other common abbreviations found in **les petites annonces**:

| | |
|---|---|
| pr | pour |
| tljrs | tous les jours |
| € | euros |
| km | kilomètres |
| nf | neuf (nouveau) |
| ttes | toutes |
| an. | année |

In the three lists that follow, you will find additional abbreviations that will help you understand want ads for jobs, apartments and cars. When looking at the number of rooms in an ad for an apartment, it is important to know that the kitchen and bathroom are usually included even if they are not mentioned separately.

### *Carrières et emplois*

| | |
|---|---|
| JF/JH | jeune fille ou jeune homme |
| réf. | références |
| boul. | boulangerie |
| rens. | renseignements |

## Maisons & appartements

| | |
|---|---|
| meub. | meublé (avec table, lit, chaise, etc.) |
| imm. | immeuble |
| ch. | chauffage (le contraire de "la climatisation") |
| ref. nf. | refait à neuf |
| ét. | étage |
| asc. | ascenseur |
| cuis. | cuisine |
| bns. | salle de bains |
| chbre | chambre |
| m | mètres |
| M | mois |

## Automobiles

| | |
|---|---|
| 1$^e$ main | première main |
| à déb. | à débattre (on n'a pas décidé combien va coûter la voiture) |
| vds | (je) vends |
| ptes. | portes |
| cv | cylindres |
| mét. | métal (couleur) |

## 17 ▶ Pour commencer...

*Maintenant vous allez lire des petites annonces pour des emplois, des appartements et des voitures. Pour vous préparer à les lire, répondez aux questions suivantes.*

1. As-tu un emploi? Si oui, comment l'as-tu trouvé? Si tu n'as pas d'emploi, qu'est-ce qui t'intéresse comme boulot?
2. Si tu louais un appartement, est-ce que tu aurais un(e) camarade de chambre? Combien de pièces voudrais-tu? Où voudrais-tu habiter?
3. As-tu une voiture? Selon toi, est-ce que la couleur et l'année d'une voiture sont importantes? Préfères-tu acheter une voiture américaine ou japonaise? Pourquoi?

Lisez les petites annonces suivantes.

### Carrières et emplois

**1.** Ch. JF ou JH, avec réf., pr aller chercher tljrs à l'école deux enfants et s'en occuper de 16h30 à 18h30, merc. de 11h à 18h, en échange d'une chambre aménagée, tout confort, 8$^e$. Tél. soir: 01.47.11.21.17.

**2.** Rech. serveur/se 18/26a à mi-tps, souriant(e). Service du midi. Tél. 01.44.68.98.87.

**3.** Boul. ch. vendeur/se, bonne présentation, réf. exigées, repos lun., mar., se prés. 1 rue Meynadier 75019.

**4.** Urgent rech. F et H de ménage. Tps complet. Rens. 01.36.68.20.59.

**Trouvez un emploi!**

*Aidez les gens suivants à trouver un emploi dans les petites annonces. Dites le numéro de l'annonce qui les intéresserait.*

1. Francis veut travailler deux ou trois heures par jour. Il est étudiant à la Sorbonne, mais il n'a pas cours entre 11h30 et 15h30.
2. Sandrine désire travailler tous les jours, de 9h00 jusqu'à 17h30.
3. Martine aime faire du baby-sitting. Elle veut quitter la maison de ses parents, mais elle n'a pas assez d'argent pour louer un appartement.
4. Amadou est vendeur dans une boutique le lundi et le mardi. Il faut qu'il trouve un deuxième boulot.

### Maisons & appartements

**1.** 6e, Odéon, studio meub., bel imm., 625 € + ch. Tél. 01.40.33.72.65.

**2.** 10e, République, 2P, ref. nf., 4e ét., asc., 595 € Tél. 01.48.33.72.18.

**3.** 1er, Les Halles, studio, cuis., bns., WC, 7e ét. sans asc., 442 € + ch. Tél. 01.43.06.97.17.

**4.** Chbre meub., cuis., 200m métro, 404 €/M. Tél. 01.39.88.53.74.

**Trouvez un appartement!**

*Sur une feuille de papier copiez la grille suivante. Indiquez ce que chaque appartement comprend (includes).*

|  | salon | chambre | cuisine | salle de bains | W.-C. | meubles | ascenseur |
|---|---|---|---|---|---|---|---|
| 1. |  |  |  |  |  |  |  |
| 2. |  |  |  |  |  |  |  |
| 3. |  |  |  |  |  |  |  |
| 4. |  |  |  |  |  |  |  |

*Automobiles*

| | | | |
|---|---|---|---|
| **1.** | Renault Safrane RXE V6 auto, 04, ttes options, cuir, clim., lecteur CD, 1e main, 5.300€ à déb. Tél. 01.45.31.60.11. | **3.** | Vds Renault Espace minivan 7 places. 18.000€ à déb. Tél. 01.42.23.77.85. |
| **2.** | Vds Peugeot 406 Coupé, an. 5 ptes., 4cv, bleue mét., 91.000km, 12.900€. Tél. 01.42.41.07.62. | **4.** | 9.900€ NISSAN MICRA ACENTA An. 2007, 17.000km. GARAGE NISSAN BAYARD Tél. 01.53.17.12.12. Garantie 3 ans |

## 20 ▸ Trouvez une voiture!

*Aidez les gens suivants à trouver une voiture dans les petites annonces. Dites le numéro de l'annonce qui les intéresserait.*

1. M. Puente a une femme et quatre enfants. Le weekend ils aiment faire des promenades en voiture à la campagne.
2. Evelyne aime écouter ses CDs quand elle conduit. En été elle n'aime pas avoir très chaud en voiture. Elle peut payer 5.500 euros.
3. Laurent cherche une voiture japonaise avec une garantie de plus d'un an.
4. Mlle Cazette cherche une voiture française qui coûte moins de 13.000 euros. Elle préfère les voitures bleues.

# Dossier fermé

Imagine que tu passes l'été à Paris. À la fin de ton séjour, tu trouves qu'il y a beaucoup de restaurants et de boutiques qui sont fermés. Qu'est-ce qui se passe?

    B.   Tout le monde va en vacances au mois d'août.

La majorité des Français prennent leurs semaines de vacances en juillet et en août. Les familles passent leurs vacances ensemble à faire du camping ou elles vont à leur maison de campagne, au bord de la mer ou à la montagne. Donc, on ferme souvent les boutiques, les restaurants et les cafés à Paris pour donner le mois d'août au personnel qui y travaille. Le résultat est qu'il n'y a presque personne dans certains quartiers de la capitale.

Comme beaucoup de familles françaises, les Godin passent leurs vacances d'été dans un camping.

## ✓ Évaluation culturelle

*Pour voir si vous avez bien compris la culture francophone, décidez si chaque phrase est **vraie** ou **fausse**.*

1. L'attitude des Français a changé et maintenant il y a plus de femmes qui travaillent.
2. La Française moyenne travaille parce qu'elle veut trouver son indépendance, et elle veut chercher son identité.
3. En général, les femmes qui ont des enfants à la maison ne prennent pas de boulot.
4. Presque tous les jeunes gens ont un travail à temps partiel.
5. Avec tous les boulots techniques et les téléservices, il n'est pas très important aujourd'hui de savoir communiquer.
6. La durée de la semaine de travail est différente selon l'emploi qu'on a.
7. Selon la tradition française, toutes les personnes qui travaillent ont une pause de deux heures pour le déjeuner.
8. Souvent on peut prolonger une fête au weekend avec un "pont."
9. Les Français ont 30 jours de vacances par an.
10. Plus de 25 pour cent des Français sont au chômage.

Plus de 10 pour cent des Français sont au chômage.

La durée de la semaine de travail de M. Vilar et M. Besson est de 35 heures parce qu'ils sont salariés.

# ✓ Évaluation orale

*Relisez (reread) l'Activité 14 à la page 169 de la Leçon A. Avec le/la même partenaire, jouez les rôles du chef du personnel qui offre le poste et le candidat qui veut être embauché. Le candidat se présente pour une interview avec le chef du personnel. Pendant l'interview le chef du personnel veut savoir:*

1. ce que le candidat cherche dans un poste
2. pourquoi il veut ce poste
3. pourquoi il veut être embauché par cette compagnie
4. si le candidat a les qualifications que la compagnie exige
5. s'il a de l'expérience
6. les noms des personnes qui peuvent le recommander

*Le candidat répond aux questions. Il demande les heures de travail, le salaire et quand le poste commence.*

# ✓ Évaluation écrite

*Après une interview c'est toujours une bonne idée d'écrire une lettre à la personne qui vous a interviewé(e) pour la remercier. Imaginez que vous êtes le candidat qui vient d'être interviewé dans l'activité précédente. Écrivez une lettre au chef du personnel où vous le remerciez de son temps. Dans votre lettre dites-lui aussi que cette compagnie et ce poste vous intéressent toujours. Mentionnez encore (again) vos qualifications et votre expérience. Utilisez la lettre de Jean-Guy Letourneau à la page 157 comme guide.*

# ✓ Évaluation visuelle

*Imaginez que vous êtes Noëlle Cheval, une secrétaire bilingue avec trois années d'expérience qui cherche un nouveau poste. Vous venez de lire une petite annonce qui vous intéresse. Écrivez une lettre au chef du personnel où vous parlez de votre intérêt pour ce poste. Donnez vos qualifications et dites comment il peut vous contacter et quand vous pouvez vous présenter. Utilisez l'illustration et les nouvelles expressions de cette unité. (Avant de commencer, regardez la lettre à la page 157 et les sections Révision de fonctions aux pages 194-96 et Vocabulaire à la page 197.)*

## Révision de fonctions

Can you do all of the following tasks in French?
- I can write a letter.
- I can say what someone is going to do.
- I can express what I desire, wish or want.
- I can express hope.
- I can state my preference.
- I can give my opinion by saying what I think.
- I can say that I disagree with something.
- I can ask about what is certain and uncertain.
- I can tell what is certain and uncertain.
- I can describe my talents and abilities at work.
- I can talk about things sequentially.
- I can evaluate my qualifications.
- I can request what I would like.
- I can explain a problem related to contemporary society.
- I can ask for an interview.
- I can say that I expect a positive response.
- I can express appreciation.

Ce que je compte faire, c'est trouver un poste dans la vente.

To write a letter, use:

> **Monsieur,**
> **Vous trouverez ci-joint mon CV avec photo.**
> **En attendant de vous voir,**
> **Je vous prie d'agréer, Monsieur (ou Madame), mes salutations distinguées.**

*Sir,*
*Enclosed you will find my curriculum vitæ with a picture.*
*Waiting to see you,*
*Yours truly,*

To express intentions, use:

> **Ce que je compte faire, c'est** passer deux années en classes préparatoires.

*What I intend to do is spend two years taking preparatory classes.*

To express desire, use:

> **Nous désirons que** vous soyez fort en informatique.

*We want you to be strong in computer science.*

Mais écoute, nous désirons que tu sortes avec nous ce soir.

To state want, use:

**Nous voudrions que** vous soyez diplômé(e).

*We would like you to have a diploma.*

To express hope, use:

**Je souhaite qu'**on m'offre un gros salaire.

*I hope they give me a high salary.*

To state a preference, use:

**Nous préférons que** vous soyez enthousiaste.

*We prefer you to be enthusiastic.*

To give opinions, use:

**Nous sommes contre** le projet du gouvernement.

*We are against the government's project.*

To express disagreement, use:

Et ça, **nous ne l'acceptons pas.**

*And we won't accept that.*

To inquire about certainty, use:

**Pensez-vous que** le gouvernement fasse attention au message?

*Do you think that the government is paying attention to the message?*

**Croyez-vous que** le projet du gouvernement soit une bonne idée?

*Do you believe that the government's project is a good idea?*

To express certainty, use:

**Ce qui est sûr, c'est que** les emplois pour les jeunes restent un problème à résoudre.

*What is sure is that jobs for young people remain a problem to be solved.*

To express uncertainty, use:

**Il n'est pas certain que** Marie-José puisse s'approcher d'un des manifestants.

*It's not certain that Marie-José can approach one of the demonstrators.*

**Nous ne pensons pas que** ce projet aille assez loin.

*We don't think that this project goes far enough.*

**Je ne suis pas sûr que** la raison soit évidente pour tout le monde.

*I'm not sure that the reason is obvious to everybody.*

**Je doute que** nous acceptions un salaire qui soit inférieur au salaire minimum.

*I doubt we'll accept a salary that is less than the minimum salary.*

**Il n'est pas évident que** le gouvernement nous écoute.

*It's not evident that the government is listening to us.*

**Ce n'est pas vrai que** les compagnies fassent le maximum.

*It's not true that companies are doing the maximum.*

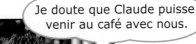

Je doute que Claude puisse venir au café avec nous.

To describe talents and abilities, use:

**Je suis bilingue, diligent** et **fort**
**en informatique.**

*I'm bilingual, hardworking and*
*strong in computer science.*

To sequence events, use:

**Finalement,** je vais essayer de trouver un
emploi dans le cadre administratif.

*Eventually, I'm going to try to find a*
*job in the administrative sector.*

To evaluate, use:

**Je pense avoir l'expérience et les**
**qualifications** que vous cherchez.
**J'ai les qualifications** qu'on cherche.

*I think I have the experience and the*
*qualifications that you're looking for.*
*I have the qualifications that you're*
*looking for.*

To make requests, use:

**Remplissez, s'il vous plaît,** le formulaire
de travail ci-joint.

*Please fill out the enclosed*
*work form.*

To explain a problem, use:

**Le problème, c'est qu'**il n'y a pas
suffisamment d'emplois.

*The problem is that there aren't*
*enough jobs.*

To interview, use:

**Je peux vous poser quelques questions?**

*May I ask you some questions?*

To express that you expect a positive response, use:

**En attendant une réponse favorable,**

*Waiting for a favorable answer,*

To express appreciation, use:

**Nous vous serions très reconnaissants de**
bien vouloir vous présenter vendredi.

*We would be very grateful if you*
*would be willing to come on Friday.*

# Vocabulaire

à plein temps full-time *A*

administratif, administrative administrative *B*

agréer to accept *A*

    **Je vous prie d'agréer, Monsieur (ou Madame), mes salutations distinguées.** Yours truly, *A*

une annonce advertisement *A*

    des petites annonces (f.) want ads *A*

annoncer to announce *A*

s' appeler to be named *A*

apprécier to appreciate *B*

assez enough *B*

l' assurance (f.) insurance *A*

un besoin need *A*

bilingue bilingual *A*

le cadre sector *B*

ce que what *B*

ce qui what *B*

certain(e) certain *B*

une chaîne channel *B*

un chef head *A*

ci-joint enclosed *A*

une clientèle customers, clientele *A*

une compagnie company *A*

compter to intend *B*

un contrat contract *A*

contre against *B*

créer to create *B*

un CV curriculum vitæ *A*

diplômé(e) possessing a diploma *A*

direct: en direct live *B*

distingué(e) distinguished *A*

    **Je vous prie d'agréer, Monsieur (ou Madame), mes salutations distinguées.** Yours truly, *A*

douter to doubt *B*

école: les grandes écoles elite, specialized universities *B*

élevé(e) high *B*

embaucher to hire *A*

un emploi job *B*

en direct live *B*

enthousiaste enthusiastic *A*

évident(e) evident, obvious *B*

exiger to require *A*

une expérience experience *A*

faire des études to study *B*

flexible flexible *A*

un formulaire form *A*

garanti(e) guaranteed *B*

un gouvernement government *B*

les grandes écoles (f.) elite, specialized universities *B*

inférieur(e) less, lower *B*

un(e) manifestant(e) demonstrator *B*

une manifestation demonstration *B*

manifester to demonstrate *B*

le maximum maximum *B*

le mécontentement dissatisfaction *B*

minimum minimum *B*

un moyen way *B*

un numéro issue *A*

organisé(e) organized *A*

un parti (political) party *B*

participer à to take part in *B*

le personnel personnel, staff *A*

plein: à plein temps full-time *A*

un poste job, position *A*

un pourcentage percentage *B*

pousser to push *B*

préparatoire preparatory *B*

se présenter to come, to appear *A*

prier to beg *A*

    **Je vous prie d'agréer, Monsieur (ou Madame), mes salutations distinguées.** Yours truly, *A*

un projet project *B*

une qualification qualification *A*

le Québec Quebec (Province) *A*

une raison reason *B*

reconnaissant(e) grateful *A*

un reportage report *B*

un salaire salary *A*

une salutation greeting *A*

    **Je vous prie d'agréer, Monsieur (ou Madame), mes salutations distinguées.** Yours truly, *A*

un service service *A*

le SMIC minimum wage *B*

souhaiter to wish, to hope *A*

se spécialiser to specialize *B*

suffisamment enough *B*

sûr(e) sure *B*

un taux rate *B*

temps: à plein temps full-time *A*

se terminer to end *A*

la vente sales *A*

# Unité

# 5

## Comment se débrouiller en voyage

**In this unit you will be able to:**
- write postcards
- tell location
- tell a story
- remember
- describe people you remember
- indicate knowing and not knowing
- identify objects
- express likes and dislikes
- agree and disagree
- give opinions
- express dissatisfaction
- express complaint
- express fear
- express regret
- admit
- express patience
- inquire about possibility and impossibility
- make requests
- express surprise
- express happiness
- control the volume of a conversation

www.emcp.com

# Tes empreintes ici

Avant de partir en vacances, tu choisis un endroit où tu peux faire toutes les choses que tu voudrais. Tu choisis un hôtel qui offre des chambres comme tu les voudrais. Tu espères passer ton temps en te reposant et en faisant des choses intéressantes sans avoir de problèmes.

Mais est-ce que tu as jamais fait une réservation dans un hôtel, et quand tu es arrivé(e) est-ce qu'il y avait certaines choses que tu ne pouvais pas accepter? Comment est-ce que tu te sentais? Comment est-ce que tu as résolu le problème? As-tu jamais eu d'autres problèmes à résoudre pendant un voyage? Quels problèmes? Qu'as-tu fait pour les résoudre?

As-tu parlé au réceptionniste des problèmes que tu as eus à l'hôtel?

# Dossier ouvert

Tu vas passer tes vacances de printemps avec des amis à Saint-Martin dans les Antilles. Tes parents te demandent de leur envoyer des cartes postales de ton voyage. Ils t'offrent des timbres français qu'ils ont achetés pendant leur dernier voyage à Paris et qu'ils n'ont pas encore utilisés. Qu'est-ce que tu en fais?

A. Tu gardes les timbres qu'ils te donnent pour mettre sur les cartes postales que tu vas envoyer de Saint-Martin.

B. Tu dis à tes parents que les timbres français ne sont pas valables à Saint-Martin.

C. Tu laisses les timbres chez toi parce que tu n'en as pas besoin.

Quand Joëlle fait de la plongée sous-marine, elle ne s'ennuie jamais.

## Hôtel Belle Île

◆ Situé à 400 mètres de la plage, l'Hôtel Belle Île est parfait pour un groupe d'amis ou une famille. Nous offrons 62 chambres avec grand lit, ventilateur,° climatisation, téléphone, et salle de bains avec douche et sèche-cheveux. En plus° il y a un service de chambre, un ascenseur, la télévision par satellite et un gymnase.

◆ La vue panoramique de la mer et du sable° blanc est extra!

◆ Le restaurant, Café Fleurs Exotiques, qui donne sur la grande piscine, vous propose une variété de cuisine.

◆ Profitez du bureau d'excursions pour faire toutes vos activités préférées.

◆ À l'Hôtel Belle Île, on ne s'ennuie° pas et on n'a pas d'ennuis°!

**250, av. du Saint, 97150 SAINT-MARTIN
TÉL (590) 62.35.15 FAX (590) 62.25.05**

**un ventilateur** *fan;* **en plus** *de plus;* **le sable** *sand;* **s'ennuyer** *to get bored;*
**des ennuis (m.)** *des problèmes*

Je pourrais vous changer de chambre demain après 14h00.

Bruno:      Eh, les gars,° la chambre ne donne pas sur la plage! Ça me surprend°
            qu'on ne puisse pas voir la mer de ce côté. À ta place,° Antoine, je
            demanderais une autre chambre. Tu devrais téléphoner à la réception.

Antoine:    Chut!° Attends. C'est ce que je suis en train de faire, mais le téléphone
            est occupé.

Christian:  Dis donc, je suis étonné° qu'ils ne mettent° pas la clim° avant l'arrivée
            de la clientèle. J'ai peur qu'il fasse trop chaud ce soir.

Denis:      Tu parles!° J'ai déjà trop chaud. Ça m'embête° que l'ascenseur ne
            marche° pas. Que je suis fatigué! Je voudrais faire un somme.°

Christian:  Et Bruno, toi qui n'arrêtes pas de te peigner, c'est dommage qu'il n'y ait
            ni sèche-cheveux ni douche dans la salle de bains. Je trouve que le
            gérant° pourrait faire mieux que ça.

Bruno:      Pour ça, je suis bien d'accord.° Antoine, tu as la réception au téléphone?

Antoine:    Chut! Oui, ça sonne!°

Denis:      Au moins je suis heureux qu'on serve de très bons repas.

Antoine:    Allô, Madame, ici c'est la chambre 58. Est-ce que vous pourriez nous
            rendre un service?° Nous aimerions changer de chambre. Nous
            voudrions nous installer° au rez-de-chaussée dans une chambre qui
            donne sur la mer. Est-ce que cela° serait possible?

Madame:     Je suis désolée, Monsieur, qu'il n'y ait plus de chambres disponibles°
            aujourd'hui. Je pourrais vous changer de chambre demain après 14h00.
            Pouvez-vous vous débrouiller° ce soir?

Antoine:    Euh, je crois que oui.° Merci beaucoup, Madame.

un gars *un mec;* surprendre *être surprise(e);* à ta place *if I were you;* Chut! *Sh!;* étonné(e) *surprise(e);* mettre *to turn on;* la clim *la climatisation;* Tu parles! *You're not kidding!;* embêter *to bother;* marcher *to work;* faire un somme *dormir un peu;* un gérant *manager;* être d'accord *to agree;* sonner *to ring;* rendre un service *aider;* s'installer *déménager;* cela *ça;* disponible *libre;* se débrouiller *to manage;* Je crois que oui. *I think so.*

## 1. On est content ou non?

*Imaginez que vous avez déjà choisi un hôtel au bord de la mer où vous allez passer quelques jours. Mais après votre arrivée, il y a certaines choses qui se passent. Si vous pouvez accepter ces choses, écrivez "oui"; si non, écrivez "non."*

## 2. Des vacances à Saint-Martin

*Répondez aux questions suivantes d'après la brochure et le dialogue.*

1. Où est-ce que l'Hôtel Belle Île est situé?
2. Quelle est la spécialité de son restaurant?
3. En quoi est-ce que la chambre 58 ne ressemble pas à la chambre dans la description?
4. Qu'est-ce qui ne marche pas dans cet hôtel?
5. Pour se sentir mieux, qu'est-ce que Denis voudrait faire?
6. Où est-ce que les garçons voudraient s'installer?
7. Pourquoi est-ce que la réceptionniste ne pourrait pas les changer de chambre aujourd'hui?
8. Est-ce qu'Antoine va pouvoir se débrouiller ce soir?

Antoine et ses amis voudraient s'installer au rez-de-chaussée dans une chambre qui donne sur la mer.

## 3  Complétez!

*Choisissez l'expression convenable de la liste suivante pour compléter chaque espace blanc.*

| gymnase | activités | panoramique | sonne | rendre un service |
|---------|-----------|-------------|-------|-------------------|
| sert | sable | | ennuis | fax |

Je vous sers?

1. Si on ne téléphone pas à l'Hôtel Belle Île, on peut envoyer un….
2. Si le téléphone est occupé, il ne… pas.
3. On offre des chambres avec une vue… sur la plage de… blanc.
4. Pour la clientèle qui voudrait s'entraîner, il y a un….
5. On profite du bureau d'excursions pour faire toutes ses… préférées.
6. Le gérant est occupé avec tous les… des gens qui ne sont pas contents.
7. Heureusement pour les quatre garçons, on… de bons repas.
8. Madame va leur… demain en les changeant de chambre.

## 4  C'est à toi!

*Questions personnelles.*

Tu voudrais aller en vacances à Saint-Martin?

1. Où est-ce que tu voudrais aller en vacances? Pourquoi?
2. Est-ce que tu as jamais visité des îles dans la mer des Antilles? Si oui, quelles îles?
3. Quelles sont tes activités préférées?
4. Quels services est-ce que tu demanderais dans un hôtel?
5. Quand il fait chaud, est-ce que tu préfères la clim ou un ventilateur?
6. Si tu étais le/la gérant(e) de l'Hôtel Belle Île, qu'est-ce que tu dirais à Antoine?
7. Quand tu as des ennuis, est-ce que tu peux te débrouiller?
8. Quel(le) ami(e) te rend souvent des services? Qu'est-ce qu'il ou elle fait pour toi?

Cet hôtel a combien d'étoiles?

## La classification d'hôtels

On classifie les hôtels en France et dans les Départements d'Outre-Mer selon le confort qu'ils offrent à la clientèle. La classification d'hôtels peut vous indiquer les services qu'offre un hôtel (restaurants, piscine, etc.), la qualité du logement et le prix des chambres. À l'extérieur d'un hôtel français, vous pouvez voir un certain nombre d'étoiles (★). Plus il y a d'étoiles, plus l'hôtel est confortable. Voici la liste de classification qu'on trouve dans le *Guide Michelin Rouge*.

### CATÉGORIES

Grand luxe et tradition
Grand confort
Très confortable
De bon confort
Assez confortable
Simple mais convenable
Dans sa catégorie, hôtel d'équipement moderne
L'hôtel n'a pas de restaurant
Le restaurant possède des chambres

sans rest.                                              avec ch.

## Comparez ces deux hôtels!

Comparez la description des deux hôtels suivants. Quel hôtel vous semble être un hôtel de luxe?

### CHEZ JOSÉPHINE

**5 chambres et 1 suite**

Hôtel situé sur la plage de Grand Case. Vastes chambres avec salle de bains, climatisation, terrasse sur la mer, cuisine à disposition.

### LE DOMAINE

**125 chambres et 20 marina suites - niché au fond d'une anse, au bord d'une plage de sable fin de 600 mètres, 60 hectares de jardins et collines verdoyantes.**

2 piscines d'eau douce, 2 bars, 4 restaurants, sports aquatiques, accès au centre sportif et au centre de balnéothérapie, tir à l'arc, volleyball, mini golf, galerie marchande, location de voitures. Marina: location de voiliers, bateaux à moteurs, pêche au gros.

À Philipsburg, la capitale de la partie hollandaise, les maisons montrent l'influence de l'architecture de Hollande. (Saint-Martin)

## Saint-Martin

Si vous voulez visiter Le Domaine, un hôtel de luxe tropical, il faut que vous alliez à l'île Saint-Martin dans la mer des Antilles. Située à 250 kilomètres de la Guadeloupe, l'île Saint-Martin est divisée en deux. La partie au nord de l'île (Saint-Martin) est française, et la partie au sud de l'île (Sint Maarten) est hollandaise. Le secteur français de l'île Saint-Martin est gouverné par la Guadeloupe, un Département d'Outre-Mer de la France. Il y a des différences administratives entre les deux régions.

## Hier et aujourd'hui

Les Arawaks étaient les derniers Indiens des Antilles quand Christophe Colomb a découvert Saint-Martin en 1493. Pendant plus d'un siècle, les visiteurs ont exploité cette petite île pour ses grandes quantités de sel. Les Français et les Hollandais ont été les premiers à se disputer l'île, puis les Espagnols et les Anglais ont suivi. Ce n'est qu'en 1648 que la France et la Hollande ont signé un traité qui a divisé l'île. Depuis ce traité, Saint-Martin est la plus petite île du monde où deux peuples de cultures différentes vivent ensemble sans se disputer. Saint-Martin était l'une des premières îles des Antilles à inviter le tourisme, et en est aujourd'hui l'une des plus visitées. Elle a un climat exceptionnel toute l'année avec du soleil pendant 300 jours par an et des températures entre 25°C et 30°C pour l'air comme pour l'eau.

Pour une fête, des filles de Saint-Martin portent des costumes traditionnels.

## Le "bleu"

Saint-Martin offre deux sortes d'activités principales appelées "bleu" et "vert." La catégorie "bleu" est pour les fanas des sports aquatiques. Le tourisme nautique est très populaire à Saint-Martin. Cette île a des plages splendides où les touristes peuvent bien profiter de la mer. Pour passer des vacances formidables à la mer, on vous propose plusieurs types d'excursions. Vous pouvez faire de la plongée sous-marine, de la planche à voile ou du ski nautique. Vous pouvez essayer un scooter des mers. Vous pouvez aussi prendre un bateau et faire une petite excursion à la Martinique. L'eau transparente de la mer des Antilles vous offre une visibilité de 100 pieds sous l'eau.

Est-ce que ces touristes préfèrent le "bleu" ou le "vert"?

À Saint-Martin on peut faire du cheval sur la plage.

## Le "vert"

La catégorie "vert" offre beaucoup d'activités pour les gens qui aiment la nature. Faites une promenade à pied pour découvrir cette belle île, prenez un vélo ou un VTT (vélo tout terrain) ou faites du cheval. Si vous préférez le calme, essayez le golf sur un champ vert. Le tennis est très populaire aussi. Et le footing vous laisse découvrir le magnifique panorama de l'île.

---

### 7 BONNES RAISONS DE CHOISIR
## SAINT-MARTIN

**LES PLAGES:** à apprécier dessus dessous...

**LA GASTRONOMIE:** rendez-vous exceptionnel avec les tables de diverses nationalités...

**PARADIS DU SHOPPING HORS TAXES:** de la mode italienne à l'électronique japonaise...

**LE CLIMAT:** destination soleil 300 jours par an...

**L'HÔTELLERIE DE QUALITÉ:** des grands hôtels aux plus petits...

**LA DIVERSITÉ DES ACTIVITÉS SPORTIVES:** de la plongée au golf, en passant par les randonnées...

**PAYS FRANCOPHONE** avec dépaysement créole assuré...

---

## 5 ▸ Les hôtels et Saint-Martin

*Répondez aux questions suivantes.*

1. Qu'est-ce que la classification d'hôtels vous indique?
2. Où est l'île Saint-Martin?
3. Qui contrôle les deux secteurs différents de l'île?
4. Qui a découvert Saint-Martin?
5. Pourquoi est-ce que Saint-Martin est l'une des îles les plus visitées des Antilles?
6. Quelles sont les deux sortes d'activités principales à Saint-Martin?
7. Quels sports aquatiques peut-on y faire?
8. Comment est l'eau à Saint-Martin?
9. Quelles activités y a-t-il pour les gens qui aiment la nature?

## 6 ▸ Trouvez trois hôtels!

*Si vous allez en France, il vous faut un hôtel. Comment en trouver un? Sur Internet tapez (key) "hotels + France" dans votre outil de recherche (search engine) pour trouver des sites d'hôtels en France. Puis choisissez trois de ces hôtels et répondez aux questions suivantes pour chaque hôtel.*

1. Comment s'appelle l'hôtel?
2. Combien d'étoiles l'hôtel a-t-il?
3. Dans quelle ville l'hôtel est-il situé? Quelle en est l'adresse?
4. Quel est son numéro de téléphone?
5. Combien de chambres y a-t-il?
6. Qu'est-ce qu'on peut trouver dans chaque chambre? La clim, la cuisine, le téléphone, la salle de bains, la télévision?
7. Quels services l'hôtel offre-t-il? Garage, parking, piscine, sauna, terrain de golf, terrain de tennis, gymnase, café, restaurant, boutique?
8. Combien coûte la chambre pour une personne? Pour deux personnes?
9. Voudriez-vous passer du temps dans cet hôtel? Pourquoi ou pourquoi pas?

# Journal personnel

If you've ever stayed in a hotel, were you pleased with your accommodations or did you have a problem? When you're on vacation, how important to you are the amenities that a hotel offers? Which ones are the most essential? Which is more important to you, a hotel's price or its variety of services?

Do you think that the island of Saint-Martin is the ideal vacation spot? Does this part of the francophone world interest you? Why would you like to spend your vacation here? What would you do on a typical day? What would your parents do?

# Conditional tense

The **conditionnel** (*conditional*) is a tense used to tell what people *would* do or what *would* happen.

Nous **aimerions** changer de chambre.   *We would like to change rooms.*

To form the conditional of regular **-er** and **-ir** verbs, add to the infinitive the endings of the imperfect tense: **-ais, -ais, -ait, -ions, -iez, -aient**. For regular **-re** verbs, drop the final **e** from the infinitive before adding the imperfect endings.

**Choisirais**-tu un hôtel sans restaurant? Cela me **surprendrait**.   *Would you choose a hotel without a restaurant? That would surprise me.*

Some irregular French verbs have an irregular stem in the conditional, but their endings are regular.

Est-ce que tu te débrouillerais?

| Infinitive | Irregular Stem | Conditional |
|---|---|---|
| aller | ir- | j'irais |
| s'asseoir | assiér- | je m'assiérais |
| avoir | aur- | j'aurais |
| courir | courr- | je courrais |
| devoir | devr- | je devrais |
| envoyer | enverr- | j'enverrais |
| être | ser- | je serais |
| faire | fer- | je ferais |
| falloir | faudr- | il faudrait |
| mourir | mourr- | je mourrais |
| pleuvoir | pleuvr- | il pleuvrait |
| pouvoir | pourr- | je pourrais |
| recevoir | recevr- | je recevrais |
| savoir | saur- | je saurais |
| valoir | vaudr- | il vaudrait |
| venir | viendr- | je viendrais |
| voir | verr- | je verrais |
| vouloir | voudr- | je voudrais |

The conditional is often used to make suggestions or to make a request more polite.

À ta place, Antoine, je **demanderais** une autre chambre. Tu **devrais** téléphoner à la réception. Est-ce que tu **pourrais** le faire maintenant?   *If I were you, Antoine, I would ask for another room. You should call the reception desk. Would you be able to do it now?*

Ferais-tu de la voile à Saint-Martin?

# Pratique

**7** **Qu'est-ce qu'on ferait?**

*Dites ce que feraient ces voyageurs dans les situations illustrées. Pour chaque phrase, utilisez une expression logique de la liste suivante. Suivez le modèle.*

| | |
|---|---|
| changer de chambre | faire un somme |
| s'asseoir | aller au bureau de change |
| mettre la clim | demander une chambre avec un grand lit |
| partir | prendre l'ascenseur |
| se peigner | |

**Modèle:**

M. et Mme Campeau
**M. et Mme Campeau demanderaient une chambre avec un grand lit.**

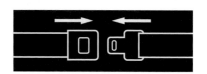

1. les passagers

2. M. Poux

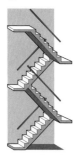

3. ma grand-mère

4. Khaled

5. Sonya et toi, vous

6. Véronique

7. Philippe et moi, nous

8. les Durandeau

## 8 ▸ En partenaires

*Si vous et votre partenaire alliez en vacances à Paris, que feriez-vous? Posez et répondez aux questions. Suivez le modèle.*

**Modèle:**

voyager avec deux valises/choisir un sac à dos
A: **Voyagerais-tu avec deux valises, ou choisirais-tu un sac à dos?**
B: **Je choisirais un sac à dos. Et toi, voyagerais-tu avec deux valises, ou choisirais-tu un sac à dos?**
A: **Je voyagerais avec deux valises.**

Lucien et Sophie s'arrêteraient au Quick.

1. réserver une chambre d'hôtel/chercher une auberge de jeunesse
2. acheter des chèques de voyage/payer avec une carte de crédit
3. prendre le métro/louer une voiture
4. aller au Louvre/visiter le musée Picasso
5. goûter la vraie cuisine française/s'arrêter au Quick
6. manger au café/piqueniquer dans un parc
7. téléphoner à ta famille/envoyer des cartes postales
8. sortir chaque soir/rester dans ta chambre

## 9 ▸ À ta place...

*Votre amie Clémence vous raconte toujours ses ennuis. Dites-lui ce que vous feriez à sa place. Suivez le modèle.*

**Modèle:**

Je m'ennuie.
**À ta place, je lirais un bon roman.**

1. J'ai très froid.
2. Je suis toujours fatiguée.
3. J'ai mal aux dents.
4. Je ne comprends pas les problèmes de maths.
5. J'ai perdu mes notes pour le cours de chimie.
6. Mes vêtements ne me plaisent pas.
7. Je n'ai pas d'argent.
8. Je n'ai pas de boulot.

Paulette m'embête.

À ta place, je ne lui parlerais pas.

# The subjunctive after expressions of emotion

So far you have learned four different uses of the subjunctive. How many of them can you remember? The subjunctive is used in a dependent clause after the expression **il faut que**; after certain impersonal expressions; after expressions of wish, will or desire; and after expressions of doubt or uncertainty. In this lesson you will learn one final use of the subjunctive—after expressions of emotion (for example, happiness, sadness, surprise, fear, anger). Use the subjunctive after one of the following expressions of emotion when the emotion concerns someone other than the subject.

| | |
|---|---|
| être content(e) que | to be happy that |
| être heureux/heureuse que | to be happy that |
| être triste que | to be sad that |
| être désolé(e) que | to be sorry that |
| être fâché(e) que | to be angry that |
| être étonné(e) que | to be surprised that |
| avoir peur que | to be afraid that |
| regretter que | to be sorry that |
| s'inquiéter que | to worry that |
| Ça me surprend que.... | It surprises me that . . . . |
| Ça m'embête que.... | It bothers me that . . . . |
| C'est dommage que.... | It's too bad that . . . . |

**Ça me surprend qu'**on ne **puisse** pas voir la mer.

*It surprises me that we can't see the sea.*

**Je suis étonné qu'**ils ne **mettent** pas la clim.

*I'm surprised that they don't turn on the air conditioning.*

Moi aussi. **J'ai peur qu'**il **fasse** trop chaud ce soir.

*Me too. I'm afraid that it's going to be too hot tonight.*

**C'est dommage que** l'ascenseur ne **marche** pas.

*It's too bad that the elevator doesn't work.*

**Ça m'embête qu'**on **ait** des ennuis dans cet hôtel.

*It bothers me that we have problems in this hotel.*

Es-tu étonné(e) que Désirée ait un costume pour le Carnaval de Saint-Martin?

**10 ▶ Faites des phrases!**

*Formez une phrase logique pour chaque illustration qui décrive la réaction de la clientèle de l'hôtel.*
*Choisissez un élément des colonnes A et B pour chaque phrase. Suivez le modèle.*

| A | B |
|---|---|
| Françoise a peur | la piscine est fermée |
| Ahmed est fâché | le téléphone est occupé |
| Mlle Laurent est triste | la salle de bains a un sèche-cheveux |
| M. Dupont regrette | il n'y a pas de clim |
| Les Fralin sont contents | l'ascenseur ne marche pas |
| Les enfants sont désolés | une chambre coûte si cher |
| Les étudiants sont étonnés | l'hôtel sert de très bons repas |
| Pierre est heureux | on ne peut pas voir la mer |

**Modèle:**

**Françoise a peur que le téléphone soit occupé.**

1.

2.

3.

4.

5.

6.

7.

L'hôtel Gobernau à Saint-Martin ne plaît pas du tout à Lucien Darbaud. Complétez la lettre qu'il écrit à l'hôtel en mettant les verbes entre parenthèses à la forme convenable.

Saint-Martin, le 17 mai 2007

Hôtel Gobernau
13, avenue Wilson
Saint-Martin

Monsieur le gérant,

Je regrette que mes amis et moi, nous (devoir) trouver un autre hôtel pour continuer nos vacances ici à Saint-Martin. Votre hôtel ne nous plaît pas du tout. Voici une liste de nos ennuis:

1. Ça nous surprend que l'ascenseur ne (marcher) jamais. Ça nous embête que nous (être) toujours obligés de prendre l'escalier pour monter au quatrième étage.

2. Nous sommes tristes que nos chambres n'(avoir) pas de vue panoramique de la mer. Nous avons réservé deux chambres avec une vue sur la plage!

3. Nous sommes fâchés que vous ne (mettre) pas la climatisation avant 14h00. Nous avons peur qu'il y (faire) toujours trop chaud.

4. Ça nous embête aussi que les portes de nos chambres ne (fermer) pas bien. Nous nous inquiétons que quelqu'un (aller) nous voler!

5. C'est dommage qu'il n'y (avoir) pas de service de chambre dans cet hôtel. Je regrette que mes amis et moi, nous (avoir) toujours besoin de sortir pour manger.

Nous avons essayé de téléphoner à la réception pour vous parler de ces problèmes. Nous sommes étonnés que personne ne nous (répondre). Nous regrettons que vous ne (vouloir) pas nous écouter.

Je vous prie d'agréer, Monsieur, nos salutations distinguées.

Lucien Darbaud

**12 ▸ Un mauvais séjour au Bon Séjour**

*Imaginez que vous venez d'arriver à l'Hôtel Bon Séjour à Saint-Martin où vous allez passer dix jours. Vous remarquez certaines choses en ce qui concerne l'hôtel. Faites des phrases qui expriment votre réaction. Suivez le modèle.*

**Modèle:**

être content(e)/Il y a une grande piscine.
**Je suis content(e) qu'il y ait une grande piscine.**

1. être étonné(e)/Le téléphone est toujours occupé.
2. c'est dommage/L'hôtel n'accepte pas les cartes de crédit.
3. être désolé(e)/Ma chambre est trop petite.
4. être fâché(e)/On ne voit rien de la fenêtre.
5. être content(e)/Le restaurant propose une variété de cuisine.
6. ça m'embête/Le restaurant ferme à 19h00.
7. ça me surprend/On n'offre pas de service de chambre.
8. regretter/On ne peut pas profiter du bureau d'excursions.

Ça te surprend que le petit déjeuner soit compris?

# Communication

 **13 ▸ Un dépliant**

*Imaginez que vous êtes le/la gérant(e) d'un nouvel hôtel. Naturellement, vous voulez encourager les touristes à y venir. Vous voulez que tout le monde connaisse les bonnes qualités de votre hôtel. Alors faites une liste de ces qualités. (Par exemple, où votre hôtel est-il situé? Offre-t-il une piscine, un restaurant, un gymnase? Les chambres donnent-elles sur l'océan? Y a-t-il un service de chambre et la télévision par satellite? Y a-t-il un bureau d'excursions?) Puis utilisez toutes ces informations pour dessiner un dépliant pour votre nouvel hôtel. Donnez-lui un nom et un certain nombre d'étoiles (★). Mentionnez aussi le prix des chambres, l'adresse, la ville, le numéro de téléphone et le numéro de fax de votre hôtel.*

Avec le/la gérant(e) d'un autre hôtel de l'Activité 13, comparez vos deux hôtels. Posez des questions à votre partenaire, et répondez à ses questions. Par exemple, vous pouvez parler du nombre de chambres, des services et des qualités de vos hôtels. Puis organisez les informations en faisant deux cercles qui se croisent. (Regardez les cercles qui suivent.) Dans le cercle à gauche, faites une liste des qualités uniques de votre hôtel; dans le cercle à droite, faites une liste des qualités uniques de l'hôtel de votre partenaire. Là où les deux cercles se croisent, faites une liste des qualités communes des deux hôtels. Enfin, avec votre partenaire, décrivez vos deux hôtels aux autres élèves en leur montrant vos deux cercles.

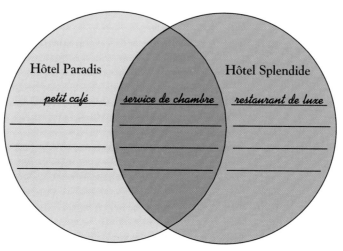

Hôtel Paradis

*petit café*

Hôtel Splendide

*service de chambre*

*restaurant de luxe*

Avez-vous un bureau d'excursions?

Oui, nous offrons du ski nautique et de la plongée sous-marine.

# Telling a Story through Pictures

One way to develop your storytelling skills is to practice describing a sequence of pictures. How would you tell a story based on the series of illustrations that follows? As you look at them, take a few minutes to consider whom the story is about, where it takes place and what happens. Then tell the story in French to a partner. Each of you can describe two frames of the story. (Before you begin, you may want to review words and expressions relating to train travel found in the second level of *C'est à toi!* on pages 288-89.)

Did you describe the characters, setting and events? Did you include all the visual clues in the pictures? Did you use your imagination to embellish the story? Did you use transition words like **d'abord**, **ensuite**, **puis**, **enfin** and **finalement** to move from one action to another? Now read the following paragraph that shows how one student described the first illustration.

> Un lycéen de 17 ans arrive à la gare. Il s'appelle Julien. Il porte un jean, un tee-shirt et un sac à dos. Julien va en vacances aujourd'hui. Sa destination est Tours. Julien compte visiter les châteaux de la Loire… Amboise, Chambord et Chenonceaux. D'abord, Julien regarde le tableau des arrivées et des départs. Son train va partir à 9h37 sur la voie numéro 1. Puis Julien regarde sa montre. Il est 9h35. Mince! Julien se dépêche parce que son train va partir dans deux minutes.

*Racontez une histoire basée sur les illustrations suivantes. Décrivez les personnes, où l'action a lieu et les événements qui se passent. Utilisez les expressions de transition quand possible.*

Vocabulaire

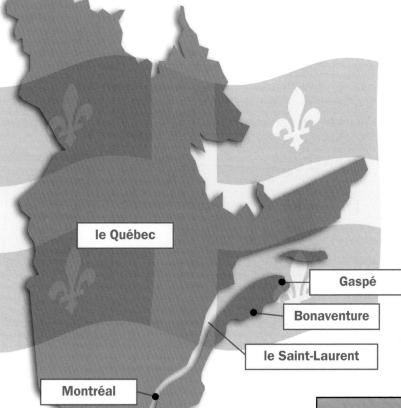

le Québec

Gaspé

Bonaventure

le Saint-Laurent

Montréal

le Rocher Percé

un porte-bagages

une hôtesse
de l'air

un steward

L'été dernier Micheline a fait un voyage° au Canada. Elle a rendu visite à un cousin qui habite à Gaspé dans la province de Québec. Près de Gaspé il y a un parc sauvage,° le Parc de l'Île-Bonaventure-et-du-Rocher-Percé, dont° son cousin lui a souvent parlé. On dit que le rocher° est percé parce qu'il fait un grand arc dans la mer. Son cousin, Mathieu, y est garde forestier.° Micheline a écrit une carte postale à sa meilleure° amie pour lui parler de son arrivée au Canada.

*le 25 juin*

*Chère Isabelle,*

*Je rêve de ce voyage depuis longtemps, et enfin me voilà au Canada! Tout s'est bien passé° jusqu'à mon arrivée à Dorval. Je faisais la queue au contrôle de sécurité quand je me suis rendu compte° que je n'avais ni mon passeport ni mon sac à dos. J'avais peur d'avoir laissé quelque chose dans l'avion. Alors, j'y suis vite retournée. Une hôtesse de l'air et un steward m'ont aidée. La façon dont° ils m'ont traitée était super. Ils ont tout de suite fouillé dans le porte-bagages, tu sais, le truc° au-dessus des sièges. Voilà! On a trouvé le sac à dos dont° j'avais besoin. Puis j'ai passé la douane. En sortant, j'ai fait la connaissance d'une Canadienne dont° la mère est française. Elle m'a accompagnée à la gare en taxi. J'attends le train pour Gaspé maintenant. À bientôt.*

*Bisous,°*
*Micheline*

Micheline est ma meilleure amie.

faire un voyage *voyager;* sauvage *wildlife;* dont *about which;* un rocher *rock;* un garde forestier *park ranger;* le/la meilleur(e) *best;* se passer *aller;* se rendre compte *to realize;* la façon dont *the way in which;* un truc *une chose;* dont *of which;* dont *whose;* un bisou *une bise*

Micheline est bien arrivée à Gaspé, mais pas sans ennuis! Voilà la carte postale qu'elle a écrite à son amie après deux jours chez son cousin.

le 27 juin

Chère Isabelle,

J'ai pris le Chaleur de Montréal à Gaspé. Pendant que je montais dans le train, j'avais mon billet à la main. Une fois dans la voiture, je ne le regardais plus. Je suis arrivée à mon siège, mais il y avait déjà quelqu'un. Alors, j'ai cherché Monsieur un tel,° le chef de train.° Il était si gentil. Il s'est occupé° de moi avec patience. Il ne s'est plaint° de rien, et il a vérifié le numéro de mon siège. Le problème, c'est que je n'ai pas bien regardé mon billet. C'est pourquoi je me suis trompée° de siège. Enfin, je me suis installée dans mon propre° siège où j'ai passé la nuit.° À midi je suis arrivée à Gaspé. Mon cousin est venu me chercher dans le camion dont il se sert° dans le parc. Aujourd'hui nous avons fait les touristes° et avons parcouru° Gaspé et tout le parc, bien sûr. Je vais toujours me souvenir° de la beauté du paysage.° Demain je vais faire la promenade en bateau dont j'ai tellement° envie. À bientôt.

Bisous,
Micheline

Micheline a pris le Chaleur de Montréal à Gaspé.

**Monsieur un tel** *Mr. So-and-so*; **un chef de train** *conductor*; **s'occuper de** *to take care of*; **se plaindre** *to complain*; **se tromper de** *to be mistaken*; **propre** *own*; **une nuit** *pas le jour*; **se servir de** *utiliser*; **faire les touristes** *to act like tourists*; **parcourir** *to travel through*; **se souvenir** *se rappeler*; **un paysage** *une campagne*; **tellement** *so much*

 **1**    ## En avion ou en train?

    *Pour arriver à Gaspé, Micheline a voyagé en avion et en train. Écrivez "A" si l'incident s'est passé en avion; écrivez "T" si l'incident s'est passé en train.*

## En ordre chronologique

*Mettez les phrases en ordre chronologique en regardant les deux cartes postales de Micheline.*
*Écrivez "1" pour la première phrase, "2" pour la deuxième phrase, etc.*

1. Une Canadienne a accompagné Micheline à la gare en taxi.
2. Micheline est arrivée à Dorval.
3. Micheline va faire une promenade en bateau.
4. Une hôtesse de l'air et un steward ont aidé Micheline.
5. Micheline a passé la nuit dans le train.
6. Micheline s'est rendu compte qu'elle n'avait pas son sac à dos.
7. Mathieu et Micheline ont parcouru le Parc de l'Île-Bonaventure-et-du-Rocher-Percé.
8. Le chef de train a aidé Micheline à trouver son propre siège.

## 3 Le voyage de Micheline

*Complétez chaque phrase avec l'expression convenable, selon l'illustration.*

1. Mathieu, le cousin de Micheline, est… dans un parc sauvage près de Gaspé.

2. Gaspé se trouve dans… de Québec.

3. … a aidé Micheline à trouver son sac à dos.

4. On l'a trouvé dans….

5. Dans le train,… a vérifié le numéro du siège de Micheline.

6. Micheline a passé… dans son propre siège.

7. Mathieu et Micheline… et ont parcouru tout le parc.

8. Micheline va toujours… de la beauté du paysage.

**4** ▸ **C'est à toi!**

*Questions personnelles.*

1. Est-ce que tu es jamais allé(e) dans la province de Québec? Si oui, où?
2. Qu'est-ce que tu rêves de faire depuis longtemps?
3. Est-ce que tu as jamais visité un parc national? Si oui, quelles activités est-ce qu'on y offre?
4. Est-ce que tu as jamais laissé quelque chose d'important dans un avion, un train, un magasin ou à l'école? Si oui, qu'est-ce que tu y as laissé?
5. Est-ce que tu as jamais montré ta ville à un(e) touriste? Si oui, quel est le premier endroit que tu lui as montré?
6. À qui est-ce que tu écris des lettres ou des cartes postales? Écris-tu souvent à cette personne?
7. Est-ce que tu as un(e) meilleur(e) ami(e)? Si oui, comment s'appelle-t-il ou elle?

# La péninsule gaspésienne

Pendant son premier voyage au Nouveau Monde pour la France, Jacques Cartier a eu la vue la plus spectaculaire du continent: la côte de la péninsule gaspésienne au Canada. Située au nord-est du Québec, cette péninsule borde l'océan Atlantique avec des côtes rocheuses ravagées par la mer, des groupes d'oiseaux de mer et des montagnes couvertes de forêts. La péninsule est aussi bordée par le golfe du Saint-Laurent au nord-est, le Saint-Laurent au nord et la baie des Chaleurs au sud. Dans la partie sud de la péninsule vivent les Acadiens, les Basques et des Indiens qui donnent à cette partie de la péninsule un riche air cosmopolite.

Les villages gaspésiens sont pittoresques.

## Bonaventure

Douze familles acadiennes ont fondé le village de Bonaventure. Ces familles ont été expulsées de l'Acadie par les Anglais en 1755. Le village est aujourd'hui une attraction touristique.

# Le Rocher Percé

Le village de Percé, à l'extrême est de la péninsule, était au dix-septième siècle un port d'où allaient et venaient les bateaux pour le commerce avec la France. Mais en 1690 les Anglais ont attaqué Percé et ont mis fin à sa vie commerciale. Depuis ce temps-là, Percé est devenu un centre d'attraction touristique de la péninsule, surtout pour son célèbre rocher. Le Rocher Percé se lève de façon dramatique de la mer. Au centre du rocher il y a une arche naturelle qui présente une vue spectaculaire. Long de 438 mètres et haut de 88 mètres, le rocher a été formé sous la mer pendant la préhistoire, et il contient beaucoup de fossiles de la vie nautique de la préhistoire. Il change de couleur lorsque changent la lumière et le temps. Pendant certaines heures de la journée, on peut visiter le rocher à pied pour l'examiner.

À marée haute (*high tide*), il faut que les touristes prennent un bateau pour s'approcher du Rocher Percé.

## Le Parc de l'Île-Bonaventure-et-du-Rocher-Percé

Le Parc de l'Île-Bonaventure-et-du-Rocher-Percé, à 800 kilomètres au nord-est de Québec, offre aux oiseaux de mer et aux oiseaux migrateurs un habitat tranquille. Là ils sont préservés en sanctuaire parce que plusieurs sortes de ces oiseaux sont en danger d'extinction. Le parc est ouvert du mois de juin au mois d'octobre. On peut y piqueniquer, faire des promenades, visiter des sites historiques, regarder la végétation variée et faire de l'observation scientifique. C'est un paradis pour les gens qui aiment étudier les oiseaux.

Des visiteurs au Parc de l'Île-Bonaventure-et-du-Rocher-Percé regardent les Fous de Bassan (*gannets*).

## Les trains américains

Si la France a le TGV, l'Amérique du Nord a des trains qui traversent tout le continent avec des voitures "observatoires" qui permettent aux voyageurs d'admirer le paysage du Canada ou des États-Unis.

Des touristes qui voyagent en train regardent le paysage canadien.

## Les trains européens

Les trains de France diffèrent des trains de l'Amérique du Nord par quelques aspects. Vous avez déjà appris qu'il faut composter les billets en France. Mais ce n'est pas nécessaire en Amérique du Nord. Lorsque vous avez un billet, vous montez dans le train et vous attendez que le chef de train vienne vérifier votre billet. Dans beaucoup de trains européens, les voitures sont composées de plusieurs compartiments. Chaque compartiment a six sièges, trois places qui sont face à face avec trois autres dans un très petit espace. Cela permet de vous mettre en groupe d'amis ou de famille pour parler ou jouer aux cartes. Le soir vous pouvez baisser le siège pour en faire un petit lit où vous pouvez dormir. Fermez la fenêtre et la porte et vous avez une petite place pour vous coucher, une "couchette." Les compartiments n'existent pas en Amérique du Nord, où les sièges ressemblent à des places de théâtre où tout le monde regarde dans la même direction. Si vous voulez faire un somme, faites-le dans votre siège.

Dans le TGV Atlantique, choisirais-tu un compartiment ou non?

## 5 ▶ La péninsule gaspésienne et les trains

*Répondez aux questions suivantes.*

1. Qui a eu la première vue de la péninsule gaspésienne?
2. Où la péninsule gaspésienne est-elle située?
3. Quelle est l'attraction du Parc de l'Île-Bonaventure-et-du-Rocher-Percé?
4. Qu'est-ce qu'il y a au centre du Rocher Percé?
5. Qu'est-ce qui est préservé dans ce parc?
6. Où trouve-t-on les voitures de train "observatoires"?
7. Comment vérifie-t-on le billet de train en Amérique du Nord?
8. Combien de personnes s'asseyent dans le compartiment d'un train européen?
9. Quels sont les avantages d'un compartiment?
10. Comment est-ce qu'on transforme un compartiment de train en couchette?

Beaucoup de touristes viennent observer les oiseaux de mer et les oiseaux migrateurs au Parc de l'Île-Bonaventure-et-du-Rocher-Percé.

## 6 ▶ Un horaire

*Regardez l'horaire des trains entre Halifax et Montréal. Puis répondez aux questions.*

1. Combien de trains par jour font le voyage entre Halifax et Montréal?
2. Quels sont les noms des deux trains qui vont à Matapédia?
3. D'où part chaque train?
4. Si on part de Matapédia à 22h47, à quelle heure arrive-t-on à Montréal?
5. Comment s'appelle le train qui part de Petit Rocher?
6. Peut-on partir de Gaspé le mardi?
7. Si on fait le voyage entre Gaspé et Montréal, y a-t-il des facilités pour dormir dans le train?
8. Combien de temps faut-il pour aller de Québec (Lévis) à Montréal?

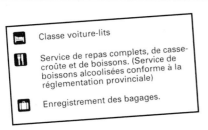

🛏 Classe voiture-lits

🍴 Service de repas complets, de casse-croûte et de boissons. (Service de boissons alcoolisées conforme à la réglementation provinciale)

🧳 Enregistrement des bagages.

### Québec / Canada atlantique

**Halifax • Moncton • Campbellton • Gaspé • Montréal**

| Numéro du train / Nom du train | | | | 15 Océan | 17 Chaleur | | 14 Océan | 16 Chaleur |
|---|---|---|---|---|---|---|---|---|
| Fréquence | | | | Sauf mar. | Lu. je. sa. | | Sauf mer. | Lu. je. sa. |
| Genre de service | | | | | | | | |
| | | | km | | | | | |
| Halifax, NS AT/HA | 🍴 | | 0 | Dp 14 00 | | Ar 15 30 | | |
| Truro | 🍴 | | 103 | 15 38 | | 14 00 | | |
| Springhill Jct. [1] | | | 200 | ★ 16 52 | | ★ 12 42 | | |
| Amherst, NS | 🍴 | | 227 | 17 17 | | 12 21 | | |
| Sackville, NB | 🍴 | | 243 | 17 35 | | 12 03 | | |
| Moncton | 🍴 | | 304 | Ar 18 22 / Dp 18 42 | | Dp 11 10 / Ar 10 50 | | |
| Rogersville [1] | | 🧳 | 397 | ★ 19 43 | | ★ 09 38 | | |
| Newcastle | 🍴 | | 433 | 20 15 | | 09 09 | | |
| Bathurst | | | 504 | 21 11 | | 08 17 | | |
| Petit Rocher [1] | | | 521 | ★ 21 26 | | ★ 07 53 | | |
| Jacquet River [1] | | 🧳 | 549 | ★ 21 48 | | ★ 07 33 | | |
| Charlo [1] | | 🧳 | 574 | ★ 22 06 | | ★ 07 15 | | |
| Campbellton, NB AT/HA | 🍴 | | 605 | 22 50 | | 06 45 | | |
| Matapédia, QC ET/HE | | | 624 | Ar 22 45 | | Dp 04 32 | | |
| Gaspé, QC ET/HE | | | 0 | Dp | 15 50 | Ar | | 11 10 |
| Barachois | | | 40 | | 16 34 | | | 10 27 |
| Percé | | | 63 | | 17 04 | | | 09 57 |
| Grande Rivière | | | 80 | | 17 23 | | | 09 38 |
| Chandler | | | 97 | | 17 42 | | | 09 19 |
| Port-Daniel | | | 130 | | 18 26 | | | 08 35 |
| New Carlisle | | | 167 | | 19 11 | | | 07 59 |
| Bonaventure | | | 182 | | 19 25 | | | 07 36 |
| Caplan [3] | | | 200 | | 19 41 | | | 07 20 |
| New Richmond | | | 214 | | 19 58 | | | 06 21 |
| Carleton | | | 254 | | 20 40 | | | 06 21 |
| Nouvelle | | | 269 | | 20 58 | | | 06 03 |
| Matapédia | | | 325 | Ar | 21 55 | Dp | | 05 05 |
| Matapédia | | | 624 | Dp 22 47 | 22 47 | Ar 04 30 | | 04 30 |
| Causapscal | | | 681 | 23 31 | 23 31 | 03 47 | | 03 47 |
| Amqui | | | 703 | 23 51 | 23 51 | 03 28 | | 03 28 |
| Sayabec [3] | | | 727 | ★ 00 09 | ★ 00 09 | ★ 03 08 | | ★ 03 08 |
| Mont-Joli | | | 774 | 00 47 | 00 47 | 02 33 | | 02 33 |
| Rimouski | | | 803 | 01 11 | 01 11 | 01 48 | | 01 48 |
| Trois-Pistoles | | | 864 | 01 57 | 01 57 | 01 06 | | 01 06 |
| Rivière-du-Loup | | | 907 | 02 51 | 02 51 | 00 34 | | 00 34 |
| La Pocatière [1] | | | 975 | 03 34 | 03 34 | 23 55 | | 23 55 |
| Montmagny | | | 1035 | 04 08 | 04 08 | 23 21 | | 23 21 |
| Lévis (Québec) | 🛅 | | 1093 | Ar 04 55 / Dp 05 05 | 04 55 / 05 05 | Dp 22 30 / Ar 22 20 | | 22 30 / 22 20 |
| Charny | | | 1105 | 05 25 | 05 25 | 21 53 | | 21 53 |
| Drummondville | | | 1252 | 06 55 | 06 55 | 20 25 | | 20 25 |
| Saint-Hyacinthe | | | 1298 | 07 26 | 07 26 | 19 47 | | 19 47 |
| Saint-Lambert [31] | | | 1345 | 07 58 | 07 58 | 19 15 | | 19 15 |
| Montréal, QC ET/HE [60] (Central Stn./Gare Centrale) | | | 1352 | Ar 08 25 | 08 25 | Dp 19 00 | | 19 00 |
| Fréquence | | | | Sauf mer. | Ma. ve. di. | Sauf mar. | | Me. ve. di. |

# Journal personnel

Have you ever experienced any problems during a trip such as those encountered by the boys in Saint-Martin or Micheline as she traveled to Gaspé? How could they have planned their trips to avoid such unpleasant situations?

Sometimes a problem while traveling might be simply a cultural misunderstanding. For example, if you were told that your hotel room in France was on the **deuxième étage**, would you find it on the second floor? Can you think of other types of cultural misunderstandings that Americans might experience while visiting a francophone country? What aspects of American culture might confuse a visiting French speaker?

*Langue active*

## Verbs + *de* + nouns

Many verbs and verbal expressions in French are followed by **de** and a noun. Here are some of them.

| | |
|---|---|
| **avoir besoin de** | *to need* |
| **avoir envie de** | *to want, to feel like* |
| **avoir peur de** | *to be afraid of* |
| **être amoureux/amoureuse de** | *to be in love with* |
| **être content(e) de** | *to be happy about* |
| **faire la connaissance de** | *to meet* |
| **se méfier de** | *to distrust* |
| **s'occuper de** | *to take care of* |
| **parler de** | *to speak/talk about* |
| **se plaindre de** | *to complain about* |
| **rêver de** | *to dream about* |
| **se servir de** | *to use* |
| **se souvenir de** | *to remember* |
| **traiter de** | *to treat* |
| **se tromper de** | *to be mistaken/wrong about* |

Micheline **rêve de ce voyage** depuis longtemps.

Elle **s'est plaint de son siège.**

Mais elle va **se souvenir de la beauté** du paysage.

*Micheline has been dreaming about this trip for a long time.*

*She complained about her seat.*

*But she is going to remember the beauty of the scenery.*

Dominique se sert d'une cuiller pour manger sa glace.

# Pratique

## 7 Qu'est-ce qu'ils font?

*Dites ce que font les gens suivants.*

**Modèle:**

Michèle/rêver
**Michèle rêve de la plage.**

1. je/s'occuper

2. M. Delattre/avoir envie

3. Joël et André/
être amoureux

4. Mme Leclerc/se plaindre

5. Angélique/avoir besoin

6. Chloé/se méfier

7. Laurent/se servir

8. mes parents/se souvenir

**Une enquête**

Imaginez que les élèves dans votre cours de français vont faire un voyage au Québec. Faites une enquête où vous parlez à trois élèves. D'abord copiez la grille suivante. Puis posez à chaque élève les questions indiquées sur ses préparatifs pour le voyage et ses émotions. Enfin notez les réponses dans la grille. Suivez le modèle.

| Question | Barbara | Daniel | Babette |
|---|---|---|---|
| avoir besoin | | *une nouvelle valise* | |
| s'occuper | | | |
| avoir peur | | | |
| être content(e) | | | |
| rêver | | | |

**Modèle:**

Marie-Élise: **De quoi as-tu besoin?**
Daniel: **J'ai besoin d'une nouvelle valise.**

---

**9** **Évaluation de l'Hôtel Belle Île**

C'est le jour du départ. Bruno, Antoine, Christian et Denis quittent l'Hôtel Belle Île à Saint-Martin. À la réception on leur présente un formulaire de questions sur leur séjour. Relisez leurs expériences dans cet hôtel à la page 202. Puis remplissez ce formulaire pour eux.

1. Vous a-t-on traité d'une façon accueillante? oui ☐ non ☐
2. De quoi aviez-vous besoin dans votre chambre? _____
3. Nous sommes-nous bien occupés de vos besoins? oui ☐ non ☐
4. Pendant votre séjour vous êtes-vous servi de la piscine? oui ☐ non ☐
   Du gymnase? oui ☐ non ☐ _____
5. De quoi allez-vous vous souvenir? _____
6. De quoi allez-vous parler à vos amis? _____
7. De quoi étiez-vous content pendant votre séjour? _____
8. De quoi voulez-vous vous plaindre? _____

**Modèle:**

Avez-vous fait la connaissance de quelques employés qui vous ont aidé pendant votre séjour?
**Oui, nous avons fait la connaissance d'une dame très sympa à la réception qui nous a aidés à changer de chambre le jour après notre arrivée.**

# The relative pronoun *dont*

You know how to combine two shorter sentences into a longer one by using the relative pronouns **qui** and **que**. The word **dont** is also a relative pronoun, used to connect two clauses in a complex sentence. **Dont** (*of which/whom, about which/whom*) replaces **de** plus a noun and is used with the verbs and verbal expressions that are followed by **de** and a noun that you learned earlier in this lesson.

> **dont = de + noun**

In the following examples note how **dont** always comes directly after its antecedent to join the sentences in each pair.

Il y a un parc sauvage. Son cousin lui a souvent parlé de ce parc.

*There is a wildlife park. Her cousin often talked to her about this park.*

Il y a un parc sauvage **dont** son cousin lui a souvent parlé.

*There is a wildlife park about which her cousin often talked to her.*

On a trouvé son sac à dos. Elle avait besoin de son sac à dos.

*They found her backpack. She needed her backpack.*

On a trouvé le sac à dos **dont** elle avait besoin.

*They found the backpack that she needed (of which she had need).*

> Désolée, mais la chambre dont vous vous plaignez n'a pas de douche.

The relative pronoun **dont** means "whose" in sentences where **de** indicates relationship or possession.

J'ai fait la connaissance d'une Canadienne. La mère de la Canadienne est française.

*I met a Canadian woman. The mother of the Canadian woman is French.*

J'ai fait la connaissance d'une Canadienne **dont** la mère est française.

*I met a Canadian woman whose mother is French.*

**Dont** means "in which" after the expression **la façon**.

La façon **dont** ils m'ont traitée était super.

*The way in which they treated me was great.*

# Pratique

**10** ▶ **On s'appelle comment?**

*Dites comment s'appellent les personnes dont on parle.*

Christine

Mme Lafontaine

M. et Mme Hergy

Mme Charpentier

M. Maurel

Didier

Éric

Khadim

**Modèle:**

Sa mère est triste.
**La personne dont la mère est triste s'appelle Christine.**

1. Son chien est très petit.
2. Sa femme a soif.
3. Son copain porte des lunettes.
4. Sa fille part en voyage.
5. Son enfant dort.
6. Son copain ne se sent pas bien.
7. Son père lit le journal.
8. Son mari lui a acheté une boisson froide.

La personne dont le mari travaille dans le train
s'appelle Mme Demongeot.

deux cent trente-trois
**Leçon B**

**233**

*Pour parler du voyage de Micheline à Gaspé, combinez les deux phrases pour en faire une. Utilisez le pronom **dont**.*

**Modèle:**

Micheline fait un voyage au Canada. Elle rêve de ce voyage depuis longtemps.

**Micheline fait un voyage au Canada dont elle rêve depuis longtemps.**

1. Pendant le voyage en avion, Micheline a perdu son sac à dos. Elle avait besoin de son sac à dos.
2. Micheline a fait la connaissance d'une Canadienne. La mère de la Canadienne est française.
3. Voilà le siège de Micheline. Elle s'est plaint de ce siège.
4. Il y a un parc sauvage près de Gaspé. Le cousin de Micheline lui a souvent parlé de ce parc.
5. Son cousin a un camion. Il se sert de son camion dans le parc.
6. Dans le parc il y a des oiseaux de mer. Micheline a peur des oiseaux de mer.
7. Demain Micheline va faire une promenade en bateau. Elle a tellement envie de faire cette promenade en bateau.

Le cousin de Micheline a un camion dont il se sert dans le parc.

# Communication

**12** ▶ **Une carte postale**

*Imaginez que vous passez 15 jours au Canada avec vos cousins québécois. Écrivez une carte postale à votre meilleur(e) ami(e) pour lui parler de votre séjour. Dites-lui:*

1. comment était le voyage au Québec
2. si vous avez eu des ennuis pendant le voyage
3. si vous vous êtes trompé(e) pendant le voyage
4. comment vous trouvez le paysage de la province de Québec
5. si vous vous débrouillez chez vos cousins
6. si vous vous plaignez de quelque chose
7. la façon dont vos cousins vous traitent
8. s'il y a des Québécois intéressants dont vous avez fait la connaissance
9. si vous vous ennuyez ou si vous vous amusez bien
10. les choses dont vous allez toujours vous souvenir

*Utilisez la carte postale à la page 223 comme guide.*

**13** ▶ **En partenaires**

 *Avec un(e) partenaire, parlez des derniers voyages que vous avez faits. Souvenez-vous des détails du voyage en disant à votre partenaire:*

1. où vous êtes allé(e)
2. pourquoi vous y êtes allé(e)
3. qui vous a accompagné(e)
4. le moyen de transport dont vous vous êtes servi(e)
5. combien de temps vous y êtes resté(e)
6. si tout s'est bien passé ou si vous avez eu des ennuis
7. quelque chose qui vous a surpris(e)
8. quelque chose dont vous étiez content(e)
9. si vous avez fait les touristes
10. si vous voudriez y retourner

T'es-tu servi(e) d'un moyen de transport public?

## Satire

In this unit you are going to read two scenes from *La cantatrice chauve* (*The Bald Soprano*), a play by Eugène Ionesco. A twentieth century French dramatist, Ionesco presents the absurdity and meaninglessness of modern life in his plays. *La cantatrice chauve* has different levels of satire. Satire is humorous writing or speech intended to point out errors, falsehoods, foibles or failings with the intent of reforming human behavior. Ionesco holds up to ridicule the conventions of middle-class life, especially dull, trivial and nonsensical dialogues in everyday conversation. He demonstrates comically that our automatic responses and endless use of clichés prevent real, meaningful communication. In *La cantatrice chauve* what sounds like real conversation is only a series of repetitive and formal sentences used to pass the time in purposeless human interactions. The empty language of the characters reflects their colorless, unemotional, meaningless lives.

While engaging in trivial conversation at the home of the Smiths during the first scene, M. and Mme Martin make a series of surprising discoveries about their lives. In the second scene, the Smiths' maid, Mary, reveals a secret about the Martins.

Eugène Ionesco

### 14 ▸ **Pour commencer...**

*Avant de lire les deux scènes, répondez aux questions suivantes.*

1. Quelles expressions est-ce que tes amis répètent souvent quand ils te parlent? Ces répétitions te semblent-elles normales ou absurdes?
2. As-tu jamais voyagé en train? Si oui, quelle a été ta destination? As-tu parlé aux autres passagers? Si oui, de quoi as-tu parlé?
3. Qu'est-ce que tu dis quand tu crois que tu reconnais quelqu'un?

# La cantatrice chauve
## Scène IV

*(Mme et M. Martin, s'assoient l'un en face de l'autre, sans se parler. Ils se sourient, avec timidité.)*

M. Martin: *(le dialogue qui suit doit être dit d'une voix traînante, monotone, un peu chantante, nullement nuancée)* Mes excuses, Madame, mais il me semble, si je ne me trompe, que je vous ai déjà rencontrée quelque part.

Mme Martin: À moi aussi, Monsieur, il me semble que je vous ai déjà rencontré quelque part.

M. Martin: Ne vous aurais-je pas déjà aperçue, Madame, à Manchester, par hasard?

Mme Martin: C'est très possible. Moi, je suis originaire de la ville de Manchester! Mais je ne me souviens pas très bien, Monsieur, je ne pourrais pas dire si je vous y ai aperçu, ou non!

M. Martin: Mon Dieu, comme c'est curieux! Moi aussi je suis originaire de la ville de Manchester, Madame!

Mme Martin: Comme c'est curieux!

M. Martin: Comme c'est curieux!... Seulement, moi, Madame, j'ai quitté la ville de Manchester, il y a cinq semaines, environ.

Mme Martin: Comme c'est curieux! Quelle bizarre coïncidence! Moi aussi, Monsieur, j'ai quitté la ville de Manchester, il y a cinq semaines, environ.

M. Martin: J'ai pris le train d'une demie après huit le matin, qui arrive à Londres à un quart avant cinq, Madame.

Mme Martin: Comme c'est curieux! comme c'est bizarre! et quelle coïncidence! J'ai pris le même train, Monsieur, moi aussi!

M. Martin: Mon Dieu, comme c'est curieux! peut-être bien alors, Madame, que je vous ai vue dans le train?

Mme Martin: C'est bien possible, ce n'est pas exclu, c'est plausible et, après tout, pourquoi pas!... Mais je n'en ai aucun souvenir, Monsieur!

M. Martin: Je voyageais en deuxième classe, Madame. Il n'y a pas de deuxième classe en Angleterre, mais je voyage quand même en deuxième classe.

Mme Martin: Comme c'est bizarre, que c'est curieux, et quelle coïncidence! Moi aussi, Monsieur, je voyageais en deuxième classe!

M. Martin: Comme c'est curieux! Nous nous sommes peut-être bien rencontrés en deuxième classe, chère Madame!

Mme Martin: La chose est bien possible et ce n'est pas du tout exclu. Mais je ne m'en souviens pas très bien, cher Monsieur!

M. Martin: Ma place était dans le wagon n° 8, sixième compartiment, Madame!

Mme Martin: Comme c'est curieux! Ma place aussi était dans le wagon n° 8 sixième compartiment, cher Monsieur!

**M. *Martin*:** Comme c'est curieux et quelle coïncidence bizarre! Peut-être nous sommes-nous rencontrés dans le sixième compartiment, chère Madame?

**M*me* *Martin*:** C'est bien possible, après tout! Mais je ne m'en souviens pas, cher Monsieur!

**M. *Martin*:** À vrai dire, chère Madame, moi non plus je ne m'en souviens pas, mais il est possible que nous nous soyons aperçus là et si j'y pense bien, la chose me semble même très possible!

**M*me* *Martin*:** Oh! vraiment, bien sûr, vraiment, Monsieur!

**M. *Martin*:** Comme c'est curieux!... J'avais la place n° 3, près de la fenêtre, chère Madame.

**M*me* *Martin*:** Oh, mon Dieu, comme c'est curieux et comme c'est bizarre, j'avais la place n° 6, près de la fenêtre, en face de vous, cher Monsieur!

**M. *Martin*:** Oh, mon Dieu, comme c'est curieux et quelle coïncidence!... Nous étions donc vis-à-vis, chère Madame! C'est là que nous avons dû nous voir!

**M*me* *Martin*:** Comme c'est curieux! C'est possible mais je ne m'en souviens pas, Monsieur!

**M. *Martin*:** À vrai dire, chère Madame, moi non plus je ne m'en souviens pas. Cependant, il est très possible que nous nous soyons vus à cette occasion.

**M*me* *Martin*:** C'est vrai, mais je ne m'en suis pas sûre du tout, Monsieur.

**M. *Martin*:** Ce n'était pas vous, chère Madame, la dame qui m'avait prié de mettre sa valise dans le filet et qui ensuite m'a remercié et m'a permis de fumer?

**M*me* *Martin*:** Mais si, ça devait être moi, Monsieur! Comme c'est curieux, comme c'est curieux, et quelle coïncidence!

**M. *Martin*:** Comme c'est curieux, comme c'est bizarre, quelle coïncidence! Eh bien alors, alors, nous nous sommes peut-être connus à ce moment-là, Madame?

**M*me* *Martin*:** Comme c'est curieux et quelle coïncidence! c'est bien possible, cher Monsieur! Cependant, je ne crois pas m'en souvenir.

**M. *Martin*:** Moi non plus, Madame.... (*Un moment de silence. La pendule sonne 2-1.*)

**M. *Martin*:** Depuis que je suis arrivé à Londres, j'habite rue Bromfield, chère Madame.

**M*me* *Martin*:** Comme c'est curieux, comme c'est bizarre! moi aussi, depuis mon arrivée à Londres j'habite rue Bromfield, cher Monsieur.

**M. *Martin*:** Comme c'est curieux, mais alors, mais alors, nous nous sommes peut-être rencontrés rue Bromfield, chère Madame.

**M*me* *Martin*:** Comme c'est curieux; comme c'est bizarre! c'est bien possible, après tout! Mais je ne m'en souviens pas, cher Monsieur.

**M. *Martin*:** Je demeure au n° 19, chère Madame.

**M*me* *Martin*:** Comme c'est curieux, moi aussi j'habite au n° 19, cher Monsieur.

**M. *Martin*:** Mais alors, mais alors, mais alors, mais alors, mais alors, nous nous sommes peut-être vus dans cette maison, chère Madame?

Mme Martin: C'est possible, mais je ne m'en souviens pas, cher Monsieur.

M. Martin: Mon appartement est au cinquième étage, c'est le n° 8, chère Madame.

Mme Martin: Comme c'est curieux, mon Dieu, comme c'est bizarre! et quelle coïncidence! moi aussi j'habite au cinquième étage, dans l'appartement n° 8, cher Monsieur!

M. Martin: (songeur) Comme c'est curieux, comme c'est curieux, comme c'est curieux et quelle coïncidence! vous savez, dans ma chambre à coucher j'ai un lit. Mon lit est couvert d'un édredon vert. Cette chambre, avec ce lit et son édredon vert, se trouve au fond du corridor entre les water et la bibliothèque, chère Madame!

Mme Martin: Quelle coïncidence, ah mon Dieu, quelle coïncidence! Ma chambre à coucher a, elle aussi, un lit avec un édredon vert et se trouve au fond du corridor entre les water, cher Monsieur, et la bibliothèque!

M. Martin: Comme c'est bizarre, curieux, étrange! alors, Madame, nous habitons dans la même chambre et nous dormons dans le même lit, chère Madame. C'est peut-être là que nous nous sommes rencontrés!

Mme Martin: Comme c'est curieux et quelle coïncidence! C'est bien possible que nous nous y soyons rencontrés, et peut-être même la nuit dernière. Mais je ne m'en souviens pas, cher Monsieur!

M. Martin: J'ai une petite fille, ma petite fille, elle habite avec moi, chère Madame. Elle a deux ans, elle est blonde, elle a un œil blanc et un œil rouge, elle est très jolie, elle s'appelle Alice, chère Madame.

Mme Martin: Quelle bizarre coïncidence! moi aussi j'ai une petite fille, elle a deux ans, un œil blanc et un œil rouge, elle est très jolie et s'appelle aussi Alice, cher Monsieur!

M. Martin: (même voix traînante, monotone) Comme c'est curieux et quelle coïncidence! et bizarre! c'est peut-être la même, chère Madame!

Mme Martin: Comme c'est curieux! c'est bien possible cher Monsieur. (Un assez long moment de silence… La pendule sonne vingt-neuf fois.)

M. Martin: (après avoir longuement réfléchi, se lève lentement et, sans se presser, se dirige vers Mme Martin qui, surprise par l'air solennel de M. Martin, s'est levée, elle aussi, tout doucement; M. Martin a la même voix rare, monotone, vaguement chantante.) Alors, chère Madame, je crois qu'il n'y a pas de doute, nous nous sommes déjà vus et vous êtes ma propre épouse… Élisabeth, je t'ai retrouvée!

Mme Martin: (s'approche de M. Martin sans se presser. Ils s'embrassent sans expression. La pendule sonne une fois, très fort. Le coup de la pendule doit être si fort qu'il doit faire sursauter les spectateurs. Les époux Martin ne l'entendent pas.)

Mme Martin: Donald, c'est toi, darling! (Ils s'assoient dans le même fauteuil, se tiennent embrassés et s'endorment. La pendule sonne encore plusieurs fois. Mary, sur la pointe des pieds, un doigt sur ses lèvres, entre doucement en scène et s'adresse au public.)

*Mary:* Élisabeth et Donald sont, maintenant, trop heureux pour pouvoir m'entendre. Je puis donc vous révéler un secret. Élisabeth n'est pas Élisabeth. Donald n'est pas Donald. En voici la preuve: l'enfant dont parle Donald n'est pas la fille d'Élisabeth, ce n'est pas la même personne. La fillette de Donald a un œil blanc et un autre rouge tout comme la fillette d'Élisabeth. Mais tandis que l'enfant de Donald a l'œil blanc à droite et l'œil rouge à gauche, l'enfant d'Élisabeth, lui, a l'œil rouge à droite et le blanc à gauche! Ainsi tout le système d'argumentation de Donald s'écroule en se heurtant à ce dernier obstacle qui anéantit toute sa théorie. Malgré les coïncidences extraordinaires qui semblent être des preuves définitives, Donald et Élisabeth n'étant pas les parents du même enfant ne sont pas Donald et Élisabeth. Il a beau croire qu'il est Donald, elle a beau se croire Élisabeth. Il a beau croire qu'elle est Élisabeth. Elle a beau croire qu'il est Donald: ils se trompent amèrement. Mais qui est le véritable Donald? Quelle est la véritable Élisabeth? Qui donc a intérêt à faire durer cette confusion? Je n'en sais rien. Ne tâchons pas de le savoir. Laissons les choses comme elles sont. (*Elle fait quelques pas vers la porte, puis revient et s'adresse au public.*) Mon vrai nom est Sherlock Holmes. (*Elle sort.*)

## 15 ▸ La cantatrice chauve

*Répondez aux questions suivantes.*

1. Dans quelle ville est-ce que M. et Mme Martin se sont déjà rencontrés?
2. Quand est-ce qu'ils ont quitté cette ville?
3. Comment M. et Mme Martin ont-ils voyagé à Londres?
4. En quelle classe M. et Mme Martin ont-ils voyagé? Pourquoi est-ce que ce détail est absurde, selon l'information que M. Martin donne sur les trains anglais?
5. Dans quel wagon et dans quel compartiment M. et Mme Martin ont-ils voyagé? Quelles places avaient-ils?
6. Pourquoi est-ce que M. et Mme Martin ne se reconnaissent pas?
7. Comment est-ce que M. Martin a aidé Mme Martin pendant le voyage? Qu'est-ce que Mme Martin lui a permis de faire?
8. Pourquoi est-ce que Mme Martin est étonnée quand M. Martin parle de son appartement?
9. Quelle est l'ultime coïncidence dans la vie de M. et Mme Martin?
10. Quand la pendule sonne, est-ce qu'elle représente l'heure vraie?
11. Que font M. et Mme Martin quand ils concluent qu'ils sont mari et femme?
12. Comment savons-nous que M. et Mme Martin ne sont pas mari et femme?

## 16 ▸ Comment dire l'heure?

*Ionesco a suivi un cours de conversation pour apprendre l'anglais, une expérience qui a inspiré la pièce*
*La cantatrice chauve. Avec quels deux exemples est-ce qu'il satirise l'expression de l'heure en anglais?*
*Comment diriez-vous l'heure en français?*

## 17 ▸ Comment parlent les bourgeois?

*Expliquez comment Ionesco satirise le langage de la bourgeoisie. Par exemple, quelles expressions*
*est-ce que M. et Mme Martin répètent? Est-ce qu'ils les répètent avec émotion? Est-ce qu'ils se parlent*
*formellement? Est-il facile ou difficile de distinguer M. Martin de Mme Martin? Dans quel ton est-ce*
*qu'ils parlent? Comment est-ce que leur manière de parler reflète leur vie bourgeoise?*

## 18 ▸ Qui est la vraie Mary?

*Ionesco satirise aussi le genre de pièces policières. Quel est le vrai nom de Mary? Souvent dans les pièces*
*policières, un personnage révèle abruptement l'identité d'un autre personnage. Que Mary révèle-t-elle?*
*Suit-elle un procédé logique en déterminant le vrai rapport entre M. et Mme Martin? À votre avis,*
*pourquoi est-ce que ce procédé est absurde?*

# Dossier fermé

Tu vas passer tes vacances de printemps avec des amis à Saint-Martin dans les Antilles. Tes parents te
demandent de leur envoyer des cartes postales de ton voyage. Ils t'offrent des timbres français qu'ils ont
achetés pendant leur dernier voyage à Paris et qu'ils n'ont pas encore utilisés. Qu'est-ce que tu en fais?

    A.  Tu gardes les timbres qu'ils te donnent pour mettre sur les cartes postales que tu vas envoyer
de Saint-Martin.

Parce que Saint-Martin est gouverné par la Guadeloupe, un Département d'Outre-Mer de la France, la
poste à Saint-Martin est la poste française et les timbres que tes parents t'offrent sont valables.

## ✓ Évaluation culturelle

*Pour voir si vous avez bien compris la culture francophone, décidez si chaque phrase est **vraie** ou **fausse**.*

1. La classification d'hôtels en France est indiquée par le nombre d'étoiles qu'on voit à l'extérieur.
2. Saint-Martin est un Département d'Outre-Mer de la France qui est situé dans la mer des Antilles.
3. L'île Saint-Martin est divisée en deux, et les Espagnols en contrôlent une partie.
4. Beaucoup de touristes visitent Saint-Martin parce qu'il y fait du soleil toute l'année et les températures sont agréables.
5. Les fanas des sports aquatiques à Saint-Martin peuvent s'amuser à découvrir l'île en VTT.
6. Le village de Percé et son rocher célèbre se trouvent à l'extrême ouest de la péninsule gaspésienne.
7. Le Rocher Percé est un monument acadien de la région.
8. La péninsule gaspésienne a un sanctuaire pour les oiseaux de mer.
9. Dans les trains américains, comme dans les trains européens, il faut composter le billet avant de monter dans la voiture.
10. Les trains en Amérique du Nord n'ont pas de compartiments comme les trains européens.

Les deux étoiles de l'Hôtel du Beffroi indiquent que ce n'est pas un hôtel de luxe.

Les fanas des sports aquatiques à Saint-Martin peuvent louer des scooters de mer.

# ✓ Évaluation orale

*Si vous pouviez passer vos vacances n'importe où (anywhere) dans le monde, quel endroit choisiriez-vous? Avec un(e) partenaire, décidez quel endroit vous visiteriez et créez un voyage dont tout le monde rêverait. Copiez la grille suivante. Puis discutez les détails de votre voyage idéal avec votre partenaire, et notez-les dans la grille.*

| destination | |
|---|---|
| durée | |
| moyen de transport | |
| logement et services | |
| nourriture | |
| activités | |
| attractions | |
| prix | |

Où aimerais-tu voyager?

Je voudrais visiter Saint-Martin.

# ✓ Évaluation écrite

*Imaginez que vous travaillez pour une agence de voyages. Le chef veut que vous prépariez un voyage organisé (package tour) pour votre clientèle. Choisissez le voyage dont vous avez discuté dans l'activité précédente. Maintenant créez un dépliant pour ce voyage idéal en utilisant les détails de la grille de l'activité précédente. Développez le dépliant en mentionnant aussi le paysage, les chambres d'hôtel, les repas, etc. (Il vaut mieux que vous vous serviez de beaucoup d'adjectifs.) Après que vous avez fini le dépliant, comparez-le avec le dépliant de votre partenaire de l'activité précédente, qui a préparé un dépliant pour le même voyage.*

# ✓ Évaluation visuelle

*Imaginez que vous êtes Valérie, une fille française qui passe ses vacances à Saint-Martin. Écrivez une carte postale à votre cousine où vous lui racontez vos expériences, vos réactions aux aménagements (amenities) de l'hôtel et ce que vous avez fait à Saint-Martin. Finalement, demandez-lui si elle pourrait venir vous chercher à l'aéroport. Utilisez les suggestions dans les illustrations et les nouvelles expressions de l'Unité 5. (Avant de commencer, regardez les sections Révision de fonctions aux pages 245-46 et Vocabulaire à la page 247.)*

## Révision de fonctions

Can you do all of the following tasks in French?

- I can write a postcard.
- I can tell location.
- I can tell a story.
- I can remember something.
- I can describe people that I remember.
- I can say whom I don't know.
- I can identify objects.
- I can tell what someone likes.
- I can agree with someone.
- I can give my opinion by saying what I think.
- I can say that I'm dissatisfied with something.

- I can complain about something.
- I can say what I'm afraid of.
- I can say what I'm sorry about.
- I can admit to something.
- I can express patience.
- I can ask whether or not something is possible.
- I can request what I would like.
- I can say what surprises me.
- I can say what makes me happy.
- I can control the volume of a conversation by telling someone to be quiet.

To write postcards, use:

**Bisous**

Kisses

To tell location, use:

L'hôtel **est situé à** 400 mètres de la plage.

The hotel is situated 400 meters from the beach.

Mon cousin habite à Gaspé **dans la province de** Québec.

My cousin lives in Gaspé in the province of Quebec.

To tell a story, use:

**Tout s'est bien passé** jusqu'à mon arrivée à Dorval.

Everything went well until my arrival in Dorval.

To remember, use:

**Je vais** toujours **me souvenir** de la beauté du paysage.

I'm going to always remember the beauty of the scenery.

Les touristes vont se souvenir de leur promenade en bateau sur la Seine.

To describe people you remember, use:

J'ai fait la connaissance d'une Canadienne **dont** la mère est française.

I met a Canadian woman whose mother is French.

To indicate not knowing, use:

J'ai cherché **Monsieur un tel**, le chef de train.

I looked for Mr. So-and-so, the conductor.

To identify objects, use:

Ils ont tout de suite fouillé dans le porte-bagages, **le truc** au-dessus des sièges.

They searched right away in the overhead compartment, the thing above the seats.

To say what someone likes, use:

**Nous aimerions** changer de chambre.
**Nous voudrions** nous installer au rez-de-chaussée.

We'd like to change rooms.
We'd like to move to the ground floor.

To agree, use:

**Tu parles!**
**Je suis d'accord.**

You're not kidding!
I agree.

To give opinions, use:

**Je crois que oui.**

**Je trouve que** le gérant pouvait mieux faire.

To express dissatisfaction, use:

**Ça m'embête que** l'ascenseur ne marche pas.

*I think so.*

*I think that the manager could do better.*


*It bothers me that the elevator doesn't work.*

Ça m'embête que je doive faire le ménage et que je ne puisse pas sortir avec toi.

To complain, use:

**Il** ne **s'est plaint** de rien.

To express fear, use:

**J'ai peur qu'**il fasse trop chaud ce soir.

To express regret, use:

**C'est dommage qu'**il n'y ait ni sèche-cheveux ni douche dans la salle de bains.

**Je suis désolé qu'**il ne reste plus de chambres aujourd'hui.

To admit to something, use:

**Je me suis trompée de** siège.

To express patience, use:

Il s'est occupé de moi **avec patience.**

To inquire about possibility, use:

**Est-ce que cela serait possible?**

To make requests, use:

**Est-ce que vous pourriez nous rendre un service?**

To express surprise, use:

**Ça me surprend qu'**on ne puisse pas voir la mer de ce côté.

**Je suis étonné qu'**ils ne mettent pas la clim.

To express happiness, use:

**Je suis heureux qu'**on serve de très bons repas.

To control the volume of a conversation, use:

**Chut!**

*He complained about nothing.*


*I'm afraid that it's going to be too hot tonight.*


*It's too bad that there is neither a hair dryer nor a shower in the bathroom.*
*I'm sorry that there aren't any more rooms today.*


*I was mistaken about the seat.*


*He took care of me patiently.*


*Would that be possible?*


*Would you be able to help us?*



*It surprises me that we can't see the the sea from this side.*
*I'm surprised that they don't turn on the air conditioning.*


*I'm happy that they serve very good meals.*


*Sh!*

# Vocabulaire

**à ta place** if I were you A
**accompagner** to accompany B
une **activité** activity A
la **beauté** beauty B
un **bisou** kiss B

**cela** that A
un **chef de train** conductor B
**Chut!** Sh! A
la **clim (climatisation)** air conditioning A
**croire: Je crois que oui.** I think so. A

**d'accord: être d'accord** to agree A
se **débrouiller** to manage A
**disponible** available A
**dont** of which/whom, about which/whom, whose B
    **la façon dont** the way in which B

**embêter** to bother A
**en plus** in addition A
des **ennuis (m.)** problems A
s' **ennuyer** to get bored, to be bored A
**étonné(e)** surprised A
**être d'accord** to agree A

une **façon** way B
    **la façon dont** the way in which B
**faire les touristes** to act like tourists B
**faire un somme** to take a nap A
**faire un voyage** to take a trip B
un **fax** fax A

un **garde forestier** park ranger B
un **gars** guy A
un(e) **gérant(e)** manager A
un **groupe** group A
un **gymnase** gym A

une **hôtesse de l'air** flight attendant B

s' **installer** to move A

**longtemps** (for) a long time B

**Madame une telle** Mrs. So-and-so B
**marcher** to work A
le **meilleur, la meilleure** best B
un **mètre** meter A
**mettre** to turn on A
**Monsieur un tel** Mr. So-and-so B

une **nuit** night B
s' **occuper de** to take care of B

**panoramique** panoramic A
**parcourir** to travel through, to cover B
**parler: Tu parles!** You're not kidding! A
se **passer** to go B
la **patience** patience B
un **paysage** scenery B
**percé(e)** pierced B
**place: à ta place** if I were you A
se **plaindre** to complain B
**plus: en plus** in addition A
un **porte-bagages** overhead compartment B
**proposer** to propose A
**propre** own B
une **province** province B

**rendre un service** to help A
    **se rendre compte** to realize B
**retourner** to return B
un **rocher** rock B
le **sable** sand A
un **satellite** satellite A
**sauvage** wildlife B
**service: rendre un service** to help A
**servir** to serve A
    **se servir de** to use B
**situé(e)** situated A
un **somme** nap A
    **faire un somme** to take a nap A
**sonner** to ring A
se **souvenir** to remember B
un **steward** flight attendant B
**surprendre** to surprise A

**tellement** so much B
un(e) **touriste** tourist B
**traiter** to treat B
se **tromper (de)** to be mistaken, to be wrong B
un **truc** thing B

un **ventilateur** fan A

# Unité 6

## L'avenir: la technologie et l'environnement

In this unit you will be able to:
- ask for information
- give information
- sequence events
- list
- explain something
- give opinions
- express enthusiasm
- hypothesize
- express probability
- predict
- congratulate and commiserate
- express appreciation
- forget
- make requests

www.emcp.com

## Tes empreintes ici

Dans beaucoup de lycées, les élèves sont obligés de suivre un cours d'informatique pour être diplômés. Est-ce que tu en as déjà suivi un? As-tu un ordinateur chez toi? Si oui, comment est-ce que tu t'en sers?

- Pour chercher des renseignements?
- Pour écrire des exposés?
- Pour parler avec d'autres ados?
- Pour envoyer du courrier?
- Pour jouer à des jeux?
- Pour ton boulot?

Il est certain que tu te sers de ce qu'on a appris de la science des satellites. Par exemple, tu as le choix entre beaucoup de chaînes de télévision, tu sais quel temps il va faire demain et tu peux téléphoner à un endroit très loin de chez toi. Peux-tu penser à d'autres moyens de t'en servir?

Est-ce que tu te sers d'un ordinateur pour préparer des exposés?

## Dossier ouvert

Tu es dans un hôtel en France, et tu as besoin de téléphoner à quelqu'un, mais tu ne sais pas son numéro de téléphone. L'hôtel n'a pas d'annuaire (le livre avec les numéros de téléphone), et tu ne connais pas le numéro des "Renseignements." Qu'est-ce que tu fais?

A. Tu demandes à la réception de chercher le numéro de téléphone sur le Minitel.
B. Tu décides d'envoyer un fax.
C. Tu quittes l'hôtel pour chercher la résidence de la personne.

une fusée

des satellites (m.)

## L'ordinateur

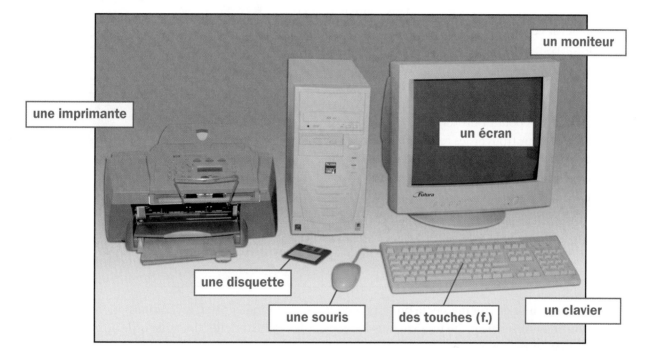

un moniteur

une imprimante

un écran

une disquette

une souris

des touches (f.)

un clavier

La France est un des pays les plus avancés au monde dans le domaine de la technologie. Vous avez déjà entendu parler du° TGV et de l'Eurotunnel, mais il y a deux autres domaines où la France a fait des progrès importants: l'espace et la télématique.°

**entendre parler de** *to hear about*; **la télématique** la communication par ordinateur

La France dépense° presque 685 millions d'euros par an pour la recherche spatiale. Elle lance° des satellites pour développer sa connaissance° de l'espace. La France est l'un des 17 membres de l'Agence spatiale européenne, ou l'ESA, qui a construit la fusée Ariane 5. On lance cette fusée du centre spatial de Kourou en Guyane française. Avec le projet Ariane, l'ESA a le plus grand pourcentage sur le marché de lanceurs° de satellites commerciaux.

Depuis des années, les Français ont le Minitel, un service télématique. En plus, il y a aujourd'hui des Français qui sont en ligne avec un ordinateur qui permet d'accéder° au web. Pour eux, comme pour tout le monde, c'est très facile. On n'a qu'à cliquer avec la souris pour trouver l'inforoute.° Il est aussi facile d'appuyer° sur les touches du clavier que d'utiliser la souris. Et voilà! Sur l'écran du moniteur on trouve un grand choix d'outils de recherche.° Tout ce qui° se trouve sur le web permet d'accéder à des renseignements. Ensuite, on peut en sauvegarder° sur disquette ou utiliser l'imprimante. Pour envoyer ou recevoir de l'e-mail, on se branche° aussi sur Internet. Et qui n'aime pas s'amuser avec les jeux électroniques?

Les fusées Ariane lancent plus de satellites commerciaux que les fusées américaines. (Paris)

Internet vous offre de faire des recherches dans toute la France. Par exemple, si vous voulez faire des recherches sur l'Euro-tunnel, choisissez deux ou trois outils de recherche, comme **http://www.yahoo.fr**, **http:// infoseek.go.com** ou **http://www.nomade.fr**. Ensuite, commencez avec un des outils de recherche dont vous prenez l'adresse. Vous trouverez une liste d'adresses pour l'Eurotunnel. Puis, cliquez sur chaque adresse pour trouver les renseignements que vous cherchez. Voici quelques autres adresses utiles où vous pourrez trouver tout ce qui vous intéresse sur:

Jean-Philippe envoie un e-mail à son meilleur ami.

| la musique | http://www.francevision.com |
| l'actualité | http://www.lemonde.fr |
| les films à Paris | http://www.zurban.com |
| Paris | http://www.paris.org |

Finalement, au vingt et unième siècle on se branchera sur le monde entier. La connaissance scientifique, parmi° d'autres, permettra une vie plus longue et plus riche, et elle sera aussi utile aux gens qu'aux sciences. On n'en reviendra pas!

**dépenser** payer; **lancer** to launch; **la connaissance** knowledge; **un lanceur** launcher; **accéder** to access; **l'inforoute (f.)** information superhighway; **appuyer** to press; **un outil de recherche** search engine; **ce qui** that; **sauvegarder** to save; **se brancher** to connect; **parmi** among

**Espace ou télématique?**

*Écrivez "E" si l'on parle de l'espace; écrivez "T" si l'on parle de la télématique.*

**Vrai ou faux?**

*D'après ce que vous venez de lire sur la technologie, dites si chaque phrase est vraie ou fausse.*

1. L'espace et la télématique sont deux domaines où la France n'a rien fait dans les dernières années.
2. La France est un membre de l'Agence spatiale européenne.
3. L'ESA a le plus grand pourcentage de satellites commerciaux.
4. Les Français ont un service télématique depuis des années.
5. On peut sauvegarder des renseignements sur disquette ou utiliser l'imprimante.
6. Un outil de recherche n'a pas d'adresse.
7. Il est facile pour les élèves américains d'accéder à des renseignements sur, par exemple, la musique française ou les films à Paris.
8. Au vingt et unième siècle la connaissance scientifique sera moins utile aux gens qu'aux sciences.

**3** **Complétez!**

*Choisissez l'expression convenable de la liste suivante pour compléter chaque phrase.*

| souris | entendu parler | spatiale | progrès |
|---|---|---|---|
| développent | outils de recherche | appuie | dépense |
| fusée | lance | télématique | |

1. Presque tout le monde a… du TGV et de l'Eurotunnel.
2. Dans le domaine de la…, la France a fait beaucoup de….
3. La France… presque 685 millions d'euros chaque année pour la recherche….
4. Les satellites… la connaissance de l'espace.
5. Ariane 5 est une….
6. On… les fusées de l'ESA en Guyane française.
7. Quand on travaille sur ordinateur, on clique avec la… ou on… sur les touches du clavier.
8. On a un choix d'… pour accéder à des renseignements.

**4** **C'est à toi!**

*Questions personnelles.*

1. Au lycée, pour quel(s) cours est-ce que tu te sers d'un ordinateur? Est-ce que tu t'en sers chaque jour?
2. Est-ce que tu joues aux jeux sur ordinateur? Si oui, quels jeux aimes-tu?
3. Est-ce que tu as un outil de recherche favori?
4. Est-ce que tu envoies des e-mails? Si oui, à qui?
5. Chez toi est-ce que tu as la télévision par satellite?
6. Selon tes parents, sur quoi est-ce que tu dépenses trop d'argent?
7. Est-ce qu'un voyage spatial t'intéresse? Si oui, où voudrais-tu voyager?
8. Comment est-ce que tu vois le vingt et unième siècle?

## Le TGV

Le TGV (train à grande vitesse) est le train de service commercial le plus rapide en France. Depuis 1981 ce train traverse chaque jour la région du sud-est de la France à une vitesse de 300 kilomètres à l'heure. La France a connu un succès technique, commercial et économique avec le système du TGV. À présent le système du TGV est très développé et fait de la France le pays qui se sert le plus des lignes à grande vitesse dans le monde. Le TGV entre Paris et Lyon a 351 places pour les passagers. Le train quitte Paris 24 fois par jour, et il part de Lyon pour Paris 24 fois par jour aussi. Ce ne sont pas seulement les Français qui peuvent profiter du TGV. La France a signé un contrat au Texas, et il y a un grand intérêt pour le TGV en Australie, au Canada, en Chine et à Taiwan.

Dans le TGV Atlantique la deuxième classe est très confortable.

## L'Eurostar

Il y a maintenant un autre TGV français qui devient très populaire. C'est l'Eurostar, le service de trains à grande vitesse entre Paris et Londres. En moins de quatre heures, vous pouvez aller entre ces deux villes en passant par l'Eurotunnel qui va sous la Manche entre la France et l'Angleterre. Pour les Anglais qui voudraient visiter Paris, il y a même des voyages organisés pour visiter le parc d'attractions Disneyland Resort Paris. Beaucoup de Français, d'Anglais et d'autres Européens en profitent parce que c'est confortable, rapide et économique. Les Français et les Anglais ont attendu un tunnel entre leurs deux pays pendant des années. Les premiers dessins pour un tunnel sous la Manche ont été faits en 1751. Mais ce n'est qu'en 1956 qu'on a proposé une coopération franco-britannique pour étudier la possibilité de le construire. En 1974 la construction a commencé des deux côtés de la Manche, mais on a dû abandonner ce projet. On a recommencé la construction en 1985, et enfin, en novembre 1994, l'Eurotunnel s'est ouvert aux premiers trains.

L'Eurostar sort du tunnel en France.

## L'ESA

L'Agence spatiale européenne, fondée en 1975 par 10 pays européens, a son siège à Paris. Cette agence cherche à organiser la coopération des pays dans la recherche et la technologie spatiale et à en trouver des applications scientifiques. L'ESA combine la recherche sous plusieurs aspects scientifiques: l'observation de notre planète, la technologie spatiale, le transport spatial, comment lancer les satellites, et les recherches sur la gravité. Mais ce ne sont pas seulement les recherches qui intéressent les pays, c'est aussi les applications de cette technologie spatiale à la vie quotidienne et aux entreprises commerciales des pays. Par exemple, les satellites de l'ESA observent la déforestation et ses effets, pendant que d'autres observent les conditions atmosphériques et le temps. L'ESA lance des satellites commerciaux, surtout pour la météorologie et les télécommunications. Comme la technologie augmente et que les satellites deviennent plus compliqués et plus grands, les fusées Ariane deviennent plus puissantes. La plus puissante, c'est l'Ariane 5 qui a lancé ses premiers satellites en 1997. Arianespace, la compagnie qui vend les lanceurs, connaît une clientèle internationale d'Europe, des États-Unis, du Japon, du Canada et du Brésil. On a choisi de lancer les satellites de Kourou en Guyane française parce que c'est près de l'équateur et de l'océan, le temps est parfait et la population est minimale.

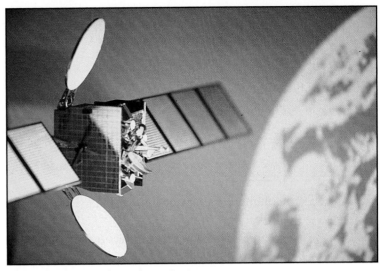

Ariane a lancé le satellite Télécom 2.

Ce Minitel est adapté aux malentendants (*hard of hearing*).

## Le Minitel

Le Minitel est un système de communication télématique parmi les plus modernes du monde. En 1983 on a lancé le service Minitel, service de renseignements par ordinateur branché sur le téléphone. Il y a maintenant sept millions de Minitels dans les maisons françaises. Avec 32 pour cent des familles branchées, la France est le premier pays du monde avec plus de 25.000 services en ligne. On peut réserver des billets pour voyager ou des billets de théâtre par Minitel. On peut aussi envoyer des messages et trouver les numéros de téléphone de tous les Français qui ont le téléphone. Mais il faut payer le temps qu'on utilise, et chaque service a un prix différent.

## Les ordinateurs

L'ordinateur connaît un certain succès en France, mais il est un peu moins utilisé qu'aux États-Unis. Bien sûr, il est important dans tout genre de travail, mais à la maison les gens étaient satisfaits du Minitel. Maintenant, l'Internet est aussi populaire que le Minitel. Les jeux vidéos sont importants pour les jeunes qui aiment utiliser l'ordinateur, spécialement avec le CD-ROM. Presque 50 pour cent des familles françaises ont un système de micro-ordinateur avec multimédia.

## 5 ▶ La technologie en France

*Répondez aux questions suivantes.*

1. Combien de voyages fait le TGV entre Paris et Lyon chaque jour?
2. Où aux États-Unis est-ce que le TGV va circuler un jour?
3. En combien de temps peut-on aller entre Paris et Londres en Eurostar?
4. Comment est-ce que l'Eurostar passe de l'Angleterre en France?
5. Quand est-ce que les premiers trains sont passés par l'Eurotunnel?
6. Combien de pays participent aux initiatives de l'Agence spatiale européenne?
7. Comment est-ce que l'ESA utilise la technologie spatiale pour la vie quotidienne?
8. D'où est-ce que l'ESA lance les satellites?
9. Le Minitel, qu'est-ce que c'est?
10. Quel pourcentage de familles françaises ont un système de micro-ordinateur avec multimédia?

L'ESA a lancé Ariane 3 de Kourou en Guyane française.

## Journal personnel

In many instances France is among the leaders of the industrialized nations in many facets of technology. Can you think of ten technological advances that have taken place in the last 50 years? What role does modern technology play in your daily life? How do the advances in technology in the fields of aerospace, computers, transportation and the environment affect the way you live? How would your life be different if these advances had not taken place?

## Comparative of adjectives

Use the following constructions to compare people and things in French:

| | | | | | |
|---|---|---|---|---|---|
| **plus** *(more)* | + | adjective | + | **que** *(than)* | |
| **moins** *(less)* | + | adjective | + | **que** *(than)* | |
| **aussi** *(as)* | + | adjective | + | **que** *(as)* | |

The adjective being compared agrees in gender and in number with the first noun in the comparison.

La connaissance scientifique sera **aussi utile** aux gens **qu'**aux sciences.

*Scientific knowledge will be as useful to people as to science.*

Accéder au web, c'est **plus facile que** jamais.

*Accessing the Web is easier than ever.*

# Pratique

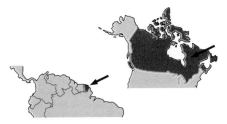

## 6 ▸ Comparez!

*Utilisez la forme convenable de l'adjectif indiqué pour comparer les deux objets.*

**Modèle:**

rapide
**Une fusée est plus rapide qu'un avion.**

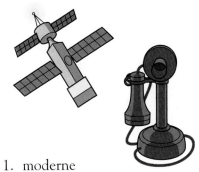

1. moderne

2. exotique

3. avancé

4. amusant

5. important

6. scientifique

7. utile

*Les Français se servent souvent de la négation pour accentuer une idée ou pour être plus polis. Par exemple, on ne dirait pas qu'un homme est pauvre; on dirait qu'il n'est pas riche. C'est la même chose quand on compare deux choses. Avec un(e) partenaire, faites une comparaison entre les deux choses ou personnes indiquées. L'Élève A doit le faire en utilisant **plus**. L'Élève B doit accentuer la même idée en utilisant **moins**. Suivez le modèle.*

**Modèle:**

la carte de crédit/l'argent liquide (pratique)

A: **La carte de crédit est plus pratique que l'argent liquide.**

B: **Ah oui, l'argent liquide est moins pratique que la carte de crédit.**

1. un centre commercial/une boutique (grand)
2. les films français/les films américains (sérieux)
3. l'intrigue d'un film/sa durée (intéressant)
4. Leonardo DiCaprio/Jack Nicholson (jeune)
5. la chimie/la philosophie (scientifique)
6. Venus Williams/Céline Dion (sportif)
7. l'e-mail/la lettre (rapide)

Le censeur est plus patient que la directrice.

Ah oui, la directrice est moins patiente que le censeur.

Crois-tu que le dictionnaire français-anglais soit l'outil (*tool*) le plus essentiel pour un(e) élève de français?

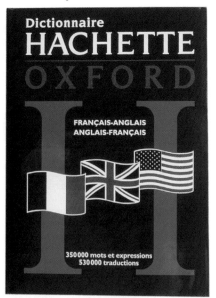

## Superlative of adjectives

Use the superlative construction to say that a person or thing has the most of a certain quality compared to all others.

| le/la/les | + | plus | + | adjective |
|---|---|---|---|---|

Both the definite article and the adjective agree in gender and in number with the noun they describe. Remember that if an adjective precedes a noun, its superlative form also precedes it. If an adjective follows a noun, so does its superlative form.

L'ESA a **le plus grand** pourcentage sur le marché de lanceurs de satellites commerciaux.

*The ESA has the largest percentage of the market in commercial satellite launchers.*

La France est un des pays **les plus avancés** du monde dans le domaine de la technologie.

*France is one of the most advanced countries in the world in the area of technology.*

# Pratique

**8** ▸ **Décrivez!**

*Utilisez le superlatif et la forme convenable d'un adjectif de la liste suivante pour décrire les choses et les personnes. Suivez le modèle.*

| célèbre | avancé | rapide | populaire |
|---------|--------|--------|-----------|
| puissant | petit | marrant | vieux |

**Modèle:**

C'est l'ordinateur le plus avancé du monde.

1.

2.

3.

4.

5.

6.

7.

*Faites une enquête d'opinion avec cinq élèves de votre cours. Copiez d'abord la grille suivante. Puis demandez à chaque élève de vous donner son choix pour chaque catégorie. Enfin écrivez sa réponse dans l'espace blanc convenable.*

| Catégorie | Luc | Rachel | Denis | Khadim | Nadia |
|---|---|---|---|---|---|
| le film/intéressant | | *Napoleon Dynamite* | | | |
| l'actrice/doué | | | | | |
| le chanteur/populaire | | | | | |
| le tableau/beau | | | | | |
| la profession/exigeant | | | | | |
| le cours/utile | | | | | |
| le professeur/dynamique | | | | | |
| le parc d'attractions/grand | | | | | |
| la voiture/cher | | | | | |

**Modèle:**

Karine: **À ton avis, quel est le film le plus intéressant?**

Rachel: **À mon avis, *Napoleon Dynamite* est le film le plus intéressant.**

# Future tense

You have already learned to express what you are going to do in the near future by using a present tense form of **aller** before an infinitive.

Je **vais accéder** au web.      *I'm going to access the Web.*

Another way to talk about events that will happen in the future is to use the future tense, which consists of only one word.

Vous y **trouverez** les renseignements      *You will find there the information*
que vous cherchez.      *that you're looking for.*

The stem of the future tense is the same as that of the conditional tense (the infinitive for **-er** and **-ir** verbs or the infinitive minus **e** for **-re** verbs). The future endings are **-ai**, **-as**, **-a**, **-ons**, **-ez** and **-ont**.

| trouver | | | |
|---|---|---|---|
| je | **trouverai** | nous | **trouverons** |
| tu | **trouveras** | vous | **trouverez** |
| il/elle/on | **trouvera** | ils/elles | **trouveront** |

On **se branchera** sur le monde entier.      *We will connect to the whole world.*
La connaissance scientifique **permettra**      *Scientific knowledge will permit a*
une vie plus longue et plus riche.      *longer and richer life.*

Combien dépensera Julien pour un jean? (La Rochelle)

As in the conditional, some irregular French verbs have an irregular stem in the future, but their endings are regular. (For a list of these verbs and their irregular stems, see page 209.) Note that for all verbs the future stem ends in **-r**.

Vous **pourrez** trouver tout ce qui vous      *You will be able to find everything*
intéresse sur les fusées.      *that interests you about rockets.*
On n'en **reviendra** pas!      *You won't be able to get over it!*

# Pratique

**10** ▸ **Choisissez!**

*Complétez chaque phrase au futur en utilisant la forme convenable d'un des verbes de la liste suivante.*

| | | | |
|---|---|---|---|
| chercher | réussir | se brancher | prendre |
| sauvegarder | attendre | lancer | accéder |

1. Nous… l'arrivée de notre nouvel ordinateur.
2. Tout le monde… au web.
3. Avant d'envoyer de l'e-mail, tu… sur Internet.
4. Tes copains et toi, vous… des informations sur disquette.
5. Bien sûr que les élèves…, mais ils devront y mettre un peu plus d'effort.
6. La France… une fusée.
7. Je… des renseignements sur le projet Ariane.
8. … -vous l'Eurotunnel l'été prochain?

**11** ▸ **Êtes-vous voyant(e)?**

*Faites des prédictions sur l'avenir en disant si les choses suivantes se passeront ou pas.*

**Modèles:**

on/construire/des maisons sous la mer
**On construira des maisons sous la mer.**

la vie/être/la même
**La vie ne sera pas la même.**

1. les États-Unis/faire/des progrès dans le domaine de la technologie
2. tout le monde/pouvoir/accéder à l'inforoute
3. on/envoyer et recevoir/des e-mails tous les jours
4. on/acheter/beaucoup de choses avec l'ordinateur
5. la clientèle/se servir de/l'argent liquide
6. tous les employés/travailler/à la maison
7. les athlètes/demander/un plus grand salaire
8. le gouvernement/résoudre/tous les problèmes du pays
9. tous les Américains/aller/en France
10. il/falloir/parler deux ou trois langues

Tout le monde aura un téléphone portable.

## 12 ▸ Pour écrire une dissertation

*Avec un(e) partenaire, posez des questions sur ce que vous ferez la prochaine fois que vous devrez écrire une dissertation. Puis répondez aux questions. Suivez le modèle.*

**Modèle:**

aller à la bibliothèque
A: **Est-ce que tu iras à la bibliothèque?**
B: **Oui, j'irai à la bibliothèque. Et toi, est-ce que tu iras à la bibliothèque?**
A: **Non, je n'irai pas à la bibliothèque.**

1. avoir besoin d'un ordinateur
2. se brancher sur Internet
3. faire des recherches en ligne
4. choisir beaucoup d'outils de recherche
5. s'asseoir longtemps devant l'écran
6. être diligent(e) et organisé(e)
7. se servir d'un dictionnaire
8. sauvegarder ta dissertation sur disquette

Est-ce que tu t'assiéras longtemps devant l'écran?

Est-ce que tu utiliseras l'imprimante?

Non, je sauvegarderai ma dissertation sur disquette.

# Communication

**13 ▶ En partenaires**

*Comment sera la vie de demain? Bien sûr qu'il y aura des choses qui seront différentes. Mais y aura-t-il des choses qui ne changeront pas? Avec un(e) partenaire, comparez la vie d'aujourd'hui à la vie de demain. Choisissez un sujet à discuter avec votre partenaire parmi les suivants:*

1. l'école et la vie des élèves
2. la maison et la vie en famille
3. la communication orale et écrite
4. les moyens de transport

*D'abord copiez la grille suivante. Puis discutez votre sujet avec votre partenaire. Enfin remplissez la grille avec les idées qui résultent de votre discussion.*

| la communication orale et écrite | |
|---|---|
| aujourd'hui | demain |
| *On se sert du téléphone.* | *On se servira de l'ordinateur.* |
| | |
| | |
| | |
| | |
| | |

**14 ▶ Une présentation orale**

*Maintenant, avec votre partenaire, utilisez les idées de votre comparaison entre la vie d'aujourd'hui et la vie de demain pour une présentation orale devant la classe. Essayez de donner six comparaisons.*

**15 ▶ Une rédaction**

*Écrivez une rédaction qui compare la vie d'aujourd'hui et la vie de demain en la décrivant maintenant et dans l'avenir. Servez-vous des idées de votre grille de l'Activité 13. Faites aussi des observations personnelles sur ces changements. À votre avis, seront-ils bons ou mauvais?*

# Using Computer Technology

Today's computer technology can help you locate information about francophone-related topics, check your assignments in French, key letters with French accent marks and communicate by e-mail with francophone teenagers.

For research projects, consult the Internet. Using the search engine of your choice, enter key words in French, which accesses articles in French. To verify that your written work in French is accurate, install a French spell checker and grammar checker on your home computer. When writing in French, you need to create letters with accent marks. If you have a Windows-based word-processing program, use the numerical keypad on the right side of your keyboard to make letters with accent marks. For example, to key é, hold down the Alt key and press 0233 on the keypad. Here is a list of keystroke combinations needed to create other common accented letters in French:

| | | | | | |
|---|---|---|---|---|---|
| è | 0232 | î | 0238 | û | 0251 |
| ê | 0234 | œ | 0156 | À | 0192 |
| ë | 0235 | ç | 0231 | É | 0201 |
| â | 0226 | ù | 0249 | È | 0200 |
| à | 0224 | ô | 0244 | Ç | 0199 |

For Macintosh computers, use the shortcuts below to make letters with accent marks using the keyboard. For example, to key é, hold down the Option key and press e to make the accent ´; then press the e key again to make the letter e below the accent.

| | | | | | |
|---|---|---|---|---|---|
| è | option ` + e | î | option i + i | û | option i + u |
| ê | option i + e | œ | option q | À | option ` + A |
| ë | option u + e | ç | option c | É | option e + E |
| â | option i + a | ù | option ` + u | È | option ` + E |
| à | option ` + a | ô | option i + o | Ç | option C |

To practice your French and make meaningful contact with someone in a francophone country, you can correspond with a key pal by e-mail. To find a correspondent, key "francophone key pals" using your favorite search engine.

## 16 ▶ Internet sur l'ordinateur

*Utilisez l'Internet pour trouver les renseignements suivants en notant les adresses Internet où vous les avez trouvés.*

1. l'adresse des Galeries Lafayette à Paris
2. les heures quand le musée Rodin est ouvert
3. un dictionnaire français-ouolof
4. le temps qu'il fait en France aujourd'hui
5. le nom et l'adresse d'un restaurant à Marseille
6. une photo de l'Ariane 5
7. l'adresse à Paris de l'ESA (Agence spatiale européenne)
8. un tableau de Gustave Caillebotte
9. un article dans un journal français
10. un horaire des trains français

Vocabulaire

une mission humanitaire

la pauvreté

le titre

un article

une équipe

Brigitte Bardot de la Fondation Brigitte Bardot

Bernard Kouchner de
Médecins Sans Frontières

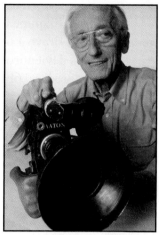

Jacques-Yves Cousteau de
l'Équipe Cousteau

Maryse est chef de son journal du lycée, *Un Monde Meilleur*.° Cet après-midi elle a rendez-vous avec son équipe de reporters. Aussitôt qu'ils seront tous là, ils parleront du prochain numéro dont le sujet sera de sauvegarder la terre.° Voilà, le dernier membre de l'équipe vient d'arriver.

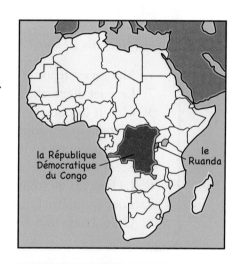

la République
Démocratique
du Congo

le
Ruanda

Maryse: **Didier, tu parleras de quoi?**

Didier: **Ben, le titre de l'article sera "La lutte° pour la défense des animaux." Je parlerai de la Fondation Brigitte Bardot. Tu sais, cette actrice célèbre a été la première Française à dénoncer le mauvais traitement des animaux. Grâce° à elle, le commerce de fourrure° de bébés phoques° a été interdit. Elle a établi un refuge pour une variété d'animaux en Normandie. Si les animaux sont maltraités,° la fondation viendra les aider. C'est passionnant.°**

Maryse: **Merci, Dider. Tu me rendras° l'article dès que° tu l'auras, d'accord? Et toi, Philippe, tu choisiras quoi?**

Philippe: **Tu sais que quand je deviendrai médecin, je travaillerai pour Médecins Sans Frontières.° Alors, je vais décrire les missions humanitaires de ce groupe. Lorsqu'il y aura une guerre, une famine ou de la pauvreté, les médecins viendront aider les gens. Ils ont déjà participé à des missions humanitaires au Ruanda, en Irak et en République Démocratique du Congo.**

Maryse: **Excellent, Philippe. Rends-moi l'article avant vendredi si tu peux. Et toi, Valérie?**

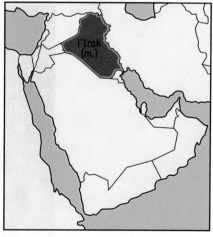

l'Irak
(m.)

**meilleur(e)** *better*; **la terre** *earth*; **une lutte** *fight*; **grâce** *merci*; **la fourrure** *fur*; **phoques** *seals*; **maltraité(e)** *mistreated*; **passionnant(e)** très intéressant(e); **rendre** *donner*; **dès que** aussitôt que; **une frontière** *border*

Valérie: Quant à° moi, je parlerai de l'Équipe Cousteau. Je décrirai la lutte pour la protection des mers et des océans. On peut lire les livres de Jacques-Yves Cousteau si on veut connaître l'histoire de l'océanographie française. Dès qu'on les lira, on appréciera tous ses efforts pour protéger° la mer et les animaux de la mer, son intérêt pour l'éducation avec des films sérieux et amusants, et sa recherche avec les voyages de *La Calypso* et maintenant de *La Calypso II*. C'est l'Équipe Cousteau qui continuera à chercher une stratégie écologique mondiale.°

Maryse: Bon. Bravo à tout le monde! J'espère que notre prochain numéro sera populaire et que les gens deviendront plus engagés° en le lisant. N'oubliez° pas de me rendre vos articles avant vendredi à 16h00.

**quant à** *as for*; **protéger** *to protect*; **mondial(e)** *du monde*; **engagé(e)** *committed*; **oublier** *ne pas se souvenir*

---

## 1 ▶ Quelle organisation?

*Écrivez "B" si l'on parle de la Fondation Brigitte Bardot; "M" si l'on parle de Médecins Sans Frontières; "C" si l'on parle de l'Équipe Cousteau.*

## 2 ▶ Ce n'est pas vrai!

*Corrigez toutes les fautes dans les phrases suivantes d'après le dialogue.*

1. Maryse est reporter pour un journal dans sa ville.
2. Le sujet du prochain numéro du journal sera un monde meilleur.
3. C'était Jacques-Yves Cousteau qui a été le premier Français à dénoncer le mauvais traitement des animaux.
4. Si les animaux sont maltraités, Médecins Sans Frontières viendra les aider.
5. Médecins Sans Frontières viendra aider les gens seulement quand il y aura une guerre.
6. La Fondation Brigitte Bardot participe à la lutte pour protéger les mers et les océans.
7. Pour connaître l'histoire de l'océanographie française, on peut lire *La Calypso II*.
8. On oubliera tous les problèmes écologiques en lisant le prochain numéro du journal.

Si les animaux sont maltraités, la Fondation Brigitte Bardot viendra les aider.

## 3 ▸ Des associations

*À quelle organisation les expressions suivantes sont-elles associées? D'abord copiez la grille suivante.*
*Puis mettez un ✓ dans le blanc approprié.*

| | *Un Monde Meilleur* | la Fondation Brigitte Bardot | Médecins Sans Frontières | l'Équipe Cousteau |
|---|---|---|---|---|
| 1. où il y a de la pauvreté | | | | |
| 2. une stratégie écologique | | | | |
| 3. le prochain numéro | | | | |
| 4. un refuge pour des animaux | | | | |
| 5. contre le commerce de fourrure | | | | |
| 6. des missions humanitaires | | | | |
| 7. une équipe de reporters | | | | |
| 8. l'océanographie | | | | |
| 9. la protection des mers et des océans | | | | |
| 10. le titre de l'article | | | | |
| 11. contre le mauvais traitement des animaux | | | | |
| 12. où il y a une famine | | | | |
| 13. la protection des bébés phoques | | | | |

## 4 ▸ C'est à toi!

*Questions personnelles.*

1. Est-ce que tu connais les films de Brigitte Bardot? Si oui, quel(s) film(s) as-tu vu(s)?
2. Est-ce que tu porterais quelque chose en fourrure? Pourquoi ou pourquoi pas?
3. Est-ce que tu aimerais travailler dans un refuge pour les animaux? Est-ce qu'il y en a un dans ta ville?
4. Est-ce que tu as vu des films de Jacques-Yves Cousteau? Si oui, quel(s) film(s)?
5. Est-ce que tu as jamais écrit quelque chose pour le journal de ton lycée? Si oui, quoi?
6. Est-ce que tu fais quelque chose pour aider les gens dans ta ville dans la lutte contre la famine? Contre la pauvreté? Si oui, quoi?
7. Est-ce que tu es engagé(e)? Et tes parents?
8. Qu'est-ce que tu penses devenir? Pour qui voudrais-tu travailler?

*Est-ce que ces jeunes gens sont engagés?*

## La Fondation Brigitte Bardot

Cette boutique de la Fondation Brigitte Bardot se trouve à Saint-Tropez.

Brigitte Bardot, née en 1934, était une vedette du cinéma français où elle a connu un grand succès. Mais elle a quitté l'écran pour s'occuper de la protection des animaux. Bardot croit que tout animal est sensible et qu'on doit respecter les animaux qui inspirent notre compassion. Elle a découvert qu'elle ne pouvait pas limiter son amour à quelques animaux privilégiés, parce que tous les animaux du monde avaient besoin de protection. Les plus grands problèmes que Bardot a trouvés étaient l'ignorance et la désinformation. Elle a dénoncé publiquement les méthodes de traitement des animaux à la boucherie, et elle a organisé un système plus humain. Elle a essayé de sauvegarder les bébés phoques et d'arrêter le commerce de leur fourrure. En 1986 elle a créé la Fondation Brigitte Bardot à Saint-Tropez pour sauvegarder les animaux. Elle a vendu ses bijoux et plusieurs objets d'art pour recevoir l'argent nécessaire pour la création de la fondation. Maintenant la fondation se trouve à Paris d'où elle met en place plusieurs actions importantes: préparer des publications audiovisuelles, donner des conférences, organiser des expositions et faire des présentations aux jeunes. La fondation a réussi à arrêter des expérimentations animales, à limiter la surpopulation des chiens et des chats, à arrêter le commerce de la fourrure, à dénoncer le commerce des animaux exotiques et à dire au public qu'il ne faut pas manger certains animaux.

## Médecins Sans Frontières

Bernard Kouchner, médecin français, a réalisé qu'il serait beaucoup plus utile comme médecin dans les pays qui souffrent. Il a donc créé Médecins Sans Frontières, une organisation humanitaire internationale. Ses volontaires cherchent à aider les populations lorsqu'il y a une guerre, une famine ou de la pauvreté. Ni la politique, ni l'économique, ni la religion n'intéresse ces médecins, parce qu'ils restent indépendants. La première mission de cette organisation a été d'aider les gens quand il y avait une catastrophe naturelle, un tremblement de

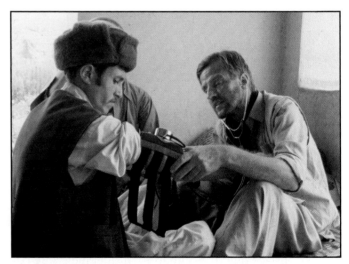

Bernard Kouchner aide une victime de la guerre d'Afghanistan.

terre, au Nicaragua. Ces volontaires ont tout de suite suivi cette mission avec une autre d'assistance médicale à l'Honduras et une mission de guerre au Liban. Depuis 1971, chaque année plus de 2.500 médecins et infirmiers ont aidé plus de 85 pays où la vie est devenue très difficile. Parmi leurs travaux humanitaires, ils ont organisé les camps pour les réfugiés en Asie et en Afrique, ont donné à manger aux Éthiopiens et ont aidé les gens au Ruanda. En décembre 2004 Médecins Sans Frontières a aidé les victimes du Tsunami dans plusieurs pays d'Asie. Les missions humanitaires de ces médecins ont aidé des millions de personnes.

## L'Équipe Cousteau

Jacques-Yves Cousteau (1910-97) a encouragé un grand intérêt mondial pour les océans, les mers et la vie sous-marine. Il a été l'inventeur d'un système de plongée qui permet une exploration plus scientifique de ce qu'il y a sous la mer et de tous ses habitants. Cousteau aimait beaucoup le cinéma et la mer. Il a pu combiner les deux avec ses travaux qui ont ouvert au reste du monde les secrets de l'océan. Dans ses livres et ses films, il a exposé la symphonie colorée des animaux et des plantes qui habitent le monde du silence sous-marin. Au début Cousteau travaillait pour le gouvernement français où il a intégré ses travaux sous-marins à son plaisir d'archéologue amateur en tournant des films. Plus tard, avec sa femme et ses enfants, il a aimé descendre sous la mer avec ses caméras. Il a tourné plus de 100 documentaires pour la télévision, ce qui nous a permis de mieux connaître la vie dans les océans. Passionné par son amour pour la mer et son intérêt pour l'écologie, il a créé l'Équipe Cousteau pour sauvegarder la planète et aider à son exploration. Depuis plus de 40 ans, l'équipe explore le système aquatique dans son bateau, *La Calypso*. Ce bateau navigue sur tous les océans avec l'idée de protéger l'environnement avec des présentations de films et de livres. Les activités scientifiques de l'Équipe Cousteau ont commencé avec l'invention de "l'aqualung," qui lui permet de plonger sous la mer pour mieux étudier la vie de l'océan. En 1990 l'équipe a lancé une lutte pour sauvegarder l'Antarctique, pour qu'elle ne devienne une réserve naturelle d'étude pour la science.

Jean-Michel Cousteau, le fils de Jacques-Yves Cousteau qui est aussi océanographe, continue le travail de son père.

## 5 ▶ Trois organisations

*Répondez aux questions suivantes.*

1. Que faisait Brigitte Bardot avant son succès avec la protection des animaux?
2. Quelles sont les actions que la Fondation Brigitte Bardot met en place?
3. Qu'est-ce que la fondation a réussi à faire?
4. Qui a créé Médecins Sans Frontières?
5. Où va Médecins Sans Frontières?
6. Où était la première mission humanitaire de cette organisation?
7. Dans combien de pays est-ce que cette organisation a aidé les gens?
8. Qu'est-ce que Jacques-Yves Cousteau a inventé?
9. Combien de documentaires est-ce que Cousteau a tournés?
10. Qu'est-ce que l'invention de "l'aqualung" permet à l'Équipe Cousteau?

*Lisez l'article suivant. Puis répondez aux questions.*

### MÉDECINS SANS FRONTIÈRES
# C'EST QUI? C'EST QUOI?

*"Et moi, est-ce qu'un jour je serai Médecin Sans Frontières?" Voici les réponses à toutes les questions que vous vous posez.*

### ■ Qui sont les Médecins Sans Frontières?

Chaque année, 2900 volontaires partent en mission avec Médecins Sans Frontières. Parmi eux, il y a bien sûr le personnel médical: des médecins, des infirmières, des chirurgiens... Mais une partie des volontaires n'appartient pas au corps médical: ce sont les personnes responsables de toutes les questions de matériel (les "logisticiens") et administratives (les "administrateurs"). Il y a en permanence 900 volontaires sur le terrain: on les appelle les "expatriés".

### ■ Est-ce qu'à Médecins Sans Frontières on gagne beaucoup d'argent?

Non. Autant le savoir, on ne s'enrichit pas dans l'action humanitaire. C'est un choix. Celui de vivre une expérience forte en soulageant les souffrances des hommes et des femmes abandonnés à eux-mêmes. Les volontaires perçoivent une indemnité comprise entre 609,80 € et 838,47 € par mois. Mais durant leur mission, tous les frais sont pris en charge par l'organisation.

### ■ Où intervient Médecins Sans Frontières en ce moment?

Médecins Sans Frontières est présent actuellement dans une soixantaine de pays. Chaque année, de nouvelles missions ouvrent et d'autres se ferment. Médecins Sans Frontières est la plus grande organisation médicale d'urgence. Elle se retrouve ainsi dans des endroits où personne ne va. Son rôle est aussi de témoigner pour alerter l'opinion publique. Tous les ans, elle publie un rapport sur les populations en danger.

### ■ Médecins Sans Frontières existe-t-il dans d'autres pays?

Oui. Médecins Sans Frontières est un mouvement international. Depuis sa création en France en 1971, il s'est développé en Belgique, en Hollande, au Luxembourg, en Espagne et en Suisse. Chacune de ces sections est indépendante mais adhèrent à la même charte.

### ■ Comment devient-on membre de Médecins Sans Frontières?

Pour être un jour recruté comme volontaire, il faut répondre à trois critères:

1. D'abord avoir une bonne compétence professionnelle. Médecins Sans Frontières n'a pas seulement besoin de médecins. Tout le monde a quelque chose à apporter, à condition d'avoir une bonne formation. Les études sont donc essentielles.

2. La maîtrise des langues étrangères est indispensable, en particulier l'anglais.

3. Il faut être très motivé et avoir bon caractère. Dans une mission, on peut vivre à plusieurs dans une petite pièce, se laver tous les matins à l'eau froide et travailler 15 heures par jour. Et tout ça en conservant sa bonne humeur!

### ■ Comment aider Médecins Sans Frontières?

Sur 15,24 € donnés à Médecins Sans Frontières, 12,65 € sont utilisés pour les actions sur le terrain, 0,76 € servent à la gestion de l'association et 1,83 € sont consacrés à l'information et à la collecte de fonds. Médecins Sans Frontières a besoin d'argent pour poursuivre ses missions. C'est pourquoi, même si tu n'es pas encore médecin, infirmier(ère) ou logisticien, tu peux quand même nous aider. Deviens Ambassadeur Junior de Médecins Sans Frontières et fais connaître à tes parents, tes voisins, tes profs l'opération "0,15 € par jour". Appelle-nous au (1) 40.21.29.29, pour recevoir ton dossier d'Ambassadeur Junior.

1. Combien de volontaires partent en mission avec Médecins Sans Frontières chaque année?
2. Quels volontaires ne sont pas membres du corps médical?
3. Qui sont les "expatriés"?
4. Combien d'argent est-ce qu'un volontaire reçoit par mois?
5. Dans combien de pays est-ce que Médecins Sans Frontières est présent aujourd'hui?
6. Pourquoi est-ce que Médecins Sans Frontières publie un rapport tous les ans?
7. Dans quels autres pays est-ce que Médecins Sans Frontières s'est développé?
8. À quels trois critères faut-il répondre pour être recruté par Médecins Sans Frontières?
9. Qu'est-ce qu'un ado peut faire pour aider Médecins Sans Frontières?

Une volontaire de Médecins Sans Frontières aide des réfugiés d'Éthiopie dans un camp en Somalie.

# Journal personnel

Humanitarian actions can take place in far-off countries, like Rwanda, as well as in your own community. Do problems such as poverty, homelessness, unemployment, hunger, disease, drugs and others exist in your city? Are there local organizations that help people with these problems? What are some additional solutions that you can think of to alleviate these problems? Does your school have any groups that work with these issues? Whom do you know personally that has done something to help people with these problems? What did they accomplish?

## Future tense in sentences with *si*

To tell what will happen *if* something else happens or *if* some condition contrary to reality is met, use the future tense along with **si** and the present tense. Here is the order of tenses in these sentences with **si**.

| si | + | present | future |
|----|---|---------|--------|

Didier **parlera** de la Fondation Brigitte Bardot **s'il écrit** un article pour le prochain numéro.

*Didier will talk about the Brigitte Bardot Foundation if he writes an article for the next issue.*

**Si** les animaux **sont** maltraités, la fondation **viendra** les aider.

*If animals are mistreated, the foundation will come to help them.*

With **si** and the present tense, you may also use the present tense or the imperative in the result clause.

| si | + | present | present |
|----|---|---------|---------|
| si | + | present | imperative |

On **peut** lire les livres de Cousteau **si** on **veut** connaître l'histoire de l'océanographie.

*You can read Cousteau's books if you want to know the history of oceanography.*

**Rends**-moi l'article avant vendredi **si** tu **peux**.

*Hand in the article to me before Friday if you can.*

Note in the examples above that the phrase with **si** and the present tense can either begin or end the sentence.

Si Clarisse veut s'occuper des animaux, elle deviendra vétérinaire.

**7** **Qu'est-ce qu'on fera?**

*Qu'est-ce que tout le monde fera si ces conditions existent? Complétez chaque phrase selon l'illustration convenable. Utilisez une expression logique de la liste donnée.*

| | |
|---|---|
| jouer dans la neige | nager |
| ne plus piqueniquer | jouer au volley |
| rentrer à la maison | prendre le soleil |
| faire de la luge | |

**Modèle:**

S'il neige, Chantal et Benoît **feront de la luge**.

1. S'il fait beau, Caroline….
2. S'il fait beau, Damien et Luc….
3. S'il fait beau, Céline et toi, vous….
4. S'il pleut, Annette et Berthe….
5. S'il pleut, Marc et moi, nous….
6. S'il neige, Nadège et Véro….

## 8   Que ferez-vous si...?

*Avec un(e) partenaire, parlez de ce que vous ferez dans chaque situation. Posez des questions, et puis répondez-y.*

**Modèle:**

gagner beaucoup d'argent

A: **Qu'est-ce que tu feras si tu gagnes beaucoup d'argent?**

B: **Si je gagne beaucoup d'argent, j'irai en Europe. Et toi, qu'est-ce que tu feras si tu gagnes beaucoup d'argent?**

A: **Si je gagne beaucoup d'argent, j'achèterai une voiture.**

1. oublier les devoirs
2. devoir faire des recherches
3. avoir du temps libre
4. être obligé(e) de rester à la maison ce soir
5. ne pas se sentir bien
6. vouloir trouver du boulot

> Qu'est-ce que tu feras si tu vois un animal maltraité?

> Si je vois un animal maltraité, je contacterai la Fondation Brigitte Bardot.

## 9   À mon avis...

*Que fera-t-on dans chaque situation suivante? Offrez une résolution en écrivant une phrase avec **si**.*

**Modèle:**

On veut étudier l'océanographie.
**Si on veut étudier l'océanographie, on lira les livres de Jacques-Yves Cousteau.**

1. Les voyageurs veulent aller rapidement entre Londres et Paris.
2. Les touristes veulent aller rapidement entre Lyon et Paris.
3. On veut voir le centre spatial d'où on lance la fusée Ariane.
4. On veut trouver l'inforoute.
5. Les élèves veulent faire des recherches.
6. On veut aider la défense des animaux.
7. Les médecins veulent participer à des missions humanitaires.
8. Les élèves veulent essayer de sauvegarder la terre.

Si Gilles veut communiquer avec son correspondant, il lui enverra un e-mail.

# Future tense after *quand*

Another use of the future tense is to tell what will happen *when* something else happens in the future. Here is the order of tenses in these sentences with **quand**:

| quand | + | future | future |
|-------|---|--------|--------|

**Quand** je **deviendrai** médecin, je **travaillerai** pour Médecins Sans Frontières.

*When I become a doctor, I will work for Médecins Sans Frontières.*

Quand tu seras adulte, que feras-tu comme métier ou profession?

Note that the verb tense after **quand** in the French and English sentences is different. When referring to future events, both French verbs are in the future, whereas the English verb following "when" is in the present tense.

You also use the future tense after the conjunctions **lorsque** (*when*), **aussitôt que** (*as soon as*) and **dès que** (*as soon as*).

**Aussitôt qu'**ils **seront** tous là, ils **parleront** du prochain numéro.

*As soon as they are all there, they will talk about the next issue.*

Tu me **rendras** l'article **dès que** tu l'**auras**?

*Will you hand in the article to me as soon as you have it?*

**Lorsqu'**il y **aura** une guerre, les médecins **viendront** aider les gens.

*When there is a war, the doctors will come to help people.*

Note in the examples above that the phrase with **quand, lorsque, aussitôt que** or **dès que** can either begin or end the sentence.

Dès que les sandwichs seront prêts, Guillaume les vendra.

# Pratique

## 10 ▸ Faites des phrases!

*Formez des phrases logiques pour dire ce qui se passera aussitôt que les personnes suivantes feront certaines choses. Choisissez un élément des colonnes A et B pour chaque phrase. Suivez le modèle.*

| A | B |
|---|---|
| les élèves/se brancher | l'envoyer à l'imprimante |
| nous/recycler | apprécier ses efforts pour protéger la mer |
| le gouvernement/lancer plus de satellites | en dépenser |
| Yves/accéder au web | développer sa connaissance de l'espace |
| les reporters/être tous là | parler du prochain numéro |
| Élise/finir son article | être en ligne |
| vous/sauvegarder le document | commencer à sauvegarder la terre |
| tu/trouver de l'argent | trouver des renseignements utiles |
| je/lire un livre de Cousteau | le rendre à son chef |

**Modèle:**

Aussitôt que les élèves se brancheront,
ils seront en ligne.

## 11 ▸ En partenaires

*Votre partenaire et vous, comment passerez-vous le reste de votre journée? L'Élève A demande à l'Élève B ce qu'il ou elle fera lorsqu'il ou elle sortira du cours de français. L'Élève A continue à poser des questions à l'Élève B fondées sur les réponses qu'il ou elle reçoit. Quand l'Élève B ne peut plus répondre aux questions, il faut changer de rôles. Suivez le modèle.*

**Modèle:**

A: Qu'est-ce que tu feras lorsque tu
  sortiras du cours de français?
B: Lorsque je sortirai du cours de
  français, je rentrerai chez moi.
A: Et qu'est-ce que tu feras lorsque tu
  rentreras chez toi?
B: Lorsque je rentrerai chez moi, je....

Lorsque je rentrerai chez moi,
je prendrai mon goûter.

## 12  Quand on sera grand...

*Dites ce que les ados dans les illustrations feront quand ils seront grands. Pour chaque phrase utilisez une expression logique de la liste suivante.*

| | |
|---|---|
| être médecin | aller en mission humanitaire |
| nourrir les sans-abri | travailler pour l'environnement |
| construire des maisons | établir un refuge pour les animaux |
| faire un documentaire sur la vie dans les océans | dénoncer le commerce de fourrure |
| | devenir plus engagés |

**Modèle:**

Lucien et Abdou

**Quand Lucien et Abdou seront grands, ils dénonceront le commerce de fourrure.**

1. Thérèse et sa cousine

2. mes copains et moi, nous

3. tu

4. Chloé

5. Serge et toi, vous

6. je

7. Alain

8. tous les ados

# Communication

 *Avec un(e) partenaire, choisissez une mission humanitaire particulière qui vous intéresse. Puis jouez les rôles d'un reporter d'un journal français et d'une personne qui participe à cette mission. Pour faire des recherches avant d'écrire son article sur des missions humanitaires, le reporter doit interviewer la personne engagée pour savoir tous les détails possibles:*

- le nom de la mission
- les buts (*goals*) de cette mission
- pourquoi la personne a choisi cette mission
- les problèmes qui existent aujourd'hui
- ce qui se passera si cette mission ne réussit pas
- les progrès qu'on a déjà faits
- ce que les gens peuvent faire pour aider
- ce qui se passera aussitôt que cette mission réussira

*Il vaut mieux que le reporter prenne des notes pendant qu'il parle à la personne engagée. Après l'interview, changez de rôles, choisissez une autre mission humanitaire et répétez l'activité.*

**14** **Un sommaire**

*Imaginez que le chef du journal français s'intéresse beaucoup à l'article que vous lui avez proposé sur des missions humanitaires. Avant de publier l'article, le chef exige que vous lui rendiez un petit sommaire de votre interview de l'Activité 13. Écrivez ce sommaire en vous servant de vos notes.*

# Simile and Rhyme Scheme

Writers create vivid images by using figures of speech. Do you know which one is used in the sentence "Jennifer dances like a willow in the wind"? It's a simile (**une comparaison**) that makes a comparison using *like* or *as*.

Poets and songwriters often use rhyme scheme (**l'agencement des rimes**) to organize their verses. A rhyme scheme is a pattern of end rhymes, words that rhyme at the ends of lines of poetry. The rhyme scheme of a poem is designated by letters, with matching letters signifying matching sounds. Each time a new sound is introduced at the end of a line, a new letter (*a*, *b*, *c*, etc.) is used. What is the rhyme scheme of the following stanza of a poem by Emily Dickinson?

> The Brain is deeper than the sea—
> For—hold them—Blue to Blue—
> The one the other will absorb—
> As Sponges—Buckets—do—

Its rhyme scheme is *abcb*. "Sea" doesn't rhyme with any of the other end words, so the *a* representing this sound is not repeated. "Blue" rhymes with "do," so both these sounds are described as *b*. "Absorb" is labeled *c* because it is yet another different sound; like *a*, it is not repeated because it has no rhyming match.

As you read the lyrics for the song "Comme un Arbre," decide what rhyme scheme the French singer Maxime LeForestier uses. Then look for the repeated simile that unifies this song-poem about the problems of modern life in the city.

## 15 ▶ Pour commencer

*Avant de lire la chanson, répondez aux questions suivantes.*

1. Est-ce que tu habites dans une grande ville? Si oui, aimes-tu y habiter ou pas?
2. Quels problèmes y a-t-il dans les grandes villes?
3. Te sens-tu isolé(e) quand tu es avec des gens que tu ne connais pas?
4. À ton avis, en quoi est-ce qu'une personne ressemble à un arbre?

## Comme un Arbre

1 Comme un arbre dans la ville
2 Je suis né dans le béton
3 Coincé entre deux maisons
4 Sans abri sans domicile
5 Comme un arbre dans la ville.

6 Comme un arbre dans la ville
7 J'ai grandi loin des futaies
8 Où mes frères des forêts
9 Ont fondé une famille
10 Comme un arbre dans la ville.

11 Entre béton et bitume
12 Pour pousser je me débats
13 Mais mes branches volent bas
14 Si près des autos qui fument
15 Entre béton et bitume.

16 Comme un arbre dans la ville
17 J'ai la fumée des usines
18 Pour prison, et mes racines
19 On les recouvre de grilles
20 Comme un arbre dans la ville.

21 Comme un arbre dans la ville
22 J'ai des chansons sur mes feuilles
23 Qui s'envoleront sous l'œil
24 De vos fenêtres serviles
25 Comme un arbre dans la ville.

26 Entre béton et bitume
27 On m'arrachera des rues
28 Pour bâtir où j'ai vécu
29 Des parkings d'honneur posthume
30 Entre béton et bitume.

31 Comme un arbre dans la ville
32 Ami, fais, après ma mort
33 Barricades de mon corps
34 Et du feu de mes brindilles
35 Comme un arbre dans la ville.

## 16 ▸ "Comme un Arbre"

*Répondez aux questions suivantes.*

1. Quel est l'agencement des rimes de la première strophe (*stanza*)?
2. Quelle est la comparaison qui est répétée, ou à quoi l'habitant (*resident*) de la ville se compare-t-il?
3. L'habitant est-il né dans la ville ou à la campagne?
4. A-t-il une maison?
5. Vit-il avec d'autres membres de sa famille?
6. Dans la troisième strophe, de quoi la ville est-elle composée?
7. Qu'est-ce qui empêche (*prevents*) le développement de l'habitant de la ville, selon la troisième strophe?
8. Dans la quatrième strophe, qu'est-ce qui emprisonne l'habitant de la ville?
9. Que signifie la ligne "J'ai des chansons sur mes feuilles"?
10. Pourquoi arrachera-t-on l'arbre?
11. Dans la dernière strophe, que veut l'habitant de la ville?

**Un paragraphe**

*Faites une liste des mots de la chanson qui sont associés à la ville. Puis écrivez un paragraphe où vous décrivez une scène de la ville en utilisant des mots de cette liste.*

**18** **Les comparaisons**

*Complétez les comparaisons suivantes en utilisant "comme."*

1. Je danse….
2. Mon ami(e) court….
3. Mon père conduit….
4. Mon prof de français chante….
5. Ma chambre est….
6. Le temps est….

**19** **À vous d'écrire!**

*Écrivez un poème avec une comparaison et l'agencement des rimes abbaa. Comme sujet vous pouvez considérer un jardin, une fête, un voyage, la nuit, la mer, l'amitié (friendship), la Fondation Brigitte Bardot, Médecins Sans Frontières ou Jacques-Yves Cousteau.*

# Dossier fermé

Tu es dans un hôtel en France, et tu as besoin de téléphoner à quelqu'un, mais tu ne sais pas son numéro de téléphone. L'hôtel n'a pas d'annuaire (le livre avec les numéros de téléphone), et tu ne connais pas le numéro des "Renseignements." Qu'est-ce que tu fais?

   A. Tu demandes à la réception de chercher le numéro de téléphone sur le Minitel.

Le Minitel offre une liste alphabétique de tous les Français qui ont le téléphone.

> Pourriez-vous chercher un numéro de téléphone sur le Minitel pour moi?

# ✓ Évaluation culturelle

*Pour voir si vous avez bien compris la culture francophone, décidez si chaque phrase est **vraie** ou **fausse**.*

1. La vitesse moyenne du TGV est de 500 kilomètres à l'heure.
2. L'Eurostar est le train qui passe par l'Eurotunnel pour faire le voyage entre Londres et Paris.
3. On a construit l'Eurotunnel très rapidement.
4. L'Agence spatiale européenne lance les satellites de Kourou en Guyane française.
5. Le Minitel est un système d'ordinateurs multimédia qui permet de se brancher sur Internet.
6. La protection des animaux intéresse Brigitte Bardot.
7. La Fondation Brigitte Bardot a eu du succès en arrêtant des expérimentations animales et en limitant la surpopulation des chats et des chiens.
8. Médecins Sans Frontières dépend des gouvernements pour lancer ses missions humanitaires.
9. En Afrique il y a des pays troublés par la guerre, la famine et les maladies.
10. Jacques-Yves Cousteau a ouvert les secrets de l'océan à la population qui regarde la télévision.

Brigitte Bardot, une ancienne (*former*) vedette du cinéma français, lutte pour la protection des animaux.

# ✓ Évaluation orale

*À votre avis, quelle est l'avance technologique la plus importante du vingtième siècle? Pour connaître les opinions de vos camarades de classe, faites une enquête. Copiez la grille en bas. Puis parlez à trois élèves, et demandez-leur de vous dire leur choix pour l'avance du siècle. Ils peuvent choisir une avance technologique dans le domaine de la vie quotidienne, de la science ou des loisirs.*

*Demandez-leur aussi de vous expliquer pourquoi ils pensent que cette avance est si importante. Enfin demandez-leur de vous dire comment cette avance a changé la vie des gens. Complétez la grille selon leurs réponses à vos questions.*

|  | l'avance du siècle | pourquoi elle est si importante | comment elle a changé la vie des gens |
|---|---|---|---|
| Justin | le web | La communication quotidienne devient plus facile. | On se sert moins du téléphone. On peut faire du shopping sans quitter la maison. |
| Caro |  |  |  |
| Fred |  |  |  |

## ✓ Évaluation écrite

*Vous venez de parler des avances technologiques du vingtième siècle et comment elles ont changé la vie des gens. Mais, comme vous le savez bien, le vingt et unième siècle a commencé. Essayez de devenir voyant(e) et de prévoir (foresee) quelles avances il y aura dans ce nouveau siècle. Puis écrivez une rédaction où vous décrivez les avances technologiques qu'on fera à l'avenir. Quels en seront les effets dans le domaine de la vie quotidienne, de la science et des loisirs? Comment changeront-elles la vie des gens? Quels problèmes ces avances résoudront-elles? À votre avis, ces avances créeront-elles de nouveaux problèmes?*

## ✓ Évaluation visuelle

*Pierre Coffe est un journaliste parisien. Un jour, en faisant une promenade dans son quartier, il a vu un chien maltraité. Écrivez un paragraphe qui raconte ce qu'il a fait après cet incident en utilisant les illustrations et les nouvelles expressions de cette unité. (Avant de commencer, regardez les sections Révision de fonctions aux pages 285-86 et Vocabulaire à la page 287.)*

## Révision de fonctions

Can you do all of the following tasks in French?

- I can ask for and give information about various topics, including what people will do.
- I can talk about things sequentially.
- I can list things.
- I can explain how to do something.
- I can give my opinion by saying what I think.
- I can express enthusiasm.
- I can make an assumption.

- I can say what will probably happen.
- I can make a prediction.
- I can congratulate someone.
- I can express appreciation.
- I can tell someone not to forget something.
- I can request what I would like.

To ask for information, use:

**Tu parleras de quoi?**
**Tu choisiras quoi?**

To give information, use:

**Je parlerai de** la Fondation Brigitte Bardot.
**Le titre** de l'article **sera** "La lutte pour la défense des animaux."
La France **dépense** presque 685 millions d'euros par an pour la recherche spatiale.

To sequence events, use:

**En plus,** il y a aujourd'hui des Français qui sont en ligne avec un ordinateur qui permet d'accéder au web.
**Au vingt et unième siècle** on se branchera sur le monde entier.
**Aussitôt qu'**ils seront tous là, ils parleront du prochain numéro.
Tu me rendras l'article **dès que** tu l'auras?
**Lorsqu'**il y aura de la pauvreté, les médecins viendront aider les gens.

*What will you talk about?*
*What will you choose?*

*I will talk about the Brigitte Bardot Foundation.*
*The title of the article will be "The Fight for the Defense of Animals."*
*France spends almost 685 million euros per year for space research.*

*In addition, today there are French people who are online with a computer that allows them to access the Web.*
*In the twenty-first century we will connect to the whole world.*
*As soon as they are all there, they will talk about the next issue.*
*You will hand in the article to me as soon as you have it?*
*When there is poverty, doctors will come to help people.*

Tu prendras le pont dès que tu arriveras à la rivière.

To list, use:

**Voici** quelques adresses utiles où vous pourrez trouver tout ce qui vous intéresse.

To explain something, use:

**On n'a qu'à** cliquer avec la souris pour trouver l'inforoute.

To give opinions, use:

La connaissance scientifique **sera aussi** utile **aux** gens **qu'aux** sciences.
**Excellent.**

*Here are some useful addresses where you will be able to find everything that interests you.*

*All you have to do is click on the mouse to find the information superhighway.*

*Scientific knowledge will be as useful to people as to science.*
*Excellent.*

To express enthusiasm, use:

**C'est passionnant.**      *That's exciting.*

**Excellent.**      *Excellent.*

To hypothesize, use:

**Si** les animaux **sont** maltraités, la fondation **viendra** les aider.      *If animals are mistreated, the foundation will come to help them.*

Si un professeur est malade, une remplaçante (*sub*) viendra en classe.

To express probability, use:

La connaissance scientifique **permettra** une vie plus longue et plus riche.      *Scientific knowledge will permit a longer and richer life.*

To predict, use:

**Quand je deviendrai** médecin, je **travaillerai** pour Médecins Sans Frontières.      *When I become a doctor, I will work for Médecins Sans Frontières.*

To congratulate someone, use:

**Bravo!**      *Well done!*

To express appreciation, use:

**Grâce** à elle, le commerce de fourrure de bébés phoques a été interdit.      *Thanks to her, the fur trade in baby seals has been prohibited.*

To tell someone not to forget, use:

**N'oubliez pas de** me rendre vos articles avant vendredi à 16h00.      *Don't forget to hand in your articles to me before Friday at 4:00.*

To make requests, use:

Rends-moi l'article avant vendredi **si tu peux.**      *Hand in the article to me before Friday if you can.*

# Vocabulaire

accéder to access A
appuyer to press A
un article article B
avancé(e) advanced A
l' avenir (m.) future A

un bébé baby B
se brancher to connect A
Bravo! Well done! B

ce qui that A
un clavier keyboard A
cliquer to click A
le commerce trade B
commercial(e) commercial A
la connaissance knowledge A
construire to build A

la défense defense B
dénoncer to denounce, to expose B
dépenser to spend A
dès que as soon as B
développer to develop A
un domaine field, area A

écologique ecological B
un écran screen A
électronique electronic A
l' e-mail (m.) e-mail A
en ligne online A
engagé(e) committed B
entendre parler de to hear about A
entier, entière whole A
une équipe team B
l' espace (m.) space A
établir to establish B
excellent(e) excellent B

une famine famine B
une fondation foundation B
la fourrure fur B
une frontière border, boundary B
une fusée rocket A

grâce thanks B

humanitaire humanitarian B

une imprimante printer A
l' inforoute (f.) information superhighway A
un intérêt interest B
l' Irak (m.) Iraq B

lancer to launch A
un lanceur de satellites satellite launcher A
une ligne line A
en ligne online A
une lutte fight B

maltraité(e) mistreated B
meilleur(e) better B
une mission mission B
mondial(e) world-wide B
un moniteur monitor A

l' océanographie (f.) oceanography B
oublier to forget B
un outil de recherche search engine A

parmi among A
passionnant(e) exciting, fascinating B
la pauvreté poverty B
permettre to permit, to allow A
un phoque seal B
le progrès progress A
la protection protection B
protéger to protect B

quant à as for B

recherche: un outil de recherche search engine A
un refuge shelter B
rendre to hand in, to return B
le Ruanda Rwanda B

sauvegarder to save A
une souris mouse A
spatial(e) space A
une stratégie strategy B
un sujet subject B

la technologie technology A
la télématique communication by computer A
la terre earth B
un titre title B
une touche key (on keyboard) A
un traitement treatment B

le web Web A

# Unité 7

## Les Français comme ils sont

In this unit you will be able to:
- ask for information
- report
- state a generalization
- explain something
- request clarification
- clarify
- compare
- express importance and unimportance
- inquire about opinions
- ask about preference
- state preference
- propose solutions
- inquire about satisfaction and dissatisfaction
- express surprise
- agree and disagree
- describe character
- express compassion

www.emcp.com

# Tes empreintes ici

Est-ce qu'il y a des élèves d'autres pays dans ton école? Si oui, de quels pays viennent-ils? Sais-tu pourquoi ils sont venus aux États-Unis? Est-ce que leurs parents ont un nouvel emploi ici, par exemple? Est-ce que les ados américains acceptent bien ces élèves? Est-ce que les jeunes de ton école sont accueillants? Qu'est-ce que l'école fait pour ces nouveaux élèves? Qu'est-ce que tu fais pour eux?

As-tu jamais visité un pays francophone? Si oui, quel pays? Est-ce que ce pays ressemble aux États-Unis? Comment étaient les gens? Par exemple, étaient-ils très accueillants? Comment décrirais-tu la culture de ce pays?

Aimerais-tu vivre un peu dans une culture francophone?

# Dossier ouvert

Avant ton départ pour la France, ta bonne amie t'a donné de l'argent et t'a demandé de lui acheter un ensemble parisien très chic. Maintenant que tu es à Paris, à quel magasin iras-tu pour acheter cet ensemble?

    A.  Tu iras à Mammouth.

    B.  Tu iras aux Galeries Lafayette.

    C.  Tu iras à Monoprix.

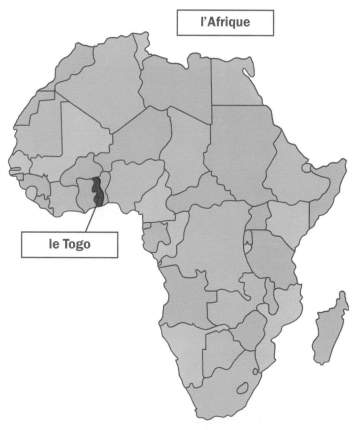

l'Afrique

le Togo

une cité

une HLM

des résidents (m.)

des graffiti (m.)

Non au FN!

Jérôme + Cécile

Claudette ♥ Jacques

À bas l'école!

des passants (m.)

un mur

Valérie est un des reporters d'*Un Monde Meilleur*, le journal de son lycée. Elle va écrire un article au sujet de l'immigration en France vue par un de ses copains. Elle a pris rendez-vous avec Kofi Andjou, un immigré du Togo, dans un café près du lycée. Quelle sera l'opinion de Kofi?

Valérie: **Salut, Kofi! T'es prêt?**

Kofi: **Salut, Valérie! Oui, allons-y.**

Valérie: **Alors, commençons au début. Depuis combien de temps es-tu en France?**

Kofi: **Ben, ma famille et moi, nous sommes ici depuis un an et demi.**

Valérie: **Vous êtes combien?**

Kofi: **Nous sommes cinq, trois enfants et mes parents.**

Valérie: **Pourquoi êtes-vous venus vous installer en France?**

Kofi: **Pour plusieurs raisons.**

Valérie: **Lesquelles° sont les plus importantes?**

Kofi: **Ben, il y a un meilleur choix d'emplois ici et les études universitaires sont plus intéressantes.**

Valérie: **Où habitez-vous?**

Kofi: **Maintenant nous sommes dans une HLM moderne dont les immeubles sont assez nouveaux. L'année dernière nous habitions une autre HLM.**

Valérie: **Ah bon?° Laquelle?**

**lesquelles** *which ones*; **Ah bon?** *Vraiment?*

Kofi: L'HLM Cité Jardins à Champigny.

Valérie: Ah oui? Je la connais. Comment était l'ambiance de la cité?

Kofi: C'était plutôt déprimant.°

Valérie: Comment déprimant?

Kofi: La plupart° des résidents étaient au chômage.

Valérie: D'où venaient les immigrés?

Kofi: Beaucoup de familles d'immigrés, dont les pays d'origine sont les pays maghrébins° et d'autres pays africains, y habitaient.

Valérie: Est-ce que les résidents s'entendaient bien?

Kofi: Les relations entre les résidents étaient tendues.° On appelait° notre HLM un "huit cent huit" car° il y avait 808 appartements. La cité était plutôt comme une cage à lapins. En plus, parce qu'il n'y avait pas beaucoup d'activités pour les jeunes, ils perdaient leur temps° dans la rue. Ils agressaient° les passants et les résidents avec qui ils ne sympathisaient pas.

Valérie: S'il y avait plus d'activités et moins de chômage, est-ce que les relations seraient meilleures?

Kofi: Je crois que oui. À l'HLM où nous habitons maintenant, l'ambiance est différente.

Valérie: Qu'est-ce qu'il y a de différent?

Kofi: Le climat social est différent. Il y a plus de Français parmi les résidents et moins de familles qui touchent° les allocations. Bien sûr, presque toutes les familles touchent les allocations familiales, mais c'est parce qu'elles ont des enfants. Le pourcentage des chômeurs° est moins grand. En plus, c'est plus beau. Il n'y a pas de graffiti sur les murs. Des espaces verts se trouvent partout. Tout est propre.°

Dans la région parisienne, il y a des HLM qui ressemblent aux autres immeubles. (Créteil)

Valérie: Selon toi, à quel avenir° les immigrés peuvent-ils s'attendre?

Kofi: En général, je trouve que les Français acceptent bien les étrangers,° mais il y en a qui ont peur que les immigrés prennent leurs emplois. Ce n'est pas vrai. Les immigrés prennent souvent des emplois très durs dont les autres ne veulent pas.

Valérie: Parmi les immigrés, lesquels ont des ennuis?

Kofi: Aucun groupe n'a plus d'ennuis qu'un autre. La façon dont on traite les gens dépend plus de l'apparence d'une personne que de sa nationalité ou de son pays d'origine.

Valérie: Es-tu optimiste?

Kofi: Naturellement. Si on acceptait que la France est un pays d'immigrés depuis longtemps, on pourrait mieux profiter de la diversité culturelle. De plus, on se rendrait compte que les immigrés sont prêts à travailler et à s'intégrer dans la société française.

Un immigré fait un travail très dur.

Valérie: Merci beaucoup, Kofi. J'espère que nos copains deviendront plus sensibles au côté humain de l'immigration en lisant mon article dans le prochain numéro du journal.

déprimant(e) *depressing*; la plupart (de) la majorité (de); maghrébin(e) du Maghreb (le Maroc, l'Algérie, la Tunisie); tendu(e) *strained*; appeler *to call*; car parce que; perdre son temps *to waste one's time*; agresser attaquer; toucher recevoir; un chômeur, une chômeuse une personne au chômage; propre *clean*; l'avenir (m.) le futur; un étranger, une étrangère une personne d'un autre pays

## 1 Le contraire

*Écrivez la lettre de l'expression contraire à ce que vous entendez.*

- A. passionnant
- B. accueillant
- C. un étranger
- D. le passé
- E. dépenser
- F. très peu
- G. un employé

## 2 L'immigration en France

*Répondez aux questions suivantes d'après le dialogue.*

1. Le prochain article de Valérie, c'est sur quoi?
2. Avec qui est-ce que Valérie a pris rendez-vous? Ce copain de Valérie, est-il français?
3. Pour quelles raisons est-ce que la famille de Kofi a déménagé en France?
4. Quels sont les pays d'origine des résidents de l'HLM Cité Jardins à Champigny?
5. Pourquoi est-ce qu'on dit que l'HLM Cité Jardins était un "huit cent huit"?
6. Comment Kofi décrit-il la cité où il habitait?
7. Qu'est-ce que les jeunes y faisaient parce qu'il n'y avait pas beaucoup d'activités pour eux?
8. Comment le climat social est-il différent là où Kofi habite maintenant?
9. Est-ce vrai que les immigrés prennent les emplois des Français?
10. Qu'est-ce que les immigrés offrent à la société française?

Selon Kofi, il y a un meilleur choix d'emplois en France qu'au Togo.

## 3 ▶ Complétez!

*Choisissez l'expression convenable de la liste suivante pour compléter chaque phrase.*

| | | |
|---|---|---|
| lesquels | maghrébins | étrangers |
| origine | ambiance | allocations familiales |
| propre | tendues | perd son temps |

1. Les trois pays… sont l'Algérie, le Maroc et la Tunisie.
2. Le Togo, c'est le pays d'… de Kofi.
3. Il y a beaucoup d'… qui ont réussi à s'intégrer dans la société française.
4. S'il y a au moins deux enfants dans une famille, la famille peut toucher des….
5. L'… d'une cité est assez déprimante quand il y a beaucoup de résidents au chômage.
6. Si les relations entre les résidents sont difficiles, on peut dire qu'elles sont….
7. Quand on ne profite pas au maximum de son temps libre, on….
8. Tous les résidents apprécient un immeuble qui est….
9. … des articles du journal sont les plus intéressants?

Les Aknouch sont une famille maghrébine. (La Rochelle)

## 4 ▶ C'est à toi!

*Questions personnelles.*

1. Vous êtes combien dans ta famille?
2. Quelles sont les nationalités de tes grands-parents?
3. Depuis combien de temps habites-tu dans ta ville?
4. Penses-tu qu'il soit facile ou difficile pour une personne d'un autre pays de s'installer dans la ville où tu habites? Pourquoi?
5. Dans ta ville, où est-ce que tu vois souvent des graffiti?
6. Comment est l'ambiance du quartier où tu habites?
7. De quoi dépend la façon dont tu traites les gens?
8. Si tu devais habiter un autre pays pendant deux ans, quel pays choisirais-tu? Pourquoi?

Nous sommes six dans ma famille, si on compte Médor.

## Le Togo

Le Togo est un petit pays de l'Afrique francophone avec une côte de 56 kilomètres sur l'océan Atlantique. Le climat est tropical et il fait chaud, surtout dans le sud du pays. La France a pris possession du Togo en 1919; il a gagné son indépendance de la France en 1960. L'influence française y est évidente partout. Le français est la langue officielle, et le système d'enseignement ressemble au système français. Le siège du gouvernement est à Lomé. Aujourd'hui le pays a une population de 5.500.000 habitants, mais il n'y a que 58 pour cent des gens qui savent lire et écrire. L'économie dépend de l'agriculture qui emploie 65 pour cent de la population dans la production de coton, de café et de cacao. Ni la situation politique ni l'argent africain n'est solide, donc le pays souffre de problèmes économiques. Quant à l'environnement, le Togo fait face à la déforestation parce qu'on continue à ravager les forêts. Même si le Togo est petit, il connaît les mêmes problèmes que les autres pays africains.

Ces femmes togolaises vont au marché avec des noix de coco (*coconuts*) sur la tête.

## Les HLM

L'HLM (habitation à loyer modéré) est, depuis 100 ans, un système d'immeubles qui offre aux ouvriers des appartements confortables à un prix bon marché. Mais la clientèle a changé dans ces dernières années. Parce que le chômage, la pauvreté et le nombre de sans-abri sont en train d'augmenter, le gouvernement offre ces appartements aux personnes qui ne peuvent pas trouver un endroit pour vivre avec leur salaire. Un Français sur cinq habite une HLM. On continue à construire ces immeubles là où on peut trouver de l'espace. Mais l'HLM n'est pas toujours la meilleure solution. Certaines HLM sont mal construites, et les appartements sont trop petits, d'où vient le nom "cage à lapins." Dans la cité on y fait trop de bruit, et on n'y trouve pas toutes les choses dont on a besoin. La population typique d'une cité

Ces HLM se trouvent dans la Cité de l'Ophite à Lourdes.

consiste d'immigrés et de familles avec des enfants. Sarcelles, pas loin de Paris, est une cité où il n'y a ni centre commercial, ni lycée et où il y a peu d'espaces verts. Cela provoque alors d'autres problèmes sociaux là où les relations sont déjà tendues.

Mais il y a d'autres cités qui sont mieux faites. Depuis 1981 on commence à construire des HLM en ville parmi d'autres immeubles où habite une population différente. La ville de Créteil, au sud-est de Paris, en est un bon exemple. Ici les résidents des HLM peuvent s'intégrer à la population du quartier. Tout le monde profite du même centre commercial et des mêmes écoles, et personne ne se sent exclu de la société. Comme résultat, la délinquance juvénile a été presque éliminée. En général, les conditions de vie dans les HLM pourraient être meilleures, mais pour beaucoup de gens, ces conditions sont déjà bien meilleures que d'être sans-abri.

Le gouvernement français donne 115,07 euros par mois aux parents de Georges et Danièle parce qu'ils ont deux enfants.

## Les allocations familiales

Les allocations familiales peuvent bénéficier à tout résident en France, même s'il n'est pas français, s'il a au moins deux enfants qui habitent en France. La famille reçoit une certaine somme d'argent comme base pour l'aider avec la nourriture, les vêtements et le logement. Les enfants doivent avoir moins de 18 ans (20 ans pour les étudiants). Pour chaque enfant on offre de l'argent supplémentaire. Les familles monoparentales peuvent aussi toucher les allocations familiales.

## Les immigrés

Les immigrés continuent à poser problème en France, surtout parce que l'immigration y reste limitée. Ils représentent 13 pour cent de la population française. Trente pour cent des immigrés viennent du Maghreb (le Maroc, l'Algérie et la Tunisie). Ils viennent aussi du Portugal, d'Espagne et d'Italie. Ils vivent principalement dans les villes. Un peu plus d'un immigré sur trois habite à Paris, surtout pour des raisons économiques puisqu'ils sont souvent embauchés dans l'industrie. Parce que les immigrés se considèrent souvent "de passage," ils n'ont tendance à acheter ni maisons ni appartements. Il y a beaucoup d'immigrés parmi les ouvriers parce qu'ils sont souvent moins qualifiés que les Français pour les travaux les plus prestigieux. Ils sont particulièrement touchés par le chômage aussi. Voilà pourquoi on voit beaucoup d'immigrés dans les HLM.

Parce que mes parents viennent du Maghreb, je parle arabe à la maison et français à l'école.

*Répondez aux questions suivantes.*

1. Où se trouve le Togo?
2. Où voit-on l'influence française au Togo?
3. Quels sont les produits principaux du Togo?
4. À qui loue-t-on les appartements dans les HLM?
5. Quel pourcentage des Français habite les HLM?
6. Quels sont les problèmes des HLM?
7. Qu'est-ce qui permet une meilleure intégration des résidents des HLM?
8. Les gens qui habitent en France mais qui ne sont pas français, peuvent-ils toucher les allocations familiales?
9. Les immigrés représentent quel pourcentage de la population française?
10. D'où vient le plus grand pourcentage des immigrés?

Ce monument est dédié (*dedicated*) à l'indépendance du Togo en 1960. (Lomé)

# Journal personnel

Do you personally know any immigrants who have moved to your city? If so, ask them why they came to the United States and what their plans are for the future. Have they experienced any prejudice while living here? Finally, ask them about their native culture, for example, what their national holidays are and what they eat regularly. In their opinion, what advantages are there to living in the United States? What disadvantages are there?

Would you have difficulty living in a francophone country for an extended period of time? Which francophone customs and habits could you adapt to easily? Which ones would be difficult for you to accept?

# Conditional tense in sentences with *si*

Use the conditional tense along with **si** and the imperfect tense to tell what would happen *if* something else happened or *if* some condition contrary to reality were met.

| si | + | imperfect | conditional |
|----|---|-----------|-------------|

**S'**il y **avait** plus d'activités et moins de chômage, est-ce que les relations **seraient** meilleures?

**Si** on **acceptait** que la France est un pays d'immigrés depuis longtemps, on **pourrait** mieux profiter de la diversité culturelle.

*If there were more activities and less unemployment, would relations be better?*

*If we accepted that France has been a country of immigrants for a long time, we would be better able to take advantage of the cultural diversity.*

The phrase with **si** and the imperfect can either begin or end the sentence.

Nous ne perdrions pas notre temps au parc si nous travaillions.

## Pratique

### 6 ▸ Une vie différente

*Dites comment la vie des personnes suivantes serait différente si elles faisaient les changements indiqués. Suivez le modèle.*

**Modèle:**

Je ne suis pas en bonne forme. (s'entraîner)
**Si tu t'entraînais, tu serais en bonne forme.**

1. Vivianne ne réussit pas aux examens. (étudier)
2. Les élèves ne terminent pas leurs devoirs. (ne pas perdre leur temps)
3. Édouard ne trouve pas son carnet de maths. (ranger sa chambre)
4. Martin et moi, nous avons besoin d'aller à la bibliothèque. (se servir du web)
5. Tu ne te sens pas triste. (devoir aller à un autre lycée)
6. Les ados ne savent pas conduire. (suivre des cours dans une auto-école)
7. Je dépense beaucoup d'argent. (manger à la maison)

*Dites comment seraient les personnes et les choses dans la colonne A si les conditions dans la colonne B existaient. Formez des phrases logiques en choisissant un élément de chaque colonne. Suivez le modèle.*

| A | B |
|---|---|
| Valérie/ne pas pouvoir écrire son article | ils/ne pas aimer l'ambiance de la cité |
| les immigrés/s'installer en France | ils/ne pas être au chômage |
| Kofi et sa famille/trouver une autre HLM | ils/avoir un meilleur choix d'emplois |
| chaque famille/avoir assez d'argent | Kofi/ne pas lui donner son opinion |
| les jeunes/être acceptés | elle/toucher les allocations familiales |
| les résidents de l'HLM/s'entendre bien | on/accepter que la France est un pays |
| l'ambiance de la cité/être meilleure | d'immigrés depuis longtemps |
| on/pouvoir mieux profiter de la | les relations entre les résidents/ne pas |
| diversité culturelle | être tendues |
| | ils/ne pas agresser les passants et |
| | les résidents |

**Modèle:**

**Valérie ne pourrait pas écrire son article
si Kofi ne lui donnait pas son opinion.**

# The interrogative adjective *quel*

The interrogative adjective **quel** asks the question "which" or "what." **Quel** agrees with the noun it describes. **Quel** may precede the noun it describes or come directly before the verb **être**.

|  | Masculine | Feminine |
|---|---|---|
| **Singular** | quel | quelle |
| **Plural** | quels | quelles |

**Quels** immeubles sont assez nouveaux?    *Which apartment buildings are quite new?*
**Quelle** sera l'opinion de Kofi?    *What will Kofi's opinion be?*

Quelles compagnies embauchent les étrangers?

# Pratique

## 8  Complétez!

*Valérie va interviewer d'autres ados qui habitent une HLM. Choisissez la forme convenable de **quel** pour compléter ses questions.*

1. Pour… raisons ta famille a-t-elle décidé de s'installer en France?
2. … HLM habites-tu?
3. … sont les pays d'origine des résidents?
4. … est le plus grand problème des résidents de ton HLM?
5. À… activités les jeunes de ton HLM participent-ils?
6. Selon toi,… est la meilleure HLM?
7. … groupes d'immigrés ont les plus d'ennuis?
8. … emplois les immigrés prennent-ils?
9. À ton avis, à… avenir les immigrés peuvent-ils s'attendre?

Quel emploi Latifa a-t-elle pris en France?

## 9  "Jeopardy"

*Imaginez que vous allez passer (to be) à la télé au jeu télévisé "Jeopardy." Pour vous préparer, posez une question en utilisant la forme convenable de **quel** pour chaque phrase qui correspond au dialogue.*

**Modèle:**

Ce sont le Maroc, l'Algérie et la Tunisie.
**Quels sont les trois pays maghrébins?**

1. C'est *Un Monde Meilleur*.
2. C'est l'immigration en France vue par un copain.
3. C'est le Togo.
4. C'est l'HLM Cité Jardins à Champigny.
5. C'est ce qu'on écrit sur les murs d'une HLM.
6. C'est une HLM moderne dont les immeubles sont assez nouveaux.
7. Ce sont les emplois très durs dont les autres ne veulent pas.

Quel est le pays d'origine de Kofi?

# The interrogative pronoun *lequel*

The interrogative pronoun **lequel** asks the question "which one(s)." It is often used to replace the interrogative adjective **quel** plus a noun. **Lequel** consists of two parts: the definite article and **quel**. Both parts agree in gender and in number with the noun they replace.

|  | Masculine | Feminine |
|---|---|---|
| **Singular** | lequel | laquelle |
| **Plural** | lesquels | lesquelles |

**Quelles** raisons sont les plus importantes?
*Which reasons are the most important?*
**Lesquelles** sont les plus importantes?
*Which (ones) are the most important?*

A form of **lequel** may be the subject or direct object of a sentence or the object of a preposition. **Lequel** can refer to both people and things.

Parmi les immigrés, **lesquels** ont des ennuis?
*Among the immigrants, which ones have problems?*

Il y a beaucoup de familles qui habitent cette HLM. **Laquelle** connais-tu?
*There are a lot of families who live in this HLM. Which one do you know?*

Avec **lequel** de ses copains Valérie a-t-elle pris rendez-vous?
*With which one of her friends did Valérie make an appointment?*

A form of **lequel** may be used as a one-word question.
Nous habitions une autre HLM.
Ah bon? **Laquelle?**
*We used to live in another HLM.*
*Really? Which one?*

Nous allons prendre le potage.

Ah bon? Lequel?

## 10 ▶ Soyez plus précis!

*Katia est très bavarde. Elle dit beaucoup de choses, mais elle ne donne jamais de détails. Pour chaque phrase qu'elle dit, demandez-lui d'être plus précise en utilisant la forme convenable de* **lequel**.

**Modèle:**

J'habite une HLM.
**Ah bon? Laquelle?**

1. Les immeubles de la cité sont assez nouveaux.
2. Il y a beaucoup d'activités pour les jeunes.
3. Ma famille connaît d'autres familles qui habitent ici.
4. Une des familles vient du Togo.
5. Deux filles dans cette famille sont très sympa.
6. Un des enfants dans cette famille perd son temps dans la rue.
7. Quelques résidents ne s'entendent pas bien.
8. Plusieurs groupes d'immigrés ont des ennuis.

## 11 ▶ Choisissez!

*Valérie a d'autres questions à poser aux ados qui habitent une HLM. Complétez ses nouvelles questions avec la forme convenable de* **lequel**.

1. Tu avais plusieurs raisons pour t'installer en France. … était la plus importante?
2. Il y a beaucoup d'HLM. … as-tu choisie?
3. De tous ces immeubles,… est le plus calme?
4. … des appartements habites-tu?
5. … de ces résidents viennent des pays africains?
6. Parmi les groupes d'immigrés,… ont beaucoup d'ennuis?
7. … des familles touchent les allocations familiales?
8. … des résidents les jeunes ont-ils agressé?

Lesquels de ces élèves sont des enfants d'immigrés?

## 12 ▶ Une enquête

Faites une enquête sur les préférences de vos camarades de classe. Copiez la grille suivante. Puis, dans chaque catégorie, écrivez deux possibilités. Demandez à trois élèves laquelle de ces deux possibilités ils préfèrent. Écrivez leurs réponses dans les espaces blancs convenables.

|  |  | Yannick | Chloé | Khaled |
|---|---|---|---|---|
| sports | le foot ou le tennis | le foot |  |  |
| athlètes |  |  |  |  |
| restaurants |  |  |  |  |
| films |  |  |  |  |
| vedettes |  |  |  |  |
| émissions de télé |  |  |  |  |
| chanteurs |  |  |  |  |
| voitures |  |  |  |  |

**Modèle:**

Laure:    **Lequel de ces deux sports préfères-tu, le foot ou le tennis?**

Yannick: **Je préfère le foot.**

# Communication

## 13 ▶ Au centre d'accueil

La France, comme les États-Unis, est un pays d'immigrés depuis longtemps. Il est certain que tous les immigrés ont beaucoup d'ennuis en déménageant dans un nouveau pays. Imaginez que vous êtes un(e) immigré(e) et que vous venez d'arriver en France. Quels obstacles rencontrerez-vous? Faites une liste de questions que vous poseriez si vous alliez dans un centre d'accueil (reception center) pour nouveaux résidents en France. Préparez des questions sur les problèmes de la vie quotidienne, par exemple, le logement (housing), le travail, la nourriture, les allocations familiales, les écoles et la langue.

## 14 ▶ En partenaires

Avec un(e) partenaire, comparez les listes de questions que vous avez préparées dans l'Activité 13. Selon les obstacles et les problèmes que vous avez identifiés, discutez comment on pourrait aider les immigrés. Puis, pour chaque obstacle ou problème dans vos listes, proposez une solution. Utilisez la forme d'une proposition, par exemple, "Si les immigrés ne savaient pas la langue et avaient besoin de l'apprendre, on pourrait leur offrir des cours de français." Enfin, présentez les solutions que vous avez discutées à la classe.

# Circumlocuting

When you want to use a specific word or expression that you don't know in French, try using words you already know to get your meaning across. This is called "circumlocution," a term which comes from two Latin words meaning "to talk around." Circumlocution is an important language skill because it widens the scope of what you can talk about in French.

Depending on what you are describing, you may want to give a definition, an example or a description. For instance, if you want to talk about a portrait but don't know this word in French, you could define it as **un tableau d'une personne**. Or, to communicate a concept such as "car pooling," you could give an example: **C'est quand ma mère emmène au travail quelqu'un qui lui offre de l'argent**. Finally, to describe an object that you don't know the French word for, such as a can opener, you could give its shape, tell what it's made of and explain its use. You might say **C'est quelque chose de rectangulaire en métal qui sert à ouvrir les boîtes**. Here are the expressions for some shapes and materials that will make your descriptions of objects clearer:

| | | | |
|---|---|---|---|
| **carré** | *square* | **en métal** | *made of metal* |
| **rond** | *round* | **en bois** | *made of wood* |
| **rectangulaire** | *rectangular* | **en plastique** | *made of plastic* |
| **triangulaire** | *triangular* | **en coton/laine** | *made of cotton/wool* |
| | | **en verre** | *made of glass* |

## 15 ▸ Exprimez en français!

*Imaginez que vous ne savez pas les expressions suivantes en français. Pour chaque expression, donnez une définition, un exemple ou une explication en français. Soyez (Be) aussi spécifique que possible.*

1. a phone book
2. a personal ad
3. a toaster oven
4. a wooden spoon
5. a cuckoo clock
6. a high school yearbook
7. a school bus
8. a ski hat
9. a traffic jam
10. a picture frame
11. talk radio
12. bunk beds

Un guichet automatique est une machine qui te permet de prendre de l'argent de ta banque.

# Vocabulaire

Pierre est pressé.

Michel est indépendant.

Il est génial!

Je suis amoureuse de toi!

Chloé est ouverte.

Malick est circonspect.

Philippe adore être reporter pour *Un Monde Meilleur*. Chaque jour il écrit dans son journal. Quelquefois il y trouve des idées pour un article. Regardons ses notes pour savoir ce qu'il a fait cette semaine.

J'aime écrire dans mon journal chaque jour.

*lundi*

*Après le cours de philosophie, j'ai rencontré° Émilie, Martin et Anne au Quick. On est de vrais amis, et je peux toujours compter° sur eux. Même si nous n'avons pas les mêmes idées, nous acceptons celles° des autres dans le groupe. Les amis sont si importants pour moi. Cet après-midi j'avais vraiment besoin de rigoler car ma note° de philosophie était mauvaise.*

*Pour prendre un goûter, où peut-on aller? Au Macdo, à Pizza Pino, au Free Time, à Love Burger? Ben, ça dépend. Il faut considérer ce qu'on veut, combien de temps on a et ce qu'on veut dépenser. Aujourd'hui nous étions plus pressés que d'habitude,° alors nous avons choisi le Quick, le fast-food le plus près du lycée. On trouve toujours un bon choix dans ce fast-food-ci.*

*Nous venons tous de familles modernes dans lesquelles les parents travaillent tous les deux. Nos mères n'ont plus le temps de préparer un grand dîner. En France presque 80% des femmes qui travaillent ont entre 25 et 49 ans. Celles qui travaillent ont moins de temps libre mais ont plus de travail à la maison que les femmes américaines, anglaises et canadiennes.*

*Plus les femmes travaillent, plus les repas sont simples et rapides. La famille française d'aujourd'hui dépense moins pour la nourriture qu'avant. C'est parce qu'on dépense plus du budget familial pour le logement.°*

| Temps libre des femmes et temps pour le ménage (en heures par semaine) | | |
|---|---|---|
| | États-Unis | France |
| Temps libre | 33,6 | 27,7 |
| Ménage | 25,8 | 27,7 |

Ce qu'une famille dépense pour la nourriture (en %)

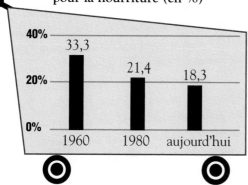

Ce qu'une famille dépense pour le logement (en %)

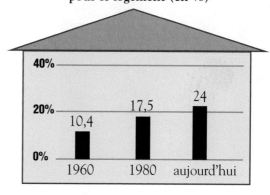

rencontrer *to meet*; compter *dépendre*; celles *those*; une note *grade*; d'habitude *usual*; le logement *housing*

une famille nucléaire

une famille monoparentale

| Où vont les jeunes quand ils sortent? | | |
|---|---|---|
| | 15-25 ans | plus de 26 ans |
| cinéma | 90 | 43 |
| discothèque | 69 | 17 |
| concert de rock | 42 | 6 |
| parc d'attractions | 37 | 13 |
| match | 36 | 22 |
| monument national | 31 | 25 |
| musée | 27 | 31 |
| théâtre | 17 | 14 |

Philippe et Martin vont voir Angélique Kidjo en concert au Zénith.

**mardi**

Après quelques ennuis dans le labo de chimie, j'ai rencontré Martin au café du coin° de la rue. Il m'a annoncé que ses parents allaient divorcer. Il a dit que son père passait trop de temps à s'occuper de sa compagnie et que sa mère voudrait réussir dans sa profession d'écrivain. Presque 50% des mariages se terminent en divorce. Dommage que ça soit celui de ses parents! Au revoir la famille nucléaire; bonjour la famille monoparentale! Les gens qui vivent dans une famille non-traditionnelle deviennent plus nombreux. Ceux qui se marient° le font plus tard, à l'âge de 30 ans pour les hommes et de 28 ans pour les femmes.

Karine et Gérard se sont mariés à l'âge de 29 ans.

**mercredi**

Quand Émilie, Martin, Anne et moi, nous sommes sortis du lycée, nous sommes allés tout de suite à la Fnac. Émilie et Anne voulaient écouter les nouveaux CDs pendant que Martin et moi, nous sommes allés au bureau de location. J'ai demandé à Martin, "Qu'est-ce que tu voudrais faire le weekend prochain? Assister à un concert? Aller dans une discothèque, au cinéma ou à un parc d'attractions?" Il a répondu, "J'aimerais mieux me distraire° à un concert. Voyons ce qu'il y a au Zénith." Donc, pendant que les filles écoutaient de la musique, nous avons acheté des billets pour le concert d'Angélique Kidjo. Ceux que nous avons achetés étaient les plus chers.

**un coin** *corner;* **se marier** l'action de devenir homme et femme; **se distraire** s'amuser

*jeudi*

Rien d'important aujourd'hui. Je me suis disputé° avec ma sœur, Laurence. Heureusement, il y a seulement un ou deux enfants dans la plupart des familles françaises. Je trouve qu'une petite sœur est assez!

Il faut étudier ce soir parce que demain j'ai une interro d'anglais.

**Combien d'enfants il y a dans une famille française**

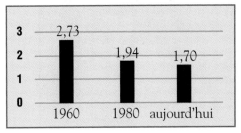

*vendredi*

J'ai eu 15 à l'interro. Ben, ouais, celui qui étudie dur réussit. Ce soir j'ai passé des heures au téléphone. C'est génial de pouvoir parler "franglais," avec des mots° d'origine américaine ou anglaise.

J'écoute beaucoup de musique anglaise et américaine. Il y a des groupes francophones qui sont très bons, mais ils sont moins nombreux. Je n'aime pas la loi° qui exige que 40% des chansons qu'une radio passe° entre 6h30 et 22h30 soient en français. Personne ne peut écouter la musique qu'il préfère. C'est une question de liberté de choix. On a le même problème à la télé. Les chaînes sont obligées de diffuser° 50% d'émissions européennes, dont 40% sont des émissions francophones. On ne sait pas s'il faut aimer l'influence culturelle américaine ou pas, mais je la trouve passionnante.

se disputer *ne pas être d'accord;* **un mot** *word;* **une loi** *law;* **passer** *to play (on the radio);* **diffuser** *to broadcast*

Philippe aime écouter la musique anglaise et américaine à la radio.

Est-ce que cet ensemble donne
l'air américain?

Après les cours nous avons fait les magasins. Il y
avait des soldes aux Galeries Lafayette et à Naf Naf. Ce
soir nous avons invité une lycéenne américaine à venir
avec nous au cinéma. Elle s'appelle Shelley (celle qui a
les cheveux roux), et elle passe l'année scolaire dans
notre lycée. Quand Émilie et Anne ont le temps, elles
aiment beaucoup faire les magasins avec Shelley pour
pouvoir choisir des vêtements qui donnent l'air plus
américain. Elles ont déjà acheté des jeans, des chaussures de sport et des pulls de marque° américaine.

Après le film nous avons pris un coca au café.
Shelley nous a parlé de l'influence française en
Amérique. On la trouve partout: dans les restaurants,
les films, les collections et les expositions de tableaux,
le vocabulaire, les vêtements, le rock et même les stylos.
Il y a aussi beaucoup de compagnies françaises qui
se trouvent aux États-Unis. Nous nous amusons avec
Shelley qui est toujours aimable et enthousiaste. Comme
nous, elle prend ses cours au sérieux, et elle est toujours
très organisée. Shelley est aussi indépendante et ouverte
qu'Émilie et Anne, mais elle est différente d'elles aussi
parce qu'elle est plus engagée dans tout ce qui se passe
dans son lycée. Par exemple, elle est membre de l'équipe
de foot. Je trouve mes copines françaises un peu plus
circonspectes que Shelley, mais c'est parce que celles-là
habitent une grande ville et leur culture est plus vieille.

Les ados français aiment la sélection de vêtements à Naf Naf.

Mes grands-parents sont venus déjeuner chez
nous comme d'habitude. C'est génial, toute la famille
ensemble. Après j'ai dû faire mes devoirs. Quelle longue
semaine! Alors, mon journal, à demain.

une **marque** *brand*

## Vrai ou faux?

*Écrivez "V" si la phrase est vraie; écrivez "F" si la phrase est fausse.*

2

## Le journal de Philippe

*D'après le journal de Philippe, mettez les événements suivants en ordre chronologique. Écrivez "1" pour la première phrase, "2" pour la deuxième phrase, etc.*

1. Philippe a eu 15 à l'interro.
2. Philippe a eu quelques ennuis dans le labo de chimie.
3. Toute la famille était ensemble pour le déjeuner.
4. Émilie, Martin et Anne ont rencontré Philippe chez Quick.
5. Laurence et Philippe se sont disputés.
6. Les copains sont allés au cinéma avec Shelley.
7. Martin et Philippe ont acheté des billets pour un concert.
8. Les quatre amis ont fait du shopping aux Galeries Lafayette.
9. Martin a annoncé que ses parents allaient divorcer.

Lundi, Philippe et ses copains ont choisi le Quick parce qu'ils étaient pressés.

*Choisissez l'expression qui complète chaque phrase d'après le journal de Philippe.*

1. Quand on est très..., on choisit un fast-food près du lycée.
   A. nombreux
   B. pressé
   C. circonspect
2. Aujourd'hui une famille française dépense moins pour... qu'avant parce qu'on n'a plus beaucoup de temps pour préparer les repas.
   A. la nourriture
   B. le budget familial
   C. le logement
3. Les parents de Martin allaient....
   A. établir une famille nucléaire
   B. divorcer
   C. se marier
4. Pour..., Martin préfère aller à un concert.
   A. se marier
   B. se disputer
   C. se distraire
5. Le franglais? Ce sont des... d'origine anglaise ou américaine, comme *un fast-food*.
   A. mots
   B. notes
   C. vocabulaire
6. Une radio passe de la musique, mais une chaîne de télévision... des émissions.
   A. annonce
   B. considère
   C. diffuse
7. Émilie et Anne choisissent des vêtements de... américaine.
   A. loi
   B. budget
   C. marque
8. Shelley est une fille... parce qu'elle participe à beaucoup d'activités dans son lycée.
   A. engagée
   B. ouverte
   C. non-traditionnelle

La mère de Philippe, qui travaille, prépare un dîner simple et rapide.

## 4 ▸ La famille française

*Écrivez un paragraphe de cinq phrases où vous expliquez ce que vous venez d'apprendre au sujet de la famille française moderne. Parlez des repas, de l'effet sur la vie familiale des parents qui travaillent, du budget familial et de la composition de la famille moderne.*

## 5 ▸ C'est à toi!

*Questions personnelles.*

1. Est-ce que tu écris dans un journal? Si oui, au sujet de quoi? De tes activités? De tes relations? De tes idées?
2. Est-ce que tu reçois quelquefois de mauvaises notes? Si oui, dans quel(s) cours?
3. Est-ce que tous les membres de ta famille ont la liberté de choisir les émissions qu'ils regardent à la télé?
4. Est-ce que tu te disputes souvent avec les membres de ta famille? Si oui, avec qui?
5. Selon toi, quel est le meilleur âge pour se marier?
6. Quand tu sors le weekend, où vas-tu le plus souvent?
7. Est-ce que tu as les mêmes idées que tes amis? Si non, est-ce que tu acceptes leurs idées?
8. Est-ce que tu connais des Français? Si oui, est-ce qu'ils sont différents des Américains? Comment?

À quel âge est-ce que tu voudrais te marier?

Quelles marques de chaussures préfères-tu?

# Le fast-food français

Contrairement à la mentalité et la culture françaises, le fast-food se trouve partout en France. Les Français n'ont pas pu résister à l'invasion des chaînes de restaurants. Il y a les chaînes sandwichs, par exemple, la Brioche Dorée, le Relais H, la Viennoisière et la Pomme de Pain. On peut y manger pour pas cher. Bien sûr, il y a de grandes chaînes de fast-food américaines. On compte plus de 1000 Macdo en France, aussi bien que des Domino's, des El Rancho et des Kentucky Fried Chicken. Et la France en a ses imitations: le Quick, Pizza Pino, le Free Time et Love Burger. Les cafétérias sont généralement situées dans des centres commerciaux ou sur les autoroutes. Il y a des Casino Cafétéria, des Flunch et de petits restaurants dans les magasins, comme Monoprix. Les chaînes grill, par exemple, Buffalo Grill, Courtepaille et Hippopotamus, connaissent beaucoup de succès. Ils offrent des menus complets où on trouve une cuisine plutôt française. Et enfin, il ne faut pas oublier le Hard Rock Café à Paris où se réunissent beaucoup de touristes américains.

Il y a plus de 250 restaurants de la chaîne la Brioche Dorée en France.

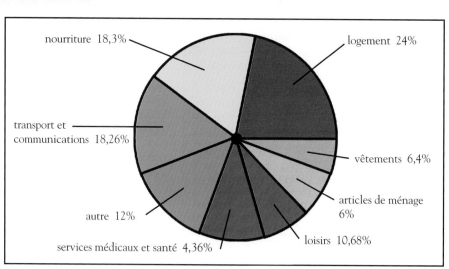

Aujourd'hui les Français dépensent plus de leur budget pour le logement que pour la nourriture.

# Le budget familial

Si la famille française dépense 18,3 pour cent de son budget pour la nourriture et 24 pour cent pour le logement, où dépense-t-elle le reste de son argent?

nourriture 18,3%

logement 24%

transport et communications 18,26%

vêtements 6,4%

articles de ménage 6%

autre 12%

loisirs 10,68%

services médicaux et santé 4,36%

## La famille d'aujourd'hui

Le modèle de la famille de deux parents avec des enfants n'est plus la norme. Maintenant en France il y a des couples qui cohabitent sans se marier et qui ont des enfants. Le divorce a augmenté le nombre de familles monoparentales, et onze pour cent des enfants vivent dans ces familles. Le remariage change aussi la structure de la famille traditionnelle. Les enfants peuvent vivre avec d'autres enfants qui viennent d'autres mariages de leurs parents.

J'ai envie de me relaxer ce weekend. Je vais écouter mon walkman en mangeant du popcorn.

## Le franglais

Le franglais est l'insertion dans la langue française de mots anglais ou américains. Les jeunes Français le trouvent génial, et ils utilisent souvent des mots du franglais. Le gouvernement français n'aime pas l'invasion de ces expressions, surtout quand il y a une expression française acceptable qui pourrait les remplacer. Si vous êtes avec les jeunes, vous pouvez parler franglais, mais si vous cherchez à faire bonne impression devant les professeurs en France, il vaut mieux utiliser des expressions françaises. Voici une liste de mots franglais et de leurs équivalents français suggérés.

| franglais | français standard |
|---|---|
| le fast-food | la restauration rapide |
| le hit-parade | le palmarès |
| le popcorn | le maïs explosé |
| le gadget | le truc |
| le parking | le terrain de stationnement |
| le stress | la tension |
| se relaxer | se reposer |
| le weekend | la fin de semaine |
| faire du shopping | faire des achats |
| le zappeur | la télécommande |
| le walkman | le baladeur |
| le convenience store | la bazarette |
| le teleshopping | le téléachat |

À Auchan on peut même acheter de l'essence.

## Les grands magasins

Partout en France on trouve Monoprix et Prisunic. Ce sont des grands magasins du quartier qui offrent un peu de tout aux meilleurs prix: nourriture, vêtements, articles personnels, articles de ménage et plus. Si vous cherchez un supermarché ou un magasin même plus grand, vous trouverez Carrefour, Mammouth, Auchan et Continent. Ce sont des "grandes surfaces" ou des "hypermarchés." Avec une grande sélection de nourriture, on y vend aussi ce qu'on trouverait dans un Monoprix et des articles de jardin, des jeux, des CDs et des télévisions.

Paris compte plusieurs grands magasins très célèbres. Au Bon Marché était le premier grand magasin à ouvrir ses portes sur Paris. Les magasins parisiens les plus populaires sont les Galeries Lafayette et le Printemps, qui offrent des vêtements contemporains et classiques. Les Galeries Lafayette en offrent avec une grande variété de prix dans un magasin à plusieurs étages. C'est le plus grand magasin de Paris. Le Printemps vend de tout dans un magasin aussi élégant que les Galeries Lafayette. C'est un magasin plutôt traditionnel, et la clientèle est généralement plus âgée. Si c'est du parfum que vous cherchez, allez au Printemps où la sélection de parfums est aussi grande qu'un stade de foot. La Samaritaine est plus pratique et vend tout, des poissons rouges aux aspirateurs. À la Samaritaine n'oubliez pas de visiter la tour d'observation au-dessus de leur restaurant d'où vous pouvez voir tout Paris.

La Samaritaine a ouvert ses portes en 1869.

Comme aux États-Unis, les Français peuvent aussi faire du shopping par catalogue. La Redoute et les Trois Suisses sont deux magasins qui offrent depuis longtemps des catalogues. On peut même faire sa commande par Minitel.

## 6 ▸ Les Français comme ils sont

*Répondez aux questions suivantes.*

1. Où sont les fast-foods en France?
2. Quelles sont des chaînes sandwichs en France?
3. Quels fast-foods suivent le modèle des chaînes américaines?
4. Qu'est-ce qui a augmenté le nombre de familles monoparentales?
5. Qu'est-ce qui a changé la structure de la famille traditionnelle?
6. Le franglais, qu'est-ce que c'est?
7. Qui n'aime pas l'invasion des expressions américaines?
8. Carrefour, qu'est-ce que c'est?
9. Quel est le plus grand magasin de Paris?
10. Quels magasins offrent des catalogues?

Mammouth est une "grande surface" ou un "hypermarché."

*Les Galeries Lafayette offrent plus de 80.000 marques dans leur magasin, qui est le plus grand de Paris. Regardez le plan du magasin. Puis dites à quel étage on peut trouver les articles suivants.*

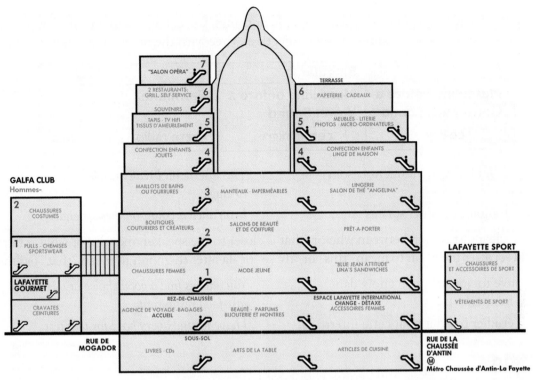

GALERIES LAFAYETTE - BOULEVARD HAUSSMANN

1. un livre sur l'histoire de France
2. une disquette
3. des baskets
4. une valise
5. un sweat
6. des sous-vêtements
7. des vêtements pour ados
8. du mascara
9. un foulard
10. des boucles d'oreilles

# Journal personnel

The American influence is everywhere in France. To what extent is this "invasion" a positive force in French life? Why do many French teens readily accept these American influences? Why do you think conservative French people consider this a commercial bombardment into their traditional French culture?

In what areas has French culture influenced American life? What American products are advertised with a French "flavor"? What stereotypes about France or French people do these ads reinforce? Finally, make a list of French words that are commonly used in English.

# Demonstrative adjectives

Demonstrative adjectives point out specific people or things. **Ce**, **cet** and **cette** mean "this" or "that"; **ces** means "these" or "those." Demonstrative adjectives agree with the nouns that follow them.

| Singular | | | Plural |
|---|---|---|---|
| **Masculine before a Consonant Sound** | **Masculine before a Vowel Sound** | **Feminine** | |
| **ce** coin | **cet** immigré | **cette** radio | **ces** notes |

| | |
|---|---|
| **Cet** après-midi j'avais vraiment besoin de rigoler. | *This afternoon I really needed to laugh.* |
| Je peux toujours compter sur **ces** amis. | *I can always count on these friends.* |

To make a clear distinction between who or what is closer to the speaker and who or what is farther away, add **-ci** after the noun to mean "this" or "these" or **-là** after the noun to mean "that" or "those."

| | |
|---|---|
| On trouve toujours un bon choix dans **ce** fast-food**-ci**. | *You always find a good choice at this fast-food restaurant.* |
| Je dois étudier très dur pour **cette** interro**-là**. | *I have to study very hard for that test.* |

## Pratique

### 8 ▶ Décrivez!

*Utilisez l'adjectif démonstratif convenable pour décrire les personnes et les choses indiquées. Suivez les modèles.*

**Modèles:**

le cours/ici/plus difficile que les autres
**Ce cours-ci est plus difficile que les autres.**

la famille/là-bas/monoparental
**Cette famille-là est monoparentale.**

1. la chanson/ici/en anglais
2. les mots/là-bas/d'origine américaine
3. les groupes/là-bas/francophone
4. les chaînes/ici/obligé de diffuser beaucoup d'émissions européennes
5. la discothèque/là-bas/populaire parmi les jeunes
6. la marque de chaussures de sport/ici/français
7. les ados/ici/de bons amis
8. la fille/là-bas/plus engagé dans tout ce qui se passe dans son lycée

Pourriez-vous me recommander un hôtel?

Cet hôtel-là est moins cher que cet hôtel-ci.

*Il y a des soldes à Naf Naf. Avec un(e) partenaire, donnez vos opinions sur les vêtements qui sont en solde. Suivez le modèle.*

**Modèle:**

A: **Comment tu trouves ce jean?**

B: **Il est assez beau, mais cher. Et toi, comment tu trouves ce jean?**

A: **Il me semble laid.**

1.

2.

3.

4.

5.

6.

# Demonstrative pronouns

The demonstrative pronoun **celui** points out specific people or things and is often used to replace the demonstrative adjective **ce** plus a noun. The form of **celui** agrees in gender and in number with the noun it replaces. The singular forms mean "this one," "that one" or "the one." The plural forms mean "these," "those" or "the ones."

|  | Masculine | Feminine |
|---|---|---|
| **Singular** | celui | celle |
| **Plural** | ceux | celles |

Même si nous n'avons pas les mêmes idées, nous acceptons **celles** des autres dans le groupe.

*Even if we don't have the same ideas, we accept those of the others in the group.*

**Celui** qui étudie dur réussit.

*The one who studies hard succeeds.*

A demonstrative pronoun is never used alone in a sentence. It is followed by **-ci** or **-là**, **qui** or **que**, or **de**.

Add **-ci** or **-là** after a form of **celui** to indicate a choice, to clarify or to single out. To point out who or what is closer to the speaker (*this one*, *these*), add **-ci**; to point out who or what is farther away (*that one*, *those*), add **-là**.

Quels mecs travaillent à la Fnac? **Ceux-ci** ou **ceux-là**?

*Which guys work at Fnac? These or those?*

Je trouve mes copines françaises plus circonspectes que Shelley, mais c'est parce que **celles-là** habitent une grande ville.

*I think my French friends are more reserved than Shelley, but that's because they (those girls) live in a big city.*

La plupart de ces lycéens sont diligents, mais celui-là préfère parler.

Add **qui** or **que** after a form of **celui** to identify. Use **celui qui** as the subject and **celui que** as the object.

Les billets pour le concert d'Angélique Kidjo? **Ceux que** nous avons achetés étaient les plus chers.

*The tickets for the Angélique Kidjo concert? The ones (that) we bought were the most expensive.*

**Ceux qui** se marient le font plus tard.

*Those who get married do so later.*

Add **de** after a form of **celui** to express possession.

Le mariage qui se termine en divorce?   *The marriage that ends in divorce?*
Dommage que ça soit **celui de** ses parents.   *Too bad it's his parents'!*
Ces notes-ci? Ce sont **celles de** Philippe.   *These grades? They are Philippe's.*

# Pratique

**10**   **Précisez, s'il vous plaît!**

*On vous parle de Philippe, de ses amis et de ce qu'ils ont dit et fait la semaine passée. Mais vous ne comprenez pas exactement de qui ou de quoi on parle, et vous voulez qu'on soit plus précis. Posez des questions avec la forme convenable de **celui**. Suivez le modèle.*

**Modèle:**

Philippe est reporter pour ce journal.
**Pour celui-ci ou celui-là?**

1. Philippe accepte ces idées.
2. La note de Philippe dans ce cours n'était pas bonne.
3. Philippe et ses amis trouvent un bon choix dans ces fast-foods.
4. On dit que ce mariage va se terminer en divorce.
5. Les ados ont acheté ces billets.
6. Shelley prend ces cours au sérieux.
7. Shelley est membre de cette équipe.
8. Émilie et Anne préfèrent ces vêtements qui donnent l'air plus américain.
9. Philippe dit que ces compagnies françaises se trouvent aux États-Unis.

*Ces objets perdus, à qui sont-ils (to whom do they belong)?*

| Modèle: |
|---|

Ce carnet-ci?
**C'est celui de Philippe.**

1. Cette cage-ci?
2. Ces chaussures-ci?
3. Ce CD-ci?
4. Ces chiens-ci?

5. Ces sandwichs-ci?
6. Ce peigne-ci?
7. Ces disquettes-ci?
8. Cette raquette-ci?

---

**12** **En partenaires**

*Avec un(e) partenaire, posez des questions sur vos préférences. Puis répondez aux questions. Suivez le modèle.*

| Modèle: |
|---|

les films (de Will Smith/de Brad Pitt)
A: **Tu préfères les films de Will Smith ou de Brad Pitt?**
B: **Je préfère ceux de Will Smith. Et toi, tu préfères les films de Will Smith ou de Brad Pitt?**
A: **Moi aussi, je préfère ceux de Will Smith.**

1. les tableaux (de Van Gogh/de Monet)
2. la musique (de Céline Dion/de LeAnn Rimes)
3. les livres (de John Grisham/de Jane Austen)
4. les vêtements (de Tommy Hilfiger/de Calvin Klein)
5. la nourriture (qu'on prépare à la maison/qu'on sert au fast-food)
6. les sports (d'été/d'hiver)
7. les voitures (qui viennent du Japon/qui viennent des États-Unis)
8. le climat (du Canada/du Togo)

# Communication

## 13 ▸ Une enquête

*Faites une enquête pour savoir ce que les élèves dans votre cours de français préfèrent.
Copiez la grille suivante. Puis demandez à trois élèves de vous dire le fast-food, le
magasin, la musique, les loisirs et le cours qu'ils préfèrent, et pourquoi. Écrivez leurs réponses
dans les espaces blancs convenables.*

|  | Chantal | Francis | Élise |
|---|---|---|---|
| fast-food | *Burger King* | | |
| raison | *On a les meilleures frites.* | | |
| magasin | | | |
| raison | | | |
| musique | | | |
| raison | | | |
| loisirs | | | |
| raison | | | |
| cours | | | |
| raison | | | |

Quels loisirs préfères-tu?

Je préfère le camping parce que j'aime me distraire à la campagne.

**Modèle:**

Anne-Marie: **Quel est le fast-food que tu préfères?**

Chantal: **Celui que je préfère, c'est Burger King.**

Anne-Marie: **Ah bon? Pourquoi?**

Chantal: **Parce qu'on a les meilleures frites.**

## 14 ▸ Vos préférences?

*Et vous, qu'est-ce que vous préférez comme fast-food, magasin, musique, loisirs et cours, et pourquoi?
Vos préférences ressemblent-elles à celles des élèves dans votre cours de français? Écrivez un paragraphe
où vous comparez vos choix avec ceux des trois élèves dans l'Activité 13. Si vous êtes d'accord avec les
choix de ces élèves, comparez vos raisons. Si vous disputez leurs choix, dites pourquoi.*

# Setting

In this unit you will read an excerpt from *Les petits enfants du siècle*, a novel by Christiane Rochefort about a young girl, Josyane, growing up in **la banlieue de Paris** (*the suburbs of Paris*) after World War II. As you read, focus on the setting (**le milieu**) of the story. Setting, in its narrowest sense, is the time and place in which a literary work takes place, together with all the details used to create a sense of a particular time and place. Writers create setting by describing such elements as landscape, scenery, buildings, furniture, clothing, weather and seasons. Do you remember the setting in the excerpt you read from *Au revoir, les enfants* in **Unité 3**? In its narrowest sense, the setting of that story is a Catholic boarding school in France during the Nazi occupation.

But setting in its broadest sense can reveal the general social, political, moral and psychological conditions in which the characters find themselves. In this sense, the setting of *Au revoir, les enfants* is a highly moral environment in which priests punish those who do not follow the rules or make moral choices. As you read the excerpt from *Les petits enfants du siècle*, determine its setting in the narrowest and broadest senses.

## 15 ▶ Pour commencer

*Avant de lire l'extrait du roman, répondez aux questions suivantes.*

1. Où habites-tu? Y es-tu content(e), ou choisirais-tu un autre endroit si c'était possible? Si oui, lequel et pourquoi?
2. Combien d'enfants y a-t-il dans ta famille? Quelles sont les responsabilités de chaque enfant? À quel âge as-tu commencé à faire des corvées à la maison?
3. Est-ce que les rôles de tes parents sont traditionnels ou non-traditionnels? Compterais-tu jouer les mêmes rôles avec ton mari ou ta femme si tu te mariais?

## Les petits enfants du siècle

C'était un dimanche au début de l'hiver. Mes parents... étaient heureux, mais ils avaient besoin d'argent. Les Allocations Familiales arriveraient donc au bon moment.

Je naquis... le 2 août. C'était ma date correcte, mais je faisais rater les vacances à mes parents, en les retenant à Paris tout le mois d'août, alors que l'usine, où travaillait mon père, était fermée. Je ne faisais pas les choses comme il faut.

J'étais pourtant en avance pour mon âge: Patrick avait à peine pris ma place dans mon berceau que je me montrais capable, en m'accrochant aux meubles, de quitter la pièce dès qu'il se mettait à pleurer. Au fond je peux bien dire que c'est Patrick qui m'a appris à marcher.

Quand les jumeaux firent leur arrivée à la maison, je m'habillais déjà toute seule et je savais poser sur la table les couverts et le pain, en me mettant sur la pointe des pieds.

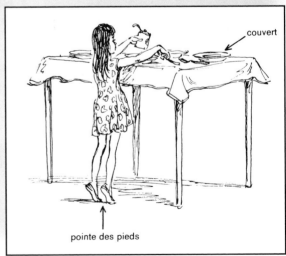

couvert

pointe des pieds

—Et dépêche-toi de grandir, disait ma mère, pour que tu puisses m'aider un peu.

Elle était déjà malade quand je la connus. Elle ne pouvait pas aller à l'usine plus d'une semaine de suite. Après la naissance de Chantal, elle s'arrêta complètement.

À ce moment-là je pouvais déjà rendre pas mal de services, aller acheter le pain, pousser les jumeaux dans leur double landau, le long des blocs, pour qu'ils prennent l'air, et surveiller Patrick, qui était en avance lui aussi, malheureusement. Il n'avait même pas trois ans quand il mit un petit chat dans la machine à laver. Cette fois-là, quand même, papa lui donna une bonne gifle: on n'avait même pas fini de payer la machine.

gifle

machine à laver

Je commençais à aller à l'école. Le matin je préparais le déjeuner pour les garçons, je les emmenais à la maternelle, et j'allais à l'école. À midi, on restait à la cantine. J'aimais la cantine, on s'assoit et les assiettes arrivent toutes remplies. C'est toujours bon ce qu'il y a dans des assiettes qui arrivent toutes remplies. Les autres filles en général n'aimaient pas la cantine, elles trouvaient que c'était mauvais. Je me demande ce qu'elles avaient à la maison.

Le soir, je ramenais les garçons et je les laissais dans la cour, à jouer avec les autres. Je montais prendre les sous et je redescendais aux commissions. Maman faisait le dîner, papa rentrait et ouvrait la télé, maman et moi nous faisions la vaisselle, et ils allaient se coucher. Moi, je restais dans la cuisine, à faire mes devoirs.

Maintenant, notre appartement était bien. Avant, on habitait dans le treizième, une sale chambre avec l'eau sur le palier. Quand le quartier avait été démoli, on nous avait mis ici, dans cette Cité. On avait reçu le nombre de pièces auquel nous avions droit selon le nombre d'enfants. Les parents avaient une chambre, les garçons une autre. Moi, je couchais avec les bébés dans la troisième. On avait une salle de bains, où on avait mis la machine à laver, et une cuisine-salle de séjour, où on

Cité

mangeait. C'est sur la table de la cuisine que je faisais mes devoirs. C'était mon bon moment: quel bonheur quand ils étaient tous couchés, et que je me retrouvais seule dans la nuit et le silence! Le jour, je n'entendais pas le bruit, je ne faisais pas attention; mais le soir j'entendais le silence. Le silence commençait à dix heures: les fenêtres s'éteignaient, les radios se taisaient, les bruits, les voix, et, à dix heures et demie, c'était fini. Plus rien. Le désert. J'étais seule, en paix. Je me suis mise à aimer mes devoirs peu à peu. J'aurais bien passé ma vie à ne faire que des choses qui ne servaient à rien.

## 16 ▸ En ordre, s'il vous plaît!

*Mettez les événements du roman en ordre chronologique. Écrivez "1" pour la première phrase, "2" pour la deuxième phrase, etc.*

1. Chantal est née.
2. Josyane a commencé à aimer ses devoirs.
3. Josyane est née.
4. Josyane a fait rater les vacances à ses parents.
5. Josyane a appris à marcher.
6. Patrick a mis un chat dans la machine à laver.
7. Josyane a commencé à aller à l'école.
8. Les jumeaux sont nés.
9. Josyane a commencé à acheter le pain.
10. Patrick est né.

## 17 ▸ *Les petits enfants du siècle*

*Répondez aux questions suivantes.*

1. Quel est le milieu de l'histoire?
2. De quoi est-ce que les parents de Josyane avaient besoin au début du roman?
3. Avez-vous l'impression que les parents de Josyane étaient heureux quand elle est née? Pourquoi ou pourquoi pas?
4. Cette famille était-elle bourgeoise (*middle class*) ou ouvrière (*working class*)? Comment le savez-vous?
5. Comment est-ce que Josyane se critique dans le deuxième paragraphe? D'où vient cette attitude?
6. Pourquoi la mère de Josyane disait-elle à sa fille de se dépêcher de grandir?
7. Les parents de Josyane jouaient-ils des rôles traditionnels? Pourquoi ou pourquoi pas?
8. Combien d'enfants y avait-il dans la famille de Josyane?
9. Quand Chantal est née, comment est-ce que Josyane aidait sa mère?
10. Comment le père a-t-il discipliné Patrick quand celui-ci a mis un chat dans la machine à laver?
11. Le matin et le soir, que faisait Josyane pour aider sa mère quand Josyane a commencé à aller à l'école?
12. Avez-vous l'impression que Josyane mangeait bien chez elle? Pourquoi ou pourquoi pas?
13. Comment était le vieil appartement de Josyane? Combien de pièces y avait-il dans le nouvel appartement?
14. Que représentait le soir de devoirs pour Josyane?
15. Selon Josyane, les devoirs servaient-ils à quelque chose?

## 18 ▸ Faites un schéma!

*Complétez le schéma* (outline) *de l'extrait* (excerpt).

Le titre:

Le milieu:

La période de la vie de Josyane:

Les personnages (*characters*) et une petite description de ce qu'ils font:

## 19 ▸ Le milieu

*Indiquez autant de* (as many) *détails que possible pour décrire le milieu dans lequel le roman est situé. On a déjà indiqué un détail pour chaque aspect.*

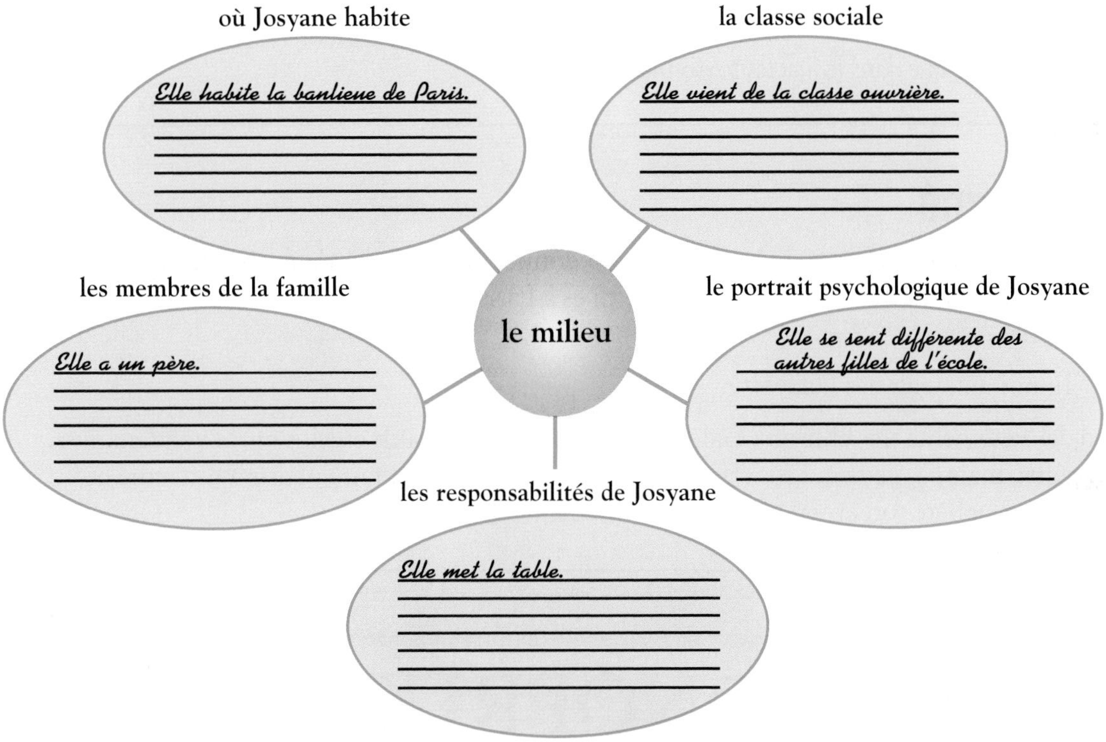

où Josyane habite

*Elle habite la banlieue de Paris.*

la classe sociale

*Elle vient de la classe ouvrière.*

les membres de la famille

*Elle a un père.*

le milieu

le portrait psychologique de Josyane

*Elle se sent différente des autres filles de l'école.*

les responsabilités de Josyane

*Elle met la table.*

**20**   **Comparez!**

*Écrivez un paragraphe dans lequel vous comparez votre vie à celle de Josyane. Aviez-vous autant de responsabilités qu'elle quand vous étiez petit(e)? Quelles étaient vos responsabilités? Quelles étaient les responsabilités de Josyane? Vos parents jouent-ils des rôles traditionnels ou non-traditionnels? Et les parents de Josyane? Est-ce que votre famille est bourgeoise? Ouvrière? Et la famille de Josyane? Que pensez-vous de vous-même (yourself)? Pourquoi le pensez-vous? Que pense Josyane d'elle-même (herself)? Pourquoi?*

**21**   **À vous d'écrire!**

*Choisissez un endroit réel ou imaginaire pour créer le milieu d'une histoire, par exemple, un café, une pâtisserie, une librairie, un château, une école ou une maison. Commencez avec une description détaillée de l'endroit. Quelles sont les qualités uniques à cet endroit? Y a-t-il des tableaux aux murs ou de la musique? Que voit-on par la fenêtre? Quel temps fait-il? Qu'est-ce qu'on sent (smell)? Ensuite, décrivez les personnages dans cet endroit. Enfin, écrivez un dialogue qui révèle l'aspect social, politique, moral et psychologique dans lequel les personnages se trouvent.*

# Dossier fermé

Avant ton départ pour la France, ta bonne amie t'a donné de l'argent et t'a demandé de lui acheter un ensemble parisien très chic. Maintenant que tu es à Paris, à quel magasin iras-tu pour acheter cet ensemble?

    B.   Tu iras aux Galeries Lafayette.

On vend des vêtements très chic aux Galeries Lafayette. Mammouth et Monoprix vendent aussi des vêtements, mais pas ceux qui sont vraiment élégants. Si tu veux faire plaisir à ton amie et l'impressionner, achète son ensemble aux Galeries Lafayette.

À Monoprix tu ne trouveras pas d'ensemble élégant.

## ✓ Évaluation culturelle

*Pour voir si vous avez bien compris la culture francophone, décidez si chaque phrase est **vraie** ou **fausse**.*

1. Le Togo est un pays du Maghreb.
2. Les HLM offrent des appartements à tout le monde.
3. Quelquefois on appelle les HLM des "cages à lapins" parce que les appartements sont très petits.
4. En France, si les familles ont au moins deux enfants, elles touchent les allocations familiales.
5. Les immigrés représentent 20 pour cent de la population française.
6. Il y a peu de chaînes de restaurants américaines en France, et elles n'ont pas connu beaucoup de succès.
7. La plupart des enfants français vivent dans des familles monoparentales.
8. Le franglais est bien accepté en France, même par le gouvernement.
9. Carrefour est une "grande surface" où on peut tout acheter.
10. Pour un meilleur choix de parfums, faites du shopping au Printemps.

Le Togo se trouve sur la côte ouest de l'Afrique, sur l'océan Atlantique.

Comme Carrefour, Auchan est une "grande surface" où on peut acheter tout ce qu'on peut trouver dans un grand magasin… et même plus.

# ✓ Évaluation orale

*Avec un(e) partenaire, jouez les rôles d'un reporter pour* Un Monde Meilleur *et d'un(e) jeune immigré(e). Le reporter interviewe l'immigré(e) pour un article qu'il va écrire au sujet de l'immigration en France vue par un(e) ado. Pendant l'interview le reporter demande à l'immigré(e):*

1. son pays d'origine
2. depuis combien de temps il ou elle est en France
3. pourquoi sa famille est venue s'installer en France
4. si sa famille est monoparentale ou nucléaire
5. si le chef de famille travaille
6. de décrire son logement et son ambiance
7. si la plupart des Français traitent bien l'immigré(e) et sa famille
8. quels problèmes sont les plus sérieux pour les immigrés

*Pendant votre conversation, le reporter doit prendre des notes. En finissant l'interview, changez de rôles et répétez l'activité.*

# ✓ Évaluation écrite

*Maintenant, en vous servant de vos notes de l'activité précédente, écrivez l'article pour* Un Monde Meilleur *au sujet de l'immigration en France vue par un(e) ado. Après que vous avez discuté les problèmes des immigrés qui sont les plus sérieux, proposez quelques solutions en forme de propositions.*

# ✓ Évaluation visuelle

*Voici des HLM typiques dans la région parisienne. Décrivez l'ambiance de la cité et ce qui se passe ici mercredi après-midi en écrivant un paragraphe au présent. Utilisez l'illustration et les nouvelles expressions de cette unité. (Avant de commencer, regardez les sections Révision de fonctions aux pages 332-34 et Vocabulaire à la page 335.)*

## Révision de fonctions

Can you do all of the following tasks in French?
- I can ask for information about various topics, including how long something has been going on.
- I can report to someone about something.
- I can make a generalization.
- I can explain why.
- I can ask for and give clarification by pointing out which one(s).
- I can compare people and things.
- I can say what is unimportant.

- I can ask someone's opinion about something.
- I can ask about and tell what someone prefers.
- I can propose solutions by saying what would happen.
- I can ask about someone's dissatisfaction with something.
- I can say what surprises me.
- I can say that I disagree with someone.
- I can describe someone's character traits.
- I can express pity.

To ask for information, use:

**Depuis combien de temps** es-tu en France?    *How long have you been in France?*
**Vous êtes combien?**    *How many of you are there?*

To report, use:

**Il** m'**a annoncé que** ses parents    *He announced to me that his parents*
allaient divorcer.    *were going to get divorced.*

To state a generalization, use:

**La plupart des** résidents étaient    *Most of the residents*
au chômage.    *were unemployed.*

La plupart des touristes à Paris
visitent Notre-Dame.

To explain something, use:

**Pour plusieurs raisons.**    *For several reasons.*
On appelait notre HLM un "huit cent huit"    *They called our HLM an "808"*
**car** il y avait 808 appartements.    *because there were 808 apartments.*

To request clarification, use:

**Lesquelles** sont les plus importantes?    *Which (ones) are the most important?*
Parmi les immigrés, **lesquels** ont    *Among the immigrants, which ones*
des ennuis?    *have problems?*

To clarify, use:

> Même si nous n'avons pas les mêmes
> idées, nous acceptons **celles** des autres
> dans le groupe.
> **Ceux** que nous avons achetés étaient les
> plus chers.
> **Celui** qui étudie dur réussit.
> **Celle** qui a les cheveux roux
> s'appelle Shelley.

> *Even if we don't have the same*
> *ideas, we accept those of the others*
> *in the group.*
> *The ones that we bought were the*
> *most expensive.*
> *The one who studies hard succeeds.*
> *The one who has red hair*
> *is Shelley.*

Les Français? Ceux qui se marient le font plus tard.

To compare, use:

> Il y a **plus de** Français parmi
> les résidents.
> Il y a **moins de** familles qui touchent
> les allocations.
> On dépense **plus du** budget familial pour
> le logement.
> **Plus** les femmes travaillent, **plus** les repas
> sont simples et rapides.

> *There are more French people*
> *among the residents.*
> *There are fewer families that*
> *get benefits.*
> *They spend more of the family*
> *budget for housing.*
> *The more women work, the simpler*
> *and faster meals are.*

To express unimportance, use:

> **Rien d'important** aujourd'hui.

> *Nothing important today.*

To inquire about opinions, use:

> **Quelle sera l'opinion de** Kofi?
> **Selon toi**, à quel avenir les immigrés
> peuvent-ils s'attendre?
> **Es-tu optimiste?**

> *What will Kofi's opinion be?*
> *According to you, what sort of future*
> *can immigrants expect?*
> *Are you optimistic?*

To ask about preference, use:

> **Qu'est-ce que tu voudrais faire** le
> weekend prochain?

> *What would you like to do*
> *next weekend?*

To state preference, use:

**J'aimerais mieux** me distraire à
un concert.

*I'd prefer to enjoy myself at
a concert.*

To propose solutions, use:

**S'il** y **avait** plus d'activités et moins
de chômage, est-ce que les relations
**seraient** meilleures?

*If there were more activities and
less unemployment, would
relations be better?*

To inquire about dissatisfaction, use:

**Comment déprimant?**

*How (was it) depressing?*

To express surprise, use:

**Ah bon?**

*Really?*

To disagree, use:

**Je me suis disputé** avec ma sœur.

*I argued with my sister.*

To describe character, use:

**Je trouve** mes copines françaises **un peu**
plus **circonspectes** que Shelley.

*I think my French friends are a little
more reserved than Shelley.*

To express compassion, use:

**Dommage que** ça soit celui de ses parents!

*Too bad it's his parents'!*

# Vocabulaire

**agresser** to attack *A*

**Ah bon?** Really? *A*

les **allocations (f.)** benefits, allowance *A*

une **ambiance** atmosphere *A*

une **apparence** appearance *A*

**appeler** to call *A*

l' **avenir (m.)** future *A*

**bon: Ah bon?** Really? *A*

un **budget** budget *B*

une **cage** cage *A*

    **une cage à lapins** rabbit hutch *A*

**car** because *A*

**celui, celle; ceux, celles** this one, that one, the one; these, those, the ones *B*

un **chômeur, une chômeuse** unemployed person *A*

**circonspect(e)** cautious, reserved *B*

une **cité** housing development *A*

un **climat** climate *A*

un **coin** corner *B*

**compter** to count, to rely *B*

**considérer** to consider *B*

**culturel, culturelle** cultural *A*

**d'habitude** usual *B*

**dépendre (de)** to depend (on) *A*

**déprimant(e)** depressing *A*

**différent(e)** different *A*

**diffuser** to broadcast *B*

une **discothèque** discotheque *B*

se **disputer** to argue *B*

se **distraire** to enjoy oneself, to have a good time *B*

une **diversité** diversity *A*

un **divorce** divorce *B*

**divorcer** to get divorced *B*

un **étranger, une étrangère** foreigner *A*

**familial(e)** family *A*

le **franglais** franglais (English words used in French) *B*

**génial(e)** great, terrific, fantastic *B*

des **graffiti (m.)** graffiti *A*

une **HLM (habitation à loyer modéré)** public housing *A*

un(e) **immigré(e)** immigrant *A*

**indépendant(e)** independent *B*

une **influence** influence *B*

s' **intégrer** to become integrated *A*

un **journal** journal *A*

**lequel, laquelle; lesquels, lesquelles** which one; which ones *A*

le **logement** housing *B*

une **loi** law *B*

**maghrébin(e)** inhabitant of/from the Maghreb *A*

se **marier** to get married *B*

une **marque** brand *B*

**monoparental(e)** single-parent *B*

un **mot** word *B*

un **mur** wall *A*

**nombreux, nombreuse** numerous *B*

**non-traditionnel, non-traditionnelle** nontraditional *B*

une **note** grade *B*

**optimiste** optimistic *A*

une **origine** origin *A*

**ouvert(e)** frank *B*

un(e) **passant(e)** passerby *A*

**passer** to play (on the radio) *B*

**perdre son temps** to waste one's time *A*

la **plupart (de)** most *A*

**pressé(e)** in a hurry *B*

**propre** clean *A*

une **radio** radio *B*

une **relation** relation(ship) *A*

**rencontrer** to meet *B*

un(e) **résident(e)** resident *A*

**simple** simple *B*

**social(e)** social *A*

une **société** society *A*

**sujet: au sujet de** about *A*

**tendu(e)** strained *A*

le **Togo** Togo *A*

**toucher** to get *A*

**universitaire** university *A*

le **vocabulaire** vocabulary *B*

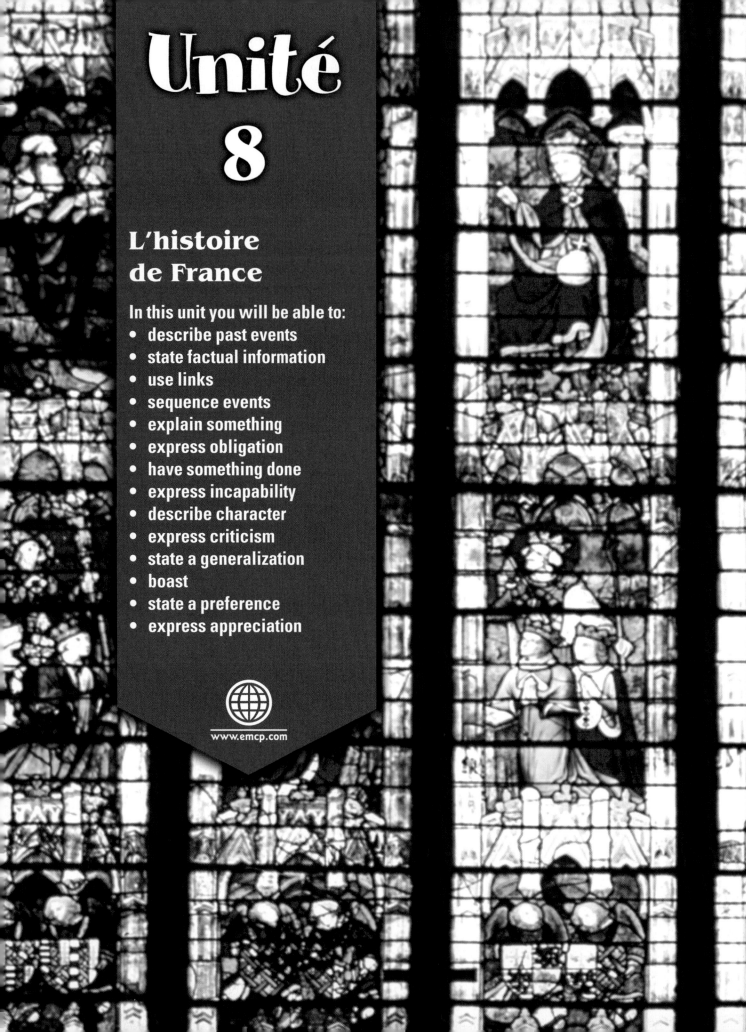

# Unité 8

## L'histoire de France

In this unit you will be able to:
- describe past events
- state factual information
- use links
- sequence events
- explain something
- express obligation
- have something done
- express incapability
- describe character
- express criticism
- state a generalization
- boast
- state a preference
- express appreciation

www.emcp.com

# Tes empreintes ici

Est-ce que l'histoire t'intéresse? As-tu jamais lu des romans d'histoire? Si oui, lesquels? Quels en étaient les héros et les héroïnes? Si tu pouvais faire la connaissance d'un(e) de ces héros ou héroïnes, qui choisirais-tu, et qu'est-ce que tu lui demanderais? Si tu pouvais être une de ces personnes, qui serais-tu? Pourquoi?

Il est intéressant d'imaginer la vie d'avant. Il y a toujours quelque chose dans les siècles passés qui t'intéresse: l'art, la musique, l'histoire politique ou la philosophie, ou peut-être une personne que tu admires pour ses idées ou pour ce qu'elle a fait. Tu trouveras que les gens n'ont pas beaucoup changé au cours de l'histoire du monde.

Aimerais-tu connaître les gens du passé?

# Dossier ouvert

Avec un groupe d'élèves de ton école, tu passes 15 jours en France. Pendant votre visite d'une belle cathédrale gothique, le guide vous parle des fenêtres de la cathédrale. Il dit que ces fenêtres, composées de morceaux de verre colorés, ne sont pas connues seulement pour leur beauté. Il dit que dans le passé elles avaient aussi une fonction utile. Qu'est-ce que ces fenêtres faisaient?

    A.  Elles permettaient aux gens d'entrer dans la cathédrale.
    B.  Elles permettaient à l'air d'entrer dans la cathédrale.
    C.  Elles racontaient des histoires de la Bible et des héros et héroïnes français.

Ce sont les événements et les gens qui font l'histoire d'un pays. Quand on étudie le passé,° on voit que les gens se sont occupés des mêmes problèmes que dans le présent. On dit que les temps changent, mais que la nature humaine ne change pas. Pourquoi étudier le passé? Parce que le passé, c'est comme un miroir du présent. Voici des descriptions de quelques personnes importantes qui ont aidé à créer la France.

# Vercingétorix (72-46 avant Jésus-Christ)

l'axe chronologique

58 av. J.-C.
*Jules César arrive en Gaule*

52 av. J.-C.
*Vercingétorix est vaincu par César*

46 av. J.-C.
*Vercingétorix meurt*

Au temps des Romains la France s'appelait la Gaule. En ce temps-là les Gaulois° vivaient en tribus indépendantes. Jules César, qui était très ambitieux, voulait faire de la Gaule une province de Rome depuis longtemps. Il contrôlait déjà la plupart de la Gaule, mais il voulait avoir tout le pays pour devenir plus puissant. Un jeune chef qui s'appelait Vercingétorix a réuni les différentes tribus. Il n'avait que 20 ans en 52 avant Jésus-Christ quand ses 80.000 hommes ont rencontré Jules César et son armée à Alésia, près de Dijon. Jules César a réussi à vaincre° Vercingétorix et a déclaré en latin, "*Veni, vidi, vici.*" En français, on dit "Je suis venu, j'ai vu, j'ai vaincu." César a emmené Vercingétorix à Rome où il est resté prisonnier. Après six ans César l'a fait tuer.° Les Français disent que l'an 52 avant Jésus-Christ est le début de leur histoire, et que Vercingétorix est le premier héros français.

360 apr. J.-C.
*Lutèce devient Paris*

**le passé** le contraire du "présent"; **un(e) Gaulois(e)** une personne qui habitait la Gaule; **vaincre** *to defeat, to conquer;* **tuer** *to kill*

# Charlemagne (742-814)

Charlemagne ("Carolus Magnus" en latin ou "Charles le Grand" en français) est né en 742. Son père était Pépin (on l'appelait "Pépin le Bref" parce qu'il était petit) et sa mère était Berthe (on l'appelait "Berthe au grand pied" parce qu'un de ses pieds était plus grand que l'autre). Charlemagne était grand, fort et sportif. Il pouvait lire et parler latin, mais il n'a jamais appris à l'écrire. Charlemagne voulait que tous les hommes sachent lire et écrire. Pour cela il a demandé aux églises d'ouvrir des écoles où on pouvait faire des études gratuites. Il a fait venir les meilleurs professeurs de son temps à son école à Aix-la-Chapelle. Pour préserver la littérature du passé, certains moines° passaient sept heures par jour à copier des livres.

En 800 Charlemagne est devenu empereur d'Occident.° Il a dit qu'il travaillait pour Dieu° en créant un si grand empire. Pour le gouverner il l'a réuni sous les mêmes lois. Il a établi partout le même système monétaire et le même système d'administration. Il a créé des marchés pour améliorer° le commerce et aider les fermiers et les familles. Les progrès en culture, en lois et en administration que Charlemagne a commencés ont pu être appréciés par tous. L'empire de Charlemagne a été le plus grand depuis celui de Jules César. Ses frontières se trouvaient en Italie, en Allemagne et en Espagne. Son fils Louis est devenu empereur en 813, et Charlemagne est mort un an plus tard. Louis a divisé l'empire entre ses trois fils. Leurs empires sont devenus les pays modernes d'Allemagne et de France.

**un moine** *monk;* **l'Occident (m.)** *l'Ouest;* **Dieu** *God;* **améliorer** *faire mieux*

# Guillaume le Conquérant (1027-87)

987 —
*Hugues Capet devient roi*

ca. 1000 —
*La Chanson de Roland est écrite*

1066 —
*Les Français vainquent les Anglais à la bataille de Hastings*

Le roi Édouard d'Angleterre a choisi son cousin Guillaume, duc de Normandie, pour être le nouveau roi d'Angleterre. Mais quand Édouard est mort, Harold est devenu roi. En entendant parler de ça, Guillaume s'est fâché. Il était fort, courageux et fier° de ses qualifications, et il pensait qu'il devait être roi. Il a d'abord réuni une armée de 8.000 hommes qui a ensuite traversé la Manche. Enfin Guillaume et son armée sont arrivés à Hastings. Après une lutte difficile, les Français ont vaincu les Anglais. L'armée de Guillaume le Conquérant a été la dernière à vaincre l'Angleterre. C'est pourquoi l'an 1066 est une date importante pour les Anglais et les Français.

Peu après les Anglais ont accepté la langue et la culture des Normands.° Guillaume a gardé les lois d'Édouard pour faire accepter son administration d'une façon plus facile. Ceux qui avaient des terres° ont échangé la loyauté envers° le roi contre° ces terres. Des Normands et des Anglais se sont mariés. Sauf pour la langue, la vie quotidienne n'a pas beaucoup changé. Guillaume a laissé un grand monument, le *Domesday Book*, et il a fait une enquête sur les gens et leurs terres. Mais Guillaume n'a jamais pu utiliser son enquête. Il est tombé° de cheval au cours d'une lutte en France et est mort un mois après en 1087. On voit toujours l'influence de Guillaume, duc de Normandie, dans les lois, le gouvernement, la littérature, la langue et la construction des châteaux et des églises.

1194 —

*On construit la cathédrale de Chartres*

1224 —

**fier, fière** *proud;* **un(e) Normand(e)** *une personne qui habite la Normandie, une province au nord-ouest de la France;* **une terre** *land;* **envers** *à;* **contre** *pour;* **tomber** *to fall*

# Louis IX (1214-70)

1226
*Louis IX devient roi*

1248
*On finit la Sainte-Chapelle*

1270
*Louis IX meurt*

1297
*Louis IX devient Saint-Louis*

1337
*La guerre de Cent Ans commence*

1429
*Jeanne d'Arc aide le roi Charles VII*

1431
*Jeanne d'Arc meurt*

1453
*La guerre de Cent Ans se termine*

Louis IX était un roi admiré par les Français. Il est devenu roi en 1226, à l'âge de 12 ans, quand son père, Louis VIII, est mort. Sa mère, Blanche de Castille, a gouverné pour Louis IX parce qu'il était trop jeune. Il est devenu pieux° et courageux. Louis IX était l'ami des gens pauvres parce qu'il faisait attention à leurs besoins. Connu pour son amour de la justice et de la paix,° sa cour se trouvait souvent sous un arbre. Même les autres chefs européens sont venus en France chercher ses conseils.°

Louis IX a participé à deux croisades. Pendant sa première croisade on l'a fait prisonnier. Par conséquent il a été obligé d'acheter sa liberté. Pendant qu'il était roi, Louis IX a fait construire la Sainte-Chapelle à Paris en 1248. Il y a mis des reliques de Jésus-Christ achetées pendant les croisades. Les vitraux° de la Sainte-Chapelle ont des couleurs magnifiques. Ce sont les plus vieux de Paris et parmi les plus beaux du monde. Au cours de sa deuxième croisade, Louis IX est mort de maladie. Les Français l'ont toujours apprécié pour son christianisme et sa justice. En 1297 Louis IX est devenu Saint-Louis.

**pieux, pieuse** religieux, religieuse; **la paix** le contraire de la "guerre"; **un conseil** une suggestion; **des vitraux (m.)** des fenêtres de morceaux de verre colorés

## 1 ▸ Qui est-ce?

*Identifiez la personne célèbre qui correspond à la description.*
*Écrivez "V" pour Vercingétorix; "C" pour Charlemagne;*
*"G" pour Guillaume le Conquérant; "L" pour Louis IX.*

## 2 ▸ En ordre chronologique

*Mettez les événements suivants en ordre chronologique d'après l'axe chronologique (time line) et les descriptions des Français célèbres. Écrivez "1" pour le premier événement, "2" pour le deuxième événement, etc.*

1. Charlemagne a réuni son empire sous les mêmes lois, le même système monétaire et le même système d'administration.
2. Vercingétorix est devenu le premier héros français.
3. Jeanne d'Arc a aidé le roi Charles VII pendant la guerre de Cent Ans.
4. Louis IX a fait construire la Sainte-Chapelle.
5. Jules César est arrivé en Gaule.
6. Les Anglais ont accepté la langue et la culture des Normands.
7. La ville de Paris est devenue la capitale de la France.
8. Les Français ont vaincu les Anglais à Hastings.

Il y a 15 belles fenêtres du treizième siècle dans la Sainte-Chapelle. (Paris)

## 3 ▸ Décrivez!

*Choisissez l'expression à droite qui décrit les mots à gauche.*

1. une tribu
2. un événement
3. la paix
4. les Normands
5. des vitraux
6. la Gaule
7. des moines
8. un conquérant

A. les hommes de l'armée de Guillaume le Conquérant
B. des hommes pieux qui ont copié des livres
C. quelqu'un qui a vaincu d'autres gens
D. des fenêtres de verre qui ont de belles couleurs
E. quand il n'y a pas de guerre
F. le premier nom de la France
G. quelque chose qui se passe
H. un groupe de gens de la même origine gouverné par un chef

Les vitraux de Chartres datent du treizième siècle.

## 4 ▸ C'est à toi!

*Questions personnelles.*

1. À ton avis, étudier le passé, c'est important? Pourquoi ou pourquoi pas?
2. À ton avis, lequel des hommes que tu viens d'étudier, Vercingétorix, Charlemagne, Guillaume le Conquérant ou Louis IX, a fait le plus pour créer la France moderne? Pourquoi?
3. Si tu pouvais parler à un de ces quatre hommes, à qui parlerais-tu, et qu'est-ce que tu lui demanderais?
4. À ton avis, quelles qualifications le chef d'un pays doit-il avoir?
5. Est-ce que tu penses que la nature humaine change ou pas? Pourquoi?
6. À ton avis, qui est le premier héros américain?
7. Est-ce que tu crois que l'éducation doive être gratuite, même à l'université?
8. Est-ce que tu as envie de voir la Sainte-Chapelle? Pourquoi ou pourquoi pas?

## La conquête de la Gaule

Au temps de Vercingétorix, Jules César avait déjà exploré et conquis une grande partie de l'Europe: l'Helvétie (la Suisse moderne), la Gaule et la Grande Bretagne (l'Angleterre). Avec ses armées romaines, il a rapidement vaincu les grandes tribus et a pris leurs terres pour créer l'empire romain. César a consacré six ans à la conquête de la Gaule. La Gaule était

fragmentée en plusieurs cités fortifiées et préservées par de gros murs. Son adversaire principal, Vercingétorix, a pu réunir les populations de ces cités et a groupé toutes ces forces gauloises contre l'ennemi romain. Pendant plus de six mois, ils ont joué au chat et à la souris avant les batailles importantes et décisives. Mais, n'ayant jamais appris la stratégie militaire, cette armée de volontaires n'a pas pu endurer l'attaque de l'armée supérieure de Rome.

On peut toujours voir des monuments romains en France, comme le théâtre antique d'Orange.

On peut voir Obélix et Astérix au Parc Astérix, qui se trouve à 30 kilomètres au nord de Paris.

## Astérix

Deux des chefs helvétiens et gaulois, dont César a fait la connaissance, étaient Orgétorix et Vercingétorix. Ces noms sont popularisées aujourd'hui dans la bande dessinée *Astérix*. Le héros Astérix est un Gaulois intelligent et courageux. Quand les Français lisent aujourd'hui les aventures d'Astérix et de son ami Obélix, ils se rappellent le début de leur histoire nationale.

## Dijon

Dijon était la capitale de la Bourgogne, une province à l'est de la France. Au quinzième siècle, l'influence des ducs de Bourgogne allait de Dijon jusqu'en Belgique. Le Palais des Ducs est toujours un centre d'attraction à Dijon. C'est aujourd'hui à Dijon qu'on prépare la moutarde qui est célèbre partout.

## Charlemagne

Comme Jules César, Charlemagne était aussi général avant de gouverner la France. On dit que pendant le huitième siècle le héros Roland a aidé Charlemagne à défendre le pays. *La Chanson de Roland*, partie de la biographie légendaire de Charlemagne, est le premier chef-d'œuvre de la littérature française. Elle a été écrite à la fin du dixième siècle, 200 ans après que les héros sont morts. Ce poème épique décrit les actions héroïques de Roland et de son oncle Charlemagne qui étaient courageux face à l'ennemi d'Espagne. Après ses exploits en Espagne, Charlemagne retourne en France et laisse une partie de son armée commandée par Roland à Roncevaux, un passage dans les Pyrénées. Dès que Charlemagne est parti avec la plupart de l'armée, l'ennemi attaque l'armée de Roland et tue presque tous les hommes. Enfin, Roland décide d'appeler Charlemagne avec son cor, une sorte de trompette. Quand Charlemagne entend le cor, il revient avec son armée. Mais il est déjà trop tard; Roland est mort. En voyant cette scène, Charlemagne décide de se venger et retourne combattre les Espagnols.

L'empire de Charlemagne était si vaste qu'il était difficile à contrôler. Il a donc décidé d'établir sa capitale à Aix-la-Chapelle en Allemagne. Il a fait ouvrir des écoles près de chaque église. Tous les enfants des nobles y étaient des élèves, et parmi eux il y avait Charlemagne, sa femme et ses enfants.

L'histoire de la vie de Charlemagne et de ses contributions à l'histoire française est représentée dans quelques vitraux de la cathédrale de Chartres. Pendant la période médiévale la plupart de la population française ne savait pas lire. Il y avait donc des aides visuelles dont on se servait pour leur apprendre ces histoires de la gloire de la France.

Cette statue de Charlemagne se trouve à Aix-la-Chapelle.

# La tapisserie de Bayeux

À Bayeux en Normandie, il existe une célèbre tapisserie (un long tapis qui couvre le mur) qu'a fait Mathilde, femme de Guillaume le Conquérant, avec les femmes de la cour. Cette tapisserie illustre la bataille de Hastings avec l'histoire écrite en latin. Elle mesure 70 mètres de long. On l'appelle maintenant la "tapisserie de Bayeux," et on peut la voir dans le musée dans

cette ville. C'est comme une bande dessinée médiévale parce qu'il y a 73 scènes représentées en couleurs et expliquées en latin. Au-dessus et en bas, on voit des scènes de la vie quotidienne, des scènes d'animaux, et des scènes de quelques batailles secondaires. Au centre, on voit l'histoire de la bataille de Hastings. Cette documentation artistique pouvait aider les gens de ce temps à comprendre l'histoire.

Dans la tapisserie de Bayeux, il est facile de reconnaître les Anglais; ils ont les cheveux longs et des moustaches.

# Louis IX et les croisades

Louis IX était un roi qui restait près de son peuple. Les hommes venaient le voir pour lui expliquer leurs disputes, puis le roi décidait de leur justice. Il s'occupait des gens malades, des lépreux et des pauvres dans les hospices qu'il avait fondés.

Entre 1096 et 1291, il y a eu huit croisades. C'était des voyages dans la Terre sainte pour délivrer Jérusalem des musulmans. Seulement la première et la troisième croisade ont réussi, mais ces expéditions ont profité aux Français dans le domaine des arts, des sciences, de la littérature et du commerce parce qu'ils pouvaient découvrir des cultures différentes.

Les illustrations des vitraux de la Sainte-Chapelle parlent des histoires religieuses de la Bible en 1.134 scènes.

Louis IX part pour les croisades sous le drapeau (flag) français.

Pendant la Deuxième Guerre mondiale on a enlevé les vitraux de la Sainte-Chapelle pour les protéger contre les bombes. (Paris)

**Des Français célèbres**

*Répondez aux questions suivantes.*

1. Quels pays est-ce que Jules César a conquis?
2. Qu'est-ce que Vercingétorix a réussi à faire?
3. D'où vient le nom d'Astérix?
4. Quel est le produit principal de Dijon?
5. Où peut-on lire l'histoire de Charlemagne et de Roland?
6. Où peut-on voir les scènes de la vie de Charlemagne?
7. Où est racontée l'histoire de la bataille de Hastings?
8. Quelle est la longueur de la tapisserie de Bayeux?
9. Pourquoi est-ce que Louis IX était un roi très populaire?
10. Quelles sont deux aides visuelles qui ont aidé les gens à comprendre l'histoire?

*Les vitraux de Chartres racontent des histoires religieuses et historiques.*

# Journal personnel

Tapestries and stained glass windows were visual aids used during the Middle Ages to help illiterate people understand and remember history and Bible stories. Implied in the use of these visual aids is the art of storytelling. Is the art of storytelling in our culture as important as it was in the past? Storytelling is still very important in some African countries. For example, **le griot** (*storyteller*) plays an important and powerful role in African society, passing along historical and cultural information and explaining natural phenomena through the telling of legends. Why do you tell stories?

## Expressions with *faire*

The verb **faire** (*to do, to make*) is one of the most frequently used verbs in French.

Ce sont les événements et les gens qui **font** l'histoire d'un pays.

*It's events and people that make a country's history.*

**Faire** is called a "building block" verb because it is used to form so many expressions in French. Some of the most common expressions with **faire** deal with various activities, the weather, shopping and traveling. Here are some examples where **faire** is used in French but a different verb is used in English.

Charlemagne a demandé aux églises d'ouvrir des écoles où on pouvait **faire des études** gratuites.

*Charlemagne asked churches to open schools where people could study free of charge.*

Il **faisait froid** quand Guillaume le Conquérant et son armée sont arrivés à Hastings.

*It was cold when William the Conqueror and his army arrived in Hastings.*

Louis IX **faisait attention** aux besoins des gens pauvres.

*Louis IX paid attention to the needs of poor people.*

Pendant la première croisade de Louis IX, on l'**a fait prisonnier**.

*During Louis IX's first crusade, they took him prisoner.*

# Pratique

**6** **Quelle expression?**

*Décrivez chaque illustration en utilisant une des expressions avec **faire** de la liste suivante.*

| | |
|---|---|
| faire le plein | faire ses devoirs |
| faire la queue | faire la connaissance du roi |
| faire les courses | ne pas faire attention |
| faire un somme | faire un tour de grande roue |
| faire de la luge | |

**Modèle:**

Alain
**Alain fait ses devoirs.**

1. nous

2. Nicolas et Francis

3. Nadine

4. Mme Piedbœuf et sa fille

5. on

6. tu

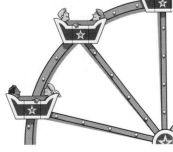

7. vous

8. je

*Répondez à chaque question au sujet de l'histoire de France en utilisant une expression avec **faire**. Dans votre réponse utilisez le même temps (tense) que dans la question.*

**Modèle:**

Qu'est-ce qui fait l'histoire d'un pays?
**Ce sont les événements et les gens qui font l'histoire d'un pays.**

1. Qu'est-ce que Jules César voulait depuis longtemps?
2. Est-ce que César a donné sa liberté à Vercingétorix?
3. Au temps de Charlemagne, est-ce qu'on devait payer ses études?
4. Où Guillaume le Conquérant est-il allé en 1066?
5. Guillaume le Conquérant est-il tombé en faisant du footing?
6. Pourquoi est-ce que les gens pauvres aimaient Louis IX?

# *Faire* + infinitive

To express the idea of having someone do something or having something done, use a form of the verb **faire** followed by an infinitive. Contrast the following two sentences:

| | |
|---|---|
| Les Martel **construisent** une maison. | *The Martels build a house.* |
| Les Martel **font construire** une maison. | *The Martels have a house built.* |

Who does the actual building of the house in each sentence? In the first example the Martels build the house themselves. However, in the second sentence they have someone else build it for them.

The form of **faire** can be in any tense.

| | |
|---|---|
| Louis IX **a fait construire** la Sainte-Chapelle. | *Louis IX had the Sainte-Chapelle built.* |
| Guillaume a gardé les lois d'Édouard pour **faire accepter** son administration d'une façon plus facile. | *William kept Édouard's laws in order to have his administration accepted more easily.* |

When object pronouns are used, they precede the form of **faire**. There is no agreement between the past participle **fait** and a preceding direct object pronoun.

| | |
|---|---|
| César a fait tuer Vercingétorix? | *Did Caesar have Vercingétorix killed?* |
| Oui, après six ans il **l'a fait** tuer. | *Yes, after six years he had him killed.* |
| Les meilleurs professeurs du temps de Charlemagne? | *The best teachers in Charlemagne's time?* |
| Il **les a fait** venir à son école. | *He had them come to his school.* |

In an affirmative command, object pronouns are attached with hyphens to the form of **faire**.

| | |
|---|---|
| **Faites-les** venir! | *Have them come!* |

# Pratique

**8 Qui le fait?**

*Les personnes indiquées ont-elles fait elles-mêmes (themselves) les actions illustrées? Suivez les modèles.*

**Modèles:**

Est-ce que M. Gastineau fait construire le garage?
**Non, il construit le garage.**

1. Est-ce que les Landon peignent leur maison?

2. Est-ce que Laurent nettoie sa chambre?

Est-ce que M. Gastineau construit le garage?
**Non, il fait construire le garage.**

3. Est-ce que Mme Duteuil fait préparer le dîner?

4. Est-ce qu'Étienne goûte la soupe?

5. Est-ce que Mme Béjart fait nourrir le chien?

6. Est-ce que Damien fait éteindre la télé?

7. Est-ce que Jean-Claude enregistre ses bagages?

trois cent cinquante et un

**Leçon A**

**351**

## 9 ▸ Des corvées

*Quand Paulette vous demande si vous avez fait certaines corvées, dites-lui que quelqu'un d'autre (else) les a faites pour vous. Suivez le modèle.*

**Modèle:**

Est-ce que tu as préparé la salade?
**Non, je l'ai fait préparer.**

1. Est-ce que tu as mis la table?
2. Est-ce que tu as servi le dîner?
3. Est-ce que tu as fait la vaisselle?
4. Est-ce que tu as rangé ta chambre?
5. Est-ce que tu as changé tes draps?
6. Est-ce que tu as repassé tes chemises?
7. Est-ce que tu as enlevé la poussière?
8. Est-ce que tu as arrosé les plantes?

## 10 ▸ En partenaires

 *Avec un(e) partenaire, parlez de ce que vos parents vous font faire ou ne pas faire. Posez des questions, et puis répondez-y. Suivez le modèle.*

**Modèle:**

rentrer avant minuit
A: **Tes parents te font rentrer avant minuit?**
B: **Oui, ils me font rentrer avant minuit. Et toi, tes parents te font rentrer avant minuit?**
A: **Oui, moi aussi, ils me font rentrer avant minuit.**

1. téléphoner si tu vas être en retard
2. passer l'aspirateur
3. faire la lessive
4. sortir la poubelle
5. tondre la pelouse
6. payer tes vêtements
7. écrire à tes grands-parents
8. étudier avant de regarder la télé

# Communication

## 11 ▸ Une enquête

 *Dans cette leçon vous faites la connaissance de quatre personnes importantes qui ont aidé à créer la France. Qui est-ce qui a aidé à créer notre pays? Pour connaître les opinions de vos camarades de classe, faites une enquête. D'abord copiez la grille suivante. Puis remplissez la première colonne avec les noms de quatre personnes qui, à votre avis, sont les vrais héros ou les vraies héroïnes de l'histoire de notre pays. Ensuite demandez à quatre élèves de vous dire quelle personne de votre liste ils admirent le plus et pourquoi. Complétez la grille avec un ✓ et leurs réponses à vos questions.*

| Personne | Daniel | Nora | Cécile | Marc |
|---|---|---|---|---|
| *Abraham Lincoln* | ✓ *Il voulait la liberté pour tout le monde.* | | | |
| | | | | |
| | | | | |
| | | | | |

## 12 ▸ Qui admirez-vous beaucoup?

*Choisissez une personne de l'histoire de notre pays ou de France, ou quelqu'un qui a influencé votre vie personnelle par ses idées ou par ce qu'il a fait. Puis faites des recherches pour apprendre plus de détails sur la vie de cette personne. Enfin organisez les événements importants de sa vie dans un axe chronologique qui indique les dates qui correspondent à ces événements. Utilisez les axes chronologiques aux pages 339-42 comme guide.*

## 13 ▸ Une biographie

*Écrivez une petite biographie de la personne que vous avez choisie dans l'Activité 12. Décrivez sa personnalité, ce qu'elle a fait et ses contributions à la société. En organisant votre composition, servez-vous de l'axe chronologique que vous avez déjà créé. Utilisez des expressions qui vous aident à lier (link) vos phrases, comme **d'abord**, **ensuite**, **puis**, **après**, **enfin**, **au temps de**, **au cours de**, etc.*

## Summarizing a Literary Selection

Un homme et une femme sont à table. C'est l'heure du petit déjeuner. La femme regarde ce que l'homme fait. D'abord, il prépare un café au lait et il le boit. Puis, il allume une cigarette. Ensuite, il met son chapeau et son imperméable parce qu'il pleut. Enfin, il part, et la femme est triste parce qu'il ne lui parle ni la regarde.

Do you remember what literary selection the preceding paragraph summarizes? It's "Déjeuner du matin" by Jacques Prévert, which you read in **Unité 2**. Although it's not as poetic as the original, the paragraph clearly tells what the poem is about. To write a good summary of a literary selection, it is important to introduce the characters, describe the setting and highlight the main events. Write your summary in the present tense and in your own words. Also try to relate some of the flavor of the original selection. As a rule of thumb, try to keep your summary to a quarter of the size of the original text or less. You will find it useful to refer to summaries you have written to refresh your memory before class discussions and tests.

### 14 ▶ Un sommaire

*Relisez l'extrait de* Au revoir, les enfants *aux pages 143-44 de l'Unité 3. Écrivez un sommaire du scénario où vous présentez les personnages, décrivez la mise en scène (setting) et racontez les événements.*

Conversation culturelle

## Voici quelques autres gens importants qui ont aidé à créer la France.

Catherine de Médicis

Louis XVI

Le marquis de La Fayette

Georges Haussmann

# Catherine de Médicis (1519-89)

l'axe chronologique

1515
*François I<sup>er</sup> devient roi*

1539
*Le français devient la langue
officielle de la France*

1560
*Charles IX devient roi*

1562
*Les guerres de Religion commencent*

1572
*Le massacre de la Saint-
Barthélemy a lieu*

1589
*Henri IV devient roi*

1598
*L'édit de Nantes annonce la
fin des guerres de Religion*

À Chenonceaux Catherine de Médicis a fait construire la grande galerie sur cinq arches au-dessus du Cher.

Catherine de Médicis, reine de France, était la femme d'Henri II. C'était une femme intelligente et rusée,° la fille de Laurent II de Médicis de la célèbre famille italienne. Quand son mari, Henri II, et son fils François II sont morts, son fils Charles IX est devenu roi. Charles n'avait que dix ans, donc Catherine a dû gouverner pour lui. Pendant le règne° de Charles IX, Catherine de Médicis jouait un rôle important dans le gouvernement en montrant ses grandes qualifications politiques.

En ce temps-là la France était troublée par des guerres de Religion. Dans ses conseils à ses fils, Catherine a essayé de maintenir la paix entre les protestants et les catholiques, mais elle n'a pas réussi. Une fois, parce qu'elle avait peur pour Charles IX, elle a ordonné le massacre de la Saint-Barthélemy, qui a eu lieu° en 1572. Ce massacre a commencé à Paris et a continué en province.° Presque 30.000 protestants sont morts. Le règne de Charles IX n'a duré° que 14 ans. Quand il est mort en 1574, son frère Henri III, le fils favori de Catherine, est devenu roi. On l'a assassiné en 1589, la même année où sa mère est morte. Les protestants et les catholiques ont beaucoup critiqué Catherine pendant sa vie. Elle était obligée de défendre ses fils, et elle a survécu° à des intrigues politiques très complexes.

**rusé(e)** *crafty, sly;* **un règne** la période pendant qu'un roi ou une reine gouverne; **avoir lieu** se passer; **en province** dans toutes les régions de la France; **durer** *to last;* **survivre** *to survive*

# Louis XVI (1754-93)

Pendant les derniers mois de sa vie, Marie-Antoinette était prisonnière dans la Conciergerie de Paris.

Quand Louis XVI avait 16 ans et Marie-Antoinette d'Autriche° en avait 15, ils se sont mariés. Quatre ans plus tard ils sont devenus roi et reine. Bientôt ils ont eu des problèmes avec le gouvernement et le peuple français. Louis XVI voulait bien gouverner, mais il préférait la chasse° aux affaires du pays. Louis était timide et trop circonspect dans ce qu'il décidait. En plus, Marie-Antoinette lui donnait de mauvais conseils. Le peuple ne l'aimait pas du tout parce qu'elle n'était pas française et elle dépensait trop d'argent. Le gouvernement avait de graves problèmes politiques, sociaux et monétaires. Trop de gens ne payaient pas d'impôts.° Le pays était pauvre après avoir aidé les Américains pendant la guerre de l'Indépendance américaine, et après avoir dépensé beaucoup d'argent dans des guerres qui n'ont pas réussi. Louis XVI a choisi des hommes honnêtes pour lui donner des conseils, mais, eux aussi, ils n'ont pas pu réussir à lui en faire accepter.

Le 14 juillet 1789, le peuple de Paris a pris la Bastille. C'était le début de la Révolution française. Louis XVI et Marie-Antoinette sont devenus prisonniers à Paris. La violence a continué. Personne n'a pu arrêter la Révolution. Enfin on a guillotiné le roi et la reine, lui en janvier 1793 et elle dix mois plus tard.

**l'Autriche (f.)** le pays à l'est de la Suisse; **la chasse** *hunting*; **un impôt** *tax*

1638
*Louis XIV est né*

1643
*Louis XIV devient roi*

1670
*Molière écrit Le Bourgeois gentilhomme*

1680
*On établit la Comédie-Française*

1682
*La cour déménage à Versailles*

1715
*Louis XIV meurt; Louis XV devient roi*

1756

*La guerre de Sept Ans a lieu*

1763

1774
*Louis XVI devient roi*

# Le marquis de La Fayette (1757-1834)

1777

La Fayette aide les Américains

1782

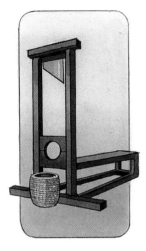

1789
Le peuple parisien prend la Bastille; la Révolution commence

1792
Louis XVI et Marie-Antoinette sont emprisonnés

1793
Louis XVI et Marie-Antoinette sont guillotinés

Le marquis de La Fayette n'avait que 20 ans quand il est arrivé en Amérique. Il voulait aider le général Washington à vaincre les Anglais. Après avoir accepté de travailler sans salaire, La Fayette est devenu général dans l'armée américaine. Il a participé à beaucoup de batailles et a même passé l'hiver à Valley Forge. Après la guerre de l'Indépendance américaine, La Fayette est rentré en France où il a aidé à négocier la paix et a continué à travailler pour de bonnes relations entre les États-Unis et la France.

Il s'occupait aussi des problèmes de son propre pays. Au début de la Révolution française, il est devenu homme politique et a travaillé dur pour établir une monarchie libérale. La Fayette avait beau° essayer d'arrêter la violence de la Révolution. Mais on ne pouvait pas accepter ses idées, et La Fayette a dû quitter la France. Après être rentré en 1797, il a continué à servir son pays et à maintenir de bonnes relations et le commerce avec les États-Unis.

**avoir beau** être en vain

# Georges Haussmann (1809-91)

La place Charles-de-Gaulle s'appelait la place de l'Étoile jusqu'en 1970 parce que les 12 avenues qui y commencent font penser à une étoile (*star*). (Paris)

C'est l'ingénieur Georges Haussmann qu'il faut remercier si vous appréciez la beauté de la ville de Paris: les larges° avenues, les quartiers de grands immeubles avec de jolies fleurs aux fenêtres, des jardins et des parcs partout. Si vous faites une promenade le soir, vous saurez pourquoi on appelle Paris "la Ville lumière." C'est parce que presque tous ses monuments sont illuminés. Si vous montez les Champs-Élysées jusqu'à l'arc de triomphe, vous verrez 12 belles avenues qui en sortent. Tout ça, c'est le travail de Georges Haussmann, homme politique engagé, et de ses ingénieurs. Après avoir démoli les plus vieux quartiers de la ville, Haussmann a passé presque 20 ans à transformer la capitale.

**large** *wide*

1804
*Napoléon Ier devient empereur*

1815
*Napoléon Ier est vaincu à Waterloo*

1821
*Napoléon Ier meurt*

1852
*Napoléon III devient empereur*
1853

*Haussmann fait ses projets d'embellissement de la capitale*

1869

1870
*La guerre Franco-allemande a lieu*
1871

# 1 ▶ Qui est-ce?

 *Identifiez la personne célèbre qui correspond à la description. Écrivez "C" pour Catherine de Médicis; "L" pour Louis XVI; "F" pour La Fayette; "H" pour Georges Haussmann.*

# 2 ▶ L'histoire de France

*Répondez par "vrai" ou "faux" d'après les descriptions des Français célèbres.*

1. Charles IX a ordonné le massacre de la Saint-Barthélemy.
2. La France était troublée par des guerres de Religion pendant le règne de Louis XVI.
3. Au temps de Louis XVI, la France avait des problèmes sociaux, monétaires et politiques.
4. On a guillotiné Louis XVI et Marie-Antoinette le 14 juillet 1789.
5. Le marquis de La Fayette a aidé les Américains pendant la guerre de l'Indépendance américaine.
6. La Fayette a travaillé pour de bonnes relations entre la France et les États Unis.
7. On appelle Paris "la Ville lumière" parce qu'il y a beaucoup de jolis parcs et de larges avenues.
8. Haussmann a dû démolir tous les monuments de Paris.

Le peuple de Paris a pris la Bastille le 14 juillet 1789.

## 3 ▸ Complétez!

*Choisissez le mot convenable pour compléter chaque phrase d'après les descriptions des Français célèbres.*

| | | | |
|---|---|---|---|
| impôts | Autriche | large | complexes |
| bataille | règne | chasse | conseils |

1. Catherine de Médicis a donné beaucoup de… à ses fils.
2. Elle a survécu à des intrigues politiques qui étaient très….
3. Louis XVI aimait plus la… que les affaires du pays.
4. Marie-Antoinette n'est pas née en France. Elle est née en….
5. Les… sont l'argent qu'on doit payer au gouvernement.
6. C'était pendant le… de Louis XVI que la Révolution française a commencé.
7. Une grande… a eu lieu à Valley Forge.
8. Les Champs-Élysées sont une… avenue à Paris.

Catherine de Médicis a donné des conseils à son fils Charles IX après qu'il est devenu roi en 1560.

## 4 ▸ C'est à toi!

*Questions personnelles.*

1. Est-ce que tu connais une personne rusée? Si oui, l'admires-tu?
2. Qui te donne des conseils à l'école? À la maison? En suis-tu?
3. Qu'est-ce que tu as beau faire?
4. Est-ce que tu préfères faire du sport ou étudier? Louer des DVDs ou aller au cinéma?
5. Qu'est-ce que tu fais après avoir fini tes devoirs le soir?
6. Qui essaie de maintenir la paix dans ta famille?
7. À ton avis, quelle est la plus belle avenue de ta ville?
8. Est-ce que tu paies des impôts? Selon toi, est-ce que les Américains paient trop d'impôts? Pourquoi ou pourquoi pas?

Quand est-ce que ta fête nationale a lieu?

## Catherine de Médicis

Quand les rois de France venaient au trône trop jeunes, ils avaient des régentes pour gouverner pour eux. La régente Catherine de Médicis aimait gouverner tellement qu'elle a gardé le contrôle du pays même quand ses fils François II, Charles IX et Henri III étaient rois.

Catherine n'aimait pas les protestants français, qui s'appelaient les Huguenots. Quand leur chef, l'Amiral Coligny, est devenu ami du roi Charles IX, Catherine n'était pas contente. Elle s'inquiétait de l'influence que Coligny aurait sur son fils. Donc, elle a ordonné à Charles de faire tuer Coligny et ses disciples en 1572.

Catherine s'intéressait beaucoup à l'astrologie, à l'occultisme et à la magie. C'est pourquoi elle a fait venir à la cour un certain Michel de Notre-Dame, médecin et astrologue. Après avoir latinisé son nom en Nostradamus, il a commencé à faire des prédictions. En 1555 Nostradamus a écrit un livre, *Centuries astrologiques*, où il a fait plusieurs prédictions. En 1559 le roi Henri II est mort exactement comme avait prédit Nostradamus dans ce livre. Beaucoup de ses autres prédictions sont devenues vraies aussi.

Henri III, le dernier roi Valois, était le troisième fils d'Henri II et de Catherine de Médicis.

## Marie-Antoinette

Marie-Antoinette était une autre femme qui a eu une grande influence sur l'histoire de la France sans jamais contrôler le gouvernement. Si le roi Louis XVI était faible, la reine était forte et a beaucoup influencé le roi. Contrairement à la personnalité de son mari, Marie-Antoinette aimait la vie sociale et les fêtes. Parce qu'elle ne faisait attention ni aux traditions de la cour ni à l'étiquette, les Français étaient choqués. On l'a même appelée "cette femme d'Autriche."

Mais Marie-Antoinette n'était pas sensible aux besoins de son peuple. La légende dit que les pauvres ont manifesté parce qu'ils n'avaient pas de pain à manger. Quand Marie-Antoinette a entendu leur demande pour du pain, elle a répondu, "Qu'ils mangent du gâteau!" On n'est pas certain si la reine a vraiment prononcé ces mots, mais si elle l'a bien dit, est-ce qu'elle l'a fait parce qu'elle n'était pas sensible ou parce qu'elle ne comprenait pas la situation?

Les Français critiquaient Marie-Antoinette pour les sommes énormes qu'elle dépensait pour ses vêtements.

## Benjamin Franklin et la Révolution américaine

Au temps de la guerre de l'Indépendance américaine, il y a eu des Français qui sont venus en Amérique et des Américains qui sont allés en France. Le marquis de La Fayette a participé à la Révolution comme général et comme ambassadeur. C'est lui qui est allé en France en ce temps pour créer une alliance entre la France et les colonies américaines. Benjamin Franklin était aussi ambassadeur des colonies en France. Franklin était très populaire et respecté. En 1776 il est allé à la cour de Louis XVI pour le persuader d'aider les colonies dans leur lutte pour l'indépendance. Il a dû convaincre le roi d'accepter que les colonies étaient politiquement indépendantes de l'Angleterre et il a persuadé le roi qu'une alliance entre les deux pays profiterait aux Français. Il a eu un succès énorme. Louis XVI a proclamé que la France était l'amie des colonies américaines et que la France les aiderait. Franklin est devenu le représentant des colonies américaines en France et a négocié la fin de la guerre de l'Indépendance américaine.

Pierre L'Enfant aussi est venu de France pour aider les colonistes avec la guerre de l'Indépendance américaine. Après la guerre, George Washington lui a demandé de faire des plans pour construire la nouvelle capitale fédérale du pays à Washington, D.C. L'Enfant a créé un plan pour la ville avec des avenues qui sortaient d'un centre, comme la ville de Paris. Mais il a dépensé trop d'argent sur ce projet et a dû quitter le poste.

## Georges Haussmann

Si L'Enfant a créé la ville de Washington, D.C., selon un plan de Paris, Georges Haussmann a décidé de recréer Paris avec de grands boulevards et de jolies avenues comme ceux de Washington. Lui aussi a dépensé trop d'argent sur ses projets et a dû quitter son poste.

---

**5 ▶ Des Français célèbres**

*Répondez aux questions suivantes.*

1. Une régente, qu'est-ce que c'est?
2. Comment s'appellent les fils de Catherine de Médicis?
3. Qui étaient les Huguenots?
4. Pourquoi Catherine a-t-elle ordonné le massacre de la Saint-Barthélemy?
5. Au seizième siècle qui a fait des prédictions qui sont devenues vraies?
6. Pourquoi Marie-Antoinette avait-elle beaucoup d'influence sur le roi Louis XVI?
7. Selon la légende, quelle phrase célèbre est attribuée à Marie-Antoinette?
8. Quels sont les deux Français qui ont participé à la guerre de l'Indépendance américaine?
9. Pourquoi est-ce que Benjamin Franklin est allé en France?
10. Qu'est-ce que Pierre L'Enfant et Georges Haussmann avaient en commun?

Parce que Charles IX était mineur quand il est devenu roi, Catherine de Médicis gouvernait pour lui.

## 6 ▸ En quelle année?

*Voici quelques événements importants du vingtième siècle en France. Cherchez dans vos sources (encyclopédies, CD-ROM, Internet ou livres d'histoire) pour écrire l'année où chaque événement a eu lieu.*

1. Marie Curie reçoit le Prix Nobel de physique.
2. La France perd 360.000 hommes dans la Bataille de Verdun.
3. Les Américains arrivent à Paris pour délivrer la ville des forces nazies.
4. L'armée vietnamienne conquiert les forces françaises à Diên Biên Phu.
5. Charles de Gaulle devient président de la Cinquième République.
6. Après une longue guerre, l'Algérie gagne son indépendance de la France.
7. Jean-Paul Sartre reçoit le Prix Nobel de littérature et le refuse.
8. Les étudiants parisiens commencent des manifestations violentes.
9. François Mitterand devient le premier président socialiste.
10. Édith Cresson devient Premier ministre.
11. Disneyland Resort Paris ouvre ses portes.

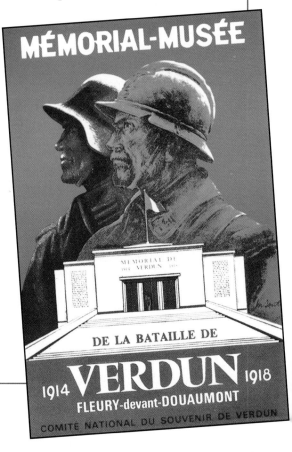

MÉMORIAL-MUSÉE

MÉMORIAL DE VERDUN

DE LA BATAILLE DE

VERDUN 1914 1918
FLEURY-devant-DOUAUMONT

COMITÉ NATIONAL DU SOUVENIR DE VERDUN

Nommée Premier ministre par François Mitterrand, Édith Cresson est devenue la première femme à occuper cette fonction en France.

## Journal personnel

You have read about several women who have shaped French history without ever having had a position of real power in the government. Many people have shaped history either by influencing those in power or by doing something extraordinary that changed the way people lived, thought or acted. Name someone in history who did not have a political position, yet played a major role in shaping future generations. What did this person contribute? Name someone today who, likewise, does not shape governmental policy but manages to influence people. What has this person accomplished?

# Expressions with *avoir*

The verb **avoir** (*to have*) is another frequently used verb in French.

Le gouvernement de Louis XVI **avait** des
problèmes politiques et monétaires.

*Louis XVI's government had
political and monetary problems.*

Also called a "building block" verb, **avoir** is used in many expressions in French. Some of the most
common expressions with **avoir** deal with age, physical ailments, or being hot/cold/hungry/thirsty/
afraid. How many more can you think of?

Quand Louis XVI **avait** 16 **ans** et Marie-
Antoinette en **avait** 15, ils se sont mariés.

*When Louis XVI was 16 and Marie-
Antoinette was 15, they got married.*

Parce que Catherine **avait peur** pour son
fils, elle a ordonné le massacre.

*Because Catherine was afraid for her
son, she ordered the massacre.*

Ces passagers ont de la chance de pouvoir voyager au Maroc.

Two new expressions with **avoir** are **avoir lieu** (*to take place*) and **avoir beau** plus an infinitive (*to do
something in vain*).

Le massacre **a eu lieu** en 1572.

*The massacre took place in 1572.*

La Fayette **avait beau** essayer d'arrêter la
violence de la Révolution.

*La Fayette tried in vain to stop the
violence of the Revolution.*

**7** **La journée de Guillaume**

*Racontez l'histoire de la journée de Guillaume selon les illustrations. Utilisez l'expression convenable de la liste suivante pour décrire chaque illustration. Dans votre réponse utilisez le temps convenable du verbe **avoir**.*

| | | | |
|---|---|---|---|
| avoir de la chance | avoir envie de | avoir mal au cœur | avoir soif |
| avoir 17 ans | avoir besoin de | avoir l'air | avoir faim |

**Modèle:**

Hier c'était l'anniversaire de Guillaume.
**Il avait 17 ans.**

1. Guillaume….

2. Il… aller au café avec ses amis.

3. Mais, pauvre Guillaume! Il… triste parce qu'il… argent.

4. Tout à coup, Guillaume…. Il a trouvé de l'argent!

5. Guillaume a beaucoup mangé, et il a beaucoup bu parce qu'il….

6. Après avoir mangé, Robert est rentré à la maison tout de suite parce qu'il….

**Des réponses logiques**

*Donnez une réponse logique aux questions suivantes en utilisant une expression avec **avoir** au temps convenable.*

**Modèle:**

Pourquoi est-ce que Camille et sa sœur portent un manteau et des gants?
**Parce qu'elles ont froid.**

1. Pourquoi est-ce que tu ne t'approches pas du chien?
2. Tu n'as pas réussi à trouver ton verre de contact?
3. As-tu jamais gagné quelque chose?
4. Pourquoi est-ce que tu as deux boulots?
5. Pourquoi Bruno a-t-il mis la clim?
6. Pourquoi la chanteuse ne peut-elle pas chanter?
7. Tu trouves que Patricia a l'air malade?
8. Quelle est la date du massacre de la Saint-Barthélemy?

> Pourquoi tu ne conduis pas à l'école?

> Je n'ai que 17 ans.

# Past infinitive

To say that one action in the past happened before another one, use the past infinitive. After the preposition **après**, add the helping verb **avoir** or **être** and the past participle of the main verb.

| après | + | avoir être | + | past participle |

**Après avoir accepté** de travailler sans salaire, La Fayette est devenu général.
**Après être rentré** en France, il a continué à servir son pays.

*After having agreed to work without pay, La Fayette became a general.*
*After having returned to France, he continued to serve his country.*

Agreement of the past participle is the same as in the **passé composé**.

**Après l'avoir négociée**, La Fayette a travaillé dur pour maintenir la paix entre l'Angleterre et les États-Unis.

*After having negotiated it, La Fayette worked hard to maintain peace between England and the United States.*

**Après s'être mariés**, Louis XVI et Marie-Antoinette sont devenus roi et reine.

*After having married, Louis XVI and Marie-Antoinette became king and queen.*

Après s'être lavé les cheveux, Danièle les a séchés.

trois cent soixante-sept

**367**

**Leçon B**

# Pratique

*Dites que les personnes suivantes sont sorties après avoir fait les actions illustrées.*

**Modèle:**

Marcel

**Après avoir tondu la pelouse, Marcel est sorti.**

1. je

2. Suzanne

3. Abdou

4. Max

5. Sophie et Annick

6. Chloé et toi

7. tu

8. Paul et moi

Est-ce que tu es sortie avec tes amis?

Oui, après m'être maquillée, je suis sortie avec eux.

## 10 ▸ En partenaires

*Demandez si votre partenaire a fait les actions indiquées hier (ou la semaine dernière). Dites que oui, après avoir fait quelque chose d'autre. Alternez les questions et les réponses avec votre partenaire. Suivez le modèle et l'ordre indiqué par le cercle.*

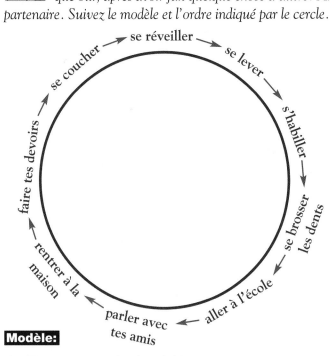

Après être rentrée, Mme Enjary a été obligée d'aider ses enfants avec leurs devoirs.

**Modèle:**

A: **Est-ce que tu t'es levé(e)?**
B: **Oui, après m'être réveillé(e), je me suis levé(e).**

## 11 ▸ Formez une phrase!

*Combinez chaque groupe de deux phrases en utilisant le passé de l'infinitif. Suivez le modèle.*

**Modèle:**

Jules César a réussi à vaincre Vercingétorix. Puis César est retourné à Rome.
**Après avoir réussi à vaincre Vercingétorix, Jules César est retourné à Rome.**

1. César a emmené Vercingétorix à Rome. Puis César l'a fait tuer.
2. Charlemagne a entendu la trompette de Roland. Puis Charlemagne est revenu avec son armée.
3. Guillaume le Conquérant et son armée sont arrivés à Hastings. Puis ils ont vaincu les Anglais.
4. Louis IX a fait construire la Sainte-Chapelle. Puis il y a mis des reliques de Jésus-Christ.
5. Catherine de Médicis a lu *Centuries astrologiques* de Nostradamus. Puis elle l'a fait venir à la cour.
6. Marie-Antoinette s'est mariée avec Louis XVI. Puis elle est devenue reine de France.
7. La Fayette a participé à la guerre de l'Indépendance américaine. Puis il est rentré en France.
8. Georges Haussmann a démoli les plus vieux quartiers de Paris. Puis il les a transformés.

# Communication

## 12 ▸ Une enquête

 *Dans cette leçon vous avez étudié l'histoire de France du seizième au dix-neuvième siècles. Quant à l'histoire, tout le monde, même ceux qui n'en sont pas fanas, a ses préférences de périodes pour diverses raisons. Pour connaître les opinions de vos camarades de classe, faites une enquête. D'abord copiez la grille suivante. Puis demandez à quatre élèves de vous dire quel siècle et quel personnage de ce siècle les intéressent le plus et de vous dire pourquoi. (Préparez vos propres réponses pour les élèves qui vous interviewront.) Enfin complétez la grille avec un ✓ et leurs réponses à vos questions.*

| Siècle | Amélie | Salim | Anne | Jacques |
|--------|--------|-------|------|---------|
| 16ᵉ | | | | |
| 17ᵉ | ✓ *Louis XIV* *Je viens de voir le film* Man in the Iron Mask, *et la vie du Roi Soleil à la cour de Versailles m'intéresse.* | | | |
| 18ᵉ | | | | |
| 19ᵉ | | | | |

## 13 ▸ Un paragraphe

Maintenant utilisez les réponses de vos camarades de classe (et aussi vos réponses personnelles) pour écrire un paragraphe où vous présentez les résultats de votre enquête dans l'Activité 12. Dites combien d'élèves ont préféré chaque siècle, et indiquez quels personnages ils ont choisis. Puis donnez les raisons de leurs choix.

## 14 ▸ En groupes de quatre

 Groupez-vous avec quatre autres élèves. Avec vos grilles de l'Activité 12, discutez les résultats de vos enquêtes sur les personnages les plus intéressants de l'histoire de France. Puis préparez une liste de ces personnages selon l'ordre de leur popularité et présentez cette liste à la classe.

# Research Skills

Some literary works, including the seventeenth century comedy *Le Bourgeois gentilhomme* by Molière, are enriched and more deeply understood by learning background information. During Molière's time, King Louis XIV believed that he was the "earthly representative of God." He ruled as an absolute monarch from his palace at Versailles, where Molière's troupe of actors entertained him. The importance of the court—20,000 strong—reached its highest point during Louis XIV's reign. While the Sun King forced nobles into financial dependence on the crown, he bestowed privileges on the middle class, or bourgeoisie, whom he used to build his centralized bureaucracy. Molière observed some bourgeois striving to rise above their social position. This gave him the idea for *Le Bourgeois gentilhomme*, the story of a successful, middle-class businessman who longs to become a nobleman. Without such background information, reading *Le Bourgeois gentilhomme* probably wouldn't be as meaningful to you.

To do further research on Molière or topics from the seventeenth century, go to your instructional materials center or library, where you can begin by reading a general summary of your topic. For example, to research the significance of Louis XIV's reign, begin by looking in an encyclopedia under the heading "France" and then under the subheading "History." Or, to find information about Molière's other plays, read plot summaries in the drama volume of the *Masterplots* series. After you have a general understanding of your topic, look for more detailed information in the card catalogue. If your card catalogue is computerized, simply select the author, title or subject option. For example, to find out more about the rise of the middle class during the seventeenth century, key "seventeenth century France" in the subject field. When you find a title that interests you, jot down the call number so you can locate the book on the shelf. Remember that the person who best knows the resources in your instructional materials center or library is the librarian. He or she will be able to point out additional sources with which you may be unfamiliar.

## 15 ▸ Pour commencer...

*Avant de lire la scène suivante du* Bourgeois gentilhomme, *répondez aux questions.*

1. Qu'est-ce que tu regrettes de ton éducation?
2. Quels cours est-ce que tu comptes suivre l'année prochaine? Pourquoi?
3. Quelles sortes de personnes est-ce que tu admires? Est-ce que tu fais quelque chose pour leur ressembler? Par exemple, est-ce que tu imites leurs coiffures (*hairstyles*) ou leurs vêtements?
4. As-tu jamais écrit une lettre d'amour? Si oui, est-ce que quelqu'un t'a aidé(e)?

# Le Bourgeois gentilhomme
## Acte II, Scène IV

| | |
|---|---|
| *Maître de Philosophie.* | ….Que voulez-vous apprendre? |
| *Monsieur Jourdain.* | Tout ce que je pourrai, car j'ai toutes les envies du monde d'être savant; et j'enrage que mon père et ma mère ne m'aient pas fait bien étudier dans toutes les sciences quand j'étais jeune. |
| *Maître de Philosophie.* | Ce sentiment est raisonnable, *Nam sine doctrina vita est quasi mortis imago.* Vous entendez cela, et vous savez le latin sans doute. |
| *Monsieur Jourdain.* | Oui, mais faites comme si je ne le savais pas: expliquez-moi ce que cela veut dire. |
| *Maître de Philosophie.* | Cela veut dire que *Sans la science, la vie est presque une image de la mort.* |
| *Monsieur Jourdain.* | Ce latin-là a raison. |
| *Maître de Philosophie.* | N'avez-vous point quelques principes, quelques commencements des sciences? |
| *Monsieur Jourdain.* | Oh! oui, je sais lire et écrire. |
| *Maître de Philosophie.* | Par où vous plaît-il que nous commencions? Voulez-vous que je vous apprenne la logique? |
| *Monsieur Jourdain.* | Qu'est-ce que c'est que cette logique? |
| *Maître de Philosophie.* | C'est elle qui enseigne les trois opérations de l'esprit. |
| *Monsieur Jourdain.* | Qui sont-elles, ces trois opérations de l'esprit? |
| *Maître de Philosophie.* | La première, la seconde, et la troisième. La première est de bien concevoir par le moyen des universaux. La seconde, de bien juger par le moyen des catégories; et la troisième, de bien tirer une conséquence par le moyen des figures *Barbara, Celarent, Darii, Ferio, Baralipton,* etc. |

| | |
|---|---|
| *Monsieur Jourdain.* | Voilà des mots qui sont trop rébarbatifs. Cette logique-là ne me revient point. Apprenons autre chose qui soit plus joli. |
| *Maître de Philosophie.* | Voulez-vous apprendre la morale? |
| *Monsieur Jourdain.* | La morale? |
| *Maître de Philosophie.* | Oui. |
| *Monsieur Jourdain.* | Qu'est-ce qu'elle dit cette morale? |
| *Maître de Philosophie.* | Elle traite de la félicité, enseigne aux hommes à modérer leurs passions, et.... |
| *Monsieur Jourdain.* | Non, laissons cela. Je suis bilieux comme tous les diables; et il n'y a morale qui tienne, je me veux mettre en colère tout mon soûl, quand il m'en prend envie. |
| *Maître de Philosophie.* | Est-ce la physique que vous voulez apprendre? |
| *Monsieur Jourdain.* | Qu'est-ce qu'elle chante cette physique? |
| *Maître de Philosophie.* | La physique est celle qui explique les principes des choses naturelles, et les propriétés du corps; qui discourt de la nature des éléments, des métaux, des minéraux, des pierres, des plantes et des animaux, et nous enseigne les causes de tous les météores, l'arc-en-ciel, les feux volants, les comètes, les éclairs, le tonnerre, la foudre, la pluie, la neige, la grêle, les vents et les tourbillons. |
| *Monsieur Jourdain.* | Il y a trop de tintamarre là-dedans, trop de brouillamini. |
| *Maître de Philosophie.* | Que voulez-vous donc que je vous apprenne? |
| *Monsieur Jourdain.* | Apprenez-moi l'orthographe. |
| *Maître de Philosophie.* | Très volontiers. |
| *Monsieur Jourdain.* | Après vous m'apprendrez l'almanach, pour savoir quand il y a de la lune et quand il n'y en a point. |
| *Maître de Philosophie.* | Soit. Pour bien suivre votre pensée et traiter cette matière en philosophe, il faut commencer selon l'ordre des choses, par une exacte connaissance de la nature des lettres, et de la différente manière de les prononcer toutes. Et là-dessus j'ai à vous dire que les lettres sont divisées en voyelles, ainsi dites voyelles parce qu'elles expriment les voix; et en consonnes, ainsi appelées consonnes parce qu'elles sonnent avec les voyelles, et ne font que marquer les diverses articulations des voix. Il y a cinq voyelles ou voix: A, E, I, O, U. |
| *Monsieur Jourdain.* | J'entends tout cela. |
| *Maître de Philosophie.* | La voix A se forme en ouvrant fort la bouche: A. |
| *Monsieur Jourdain.* | A, A. Oui. |
| *Maître de Philosophie.* | La voix E se forme en rapprochant la mâchoire d'en bas de celle d'en haut: A, E. |
| *Monsieur Jourdain.* | A, E, A, E. Ma foi! oui. Ah! que cela est beau! |
| *Maître de Philosophie.* | Et la voix I en rapprochant encore davantage les mâchoires l'une de l'autre, et écartant les deux coins de la bouche vers les oreilles: A, E, I. |

| | |
|---|---|
| *Monsieur Jourdain.* | A, E, I, I, I, I. Cela est vrai. Vive la science! |
| *Maître de Philosophie.* | La voix O se forme en rouvrant les mâchoires en rapprochant les lèvres par les deux coins, le haut et le bas: O. |
| *Monsieur Jourdain.* | O, O. Il n'y a rien de plus juste. A, E, I, O, I, O. Cela est admirable! I, O, I, O. |
| *Maître de Philosophie.* | L'ouverture de la bouche fait justement comme un petit rond qui représente un O. |
| *Monsieur Jourdain.* | O, O, O. Vous avez raison, O. Ah! la belle chose, que de savoir quelque chose! |
| *Maître de Philosophie.* | La voix U se forme en rapprochant les dents sans les joindre entièrement, et allongeant les deux lèvres en dehors, les approchant aussi l'une de l'autre sans les joindre tout à fait: U. |
| *Monsieur Jourdain.* | U, U. Il n'y a rien de plus véritable: U. |
| *Maître de Philosophie.* | Vos deux lèvres s'allongent comme si vous faisiez la moue; d'où vient que si vous la voulez faire à quelqu'un, et vous moquer de lui, vous ne sauriez lui dire que: U. |
| *Monsieur Jourdain.* | U, U. Cela est vrai. Ah! que n'ai-je étudié plus tôt, pour savoir tout cela? |
| *Maître de Philosophie.* | Demain, nous verrons les autres lettres, qui sont les consonnes. |
| *Monsieur Jourdain.* | Est-ce qu'il y a des choses aussi curieuses qu'à celles-ci? |
| *Maître de Philosophie.* | Sans doute. La consonne D, par exemple, se prononce en donnant du bout de la langue au-dessus des dents d'en haut: DA. |
| *Monsieur Jourdain.* | DA, DA. Oui. Ah! les belles choses! les belles choses! |
| *Maître de Philosophie.* | L'F en appuyant les dents d'en haut sur la lèvre de dessous: FA. |
| *Monsieur Jourdain.* | FA, FA. C'est la vérité. Ah! mon père et ma mère, que je vous veux de mal! |
| *Maître de Philosophie.* | Et l'R, en portant le bout de la langue jusqu'au haut du palais, de sorte qu'étant frôlée par l'air qui sort avec force, elle lui cède, et revient toujours au même endroit, faisant une manière de tremblement: RRA. |
| *Monsieur Jourdain.* | R, R, RA; R, R, R, R, R, RA. Cela est vrai. Ah! l'habile homme que vous êtes! et que j'ai perdu de temps! R, R, R, RA. |
| *Maître de Philosophie.* | Je vous expliquerai à fond toutes ces curiosités. |
| *Monsieur Jourdain.* | Je vous en prie. Au reste, il faut que je vous fasse une confidence. Je suis amoureux d'une personne de grande qualité, et je souhaiterais que vous m'aidassiez à lui écrire quelque chose dans un petit billet que je veux laisser tomber à ses pieds. |
| *Maître de Philosophie.* | Fort bien. |
| *Monsieur Jourdain.* | Cela sera galant, oui. |
| *Maître de Philosophie.* | Sans doute. Sont-ce des vers que vous lui voulez écrire? |
| *Monsieur Jourdain.* | Non, non, point de vers. |
| *Maître de Philosophie.* | Vous ne voulez que de la prose? |
| *Monsieur Jourdain.* | Non, je ne veux ni prose ni vers. |

| | |
|---|---|
| *Maître de Philosophie.* | Il faut bien que ce soit l'un, ou l'autre. |
| *Monsieur Jourdain.* | Pourquoi? |
| *Maître de Philosophie.* | Par la raison, Monsieur, qu'il n'y a pour s'exprimer que la prose, ou les vers. |
| *Monsieur Jourdain.* | Il n'y a que la prose ou les vers? |
| *Maître de Philosophie.* | Non, Monsieur: tout ce qui n'est point prose est vers; et tout ce qui n'est point vers est prose. |
| *Monsieur Jourdain.* | Et comme l'on parle qu'est-ce que c'est donc que cela? |
| *Maître de Philosophie.* | De la prose. |
| *Monsieur Jourdain.* | Quoi! quand je dis: "Nicole, apportez-moi mes pantoufles et me donnez mon bonnet de nuit," c'est de la prose? |
| *Maître de Philosophie.* | Oui, Monsieur. |
| *Monsieur Jourdain.* | Par ma foi! Il y a plus de quarante ans que je dis de la prose sans que j'en susse rien, et je vous suis le plus obligé du monde de m'avoir appris cela. Je voudrais donc lui mettre dans un billet: *Belle Marquise, vos beaux yeux me font mourir d'amour*; mais je voudrais que cela fût mis d'une manière galante, que cela fût tourné gentiment. |
| *Maître de Philosophie.* | Mettre que les feux de ses yeux réduisent votre cœur en cendres; que vous souffrez nuit et jour pour elle les violences d'un.... |
| *Monsieur Jourdain.* | Non, non, non, je ne veux point tout cela; je ne veux que ce que je vous ai dit: *Belle Marquise, vos beaux yeux me font mourir d'amour.* |
| *Maître de Philosophie.* | Il faut bien étendre un peu la chose. |
| *Monsieur Jourdain.* | Non, vous dis-je, je ne veux que ces seules paroles-là dans le billet, mais tournées à la mode, bien arrangées comme il faut. Je vous prie de me dire un peu, pour voir, les diverses manières dont on les peut mettre. |
| *Maître de Philosophie.* | On les peut mettre premièrement comme vous avez dit: *Belle Marquise, vos beaux yeux me font mourir d'amour.* Ou bien: *D'amour mourir me font, belle Marquise, vos beaux yeux.* Ou bien: *Vos yeux beaux d'amour me font, belle Marquise, mourir.* Ou bien: *Mourir vos beaux yeux, belle Marquise, d'amour me font.* Ou bien: *Me font vos yeux beaux mourir, belle Marquise, d'amour.* |
| *Monsieur Jourdain.* | Mais de toutes ces façons-là, laquelle est la meilleure? |
| *Maître de Philosophie.* | Celle que vous avez dite: *Belle Marquise, vos beaux yeux me font mourir d'amour.* |
| *Monsieur Jourdain.* | Cependant je n'ai point étudié, et j'ai fait cela tout du premier coup. Je vous remercie de tout mon cœur, et vous prie de venir demain de bonne heure. |
| *Maître de Philosophie.* | Je n'y manquerai pas.... |

## 16 ▸ Le Bourgeois gentilhomme

*Répondez aux questions suivantes.*

1. Avec qui est-ce que M. Jourdain a une leçon?
2. Qu'est-ce que M. Jourdain regrette de son enfance (*childhood*)?
3. Le Maître de Philosophie dit une phrase en latin. Qu'est-ce qu'elle exprime?
4. M. Jourdain a-t-il quelques connaissances des sciences?
5. Quelle est la première matière que le Maître propose?
6. Est-ce que M. Jourdain s'y intéresse? Que veut-il plutôt apprendre?
7. Quelles sont les deux autres matières proposées par le Maître que M. Jourdain rejette?
8. Finalement, qu'est-ce que M. Jourdain veut apprendre?
9. M. Jourdain est-il content d'apprendre les voyelles? Que dit-il au sujet de cette "science"?
10. Selon toi, est-ce que M. Jourdain est un étudiant sérieux? Pourquoi ou pourquoi pas?
11. Qu'est-ce que M. Jourdain va apprendre demain?
12. Pourquoi M. Jourdain demande-t-il de l'aide du Maître?
13. Qu'est-ce que M. Jourdain dit quand il apprend qu'il fait de la prose en parlant?
14. Selon le Maître, laquelle des versions de la lettre de M. Jourdain est la meilleure?
15. Qu'est-ce que tu trouves de comique dans cette scène?

## 17 ▸ Trouvez un article!

*Utilisez les encyclopédies et* Masterplots *dans la bibliothèque de votre école pour trouver un article général sur chacun des sujets suivants. Pour chaque sujet écrivez le titre du livre que vous utilisez, le titre de l'article et le sous-titre (subtitle).*

1. l'Empire romaine
2. l'Angleterre normande (après 1066)
3. les croisades
4. l'intrigue de *L'École des femmes* de Molière
5. les châteaux de la Loire
6. les contributions françaises à la guerre de l'Indépendance américaine

À l'âge de 18 ans, Isabelle Adjani joue le rôle d'Agnès dans *L'école des femmes* de Molière.

## 18 ▸ Trouvez un livre!

*Utilisez le fichier (card catalogue) dans la bibliothèque de votre école pour trouver un livre sur chacun des six sujets dans l'Activité 17. Pour chaque sujet écrivez le nom de l'auteur (author), le titre, la cote (call number) et la date de publication.*

## 19 ▸ Faites des recherches!

*Choisissez le sujet qui vous intéresse le plus parmi ceux qui suivent sur l'œuvre (works) et le temps de Molière.*

1. la vie à la cour de Versailles
2. le règne de Louis XIV
3. l'importance de la bourgeoisie au dix-septième siècle
4. la vie de Molière
5. les pièces de Molière

*Faites des recherches sur votre sujet en utilisant les encyclopédies, Masterplots, le fichier et les autres techniques de recherche que vous venez d'apprendre. Puis préparez un plan détaillé de votre sujet. (Utilisez la section Writing a Formal Outline qui se trouve aux pages 312-13 du deuxième manuel de la série C'est à toi!)*

## Dossier fermé

Avec un groupe d'élèves de ton école, tu passes 15 jours en France. Pendant votre visite d'une belle cathédrale gothique, le guide vous parle des fenêtres de la cathédrale. Il dit que ces fenêtres, composées de morceaux de verre colorés, ne sont pas connues seulement pour leur beauté. Il dit que dans le passé elles avaient aussi une fonction utile. Qu'est-ce que ces fenêtres faisaient?

   C. Elles racontaient des histoires de la Bible et des héros et héroïnes français.

Les gens qui ne pouvaient pas lire se servaient des vitraux des églises pour apprendre les histoires religieuses et celles de la gloire de France. Les vitraux de Chartres, par exemple, racontaient la vie de Charlemagne, et ceux de la Sainte-Chapelle racontaient des histoires de la Bible.

Une scène des vitraux de Chartres montre Charlemagne et Roland en train de partir pour l'Espagne.

## ✓ Évaluation culturelle

*Pour voir si vous avez bien compris la culture francophone, décidez si chaque phrase est **vraie** ou **fausse**.*

1. Jules César a vaincu Vercingétorix et les Gaulois.
2. Roland a essayé d'aider Charlemagne.
3. Charlemagne voulait établir sa capitale à Paris.
4. La tapisserie et les vitraux ont aidé les gens à comprendre les événements historiques.
5. Le roi Louis IX a participé à toutes les croisades et a réussi à délivrer la Terre sainte.
6. Les trois fils de Catherine de Médicis sont connus comme *Les Trois Mousquetaires*.
7. L'Amiral Coligny a ordonné le massacre de la Saint-Barthélemy.
8. Nostradamus était l'architecte de la cathédrale de Notre-Dame de Paris.
9. Marie-Antoinette plaisait à son peuple, qui l'adorait.
10. Pierre L'Enfant et Georges Haussmann ont travaillé ensemble pour construire un nouveau Paris.

Georges Haussmann a transformé Paris en la plus belle ville du monde.

## ✓ Évaluation orale

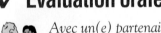 *Avec un(e) partenaire, jouez les rôles de deux personnages historiques que vous venez d'étudier. Imaginez la conversation qui aurait lieu s'ils se rencontraient pour la première fois. Vous pouvez choisir entre ces couples:*

- Vercingétorix et Jules César
- Guillaume le Conquérant et Harold
- Catherine de Médicis et Nostradamus
- Louis XVI et Marie-Antoinette
- le marquis de La Fayette et George Washington

Pour préparer votre conversation, c'est une bonne idée de faire des recherches pour apprendre plus sur la vie et le caractère de vos personnages. Chaque partenaire doit dire à l'autre comment il le/la trouve et doit donner des raisons spécifiques pour ses sentiments. Avant de commencer votre conversation, vous devez considérer:

- si votre partenaire et vous, vous vous entendez bien ou mal
- si vous aimez ou détestez votre partenaire
- si vous êtes d'accord avec ou si vous critiquez les actions de votre partenaire

# ✓ Évaluation écrite

Imaginez que vous êtes l'un des dix personnages qu'on a nommés dans l'activité précédente et que c'est un jour décisif dans votre vie. Écrivez une lettre à quelqu'un que vous connaissez assez bien et décrivez pour lui ce qui vient de se passer. Si vous êtes Catherine de Médicis, par exemple, vous pouvez décrire ce que Nostradamus vient de vous raconter, ou si vous êtes Louis XVI, vous pouvez décrire votre premier jour en prison. Parlez de ce que vous avez fait, en donnant des détails spécifiques de l'événement. Dites aussi qui vous avez vu, en donnant vos impressions de ces personnes. Enfin mentionnez comment vous vous sentez en ce moment.

# ✓ Évaluation visuelle

Maintenant c'est à vous de démontrer ce que vous savez sur l'histoire française! Écrivez un paragraphe où vous décrivez certains aspects de la vie de Marie-Antoinette pendant le dix-huitième siècle. Utilisez les suggestions dans les illustrations et les nouvelles expressions de l'Unité 8. (Avant de commencer, regardez les sections Révision de fonctions aux pages 380-82 et Vocabulaire à la page 383.)

# Révision de fonctions

Can you do all of the following tasks in French?

- I can talk about what happened in the past.
- I can give factual information.
- I can use linking expressions to connect narration.
- I can talk about things sequentially.
- I can explain what something means in another language.
- I can say what someone is obliged to do.
- I can say that someone has something done.
- I can say what someone is incapable of doing.
- I can describe someone's character traits.
- I can express criticism.
- I can make a generalization.
- I can boast.
- I can state someone's preference.
- I can express appreciation.

To describe past events, use:

Après une lutte difficile, **les Français ont vaincu** les Anglais.
**Elle a survécu** à des intrigues politiques très complexes.

*After a difficult fight, the French defeated the English.*
*She survived some very complicated political intrigues.*

To state factual information, use:

Le massacre de la Saint-Barthélemy **a eu lieu** en 1572.

*The St. Barthélemy Massacre took place in 1572.*

Le bal masqué a eu lieu le 14 février.

To use links, use:

**Au temps des** Romains la France s'appelait la Gaule.

**En ce temps-là** les Gaulois vivaient en tribus indépendantes.

**Au cours de** sa deuxième croisade, Louis IX est mort de maladie.

*At the time of the Romans, France was called Gaul.*
*At that time the Gauls lived in independent tribes.*
*In the course of his second crusade, Louis IX died of illness.*

To sequence events, use:

**Par conséquent** il a été obligé d'acheter sa liberté.

**Après avoir accepté** de travailler sans salaire, La Fayette est devenu général.

**Après être rentré**, il a continué à servir son pays.

*Consequently he had to buy his liberty.*
*After having agreed to work without pay, La Fayette became a general.*
*After having returned, he continued to serve his country.*

To explain something, use:

**En français, on dit** "Je suis venu, j'ai vu, j'ai vaincu."

*In French it's "I came, I saw, I conquered."*

To express obligation, use:

**Elle était obligée de** défendre ses fils.

*She was obliged to defend her sons.*

To have something done, use:

Après six ans **César l'a fait tuer.**

**Il a fait venir** les meilleurs professeurs de son temps.

Guillaume a gardé les lois d'Édouard **pour faire accepter** son administration.

**Louis IX a fait construire** la Sainte-Chapelle à Paris.

*After six years Caesar had him killed.*
*He had the best teachers of his time come.*
*William kept Édouard's laws in order to have his administration accepted.*
*Louis IX had the Sainte-Chapelle built in Paris.*

To express incapability, use:

La Fayette **avait beau essayer d'**arrêter la violence de la Révolution.

*La Fayette tried in vain to stop the violence of the Revolution.*

To describe character, use:

**Il était** courageux.

*He was courageous.*

To express criticism, use:

Les protestants et les catholiques **ont** beaucoup **critiqué** Catherine.

*Protestants and Catholics criticized Catherine a lot.*

To state a generalization, use:

**On a dit que** les temps changent, mais que la nature humaine ne change pas.

*People have said that times change but human nature doesn't.*

To boast, use:

César a déclaré, **"Je suis venu, j'ai vu, j'ai vaincu."**

*Caesar declared, "I came, I saw, I conquered."*

**Il était fier de ses qualifications.**

*He was proud of his qualifications.*

To state a preference, use:

Louis XVI **préférait** la chasse **aux** affaires du pays.

*Louis XVI preferred hunting to the business of the country.*

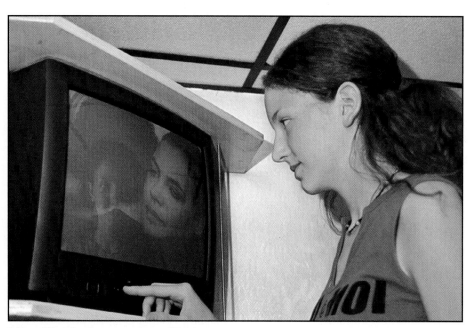

Julie préférait les drames aux jeux télévisés.

To express appreciation, use:

**Les Français l'ont** toujours **apprécié pour** son christianisme et sa justice.

*The French have always appreciated him for his Christianity and justice.*

# Vocabulaire

| | | |
|---|---|---|
| une | **administration** administration *A* | |
| des | **affaires (f.)** business *B* | |
| | **ambitieux, ambitieuse** ambitious *A* | |
| | **améliorer** to improve *A* | |
| | **assassiner** to assassinate *B* | |
| l' | **Autriche (f.)** Austria *B* | |
| | **avoir beau** (to do something) in vain *B* | |
| | **avoir lieu** to take place *B* | |
| une | **bataille** battle *B* | |
| | **beau: avoir beau** (to do something) in vain *B* | |
| un(e) | **catholique** Catholic *B* | |
| la | **chasse** hunting *B* | |
| un | **chef** chief *A* | |
| le | **christianisme** Christianity *A* | |
| | **complexe** complicated *B* | |
| un(e) | **conquérant(e)** conqueror *A* | |
| un | **conseil** (piece of) advice *A* | |
| la | **construction** building *A* | |
| | **contre** for *A* | |
| | **copier** to copy *A* | |
| une | **cour** court *A* | |
| | **critiquer** to criticize *B* | |
| une | **croisade** crusade *A* | |
| | **défendre** to defend *B* | |
| | **démolir** to demolish *B* | |
| | **Dieu (m.)** God *A* | |
| | **diviser** to divide *A* | |
| un | **duc** duke *A* | |
| | **durer** to last *B* | |
| un | **empereur** emperor *A* | |
| un | **empire** empire *A* | |
| | **envers** towards *A* | |
| un | **événement** event *A* | |
| | **faire prisonnier/prisonnière** to take prisoner *A* | |
| | **fier, fière** proud *A* | |
| la | **Gaule** Gaul *A* | |
| un(e) | **Gaulois(e)** inhabitant of/from Gaul *A* | |
| un | **général** general *B* | |
| | **gouverner** to govern *A* | |
| | **guillotiner** to guillotine *B* | |
| | **illuminé(e)** illuminated *B* | |
| un | **impôt** tax *B* | |
| l' | **indépendance (f.)** independence *B* | |
| la | **justice** justice *A* | |

| | | |
|---|---|---|
| | **large** wide *B* | |
| | **libéral(e)** liberal *B* | |
| un | **lieu** place *B* | |
| | **avoir lieu** to take place *B* | |
| la | **loyauté** loyalty *A* | |
| | **maintenir** to maintain *B* | |
| un(e) | **marquis(e)** marquis, marchioness *B* | |
| un | **massacre** massacre *B* | |
| un | **moine** monk *A* | |
| une | **monarchie** monarchy *B* | |
| | **monétaire** monetary *A* | |
| | **négocier** to negotiate *B* | |
| un(e) | **Normand(e)** inhabitant of/from Normandy *A* | |
| l' | **Occident (m.)** West *A* | |
| s' | **occuper de** to deal with *A* | |
| | **ordonner** to order *B* | |
| la | **paix** peace *A* | |
| | **par conséquent** consequently *A* | |
| le | **passé** past *A* | |
| le | **peuple** people *B* | |
| | **pieux, pieuse** pious *A* | |
| le | **présent** present *A* | |
| un | **prisonnier, une prisonnière** prisoner *A* | |
| un(e) | **protestant(e)** Protestant *B* | |
| | **province: en province** in the provinces *B* | |
| un | **règne** reign *B* | |
| la | **religion** religion *B* | |
| une | **relique** relic *A* | |
| | **réunir** to reunite, to bring together *A* | |
| une | **révolution** revolution *B* | |
| un(e) | **Romain(e)** Roman *A* | |
| | **rusé(e)** crafty, sly *B* | |
| | **survivre** to survive *B* | |
| un | **système** system *A* | |
| une | **terre** land *A* | |
| | **tomber** to fall *A* | |
| | **transformer** to transform *B* | |
| une | **tribu** tribe *A* | |
| | **troublé(e)** disrupted *B* | |
| | **tuer** to kill *A* | |
| | **vaincre** to defeat, to conquer *A* | |
| la | **violence** violence *B* | |
| des | **vitraux (m.)** stained glass windows *A* | |

# Unité 9

## L'Afrique francophone

In this unit you will be able to:
- write a letter
- tell a story
- describe past events
- sequence events
- use links
- give information
- tell location
- ask what something is
- identify objects
- express ownership
- boast
- express enthusiasm
- compare
- remind
- express indifference
- express disappointment

www.emcp.com

# Tes empreintes ici

As-tu jamais voyagé en Afrique? Si oui, comment l'as-tu trouvée? Si non, voudrais-tu y aller un jour? Quel pays choisirais-tu de visiter? Un pays francophone, peut-être? Penses-tu que la vie quotidienne en Afrique soit très différente de la vie quotidienne ici?

Quand un(e) ami(e) te rend visite, quels sont les endroits intéressants que tu aimes lui montrer? Par exemple, tu peux lui montrer:

- le zoo, parce que presque tout le monde aime regarder les éléphants, les singes et les poissons. Quels sont tes animaux favoris?
- un musée, surtout s'il y a une exposition spéciale. Est-ce que les musées d'art, d'histoire ou de la nature t'intéressent? Est-ce qu'il y a un musée célèbre là où tu habites? Lequel?
- un atelier où on crée quelque chose de spécial. Quelquefois on peut y acheter ce qui y est créé. Quelle est la spécialité de ta ville?

As-tu jamais comparé la vie quotidienne en Afrique avec celle de l'Ouest? (Niger)

# Dossier ouvert

Imagine que tu es à Niamey (au Niger), à Abidjan (en Côte-d'Ivoire) ou à Dakar (au Sénégal) en visite touristique. Tous les sites africains et leurs couleurs riches t'impressionnent. Tu vois une femme en jupe et avec un foulard de tête de couleurs vives, et tu veux la prendre en photo. Mais cette femme se fâche. Pourquoi?

A. La femme n'a pas eu le temps de se peigner.
B. Selon la tradition islamique, les Africains n'aiment pas que les touristes les prennent en photo.
C. La femme n'a pas son appareil-photo pour te prendre en photo.

le Niger

le Sahara

Niamey

une case

une concession

## des animaux africains

une girafe

un éléphant

un singe

une autruche

un lion

un hippopotame

une hyène

un dinosaure

une antilope

Nous sommes samedi. Abdoulaye, un étudiant de l'Université de Niamey, emmène sa nouvelle copine, Salmou, au musée national. Elle était venue faire ses études d'infirmière à Niamey, la capitale du Niger, et ils se sont rencontrés° chez des amis. C'est la première visite de Salmou au musée.

Abdoulaye et Salmou finissent la journée au snack-bar du musée national de Niamey.

La girafe avec le gratte-ciel de Niamey derrière montre le contraste entre le passé et le présent au Niger.

| | |
|---|---|
| Salmou: | Où est le musée, Abdoulaye? Je ne vois qu'un parc. |
| Abdoulaye: | Oui, c'est le parc du musée. Tout ça, c'est le musée national de Niamey. |
| Salmou: | Qu'est-ce qu'il y a alors? |
| Abdoulaye: | Bon, tu vois partout des pavillons d'exposition. Celui des vêtements traditionnels est à droite, celui des instruments de musique est à gauche, et plus loin il y a celui des squelettes de dinosaures du Sahara. |
| Salmou: | Et tous ces enfants qui sont là-bas, qu'est-ce qu'ils regardent? |
| Abdoulaye: | Les hippopotames! Le zoo fait partie du° musée. |
| Salmou: | Il y a aussi des éléphants, n'est-ce pas? |
| Abdoulaye: | Non, mais regarde! Voilà les hyènes, les lions et les singes. Derrière, on trouvera les autruches et les antilopes. |
| Salmou: | Et les girafes? |
| Abdoulaye: | Elles sont de l'autre côté.° Allons voir! Tu as ton appareil-photo?° Ça fera une photo intéressante, les girafes avec un gratte-ciel° de Niamey derrière. Ça montrera le contraste entre le passé et le présent. |
| Salmou: | Malheureusement,° j'ai oublié mon appareil-photo. Si j'avais su que c'était si passionnant.... Tiens, qu'est-ce que c'est que° ce pavillon à côté? |

**se rencontrer** faire la connaissance de; **faire partie de** être une partie de; **de l'autre côté** *on the other side*; **un appareil-photo** ce qu'on utilise quand on prend une photo; **un gratte-ciel** *skyscraper*; **malheureusement** *unfortunately*; **Qu'est-ce que c'est que...?** *What is . . .?*

| Abdoulaye: | Ce sont les villages modèles. On peut voir les concessions des paysans° avec leurs cases en banco.° Même aujourd'hui beaucoup de villages ressemblent toujours à ces villages modèles. |
| Salmou: | Oui, oui, je sais. Dans mon village de Koré Mai Ruwa, tu verras aussi des concessions comme ça. C'est fantastique qu'on puisse voir un peu de notre pays ici. Et les artisans° célèbres dont tu m'as parlé, où sont-ils? |
| Abdoulaye: | Ils se trouvent près de l'entrée du musée. Tu veux voir la maroquinerie?° |
| Salmou: | Des trucs en cuir? Oui, je veux acheter des sandales. |
| Abdoulaye: | Bon alors, allons-y! |

Salmou vient d'un village nigérien typique.

Abdoulaye et Salmou vont à l'atelier° des artisans et s'arrêtent devant Garba, un vieil homme qui est en train de travailler.

| Salmou: | Oh! J'adore ces sandales! Elles sont à° vous, Monsieur? |
| Garba: | Oui, oui. Elles sont à moi. |
| Abdoulaye: | Et ce tapis de Zinder? |
| Garba: | Il est en cuir et en peau° de chèvre. Je n'aime pas me vanter,° mais c'est un travail très fin,° n'est-ce pas? Je suis de Zinder, capitale de la maroquinerie. |
| Salmou: | C'est combien, ces sandales? |
| Garba: | Elles coûtent 3.500 francs, Mademoiselle. Vous faites du... |
| Salmou: | Trente-neuf, Monsieur. Je préfère cette paire-ci. |
| Garba: | Voilà, Mademoiselle. Vous savez, il faut aller à la boutique du musée. Je crois que tout est en solde aujourd'hui. |
| Salmou: | Super! Allons-y, Abdoulaye! |
| Abdoulaye: | Bon, je suis d'accord. Et les autres expositions? |
| Salmou: | Bof!° On verra tout ça un autre jour. |

Abdoulaye et Salmou sont dans la boutique du musée.

| Vendeuse: | Est-ce que les foulards de tête vous intéressent, Mademoiselle? J'en ai de très jolis comme celui-ci en marron et rouge. Il va très bien avec votre pagne.° Et je vous rappelle° que tout est en solde aujourd'hui. |
| Salmou: | Ah oui. Je trouve ces couleurs très jolies. Ce foulard de tête-ci, il fait combien? |
| Vendeuse: | Trois mille francs, Mademoiselle. |
| Abdoulaye: | Attention, hein? Tu as assez d'argent sur toi? |
| Salmou: | Ah! Oh, si seulement j'étais venue avec tout mon argent.... Euh... Abdoulaye, je peux t'emprunter° 2.000 francs? |
| Abdoulaye: | Oui, oui. Je crois que j'ai assez d'argent à te prêter.° |
| Salmou: | Tu es très gentil. |
| Abdoulaye: | Et maintenant je t'invite à prendre un coca au snack-bar du musée. |

Beaucoup de Nigériennes portent un foulard de tête.

un **paysan**, une **paysanne** une personne qui habite à la campagne; le **banco** *adobe*; un **artisan** *craftsperson*; la **maroquinerie** les objets en cuir; un **atelier** où travaille un artisan; **être à** *to belong to*; une **peau** *skin*; **se vanter** *to boast*; **fin(e)** compliqué(e); **Bof!** Qu'est-ce que je peux dire?; un **pagne** une jupe africaine; **rappeler** *to remind*; **emprunter** *to borrow*; **prêter** *to lend*

*Écrivez la lettre de l'animal que vous entendez.*

A.

B.

C.

D.

E.

F.

**2** **Complétez!**

*Choisissez l'expression qui complète chaque phrase d'après le dialogue.*

1. Salmou et Abdoulaye sont....
   A. au musée national de Niamey
   B. à l'Université de Niamey
   C. chez des amis

2. On peut voir tous les pavillons sauf....
   A. le pavillon des vêtements traditionnels
   B. le pavillon des instruments de musique
   C. le pavillon des squelettes d'antilopes

3. La photo des girafes avec un gratte-ciel de Niamey derrière montrerait....
    A. le contraste entre le passé et le présent
    B. le contraste entre Niamey et Koré Mai Ruwa
    C. le zoo et les villages

4. Dans les villages modèles on peut voir des cases dans des....
    A. rues
    B. pavillons
    C. concessions

5. Le tapis de Zinder est en cuir et en....
    A. peau de chèvre
    B. marron et rouge
    C. solde

6. Salmou achète... de Garba.
    A. un tapis
    B. une paire de sandales
    C. des photos de l'atelier des artisans

7. Salmou veut aller à la boutique du musée car....
    A. tout est en solde aujourd'hui
    B. tout est bon marché
    C. elle n'aime pas les pavillons

8. Abdoulaye prête 2.000 francs à Salmou parce qu'elle....
    A. veut lui offrir un foulard de tête
    B. veut plaire à la vendeuse
    C. n'a pas assez d'argent

Qui a oublié son appareil-photo?

## 3 ▸ La journée d'Abdoulaye

*Vous verrez une page du journal d'Abdoulaye. Il décrit sa journée au musée. Complétez chaque phrase avec l'expression convenable de la liste suivante.*

| | | | | |
|---|---|---|---|---|
| paire | emprunté | appareil-photo | rappelé | modèles |
| traditionnels | pavillons | maroquinerie | fait partie | pagne |

Abdoulaye a-t-il montré le pavillon des instruments de musique à Salmou? (Niamey)

*samedi*

*Aujourd'hui j'ai emmené Salmou au musée national de Niamey. Je lui ai montré la plupart des... d'exposition, par exemple, celui des vêtements... et le zoo qui... du musée. Elle avait oublié son..., donc elle n'a pas pu prendre de photos. Après avoir visité les villages..., elle avait envie de voir la.... Elle a acheté une... de sandales. Puis nous sommes allés à la boutique du musée où la vendeuse nous a... que tout était en solde. Salmou a choisi un foulard de tête en marron et rouge pour aller avec son.... Elle m'a... 2.000 francs parce qu'elle n'était pas venue avec tout son argent. Après nous avons pris un coca au snack-bar du musée.*

## 4 ▸ C'est à toi!

*Questions personnelles.*

1. Est-ce que tu voudrais aller en Afrique un jour? Si oui, où irais-tu?
2. Quand tu as des ami(e)s d'une autre ville qui te rendent visite, quels endroits est-ce que tu leur montres?
3. Est-ce que tu aimes aller aux musées? Si oui, lequel préfères-tu?
4. Quels sont tes animaux favoris au zoo?
5. Est-ce que tu aimes prendre des photos? As-tu un appareil-photo?
6. Joues-tu d'un instrument de musique? Si oui, duquel?
7. Est-ce que tu prêtes quelquefois de l'argent à tes ami(e)s?
8. Est-ce que tu empruntes de l'argent à tes ami(e)s? Pourquoi ou pourquoi pas?

# Le Niger

Comme plusieurs pays francophones d'Afrique, la république du Niger se trouve dans le désert du Sahara. Le Niger est deux fois plus grand que le Texas. Le fleuve Niger traverse le pays à l'ouest, à l'est du pays on trouve le lac Tchad et le désert est au nord. Le fleuve et le lac donnent de l'eau à ce pays très pauvre qui dépend de l'agriculture pour manger. Comme d'autres pays africains, le Niger connaît les problèmes de déforestation et de désertification. La richesse du pays consiste en sa population animale, mais, malheureusement, la chasse l'a diminuée.

Une caravane de sel traverse le Sahara au Niger.

Nous parlons haoussa et français.

# L'histoire du Niger

L'histoire du Niger date de six mille ans. Au début du vingtième siècle, les Français ont établi des colonies au Niger. En 1960 le Niger est devenu indépendant comme plusieurs autres colonies françaises d'Afrique. La capitale du Niger, Niamey, est située sur le fleuve Niger. Elle a une population de presque 800.000 habitants. C'est le centre d'affaires et de gouvernement. Pour ceux qui font des affaires, il est important de parler français, parce que c'est aussi bien la langue du commerce que la langue officielle. C'est la religion islamique qui domine dans la région, et 80 pour cent des Nigériens sont musulmans.

# Le musée national de Niamey

Le musée national de Niamey est un centre d'éducation pour la population nigérienne. Comme représentation de l'histoire et de la géographie du pays, le musée sert aussi aux touristes. Si la préhistoire vous intéresse, visitez le pavillon de la grande exposition des squelettes des dinosaures qui habitaient la région. Le *Carcharodontosaurus*, un dinosaure plus grand que le *Tyrannosaurus rex*, vivait là il y a 90 millions d'années. D'autres parties du musée sont consacrées à l'ethnographie, la paléontologie, la géologie et l'architecture. Si vous vous arrêtez dans les ateliers des artisans, vous pouvez y admirer leurs articles traditionnels de maroquinerie, des tapis, des objets en argent et en or et aussi de la poterie du pays. Commencez une conversation avec un

Un artisan fait de la poterie. (Niamey)

artisan! Il aimera sans doute vous parler de son travail. Et il est toujours utile de discuter les prix avec l'artisan, parce que vous pourriez trouver des objets d'art à de très bons prix.

N'oubliez pas de prendre votre appareil-photo quand vous visiterez le parc d'animaux sauvages au musée national de Niamey. Il est permis de prendre des photos des animaux et des différents sites touristiques au Niger, mais pas des aéroports ou des centres gouvernementaux. Les gens en Afrique n'aiment pas qu'on les prenne en photo, et c'est toujours une bonne idée de demander d'abord à quelqu'un si vous pouvez prendre sa photo. Et enfin, quand vous aurez faim et soif, allez au snack-bar pour pouvoir sortir au soleil en écoutant des chansons dans la langue nationale ou des légendes historiques.

N'oubliez pas de demander la permission aux Africains avant de les prendre en photo.

## 5 ▶ Le Niger

*Répondez aux questions suivantes.*

1. Où se trouve la république du Niger?
2. Quelles sources d'eau trouve-t-on au Niger?
3. Qu'est-ce qui crée des problèmes pour la population des animaux?
4. Quand est-ce que le Niger est devenu indépendant?
5. Quelle est la langue du commerce au Niger?
6. Quelle est la religion de la plupart des Nigériens?
7. Quels sont les diverses parties du musée national de Niamey?
8. Le *Carcharodontosaurus*, qu'est-ce que c'est?
9. Avant d'acheter quelque chose qu'un artisan a fait, qu'est-ce qu'il est toujours utile de faire?
10. Qu'est-ce qu'on peut photographier au Niger?

Dans le pavillon de paléontologie on apprend les périodes géologiques. (Niamey)

# Journal personnel

Before you began this lesson, what ideas did you have about life in Africa? What did you know about its geography? How did you imagine people made a living? In what kinds of buildings did you think they lived and worked? What animals did you think were found there? What kinds of products did you think people made? Having learned specific details about life in Niger, how has your picture of Africa now changed? Which of your ideas are correct? Which need to be readjusted? What more would you need to know about Niger to be able to say you understand what life is really like there?

## Expressions with *être*

The verb **être** (*to be*) is another frequently used verb in French.

Tout **est** en solde aujourd'hui.                    *Everything is on sale today.*

Also called a "building block" verb, **être** is used in a number of expressions in French where a different verb is used in English. You have already learned some common expressions with **être** that deal with agreeing with someone, giving the day/date and saying that you are busy doing something.

Bon, je **suis d'accord**.                    *Good, I agree.*

Nous **sommes samedi**.                    *It's Saturday.*

Garba **est en train de** travailler.                    *Garba is busy working.*

Des Nigériennes sont en train d'apporter (*bring*) leurs marchandises au marché.

To show ownership, use the expression **être à** (*to belong to*). A stress pronoun or a noun follows **être à**.

J'adore ces sandales! Elles **sont à**          *I love these sandals! Do they belong*
vous, Monsieur?                                            *to you, Sir?*
Oui, oui. Elles **sont à** moi.                    *Yes. They are mine.*

À qui est le café au lait? Il est à Luc.

**6** **Complétez!**

*Choisissez une phrase de la liste suivante pour accompagner chaque illustration. Puis complétez la phrase avec la forme convenable du verbe **être** au présent.*

**Modèle:**

> Bon, je... d'accord.
> Enfin, nous... vendredi.
> Ces sandales, elles... à vous?
> Zinder... à 900 kilomètres de Niamey.
> Cet homme... en train de travailler une peau de chèvre.
> Vous... de Niamey?
> C'... le dix septembre.
> Oh là là! Il... déjà cinq heures.
> Ali et Sonia... en retard.

**Enfin, nous sommes vendredi.**

1.

2.

3.

4.

5.

6.

7.

8.

 *Avec un(e) partenaire, dites à qui sont les choses suivantes, selon l'illustration. Alternez les questions et les réponses avec votre partenaire. Suivez le modèle.*

**Modèle:**

le portefeuille
A: **À qui est le portefeuille?**
B: **Il est à Mohamed.**

1. l'appareil-photo
2. les photos
3. le sac à main
4. les singes
5. les sandales
6. le pagne
7. le foulard de tête
8. les boissons

# Pluperfect tense

The **plus-que-parfait** (*pluperfect* or *past perfect*) is a tense used to tell what had happened in the past before another past action. Like the **passé composé**, the **plus-que-parfait** consists of a helping verb and a past participle. To form the **plus-que-parfait**, use the imperfect tense of the helping verb **avoir** or **être** and the past participle of the main verb. Agreement of the past participle in the **plus-que-parfait** is the same as in the **passé composé**.

|  | *demander* | *aller* |
|---|---|---|
| j' | avais demandé | étais allé(e) |
| tu | avais demandé | étais allé(e) |
| il/elle/on | avait demandé | était allé(e) |
| nous | avions demandé | étions allé(e)s |
| vous | aviez demandé | étiez allé(e)(s)(es) |
| ils/elles | avaient demandé | étaient allé(e)s |

Abdoulaye **avait** déjà **visité** le musée.
Salmou **était venue** faire ses études à Niamey.

*Abdoulaye had already visited the museum.*
*Salmou had come to study in Niamey.*

Guillaume et sa famille avaient fait les touristes à Niamey.

The **plus-que-parfait** is often used to describe a past action that happened before another action in the past. Use the **plus-que-parfait** for the action that is farther back in time and the **passé composé** for the more recent one.

Quand les touristes sont arrivés à l'atelier des artisans, Garba **était** déjà **parti**.
Salmou a dit qu'elle **avait oublié** son appareil-photo.

*When the tourists arrived at the workshop of the craftspeople, Garba had already left.*
*Salmou said that she had forgotten her camera.*

# Pratique

**8** **Pendant les vacances**

*Qu'est-ce que vos amis ont dit qu'ils avaient fait pendant les vacances? Répondez selon les illustrations.*

**Modèle:**

Robert
**Robert m'a dit qu'il avait visité le zoo.**

1. Marcel et Francis

2. vous

3. Marielle

4. Adja et Sandrine

5. tu

6. Christian

## 9 ▸ Des excuses

*Dites pourquoi tout le monde est arrivé en retard vendredi à l'Université de Niamey.*

**Modèle:**

Ibrahim/ne pas se lever à l'heure
**Ibrahim est arrivé en retard parce qu'il ne s'était pas levé à l'heure.**

1. Zakia/ne pas pouvoir trouver ses sandales
2. Abdoulaye et toi, vous/perdre vos sacs à dos
3. Jamila et Myriam/avoir des problèmes en démarrant leur voiture
4. le prof de littérature/oublier ses notes de cours
5. les filles/s'arrêter au kiosque à journaux
6. Mohamed et moi, nous/rencontrer des copains
7. Mahmoud/devoir finir ses devoirs
8. tous les étudiants/ne pas regarder l'heure

Zakia est arrivée en retard parce qu'elle n'avait pas pu trouver ses sandales.

## 10 ▸ En ordre chronologique

*Dites qu'une chose s'est passée avant une autre en combinant les deux phrases en ordre chronologique. Formez une phrase dans laquelle vous utiliserez le **passé composé** et le **plus-que-parfait**. Suivez le modèle.*

**Modèle:**

Jamila s'approche. Salmou part.
**Salmou était déjà partie quand Jamila s'est approchée.**

1. Salmou fait la connaissance d'Abdoulaye. Salmou vient faire ses études.
2. Abdoulaye étudie longtemps. Il réussit au bac.
3. Salmou arrive à Niamey. Abdoulaye l'accompagne à la fête.
4. Les touristes font la queue. Le musée ouvre.
5. Salmou achète un ticket. Elle entre dans le musée.
6. Salmou et Abdoulaye voient le lion. Le lion sort de sa cage.
7. Abdoulaye demande du café. Il finit son repas.

# Communication

## 11 Un entretien

 *Dans le dialogue de cette leçon, Garba dit que Zinder est la capitale de la maroquinerie. Pour quels sites ou monuments ou pour quelles expositions ou choses est-ce que les villes de votre région sont bien connues? D'abord, copiez la grille suivante. Puis, complétez-la avec les noms de cinq villes assez célèbres dans votre région. Pour chaque ville, dites pourquoi elle est bien connue et donnez votre opinion sur son attraction principale. Enfin, interviewez un(e) partenaire, demandez son opinion sur les attractions de vos cinq villes et notez ses réponses.*

|    | Ville | Pourquoi | Mon opinion | L'opinion de Paul |
|----|-------|----------|-------------|-------------------|
| 1. | Bemidji (MN) | sa statue de Paul Bunyan | C'est fantastique! | Bof! Ce n'est qu'une grande statue. |
| 2. | | | | |
| 3. | | | | |
| 4. | | | | |
| 5. | | | | |

## 12 Faites un dépliant!

*Servez-vous de votre grille de l'Activité 11 pour créer un dépliant qui aidera votre région à se vanter de ses sites ou monuments historiques ou de ses expositions ou choses artistiques. Offrez des renseignements sur trois des villes que vous avez choisies dans l'activité précédente. Pour chaque ville que vous décrivez, donnez les détails suivants:*

- le nom de la ville
- où la ville se trouve
- pourquoi la ville est bien connue
- une description de son attraction principale
- l'histoire du site ou monument ou la raison pour laquelle l'exposition ou la chose est célèbre
- si l'on peut y acheter un souvenir spécial
- le tarif ou le prix d'entrée pour visiter l'attraction (s'il y en a un)

## Comparing and Contrasting

To compare two or more people or things, explain how they are similar. To contrast them, tell how they are different. In order to prepare for writing a comparison-contrast paragraph, you might find it helpful to use one of two graphic organizers: intersecting circles or a comparison frame.

Here is how one student used intersecting circles to compare and contrast **le musée national de Niamey** with the science museum in her region:

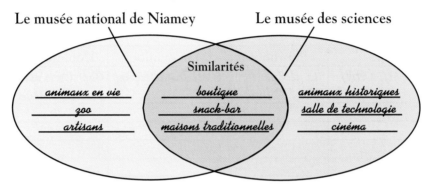

Here is an example of a comparison frame that compares and contrasts Senegal and Niger.

| | Sujets | |
|---|---|---|
| **Catégories** | **Le Sénégal** | **Le Niger** |
| **géographie** | Sahara | Sahara |
| **problèmes de l'environnement** | désertification déforestation | désertification déforestation |
| **influence de la colonisation** | langue officielle enseignement | langue officielle |

You will find the following expressions useful as you compare and contrast:

**à part** *aside from;* **ainsi que** *as well as;* **un(e) autre** *another;* **d'un côté** *on one side;* **de l'autre côté** *on the other side;* **en plus** *in addition;* **non seulement** *not only;* **par contre** *on the other hand;* **quant à** *as for*

When you finally begin to write your paragraph, choose one of two methods of organization: either compare and contrast the two subjects feature by feature, or first discuss all aspects of one subject and then all of the other.

### 13 ▸ À vous d'écrire!

*Écrivez un paragraphe qui compare et contraste un des sujets suivants. Avant d'écrire, faites des cercles qui se croisent* (intersect) *ou une grille de comparaison.*

1. la vie en ville/la vie à la campagne
2. deux sports que vous connaissez bien
3. deux films du même genre que vous venez de voir (par exemple, deux comédies)

le Mali

Mopti

Bandiagara

le gibier

Ils chassent.

une gazelle

J'ai fêté ma réussite au bac.

Cette année Moussa Keita était en terminale, de sorte qu'° il a pu se présenter au bac. Heureusement, il a réussi à l'examen. Après avoir fêté sa réussite° avec ses camarades de classe, Moussa est rentré à Bandiagara, le village où il est né, qui est à 80 kilomètres à l'est de Mopti au Mali. À son arrivée il est allé chercher son grand-père. Il l'a trouvé assis sous un grand baobab° dans ses champs de mil° en dehors du village. Ils ont parlé très longtemps. La conversation était si intéressante que Moussa avait envie de la décrire à son amie, Yakaré Kouyaté.

Le mil est un produit agricole important au Mali.

Bandiagara, le 20 juillet

Chère Yakaré,

Un grand "Salut" de la campagne! J'espère que tu vas bien, ainsi que° toute ta famille. J'écris pour t'envoyer de mes nouvelles° et pour recevoir des tiennes.° Ici tout va bien. Les pluies° ont été abondantes, grâce à Dieu. Je travaille dans les champs chaque matin, et le mil pousse° bien.

Quand je suis arrivé, j'ai eu une conversation intéressante avec mon grand-père. Je l'ai informé de mon succès au bac et de mes projets° d'études à l'université. Mon grand-père m'a raconté comment était la vie quand il avait mon âge. D'abord il m'a demandé quand j'allais me marier, car maintenant j'ai 19 ans. À cet âge, lui et mon père, tous les deux, avaient déjà une femme et deux enfants. Je lui ai expliqué que de nos jours,° les étudiants s'intéressent à finir leurs études et qu'ils n'ont pas les moyens° de se marier. Je lui ai dit que les jeunes préfèrent se marier pour l'amour, mais mon grand-père

**de sorte que** *so that;* **une réussite** *success;* **un baobab** *baobab tree;* **le mil** *millet;* **ainsi que** *et aussi;* **des nouvelles (f.)** *news;* **les tiens, les tiennes** *yours;* **la pluie** *rain;* **pousser** *to grow;* **un projet** *un plan;* **de nos jours** *aujourd'hui;* **le moyen** *means*

pensait que c'était bête. Il a dit que les parents savent mieux choisir les maris et les femmes pour leurs enfants.

Je lui ai demandé combien d'années il avait passées à l'école, et il m'a répondu qu'il n'avait jamais eu l'occasion° d'aller à l'école moderne. Pourtant,° à cette époque-là,° les parents envoyaient presque tous leurs enfants à l'école coranique.° Autrefois,° ils pensaient que l'éducation religieuse était plus importante que l'enseignement en français. Et puis, ils avaient peur que leurs enfants soient pourris° par la grande ville et reviennent au village avec des habitudes européennes. De plus, ils avaient besoin de tous leurs enfants pour travailler aux champs.

Après cela, mon grand-père m'a parlé de ses aventures à la chasse. Au bon vieux temps,° il allait souvent à la chasse avec les autres jeunes hommes du village. Ils chassaient les antilopes et les gazelles. Quant au gibier, il partageait° quelquefois le sien° avec ses amis, et ils partageaient quelquefois le leur° avec lui. Par contre,° aujourd'hui il faut protéger la faune,° et maintenant il est interdit d'aller à la chasse.

Bon, je m'arrête là. J'espère que tes vacances se passent bien. Les miennes° sont trop longues car je ne suis pas avec toi.

À bientôt,
Moussa

Le grand-père de Moussa a dit qu'il avait étudié à l'école coranique.

**une occasion** *opportunity*; **pourtant** *however*; **une époque** le temps; **coranique** de la religion islamique; **autrefois** au passé; **pourri(e)** *spoiled*; **au bon vieux temps** au passé; **partager** diviser; **le sien, la sienne** *his, hers, its, one's*; **le leur, la leur** *theirs*; **par contre** *on the other hand*; **la faune** les animaux; **les miens, les miennes** *mine*

## 1  Aujourd'hui ou autrefois?

*Si l'on parle de la vie moderne au Mali, écrivez "M." Si l'on parle de la vie dans le passé, écrivez "P."*

## 2 ▸ Vrai ou faux?

*Répondez par "vrai" ou "faux" d'après la lettre de Moussa.*

1. Moussa a fêté son anniversaire avec ses camarades de classe.
2. Le grand-père de Moussa ne pouvait pas parler avec lui parce qu'il était assis dans un baobab dans ses champs de mil.
3. Le mil pousse bien parce que les pluies ont été abondantes.
4. Moussa et son grand-père ont parlé de la vie de Moussa et de comment la vie de son grand-père était quand il avait le même âge.
5. Selon son grand-père, les parents savent mieux choisir les maris et les femmes pour leurs enfants.
6. Autrefois, les parents pensaient que l'enseignement en français était plus important que l'éducation religieuse.
7. À cette époque-là, les parents avaient peur que leurs enfants prennent des habitudes européennes.
8. Le grand-père de Moussa et ses amis partageaient quelquefois leur gibier.

Moussa et son grand-père ont parlé sous un baobab.

## 3 ▸ Complétez

*Choisissez l'expression convenable pour compléter chaque phrase d'après la lettre de Moussa.*

| | | |
|---|---|---|
| la faune | informé | par contre |
| les moyens | l'occasion | chassaient |
| Mali | nouvelles | |

1. Moussa a écrit à Yakaré pour lui envoyer de ses….
2. Bandiagara est un village au….
3. Quand Moussa est rentré au village, il a… son grand-père de son succès au bac.
4. De nos jours, les étudiants n'ont pas… de se marier.
5. Son grand-père a dit qu'il n'avait jamais eu… d'assister à l'école moderne.
6. Les jeunes hommes du village… les antilopes et les gazelles.
7. …, maintenant il est interdit d'aller à la chasse.
8. Aujourd'hui il faut protéger….

M. Vignal envoie de ses nouvelles à son fils.

## 4   C'est à toi!

*Questions personnelles.*

1. Est-ce que tu parles souvent avec tes grands-parents? Si oui, de quoi?
2. Combien d'années est-ce que tu as déjà passées à l'école?
3. Est-ce que tu as des projets d'études à l'université? Si oui, qu'est-ce que tu vas y étudier?
4. Est-ce que tes parents ont peur de t'envoyer dans une université dans une grande ville? Si oui, pourquoi?
5. Est-ce que tu comptes te marier? Si oui, quand?
6. Est-ce que tu aimerais vivre dans une société où les parents choisissent les maris et les femmes de leurs enfants? Pourquoi ou pourquoi pas?
7. Est-ce que tu connais quelqu'un qui chasse? Si oui, qu'est-ce qu'il ou elle chasse?
8. Est-ce que tu t'intéresses à la protection des animaux?

As-tu souvent l'occasion de sortir avec tes amis?

As-tu les moyens de voyager pendant les vacances?

## Le Mali

La république du Mali, un autre pays africain, est située entre le Niger et le Sénégal. C'est l'un des pays les plus pauvres du monde. Son économie dépend de l'agriculture, même si seulement 20 pour cent de la terre peut être cultivée. Le désert occupe la plus grande partie du pays, mais il y a aussi des vallées où on peut cultiver des fruits et des légumes. Ces produits, ainsi que le coton et le mil, sont ensuite vendus en Europe.

Un vendeur travaille dans les rues de Bamako.

## Le Mali contemporain

Bamako est la capitale du Mali. C'est une ville cosmopolite où cohabitent tous les groupes ethniques qui font partie de la culture malienne et où vivent plus de 1.500.000 personnes. Son marché central, appelé le Marché Rose, est l'un des plus beaux d'Afrique. On peut y acheter des pagnes, des foulards de tête et de la maroquinerie. Sa grande mosquée, l'église islamique, est le centre de la religion principale du pays, l'islam. Le Mali a depuis longtemps des rapports avec le monde arabe. Au douzième siècle les empereurs du Mali faisaient des voyages religieux, ou pèlerinages, à La Mecque en Arabie Saoudite. C'est cette influence arabe qui reste importante au Mali même aujourd'hui. Maintenant 90 pour cent de la population malienne est islamique et suit les traditions de cette religion. Les écoles coraniques offrent un enseignement religieux basé sur les leçons du *Coran*, le livre religieux de l'islam. Il y a plusieurs traditions islamiques qui sont intégrées dans la vie quotidienne malienne. Par exemple, l'homme peut avoir jusqu'à quatre femmes, l'alcool n'est pas permis, la femme doit s'habiller modestement et les gens n'aiment pas qu'on les prenne en photo.

## Le commerce au Mali

Le Mali est devenu un centre de commerce quand les caravanes de sel, d'or et d'argent traversaient le désert. Mais, lorsque les Européens ont commencé à faire leur commerce aux ports maritimes, les routes des caravanes ont perdu leur importance, et les oasis sont tombées en déclin. Donc, le Mali est devenu moins important pour l'Afrique. Les caravanes qui traversaient le Sahara s'arrêtaient dans des oasis comme celle de Tombouctou (Timbuktu, en

De Zagora au Maroc il faut 52 jours à chameau (*camel*) pour arriver à Tombouctou.

anglais). Elles leur permettaient de prendre de l'eau et d'autres provisions sur la route. La ville de Tombouctou, établie par les nomades au douzième siècle, continue à fasciner le monde. Dans les pays arabes, une expression populaire évoque une certaine Tombouctou qui n'existe que dans l'imagination, parce que l'accès à la ville est très difficile.

## Oumou Sangaré

L'une des plus célèbres Maliennes d'aujourd'hui est Oumou Sangaré. Elle est à la fois chanteuse, écrivain, compositrice de musique et représentante de la cause féminine africaine. Dans ses robes de princesse, elle combine le traditionnel avec le non-traditionnel, le vieux avec le moderne, l'Occident avec l'Afrique. Sa musique est accompagnée de guitare électrique et de claviers, aussi bien que de flûtes et de batterie traditionnelles d'Afrique. Ses textes ne traitent pas seulement de problèmes sociaux, mais aussi de la culture de son monde. Cela crée des chansons dont le message est aussi important que l'origine.

Née en 1968 à Bamako, Sangaré a commencé à chanter à un très jeune âge. Sa mère, elle aussi musicienne, l'a encouragée à devenir chanteuse en faisant monter la petite Oumou sur la table pour chanter. Quand elle avait cinq ans, elle a dû chanter au stade de Bamako. Elle avait peur d'ouvrir la bouche, mais sa mère lui a donné un conseil: "Imagine que tu es à la maison, dans la cuisine." Grâce à cela, elle a pu chanter devant un public qui l'a beaucoup appréciée. Plus tard elle a pu voyager partout dans le monde avec le célèbre Ensemble National du Mali. Son premier triomphe a été son CD

Quand elle donne un concert, Oumou Sangaré porte une robe de princesse.

*Moussolou*, qui a su intéresser les jeunes tout en utilisant les instruments traditionnels de son pays. Cela est différent des autres chanteuses africaines, qui préfèrent une instrumentation moderne. Mais c'est Oumou Sangaré qui a combiné les deux genres d'instruments pour mettre ensemble deux genres de musique.

Si la musique d'Oumou Sangaré est impressionnante, le message qu'elle offre est encore plus important. "J'ai compris les erreurs de nos parents...," dit-elle en parlant de son père, qui avait trois femmes. "Nous, les jeunes, nous refusons de continuer à faire ces mêmes erreurs. Un homme ne pourrait-il pas aimer seulement une femme et faire sa vie avec elle? Je crois que c'est ce que beaucoup de jeunes Maliens ont compris en écoutant mes chansons." Les jeunes ne vont pas à ses concerts pour entendre des chansons traditionnelles. Les jeunes Africains veulent qu'on leur parle de leur présent et de leur avenir.

## Le Mali et Oumou Sangaré

*Répondez aux questions suivantes.*

1. Est-ce que le Mali est un pays assez riche?
2. De quoi dépend l'économie du Mali?
3. Quelle est la capitale du pays?
4. Quelle est la religion principale du Mali?
5. Quelle influence trouve-t-on encore de nos jours au Mali?
6. Quelles sont plusieurs traditions islamiques qu'on observe au Mali?
7. Quelle oasis malienne est devenue célèbre?
8. Qui est Oumou Sangaré?
9. Quels instruments combine-t-elle pour créer sa musique?
10. Pourquoi est-ce que les jeunes Africains aiment Oumou Sangaré?

Les gens de Djenne pratiquent leur religion, l'islam, dans leur grande mosquée. (Mali)

## 6 ▶ Faisons des recherches!

*Utilisez vos différentes sources (encyclopédies, CD-ROM, Internet ou livres d'histoire) pour répondre aux questions suivantes.*

1. Combien de kilomètres de côte le Mali a-t-il?
2. Quels pays partagent leurs frontières avec le Mali?
3. Qui est le président du Mali?
4. Quel âge doit-on avoir pour voter au Mali?
5. Quelle langue africaine est-ce que la plupart des Maliens parlent?
6. Combien de personnes au Mali peuvent lire et écrire?
7. Combien d'enfants une Malienne moyenne a-t-elle?
8. Jusqu'à quel âge un Malien moyen peut-il espérer vivre?
9. Quels sont quelques titres des CDs d'Oumou Sangaré?
10. Quel est le style musical d'Oumou Sangaré?

Trente et un pour cent des Maliens peuvent lire et écrire.

# Journal personnel

Oumou Sangaré blends her unique style of popular music with an important and uplifting message for her African fans. Many musicians contribute their talents to social and political causes. Do you know of any other French or francophone artists who are socially and politically committed? Do any of your favorite singers or musical groups have a similar commitment to improving social and political conditions and deliver this message musically to their audiences? If so, who are they, and what are the social and political issues that they support?

## Possessive adjectives

Possessive adjectives express ownership or relationship. They agree in gender and in number with the nouns that follow them.

| | Singular | | Plural |
|---|---|---|---|
| | **Masculine** | **Feminine before a Consonant Sound** | |
| my | **mon** | **ma** | **mes** |
| your | **ton** | **ta** | **tes** |
| his, her, one's, its | **son** } copain | **sa** } famille | **ses** } projets |
| our | **notre** | **notre** | **nos** |
| your | **votre** | **votre** | **vos** |
| their | **leur** | **leur** | **leurs** |

**Mon** grand-père m'a parlé de **ses** aventures à la chasse.

*My grandfather talked to me about his hunting adventures.*

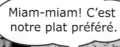

Miam-miam! C'est notre plat préféré.

Note that before a feminine singular word beginning with a vowel sound, **ma**, **ta** and **sa** become **mon**, **ton** and **son**, respectively.

Moussa avait envie d'écrire à **son** amie, Yakaré.

*Moussa wanted to write to his friend, Yakaré.*

## 7 ▸ En partenaires

*Avec un(e) partenaire, demandez si chaque objet illustré est à la personne indiquée. Puis répondez affirmativement en utilisant un adjectif possessif. Alternez les questions et les réponses avec votre partenaire. Suivez le modèle.*

**Modèle:**

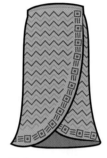

Garba

A: **Est-ce que ce tapis est à Garba?**

B: **Oui, c'est son tapis.**

1. Salmou

2. toi

3. Mme Yondo

4. moi

5. Abdoulaye et toi

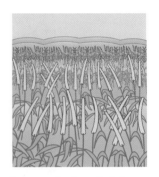

6. M. et Mme Ferrié

7. Céline et moi

8. le grand-père de Moussa

## Changez de sujets!

*Récrivez (Rewrite) les phrases suivantes en utilisant le sujet indiqué. Faites tous les autres changements nécessaires.*

**Modèle:**

Nous avons pris ces photos avec notre nouvel appareil-photo. (Yakaré)
**Yakaré a pris ces photos avec son nouvel appareil-photo.**

1. Abdoulaye et Salmou ont pris leur petit déjeuner chez eux. (tu)
2. Salmou a oublié son argent chez elle. (mes copains)
3. Les artisans ont porté leurs vêtements traditionnels. (ma sœur et moi)
4. Moussa a réussi à son examen. (je)
5. Mon grand-père m'a raconté une de ses aventures. (les hommes du village)
6. J'ai expliqué mes projets à tout le monde. (Moussa)
7. Tu n'as jamais fini tes études. (vous)

# Possessive pronouns

A possessive pronoun replaces a noun plus a possessive adjective.

| | |
|---|---|
| Moussa a réussi à son examen. | *Moussa passed his test.* |
| **Le sien** était le 12 juillet, mais | *His was July 12, but Yakaré's test* |
| l'examen de Yakaré était en juin. | *was in June.* |

The possessive pronoun is composed of two words, each of which agrees in gender and in number with the noun it replaces.

| | Singular | | Plural | |
|---|---|---|---|---|
| | **Masculine** | **Feminine** | **Masculine** | **Feminine** |
| mine | **le mien** | **la mienne** | **les miens** | **les miennes** |
| yours | **le tien** | **la tienne** | **les tiens** | **les tiennes** |
| his, hers, its, one's | **le sien** | **la sienne** | **les siens** | **les siennes** |
| ours | **le nôtre** | **la nôtre** | **les nôtres** | |
| yours | **le vôtre** | **la vôtre** | **les vôtres** | |
| theirs | **le leur** | **la leur** | **les leurs** | |

| | |
|---|---|
| Quant au gibier, mon grand-père partageait **le sien** avec des amis. | *As for game, my grandfather shared his with friends.* |
| Les amis de mon grand-père partageait **le leur** avec lui. | *My grandfather's friends shared theirs with him.* |
| Tes vacances se passent bien? | *Is your vacation going well?* |
| **Les miennes** sont trop longues. | *Mine is too long.* |

Simone porte son nouveau collier et sa copine Martine porte le sien aussi.

When the prepositions **à** and **de** precede a possessive pronoun, the usual combinations result, for example, **au mien, à la mienne, aux miens, aux miennes**; **du mien, de la mienne, des miens, des miennes**.

J'écris pour t'envoyer de mes nouvelles et pour recevoir **des tiennes**.

I'm writing to send you my news and to get yours (news from you).

## Pratique

 **9**   **À qui est-ce?**

*Répondez négativement aux questions suivantes en utilisant le pronom possessif convenable.*

**Modèle:**

Cet appareil-photo est à Abdoulaye?
**Non, ce n'est pas le sien.**

1. Ce tapis de Zinder est à l'artisan?
2. Cette case est à Garba?
3. Ces concessions sont aux paysans?
4. Ces instruments de musique sont à nous?
5. Ces trucs sont à moi?
6. Ce champ de mil est aux Keita?
7. Ces boucles d'oreilles sont à toi?
8. Ce gibier est à toi?
9. Cette voiture est à ta famille et toi?
10. Cette note est à moi?

## 10 ▸ En partenaires

*Avec un(e) partenaire, dites ce que font les personnes indiquées. Puis demandez si les personnes qui suivent le font aussi. Dites que oui. Alternez les questions et les réponses avec votre partenaire. Suivez le modèle et l'ordre indiqué par le cercle.*

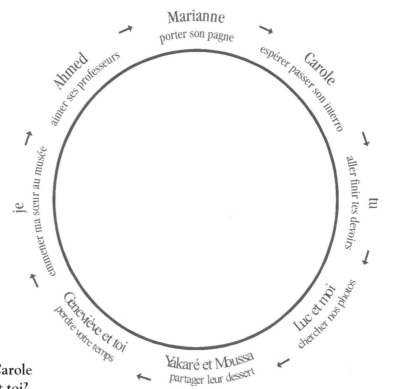

Marianne
porter son pagne

Ahmed
aimer ses professeurs

Carole
espérer passer son interro

je
emmener ma sœur au musée

tu
aller finir tes devoirs

Geneviève et toi
perdre votre temps

Yakaré et Moussa
partager leur dessert

Luc et moi
chercher nos photos

**Modèle:**

A: **Marianne porte son pagne. Et Carole?**

B: **Carole porte le sien aussi. Carole espère passer son interro. Et toi?**

A: **J'espère passer....**

## 11 ▸ Comme Bernadette

*Dites que tout le monde fait exactement comme Bernadette. Utilisez un pronom possessif, et suivez le modèle.*

**Modèle:**

Bernadette rend visite à son grand-père. (Laurent)
**Et Laurent, il rend visite au sien.**

1. Bernadette se souvient de ses vacances. (Abdou et toi)
2. Bernadette pense beaucoup à ses amies. (Jean et moi)
3. Bernadette écrit une lettre à ses cousins. (toi)
4. Bernadette a besoin de ses bagages. (Cécile et Denis)
5. Bernadette se plaint de sa chambre. (ses parents)
6. Bernadette offre un cadeau à ses parents. (moi)
7. Bernadette se sert souvent de son ordinateur. (Claire)
8. Bernadette s'intéresse à sa recherche. (Sébastien)

Bernadette dépend de son ordinateur. Et toi, tu dépends du tien?

# Communication

**12** **Une histoire de ma famille**

*Comme la famille de Moussa Keita, chaque famille a ses propres histoires et traditions. Par exemple, peut-être qu'un de vos grands-parents a immigré aux États-Unis d'un autre pays, et qu'il vous a parlé de son arrivée, ses expériences et ses premières impressions de ce pays. Ou il est possible que votre famille fasse quelque chose de spécial pour célébrer une fête, comme Noël ou un anniversaire. Écrivez un paragraphe où vous racontez une des histoires ou traditions de votre famille. Utilisez des expressions comme **d'abord**, **puis**, **ensuite** et **enfin** pour lier vos phrases et des expressions comme **de nos jours**, **à cette époque-là** et **autrefois** pour organiser vos idées et commentaires.*

Quelle est l'histoire ou la tradition de ta famille que tu préfères?

**13** **Racontez une histoire!**

 *Comme on a dit, chaque famille a ses propres histoires et traditions. Pourtant, elles peuvent ressembler à celles d'autres familles, même s'il y a de petites différences. Racontez l'histoire ou la tradition que vous venez de décrire dans l'Activité 12 à deux ou trois élèves dans votre classe, et écoutez pendant qu'ils vous racontent les leurs. Notez les sujets et les détails qui ressemblent aux vôtres et ceux qui sont différents. Utilisez un des diagrammes suggérés (suggested) dans la **Stratégie communicative** à la page 402.*

**14** **Comparez et contrastez!**

*Maintenant, avec le diagramme que vous avez fait dans l'activité précédente, écrivez une composition où vous comparez et contrastez votre histoire ou tradition de famille avec celle qu'un(e) autre élève vous a racontée.*

# Making Cultural Inferences

In Moussa's letter you read about marriage customs in Mali. Now find out if they are similar to those in another African country as you read an excerpt from the play *Trois Prétendants, un Mari* (*Three Suitors, One Husband*) by Guillaume Oyônô-Mbia and make inferences about the culture of the people living in rural Cameroon. In plays, clues that help you draw cultural conclusions appear in the set directions and in the characters' dialogue.

In this play, the grandfather, Abessolo, complains to his son: "Si je n'avais été là, l'autre jour, tu aurais refusé de prendre les cent mille francs que nous avait versé Ndi, le jeune homme qui veut épouser ma petite-fille Juliette. D'après toi, il fallait attendre pour consulter Juliette elle-même avant d'accepter la dot." Can you use the textual clue in this dialogue and make a cultural inference from it? Do you agree with the following chart?

| Textual clue | Cultural inference |
| --- | --- |
| Ndi a donné 100.000 francs comme dot au père parce qu'il veut se marier avec Juliette. | Au Cameroun un prétendant donne une dot au père de la femme qu'il veut épouser. |

In *Trois Prétendants, un Mari*, Juliette learns that her father plans to marry her to the suitor who gives him the largest dowry. Juliette has just returned home to Mvoutessi from boarding school and discovers she has two wealthy suitors. However, she is already in love with a student who cannot afford to pay her father a dowry. In Act III, Juliette talks to her grandmother (Bella), mother (Makrita) and cousin (Matalina) about her future. As you read, look for textual clues that will give you cultural insights into life in Cameroon.

## 15  Pour commencer...

*Avant de lire la scène suivante, répondez aux questions.*

1. Quand tu as un problème, à qui est-ce que tu parles dans ta famille? Pourquoi?
2. Quand est-ce qu'il faut que tu demandes la permission à tes parents?
3. Est-ce que tu as jamais désobéi à tes parents? Si oui, pourquoi?
4. Si tu te maries un jour, ce sera pour quelles raisons?

# Trois Prétendants, un Mari

## Acte III

*Le soir.... Nous sommes à l'intérieur de la cuisine de Makrita, vaste pièce qu'éclaire un feu de bois au fond, sur lequel bout une marmite.... Makrita et Juliette sont en train de préparer le repas du soir. Au lever du rideau, on voit Bella qui prend des arachides d'une énorme corbeille placée sur une table basse.... Makrita, près du feu, épluche des plantains qu'elle met au fur et à mesure dans la marmite qui bout. Juliette... décortique des arachides, assise sur un petit lit de bambou à gauche de la scène. Makrita est aussi assise sur un lit semblable. Un troisième lit est placé à droite, sur lequel Bella ira s'asseoir plus tard.*

Bella:    (*ayant rempli son panier*) Maintenant que nous sommes entre femmes, Juliette, il faut que tu m'expliques ton attitude. Pourquoi tu refuses d'épouser le fonctionnaire? Un homme si riche! Tu n'es pas fière d'un tel prétendant?

Juliette:    Non, Na' Bella!

Bella:    (*qui va s'asseoir*) Non? Tu oses dire non? Comment peux-tu ainsi désobéir à ta famille? Nous nous sommes donnés tant de mal pour t'élever!

Makrita:    (*sans s'arrêter d'éplucher les plantains*) Tant de mal, ma fille! Tu ne peux savoir combien c'était difficile à ta grand-mère et à moi de persuader ton père de te donner de l'argent quand tu étais renvoyée de Dibamba pour défaut de pension!

Bella:    (*s'asseyant*) Oui! Mon fils était devenu la risée de Mvoutessi! Tous les hommes le trouvaient bête de gaspiller tout l'argent de son cacao sur une fille, au lieu d'épouser d'autres femmes...

Makrita:    Ou bien de doter une femme à Oyônô...

Bella:    Une femme à ton frère! Il parle d'épouser une fille sérieuse et très travailleuse aux environs d'Ebolowa.

Juliette:    Et alors...

Makrita:    Et j'ai dit à ton frère: "Ne t'en fais pas pour la dot qu'on te demande de payer pour ta future femme! Ta sœur Juliette est belle et séduisante! De plus, c'est une collégienne! Nous serons riches le jour où un grand monsieur de la ville viendra lui demander la main!"

Bella:    Et c'est justement ce qui s'est passé! Deux prétendants!

Juliette:    Mais je ne veux ni l'un ni l'autre! Je vous l'ai déjà dit!

Makrita:    (*s'arrête un instant*) Quoi? Tu ne veux pas que ton frère, ton propre frère, puisse enfin se marier? Tu ne veux pas que ta mère ait une bru qui l'aide à semer des arachides et du maïs dans ses champs? (*Soupire*) Je crois que tu n'as pas de cœur, Juliette! Tu...

(*Matalina entre, portant une assiette posée en équilibre sur la tête. Elle salue les autres joyeusement.*)

Matalina:    Mbôlô ô ô?

Les Autres:    Mbôlô ô ô, ah Matalina!

Matalina:    (*allant s'asseoir près de Juliette*) Ma mère t'envoie à manger, Juliette!

(*Elle découvre l'assiette.*)

Juliette:    (*prenant l'assiette*) Oh... merci!....

Matalina:    ... Juliette, comment est-ce qu'une fille peut bien refuser un homme qui l'aime assez pour verser deux cent mille francs de dot pour elle? Il y a des hommes qui n'en auraient pas fait tant, tu sais!

Juliette:    Est-ce que l'argent est une preuve d'amour?

Makrita:    (*couvrant sa marmite*) Bien sûr que oui! Tu ne le savais pas?

Juliette:    Je vous ai dit que mon fiancé n'a pas d'argent, et pourtant je suis sure qu'il m'aime.

| | |
|---|---|
| Matalina: | (*sourit, amusée par tant de naïveté*) Sûre! Tu dis que tu es sûre qu'il t'aime? Qu'est-ce qu'il t'a déjà donné? |

(*Les questions qui suivent sont posées très rapidement.*)

| | |
|---|---|
| Bella: | Combien de robes? |
| Juliette: | Aucune! |
| Matalina: | Et tu l'aimes? |
| Makrita: | Il a une voiture? |
| Matalina: | Il gagne beaucoup d'argent? |
| Juliette: | Mais... |
| Bella: | Est-ce qu'il possède une grande maison? |
| Matalina: | Il est au Gouvernement? |
| Bella: | Est-ce qu'il... |
| Juliette: | (*impatientée*) Rien de tout cela! |
| Bella: | (*après un temps*) Mais il est d'où, ce jeune homme-là? |
| Juliette: | Il est d'Ambam! |
| Les Autres: | (*consternées*) Eé é é é! |
| Bella: | De si loin? Tu veux donc nous quitter? |
| Juliette: | (*sourit, malicieuse*) Tu es donc née à Mvoutessi, Na' Bella? |
| Matalina: | (*avec une pointe de dédain*) Et qu'est-ce que tu lui trouves de si séduisant, à ce garçon? |
| Juliette: | Rien! Je l'aime! |
| Bella: | (*indignée*) Mais tu es folle, Juliette! Depuis quand est-ce que les filles aiment les gens sans la permission de leur famille? Pourquoi veux-tu nous causer tant de déception? (*Se lève et se dirige vers Juliette*) Je te le répète, mon enfant, il faut que tu nous épouses un grand homme! Il est grand temps que toi aussi tu nous apportes de la nourriture, des boissons, et des richesses de la ville comme Cécilia le fait depuis qu'elle est devenue la maîtresse de cet européen de Mbalmayo! Il est grand temps que notre famille elle aussi devienne respectable! |
| Juliette: | (*amusée*) Respectable? Qu'est-ce que... |
| Matalina: | Écoute, Juliette! Puisque tu ne veux pas te marier, va donc te trouver un grand bureau à Yaoundé, au ministère surtout! (*Ton confidentiel*) On dit que ce n'est pas du tout difficile pour les jolies filles! (*Emballée*) Comme cela, nous viendrons de temps à autre passer quelques mois en ville, comme tout le monde! |
| Juliette: | Pourquoi tu ne vas pas te trouver un grand bureau au ministère, toi, si c'est tellement facile? |

(*Matalina se lève, vexée. Elle dit à Bella qui se tenait toujours au centre de la cuisine:*)

| | |
|---|---|
| Matalina: | Je vais rentrer à la maison, Na' Bella! Il fait de plus en plus noir dehors. |
| Bella: | (*la raccompagnant jusqu'à la porte*) Oui, mon enfant.... (*Matalina sort, et Bella se tourne vers Juliette*) Je commence à croire que tu ne vas jamais nous écouter, Juliette! |
| Juliette: | (*essayant de plaider*) Mais c'est vous qui ne me comprenez pas! Je... |
| Makrita: | (*triste et déçue*) Juliette ne sera jamais aussi sage et obéissante que je l'avais toujours espéré! Je suis même sûre qu'une fois mariée à ce grand homme de la ville, elle va souvent l'empêcher de nous donner tout ce que nous exigerons de lui en plus de la dot! (*Commence à ramasser les épluchures de plantains, et à les mettre dans une corbeille à ordures.*) Elle va toujours essayer de limiter les dépenses, au lieu de menacer son mari de divorce chaque fois qu'il refuse de nous donner satisfaction! Je la vois déjà ne servant qu'un petit verre de vin seulement à ses oncles, au lieu d'en donner carrément cinq ou six grandes bouteilles à chacun d'eux! |

| Bella: | (*allant se rasseoir*) Peut-être qu'elle va... |
|---|---|
| Makrita: | (*se redressant*) Je sais comment ces filles d'aujourd'hui traitent les membres de leur famille à Sangmélima! Chaque fois que nous irons lui rendre visite, Juliette va sans doute essayer de se débarrasser de nous après trois semaines seulement, sous prétexte que la nourriture coûte cher en ville! |
| Juliette: | (*éclate d'un rire joyeux*) Ah ah! C'est donc pour cela que tout le monde de ce village tient à me donner au fonctionnaire?.... |

(*Voix d'hommes dans les coulisses.*)

| Bella: | Tiens, Juliette! Voilà ton père et ton grand-père qui reviennent de chez le chef! Va vite allumer la grosse lampe à pression avant que mon fils ne commence à rouspéter! |
|---|---|

## 16 ▸ *Trois Prétendants, un Mari*

*Répondez aux questions suivantes.*

1. Que font Bella, Makrita et Juliette dans la cuisine?
2. Selon Bella, comment est-ce que Juliette désobéit à sa famille?
3. Au lieu d'épouser d'autres femmes ou de doter une femme à son fils, comment le père de Juliette a-t-il dépensé l'argent de son cacao?
4. Selon sa mère, pourquoi est-ce qu'un grand monsieur viendra demander la main de Juliette?
5. Combien de prétendants Juliette a-t-elle?
6. Comment une bru aiderait-elle la mère de Juliette?
7. Pourquoi Matalina pense-t-elle que le fonctionnaire soit amoureux de Juliette?
8. Selon Matalina, qu'est-ce qu'un prétendant devrait faire pour montrer son amour?
9. Pourquoi est-ce que Matalina, Bella et Makrita pensent que le fiancé de Juliette ne soit pas un prétendant sérieux?
10. Pourquoi Bella pense-t-elle que Juliette cause tant de déception?
11. Selon Bella, quelles sont les obligations familiales de Juliette?
12. Que suggère Matalina puisque Juliette ne veut pas épouser un grand homme?
13. Une fois mariée, qu'est-ce que Juliette devrait servir à ses oncles, selon sa mère?
14. Juliette change-t-elle son attitude à la fin? Que veut-elle finalement?
15. À ton avis, Juliette est-elle courageuse ou obstinée? Pourquoi?

## 17 ▸ **Faites un schéma!**

*Faites un schéma comme celui qui se trouve à la page 417. À gauche écrivez cinq descriptions ou citations de la pièce qui ont une importance culturelle. À droite écrivez l'inférence culturelle de chaque phrase.*

**18** ▸ **Une lettre à Juliette** ─────────

*Imaginez que Juliette est votre correspondante. Elle vient de vous écrire une lettre où elle a expliqué la culture camerounaise en ce qui concerne le mariage. Écrivez-lui une lettre dans laquelle vous lui expliquez les attitudes américaines sur le mariage. Par exemple, pourquoi est-ce qu'on instruit (educate) les filles aux États-Unis? Comment savez-vous si quelqu'un vous aime? Quelles sont les qualités que vous respectez dans un(e) partenaire? La décision de se marier, est-ce une décision individuelle ou familiale? Quelles sont les obligations familiales d'une femme après son mariage?*

**19** ▸ **À vous de jouer!** ─────────

*Avec un(e) partenaire, jouez les rôles de Juliette et de son père. Juliette explique pourquoi elle refuse ses deux prétendants et veut toujours se marier avec l'étudiant pauvre. Son père explique la position de la famille en ce qui concerne son mariage et pourquoi elle doit suivre ses conseils.*

# Dossier fermé

Imagine que tu es à Niamey (au Niger), à Abidjan (en Côte-d'Ivoire) ou à Dakar (au Sénégal) en visite touristique. Tous les sites africains et leurs couleurs riches t'impressionnent. Tu vois une femme en jupe et avec un foulard de tête de couleurs vives, et tu veux la prendre en photo. Mais cette femme se fâche. Pourquoi?

   B.   Selon la tradition islamique, les Africains n'aiment pas que les touristes les prennent en photo.

Traditionnellement, les Africains n'aiment pas être photographiés sans leur permission.

Certains Africains acceptent d'être photographiés en échange d'argent. (Dakar)

## ✓ Évaluation culturelle

*Pour voir si vous avez bien compris la culture francophone, décidez si chaque phrase est **vraie** ou **fausse**.*

1. Le Niger était une vieille colonie française.
2. Le Niger et le Mali se trouvent dans le désert du Sahara.
3. Le Niger et le Mali sont parmi les pays les plus riches d'Afrique.
4. La religion principale au Niger et au Mali est l'islam.
5. Selon l'islam, un homme peut avoir jusqu'à quatre femmes.
6. Le Niger et le Mali ont des artisans qui créent des pagnes, des foulards de tête et de la maroquinerie.
7. L'économie du Mali dépend des artisans.
8. Les habitants du Niger et du Mali n'aiment pas qu'on les prenne en photo.
9. Niamey est la capitale du Mali.
10. Oumou Sangaré est une chanteuse malienne qui est très engagée.

La France a colonisé le Niger au début du vingtième siècle. (Niamey)

## ✓ Évaluation orale

 *Avec un(e) partenaire, parlez d'un voyage ou de vacances dont vous vous souvenez bien. Interviewez votre partenaire pour savoir pourquoi ce voyage ou ces vacances ont été mémorables pour lui ou elle.*

*Aidez votre partenaire à s'en rappeler les détails en lui demandant de vous dire ou de vous décrire:*

- les préparatifs qu'il ou elle avait faits avant son départ
- où il ou elle est allé(e)
- quand il ou elle est parti(e)
- comment il ou elle a voyagé
- s'il ou elle a voyagé avec sa famille ou avec des copains
- la durée du voyage ou des vacances
- si c'était sa première visite à cet endroit
- le temps qu'il faisait là-bas
- ce qu'il ou elle a fait pour s'amuser
- s'il ou elle a visité des sites historiques, des monuments ou des musées
- s'il ou elle a acheté des souvenirs
- s'il ou elle voudrait y retourner un jour et pourquoi

*Après l'interview, changez de rôles et répondez aux questions que votre partenaire vous pose.*

# ✓ Évaluation écrite

*Maintenant écrivez une lettre à un(e) correspondant(e) francophone où vous décrivez le voyage ou les vacances spéciales dont vous vous êtes souvenu(e) dans l'activité précédente. Donnez-lui tous les détails aussi bien que vos impressions générales. Servez-vous des expressions comme **d'abord**, **puis**, **ensuite**, **après cela**, **enfin**, etc., pour lier vos phrases. Si vous voulez, vous pouvez utiliser comme modèle la lettre que Moussa a écrite à Yakaré aux pages 404-5.*

# ✓ Évaluation visuelle

*Imaginez que vous êtes Malika, une fille qui habite au Niger. Dans une lettre à votre cousine Latifa, décrivez votre journée au musée national de Niamey avec votre ami Mamadou. Racontez ce que vous avez vu et fait, en utilisant les illustrations et les nouvelles expressions de cette unité. (Avant de commencer, regardez les sections Révision de fonctions aux pages 424-26 et Vocabulaire à la page 427.)*

## Révision de fonctions

Can you do all of the following tasks in French?

- I can write a letter.
- I can tell a story.
- I can talk about what happened in the past.
- I can talk about things sequentially.
- I can use linking expressions to connect narration.
- I can give information about various topics, including passing tests.
- I can tell location.
- I can ask what something is.
- I can identify objects.
- I can say that something belongs to someone.
- I can boast.
- I can express enthusiasm.
- I can compare people and things.
- I can remind someone about something.
- I can express my indifference about something.
- I can say that I'm disappointed.

Je vous rappelle qu'il y aura une boum chez moi le 25 mai.

To write a letter, use:

**Un grand "Salut" de** la campagne!  
**J'écris pour t'envoyer de mes nouvelles et pour recevoir des tiennes.**  
**Ici tout va bien.**  
**Je m'arrête là.**

*A big "Hi" from the country!*  
*I'm writing to send you my news and to get yours (news from you.)*  
*Here everything is fine.*  
*I'll quit for now.*

To tell a story, use:

**Mon grand-père m'a raconté comment était la vie quand il avait mon âge.**
*My grandfather told me how life was when he was my age.*

**Au bon vieux temps,** il allait souvent à la chasse.
*In the good old days, he often went hunting.*

Il y a des régions où on continue à préparer le mil comme au bon vieux temps. (Niger)

To describe past events, use:

**Elle était venue** faire ses études d'infirmière.
*She had come to study nursing.*

Si **j'avais su** que c'était si passionnant….
*If I had known that it was so fascinating . . . .*

Quant au gibier, **il partageait** quelquefois le sien avec ses amis.
*As for game, he sometimes shared his with his friends.*

To sequence events, use:

Je lui ai expliqué que **de nos jours,** les étudiants s'intéressent à finir leurs études.
*I explained to him that today, students are interested in finishing their studies.*

**Autrefois,** ils pensaient que l'éducation religieuse était plus importante.
*Formerly, they thought that religious education was more important.*

De nos jours on envoie plus d'e-mails que de lettres.

To use links, use:

**À cette époque-là**, les parents envoyaient presque tous leurs enfants à l'école coranique.

*At that time, parents sent almost all their children to the Islamic school.*

À cette époque-là, on construisait des forteresses pour protéger les habitants de l'ennemi. (Angers)

To give information, use:

**Je l'ai informé** de mon succès au bac.

*I informed him about my success in the bac.*

To tell location, use:

Elles sont **de l'autre côté**.

*They are on the other side.*

To ask what something is, use:

**Qu'est-ce que c'est que** ce pavillon à côté?

*What is this next pavilion?*

To identify objects, use:

Elles **sont à vous**, Monsieur?
Oui, oui. Elles **sont à moi**.

*Do they belong to you, Sir?*
*Yes. They are mine.*

To express ownership, use:

J'écris pour t'envoyer de mes nouvelles et pour recevoir **des tiennes**.

Quand au gibier, il partageait **le sien** avec ses amis, et ils partageaient **le leur** avec lui.
**Les miennes** sont trop longues.

*I'm writing to send you my news and to get yours (news from you).*
*As for game, he shared his with his friends, and they shared theirs with him.*
*Mine are too long.*

To boast, use:

**Je n'aime pas me vanter, mais** c'est un travail très fin.

*I don't like to boast, but it's very intricate work.*

To express enthusiasm, use:

**C'est fantastique** qu'on puisse voir un peu de notre pays ici.

*It's fantastic that one can see a little of our country here.*

To compare, use:

**Par contre**, aujourd'hui il faut protéger la faune.

*On the other hand, today we have to protect animal life.*

To remind, use:

**Je** vous **rappelle** que tout est en solde aujourd'hui.

*I remind you that everything is on sale today.*

To express indifference, use:

**Bof!**

*What can I say?*

To express disappointment, use:

**Malheureusement**, j'ai oublié mon appareil-photo.

*Unfortunately, I forgot my camera.*

# Vocabulaire

**abondant(e)** plentiful B
**ainsi que** as well as B
une **antilope** antelope A
un **appareil-photo** camera A
un **artisan** craftsperson A
un **atelier** workshop A
**autrefois** formerly B
une **autruche** ostrich A

le **banco** adobe A
un **baobab** baobab tree B
**Bof!** What can I say? A

une **case** hut A
**chasser** to hunt B
une **concession** African housing area A
un **contraste** contrast A
**contre: par contre** on the other hand B
**coranique** of the Islamic religion B
**côté: de l'autre côté** on the other side A

**de l'autre côté** on the other side A
**de nos jours** these days B
**de sorte que** so that B
un **dinosaure** dinosaur A

**emprunter (à)** to borrow (from) A
une **époque** time B
**être à** to belong to A

**faire partie de** to be a part of A
**fantastique** fantastic A
la **faune** animal life B
**fin(e)** intricate A
un **franc** franc A

une **gazelle** gazelle B
le **gibier** game B
un **gratte-ciel** skyscraper A

une **habitude** habit B
une **hyène** hyena A

**informer** to inform B
un **instrument** instrument A
s' **intéresser à** to be interested in B

**jour: de nos jours** these days B

le **leur, la leur** theirs B

**malheureusement** unfortunately A
le **Mali** Mali B
la **maroquinerie** leather goods A
le **mien, la mienne** mine B
le **mil** millet B
**modèle** model A
le **moyen** means B

le **Niger** Niger A
le **nôtre, la nôtre** ours B
des **nouvelles (f.)** news B

une **occasion** opportunity B

un **pagne** African skirt A
une **paire** pair A
**par: par contre** on the other hand B
**partager** to share B
un **pavillon** pavilion, hall A
un **paysan, une paysanne** peasant A
une **peau** skin A
la **pluie** rain B
**pourri(e)** spoiled B
**pourtant** however B
**pousser** to grow B
**prêter** to lend A
un **projet** plan B

**Qu'est-ce que c'est que...?** What is . . . ? A

**rappeler** to remind A
**religieux, religieuse** religious B
se **rencontrer** to meet A
une **réussite** success B

le **Sahara** Sahara A
le **sien, la sienne** his, hers, its, one's B
un **snack-bar** snack bar A
une **sorte: de sorte que** so that B
un **squelette** skeleton A

**temps: au bon vieux temps** in the good old days B
le **tien, la tienne** yours B
**traditionnel, traditionnelle** traditional A

se **vanter** to boast A
le **vôtre, la vôtre** yours B

# Unité 10

## On s'adapte

**In this unit you will be able to:**
- inquire about health and welfare
- give information
- describe past events
- describe character
- inquire about capability
- admit
- agree and disagree
- ask for help
- ask for permission
- express confirmation
- ask for a price
- estimate
- compare
- hypothesize
- express emotions
- express displeasure
- express disappointment
- make suggestions
- accept and refuse an invitation
- express gratitude
- terminate a conversation

www.emcp.com

## Tes empreintes ici

Imagine que tu tombais malade pendant un voyage dans un pays francophone et que tu avais besoin d'un médecin. Comment est-ce que tu te débrouillerais? À qui parlerais-tu? Où irais-tu? Quels mots faudrait-il savoir pour expliquer tes problèmes au médecin? Puis après avoir parlé au médecin, il faudrait que tu expliques ce que tu voudrais au pharmacien ou à la pharmacienne. Pourrais-tu le faire?

Est-ce que tu as jamais acheté un truc électronique qui ne marchait pas? Si oui, qu'est-ce que tu as fait? Est-ce que tu es retourné(e) au magasin pour t'en plaindre? Est-ce que tu étais satisfait(e) de ce que les employés du magasin ont offert de faire? Pourrais-tu faire la même chose si tu étais dans un pays francophone? Il est important de savoir te préparer le mieux possible pour toutes tes aventures en voyage dans des pays francophones.

Saurais-tu que dire au pharmacien si tu tombais malade pendant un voyage en France?

## Dossier ouvert

Si tu étais en France et tu voyais un accident dans la rue et que quelqu'un avait besoin d'aide médicale, que ferais-tu?

A. J'essaierais de trouver les parents de la personne malade.
B. Je ferais le 15 sur un téléphone.
C. Je téléphonerais au commissariat.

# une salle d'attente

des béquilles (f.)

Moi, je me suis cassé la cheville. Et toi?

Je me suis foulé le poignet.

un bandage

un fauteuil roulant

un poignet

un plâtre

une cheville

# une pharmacie

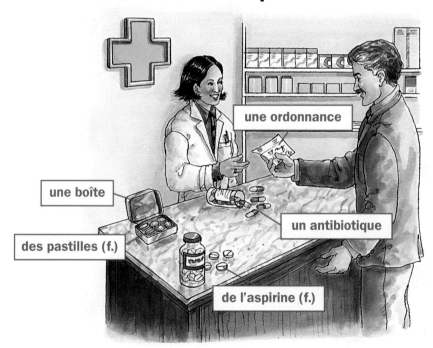

une ordonnance

une boîte

un antibiotique

des pastilles (f.)

de l'aspirine (f.)

Karine et Mathieu sont des camarades de classe qui habitent le même immeuble à Paris. C'est mercredi, donc ils n'ont pas cours. Karine adore l'histoire. Voilà pourquoi elle est allée à Fontainebleau ce matin. Quant à Mathieu, il trouve le foot passionnant. C'est pourquoi il y jouait avec ses copains. Tous les deux sont maintenant dans la salle d'attente d'un hôpital. Karine et Mathieu sont assis l'un à côté de l'autre.° Elle est dans un fauteuil roulant, sa jambe gauche° élevée.° Il a mal au poignet droit.° Son poignet est entouré° d'un bandage. Karine et Mathieu ne parlent pas de n'importe quel° sujet. Ils parlent de leurs blessures,° naturellement.

l'un(e) à côté de l'autre *next to each other;* **gauche** *left;* **élevé(e)** *pas baissé(e);* **droit(e)** *right;* **entouré(e)** *wrapped;* **n'importe quel, n'importe quelle** *just any;* **une blessure** *wound*

Karine a visité le château de Fontainebleau.

Karine: Tu attends depuis combien de temps?

Mathieu: Je suis ici depuis déjà deux heures.

Karine: Oh, mon pauvre! Tu es ici depuis plus de temps que moi. Moi, ça fait une heure.

Mathieu: Qu'as-tu fait?

Karine: Après avoir passé toute la journée à Fontainebleau, j'étais pressée de rentrer chez moi. Quand je suis descendue du train, je suis tombée. J'avais tellement mal à la cheville, tu ne peux pas imaginer. Je me suis vite rendu compte que je ne pouvais pas me lever. Heureusement, j'ai pu demander à quelqu'un de gentil de venir m'aider. Cette femme est allée téléphoner au SAMU.° Grâce à Dieu, ils sont vite arrivés. Et toi?

Mathieu: Je jouais au foot avec quelques copains. J'avais le ballon° quand un des gars a essayé de le rattraper.° Il courait si vite que quand il m'a heurté, je suis tombé. Je savais tout de suite que je m'étais fait mal° au poignet. Ma mère m'a emmené à la salle des urgences.° Maintenant elle cherche une canette° de coca pendant que j'attends les résultats de la radiographie.° On t'a déjà fait une radiographie?

Karine: Oui, plusieurs. Moi aussi, j'attends les résultats. J'ai peur que ma cheville soit cassée.° Après tout, un tel° accident pourrait arriver° à n'importe qui.°

Mathieu: C'est vrai. Oh, voilà, j'entends mon nom. Je te reverrai° après peut-être....

Karine: Tiens! On m'appelle aussi maintenant. Alors, à bientôt.

Après une heure Karine et Mathieu se retrouvent° dans la salle d'attente.

Mathieu: Alors, je vois que tu as un plâtre.

Karine: Oui, ça va durer deux mois. On a vu sur la radiographie que je m'étais cassé° la cheville. Et toi, tu n'as qu'un bandage?

le **SAMU** le service d'assistance médicale d'urgence (*emergency medical service*); **un ballon** (*inflated*) *ball*; **rattraper** *to trap*; **se faire mal** *to hurt oneself*; **une salle des urgences** *emergency room*; **une canette** une boîte; **une radiographie** *X ray*; **cassé(e)** *broken*; **un tel, une telle** *such a*; **arriver** *se passer*; **n'importe qui** *anyone*; **revoir** *to see again*; **se retrouver** *se rencontrer*; **se casser** *to break*

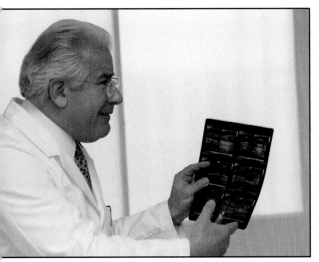

La radiographie montre une cheville cassée.

Mathieu: Oui. Je l'aurai pour trois ou quatre semaines. Je me suis foulé° le poignet. C'est vraiment quelque chose d'embêtant,° moi qui suis sportif. Pas de chance! Tu n'as pas trop de mal à marcher avec des béquilles?

Karine: J'aurai autant de° mal au début que la dernière fois. Je me suis déjà cassé l'autre cheville.

Mathieu: Dis donc, comment vas-tu rentrer chez toi? Ma mère pourrait te conduire, donc tu n'aurais pas besoin d'un taxi.

Karine: Ça serait très gentil. Je te serais très reconnaissante. Mais d'abord il faut aller à la pharmacie. On m'a donné une ordonnance pour un antibiotique.

Mathieu: Moi aussi, et j'ai besoin d'une boîte de pastilles et d'aspirine. Oh, voilà ma mère. Allons-y!

**se fouler** *to sprain*; **embêtant(e)** *annoying*; **autant de** *as much*

M. Curel s'arrête à la pharmacie avant de rentrer chez lui.

## 1 Karine ou Mathieu?

*Si l'on parle de Karine, écrivez "K." Si l'on parle de Mathieu, écrivez "M."*

*Répondez aux questions suivantes d'après le dialogue.*

1. Qu'est-ce que Karine et Mathieu ont fait mercredi matin puisqu'ils n'avaient pas cours?
2. Où sont-ils maintenant?
3. Depuis combien de temps sont-ils dans la salle d'attente?
4. Qu'a-t-on fait pour aider Karine?
5. Qu'est-ce que Karine et Mathieu attendent dans la salle d'attente?
6. Quelles blessures ont-ils?
7. Pour combien de temps Karine va-t-elle avoir un plâtre?
8. Où vont Karine et Mathieu avant de rentrer chez eux? Pourquoi?

**3** **Vrai ou faux?**

*Répondez par "vrai" ou "faux" d'après le dialogue. Puis corrigez les fautes dans les phrases qui sont fausses.*

1. Karine ne pouvait pas se lever parce qu'elle avait très mal à la cheville.
2. Quelqu'un de méchant a aidé Karine en téléphonant au SAMU.
3. Mathieu est tombé parce qu'il ne sait pas jouer au foot.
4. Karine a peur que sa cheville soit cassée.
5. Mathieu n'a qu'un bandage qu'il doit porter pour trois ou quatre semaines.
6. Mathieu trouve que se fouler le poignet est vraiment quelque chose d'amusant.
7. Karine ne s'est jamais cassé la cheville.
8. Mathieu et Karine vont rentrer à leur immeuble en taxi.

**4** **C'est à toi!**

*Questions personnelles.*

1. Qu'est-ce que tu aimes faire quand tu n'as pas cours?
2. Est-ce que tu es membre d'une équipe? Si oui, de quelle équipe?
3. Est-ce que tu as jamais eu mal après un match? Si oui, où as-tu eu mal? Qu'est-ce que tu as fait?
4. Quand tu as une blessure, qu'est-ce que tu fais?
5. Est-ce que tu as eu un accident cette année? Si oui, qu'est-ce qui s'est passé?
6. Est-ce que tu t'es jamais foulé quelque chose? Si oui, quoi? Est-ce que tu t'es jamais cassé quelque chose? Si oui, quoi?
7. Est-ce que tu as jamais été à l'hôpital? Si oui, pour combien de temps?
8. Est-ce que tu aimes regarder les émissions à la télé qui ont lieu dans la salle des urgences d'un hôpital? Si oui, lesquelles?

As-tu jamais visité une salle des urgences?

## Fontainebleau

Fontainebleau est un des châteaux les plus célèbres de France. Au centre d'une vaste et très belle forêt, le château se trouve dans la ville du même nom à 56 kilomètres au sud-est de Paris. Le nom de Fontainebleau vient de "fontaine de belle eau," ce qui confirme la beauté de la région. Le style d'architecture de la façade principale du château montre l'influence de la Renaissance italienne.

Ce château est la réalisation des idées de plusieurs rois. Le palais que nous voyons aujourd'hui date du temps de François I$^{er}$, roi de France de 1515 à 1547. Il a fait construire un château royal dans la forêt

De ses cinq cours (*courtyards*), la plus célèbre du château de Fontainebleau s'appelle la Cour du Cheval Blanc.

parce qu'il aimait la chasse et avait besoin d'une résidence près de cet endroit. D'autres rois de France ont souvent fréquenté le château de Fontainebleau et ont passé des mois dans ce lieu tranquille et loin du travail de la cour. L'aspect le plus notable du château est l'escalier de l'entrée qui a la forme d'un demi-cercle. On l'appelle "l'Escalier du Fer à Cheval." C'était ici que l'empereur Napoléon I$^{er}$ a dit "adieu" à sa garde avant de partir en exil pour l'île d'Elbe en 1814. Bientôt après son retour en France, il a signé son acte d'abdication dans le château.

Beaucoup de jeunes footballeurs rêvent de jouer pour une équipe professionnelle un jour.

## Le football

Tout le monde sait que le sport qui intéresse le plus les Français, c'est le football. Il n'y a pas d'équipes de foot aux lycées, mais on y joue beaucoup en équipes organisées par les Maisons des Jeunes et de la Culture, par les villes ou même entre copains. Toutes les grandes villes ont une équipe professionnelle qui joue contre d'autres équipes municipales. En été les meilleures équipes du monde de foot se présentent aux matchs de la Coupe du Monde de foot. En 1998 la Coupe du Monde a eu lieu en France, et la France l'a gagnée.

## Le SAMU

En cas d'urgences, les Français font le 15 sur le téléphone pour appeler le SAMU, le service d'assistance médicale d'urgence, dont il y a 105 stations installées en France. C'est un service public chargé de répondre 24 heures sur 24 heures à la demande d'aide médicale urgente. Déterminé à offrir la meilleure réponse possible, le SAMU décide s'il faut un simple conseil médical, un médecin ou une ambulance. Ensuite il peut envoyer une ambulance pour assurer le transport à l'hôpital ou organiser une équipe

Les employés du SAMU donnent de l'assistance pré-hospitalière.

pour répondre à la demande. L'existence d'un SAMU permet un transport direct à l'hôpital le plus approprié de la région. De plus, le SAMU organise des cours pour mieux préparer les médecins, les infirmières et d'autres personnels médicaux aux besoins d'urgences.

Il est important de savoir que la loi française exige que les personnes qui voient un accident ou un cas de maladie extrême essaient d'aider les victimes. Connue comme "la loi du bon Samaritain" (d'après l'histoire biblique), cette loi cherche à améliorer la qualité de la vie.

Dans une pharmacie française on peut même trouver des remèdes homéopathiques.

## À la pharmacie

En France quelques magasins ont le nom "drugstore," mais ce n'est pas là qu'il faut aller avec une ordonnance. Au "drugstore" on peut acheter un peu de tout, et généralement on n'y trouve pas de produits pharmaceutiques. Si vous en avez besoin, vous devez chercher une pharmacie. Sur la façade de l'édifice on voit toujours une croix verte et le mot "pharmacie." Les Français se présentent directement au pharmacien ou à la pharmacienne quand ils veulent des conseils sur une maladie qui n'est pas très grave. En France c'est le client ou la cliente, pas le pharmacien ou la pharmacienne, qui doit garder l'ordonnance.

*Répondez aux questions suivantes.*

1. Où se trouve le château de Fontainebleau?
2. Qui a fait construire le château?
3. Pourquoi les rois de France sont-ils allés à Fontainebleau?
4. Quel sport intéresse le plus les Français?
5. Que fait-on quand on a besoin d'assistance médicale en France?
6. Que décide le SAMU?
7. Qu'est-ce que le SAMU organise pour les personnels médicaux?
8. Qu'est-ce que c'est que "la loi du bon Samaritain"?
9. Est-ce que les Français vont au drugstore quand ils ont besoin de produits pharmaceutiques?
10. En France qui garde l'ordonnance?

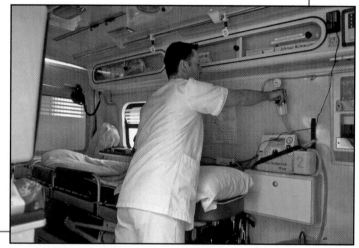

Le SAMU organise des cours pour les personnels médicaux.

# Journal personnel

If you saw someone on the pavement who wasn't moving and obviously needed help, what would you do? Would you keep on your way, stop to help the person or phone the police? What would keep you from coming to the person's aid?

The French law of the good Samaritan requires people to help accident victims or those with sudden illnesses. Do you think this is a good law? Do you think it's enforceable? Why or why not? Should we pass a similar law in the United States? Why might some Americans be against passing this law? Do you think their concerns would be justified?

# Expressions of quantity

You have already learned a variety of ways to express quantities of things. These expressions are followed by **de** and a noun:

| | |
|---|---|
| **assez de** | *enough* |
| **beaucoup de** | *a lot of, many* |
| **combien de** | *how much, how many* |
| **moins de** | *less* |
| **(un) peu de** | *(a) little, few* |
| **plus de** | *more* |
| **trop de** | *too much, too many* |

| | |
|---|---|
| Tu attends depuis **combien de** temps? | *How long (how much time) have you been waiting?* |
| Tu es ici depuis **plus de** temps que moi. | *You've been here longer (more time) than I have.* |
| Tu n'as pas **trop de** mal à marcher avec des béquilles? | *It doesn't hurt too much to walk on crutches?* |

To tell "as much" or "as many," use **autant de** before a noun.

| | |
|---|---|
| J'aurai **autant de** mal au début que la dernière fois. | *It will hurt as much at the beginning as last time.* |

Tu as autant de crayons et de stylos que la librairie?

Certain nouns also express quantity and are followed by **de**.

| | |
|---|---|
| **une boîte de** | *a can of, a box of* |
| **une bouteille de** | *a bottle of* |
| **une canette de** | *a can of* |
| **un kilo de** | *a kilogram of* |
| **un morceau de** | *a piece of* |
| **un pot de** | *a jar of* |
| **une tasse de** | *a cup of* |
| **une tranche de** | *a slice of* |

| | |
|---|---|
| J'ai besoin d'une **boîte de** pastilles. | *I need a box of lozenges.* |

**6** **Au supermarché**

*La mère de Mathieu vient de faire les courses au supermarché. Dites la quantité qu'elle a achetée des choses suivantes.*

**Modèle:**

**Elle a acheté un pot de confiture.**

1.

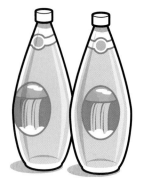
2.

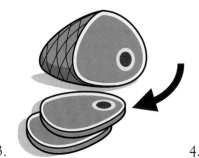
3.

4.

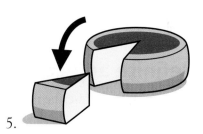
5.

6.

7.

8.

Aurélie et Leïla ont acheté un pot de moutarde et deux bouteilles d'eau minérale. (La Rochelle)

## 7 ⟩ En partenaires

*Avec un(e) partenaire, posez et répondez aux questions pour déterminer si vous avez plus de, autant de ou moins de ce qu'il ou elle a. Puis comparez vos réponses. Suivez le modèle.*

**Modèle:**

sœurs

A: Combien de sœurs as-tu?

B: J'en ai trois. Et toi, combien de sœurs as-tu?

A: J'en ai une.

B: Alors, j'ai plus de sœurs que toi.

A: Et moi, j'en ai moins que toi.

1. frères
2. cousines
3. chats
4. cours
5. CDs
6. casquettes

Combien d'amis a Zakia?

## Indefinite adjectives

Indefinite adjectives describe inexact quantities or types of things. Like other adjectives, indefinite adjectives agree in gender and in number with the nouns they describe. You have already learned these indefinite adjectives:

| | |
|---|---|
| **aucun(e)... ne (n')** | *not one, no* |
| **autre** | *other* |
| **certain(e)** | *certain* |
| **chaque** | *each, every* |
| **même** | *same* |
| **la plupart de** | *most* |
| **plusieurs** | *several* |
| **quelques** | *some* |
| **tout(e)** | *all, every* |

| | |
|---|---|
| J'ai passé **toute** la journée à Fontainebleau. | *I spent all day at Fontainebleau.* |
| Je jouais au foot avec **quelques** copains. | *I was playing soccer with some friends.* |
| Je me suis déjà cassé l'**autre** cheville. | *I already broke my other ankle.* |

Two new indefinite adjectives are **n'importe quel, n'importe quelle** (*just any*) and **un tel, une telle** (*such a*).

| | |
|---|---|
| Karine et Mathieu ne parlent pas de **n'importe quel** sujet. | *Karine and Mathieu aren't talking about just any subject.* |
| Un **tel** accident ne pourrait jamais arriver. | *Such an accident could never happen.* |

## 8 ▸ Dans la salle des urgences

*Regardez ce qui se passe dans la salle des urgences. Puis répondez aux questions en utilisant un des adjectifs de la liste qui suit. Choisissez un adjectif différent pour chaque réponse.*

| | | | |
|---|---|---|---|
| aucun(e)... ne (n') | la plupart de | certain(e) | plusieurs |
| chaque | quelques | même | tout(e) |

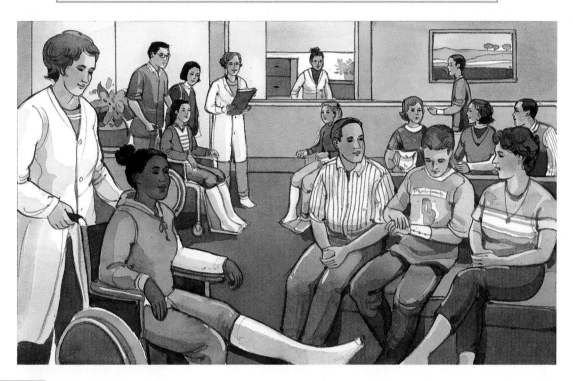

**Modèle:**

Est-ce que tous les fauteuils roulants sont libres?
**Non, aucun fauteuil roulant n'est libre.**

1. Quelles infirmières sont sérieuses?
2. Est-ce que tous les ados sont avec leurs parents?
3. Est-ce que toutes les filles se sont cassé la jambe?
4. Quel ado marche avec des béquilles?
5. Est-ce que toutes les filles sont dans un fauteuil roulant?
6. Combien de filles ont un plâtre?
7. Quel poignet est-ce que les deux garçons se sont foulé?
8. Combien de filles se sont cassé le bras?

## 9 ▶ Jamais de la vie!

*Pour chaque illustration dites que vous n'avez jamais vu une telle chose.*

**Modèle:**

**Je n'ai jamais vu de telles fleurs!**

1.

2.

3.

4.

5.

6.

As-tu jamais vu une telle danse?

# Indefinite pronouns

Indefinite pronouns replace inexact quantities of things or unidentified people. Here are some of the indefinite pronouns that you have already learned:

| | |
|---|---|
| **aucun(e)... ne (n')** | *not one* |
| **un(e) autre** | *another* |
| **la plupart** | *most* |
| **plusieurs** | *several* |
| **quelqu'un** | *someone, somebody* |
| **quelque chose** | *something* |
| **tous les deux** | *both* |

**Tous les deux** sont maintenant dans la salle d'attente.

*Both are now in the waiting room.*

On t'a déjà fait une radiographie?
Oui, **plusieurs**.

*Have they already taken an X ray?*
*Yes, several.*

To describe **quelqu'un** or **quelque chose**, use the adjective's masculine singular form preceded by **de**.

J'ai pu demander à **quelqu'un de gentil** de venir m'aider.

*I was able to ask someone nice to come and help me.*

C'est vraiment **quelque chose d'embêtant**.

*That's really something annoying.*

Two new indefinite pronouns are **n'importe qui**, meaning "anyone," and **l'un(e)... l'autre**, meaning "(the) one . . . the other."

Karine et Mathieu sont assis **l'un** à côté de **l'autre**.

*Karine and Mathieu are seated next to each other (one next to the other).*

**N'importe qui** pourra te dire cela.

*Anyone will be able to tell you that.*

N'importe qui peut en prendre?

**10** ▶ **Un accident de foot**

*Jean-Claude a eu un accident quand il jouait au foot. Complétez chacune de ses phrases avec un pronom convenable de la liste suivante. Choisissez un pronom différent pour chaque phrase.*

| | | |
|---|---|---|
| aucun... n' | quelqu'un | une autre |
| quelque chose | n'importe qui | toutes les deux |
| la plupart | l'un... l'autre | plusieurs |

1. … des garçons français jouent au foot.
2. … m'a dit que je suis tombé quand Michel m'a heurté.
3. … pouvait dire que je m'étais fait mal; c'était très évident.
4. De tous les autres garçons dans notre équipe,… avait de blessures.
5. Il y avait d'autres personnes dans la salle d'attente cet après-midi? Oui,….
6. Oh là là! Je me suis cassé les jambes—…!
7. Des deux médecins qui m'ont aidé, j'ai vu d'abord… qui m'a montré mes radiographies. Puis… m'a donné une ordonnance.
8. Après que le médecin m'a donné une ordonnance, l'infirmière m'a dit qu'elle allait m'en donner….
9. Marcher avec des béquilles, c'est… que je n'ai pas envie de faire.

**11** ▶ **En partenaires**

 *Avec un(e) partenaire, faites des remarques sur les personnes et les choses suivantes en utilisant **quelqu'un** ou **quelque chose** et un adjectif convenable.*

**Modèle:**

ton professeur de français
A: **À mon avis, c'est quelqu'un de sympa.**
B: **Selon moi, c'est quelqu'un d'intelligent.**

1. ton/ta meilleur(e) ami(e)
2. avoir ta propre voiture
3. Lance Armstrong
4. le foot
5. passer trois heures dans une salle d'attente
6. ton/ta dentiste
7. être malade pendant les vacances
8. Leonardo DiCaprio
9. protéger l'environnement
10. voyager en France

C'est quelqu'un d'accueillant.

# Communication

## 12 ► À vous de jouer!

*Avec un(e) partenaire, jouez les rôles de deux personnes qui passent la journée à visiter le château et les jardins de Fontainebleau. L'Élève A joue le rôle d'une personne qui vient d'avoir un accident et s'est fait mal. L'Élève B joue le rôle d'une personne qui vient à l'aide de l'Élève A. Pendant votre conversation:*

1. L'Élève A demande à l'Élève B de venir l'aider.
2. L'Élève B offre son aide et demande ce qui s'est passé et ce que l'Élève A a fait.
3. L'Élève A décrit son accident.
4. L'Élève B demande à l'Élève A s'il ou elle a trop de mal à marcher, et l'Élève A lui répond.
5. L'Élève B offre d'aller téléphoner au SAMU.
6. Tous les deux parlent des blessures de l'Élève A en attendant l'arrivée du SAMU.
7. L'Élève A explique pourquoi c'était un accident embêtant.
8. Quand le SAMU arrive, l'Élève A remercie l'Élève B de son aide. L'Élève A dit à l'Élève B qu'il ou elle lui est très reconnaissant(e).
9. L'Élève B dit "Bonne chance!" à l'Élève A.

## 13 ► Une expérience personnelle

*Écrivez un paragraphe dans lequel vous décrivez un accident que vous avez eu ou une fois où vous êtes tombé(e) malade. Donnez tous les détails sur:*

1. l'accident ou la maladie
2. vos blessures ou vos symptômes, et comment vous vous sentiez
3. qui vous a aidé(e) ou s'est occupé de vous
4. si vous avez dû aller à la salle des urgences, ou si vous avez dû prendre rendez-vous avec le médecin
5. si on vous a fait une radiographie, ou si on vous a donné une ordonnance à faire préparer à la pharmacie
6. si vous vous êtes foulé ou cassé quelque chose
7. si vous aviez un bandage, des béquilles ou un plâtre
8. combien de temps vous avez dû rester au lit, et ce que vous avez fait pour vous amuser

## Persuading

To persuade people, you need to convince them to agree with your opinion and possibly take action. There are five steps to remember when you persuade:

1. Introduce the issue, supplying any background information necessary to help your audience understand it.
2. Present your position in a clear, direct statement.
3. Give supporting ideas that appeal to both reason and emotion.
4. Gear your argument to your audience.
5. Conclude by summarizing your ideas and, if it is your goal, giving a call to action.

**14** **À vous de persuader!**

 *Avec un(e) partenaire, jouez les rôles d'un père et de sa fille qui a 17 ans. La fille veut que le père l'achète une voiture. Le père ne veut entendre que les faits (facts) et les statistiques.*

Soixante-quinze pour cent de mes amis ont leur propre voiture.

Es-tu prête à payer l'essence, l'assurance et les réparations?

# la France

**Vocabulaire**

**Conversation culturelle**

le Midi — Avignon

Je pourrais l'échanger contre un autre?

Bien sûr, mais je dois voir votre ticket de caisse.

un appareil

un client

une pile

Brian Duffey est un lycéen américain qui passe une semaine à Avignon dans le Midi avec des amis. Brian veut améliorer son français. C'est justement° ce qu'il essayait de faire quand il a acheté un dictionnaire électronique français/anglais à la Fnac. Brian était content de son achat° parce qu'il était en solde. De plus, il avait trouvé un bon de réduction° de 10% dans le journal. Maintenant Brian est frustré parce que son dictionnaire électronique ne marche pas. Il est obligé de le rapporter° au rayon° des appareils électroniques. Brian s'approche du comptoir.

**justement** exactement; **un achat** ce qu'on achète; **un bon de réduction** *coupon*; **rapporter** rendre; **un rayon** *(store) department*

Brian ne passe qu'une semaine à Avignon.

Le vendeur: Oui, Monsieur?

Brian: J'ai acheté ce dictionnaire électronique hier mais il ne marche pas. Est-ce que je pourrais l'échanger contre un autre?

Le vendeur: Bien sûr, Monsieur, mais je dois voir votre ticket de caisse.°

Brian: Oui, je comprends. Je l'ai gardé. Le voilà.

Le vendeur: Ça vous gêne° si je jette un coup d'œil?°

Brian: Non, pas du tout.

Le vendeur: Vous avez bien lu le mode d'emploi?°

Brian: Oui, mais je dois dire qu'il était un peu compliqué et je n'ai pas bien compris.

Le vendeur: Laissez-moi° voir.... Vous avez raison.° Il ne marche pas, mais je ne sais pas pourquoi.

Brian: Dans ce cas qu'est-ce que je peux faire?

Le vendeur: Bon ben... vous pourriez toujours l'échanger ou le faire réparer, ou je pourrais vous rembourser le prix.

Brian: Pour le faire réparer il faudrait combien de temps?

Le vendeur: Environ° dix jours.

Brian: Pas possible. Je ne suis ici que pour une semaine. J'aurais voulu l'utiliser tout de suite.

Le vendeur: Alors, c'est à vous de voir.° Tiens! Si° on changeait la pile?

Brian: Pourquoi pas? J'aurais dû y penser moi-même.°

Le vendeur: Voyons si j'ai la pile dont vous avez besoin. Oui, voilà. Maintenant essayons de faire marcher cet appareil. Quelle phrase voulez-vous essayer?

Brian: Cherchez quelque chose de simple, par exemple, "Thank you."

Le vendeur: Voilà. Vous avez le choix entre plusieurs expressions. Ça marche maintenant. Ce n'était qu'une mauvaise pile.

Brian: Sans blague!° Si j'avais essayé le dictionnaire électronique avant de quitter le magasin, j'aurais évité° tous ces ennuis. Alors, je vous dois° combien?

Le vendeur: Rien, Monsieur. Je vous rends ce service gratuitement parce que le dictionnaire est neuf.° J'aurais pu vous éviter tout ce tracas° si c'était moi qui vous avais vendu le dico.° Les clients peuvent toujours essayer les appareils avant de partir.

Brian: Moi qui étais déçu,° maintenant ça va mieux. Ça me rend° très heureux. Merci mille fois, Monsieur. Au revoir.

un ticket de caisse *receipt*; gêner embêter; jeter un coup d'œil *to take a quick look*; le mode d'emploi *instructions*; laissez-moi permettez-moi de; avoir raison *to be right*; environ *about*; C'est à vous de voir. *It's up to you.*; si *what if*; moi-même *myself*; Sans blague! *No kidding!*; éviter *to avoid*; devoir *to owe*; neuf, neuve nouveau, nouvelle; le tracas *trouble*; un dico un dictionnaire; déçu(e) *disappointed*; rendre faire

**1** **Vrai ou faux?**

*Écrivez "V" si la phrase est vraie; écrivez "F" si la phrase est fausse.*

**2** **En ordre chronologique**

*Mettez ces huit phrases en ordre chronologique d'après le dialogue. Écrivez "1" pour la première phrase, "2" pour la deuxième phrase, etc.*

1. Le vendeur change la pile.
2. Brian a trouvé un bon de réduction dans le journal.
3. Brian remercie le vendeur.
4. Brian rapporte le dictionnaire électronique au rayon des appareils électroniques.
5. Brian a acheté un dictionnaire électronique à la Fnac.
6. Le vendeur cherche une phrase.
7. Brian est frustré parce que le dictionnaire ne marche pas.
8. Brian montre le ticket de caisse au vendeur.

## 3 ▷ Complétez!

*Choisissez l'expression convenable de la liste suivante pour compléter chaque phrase d'après le dialogue.*

| | | | |
|---|---|---|---|
| mode d'emploi | Midi | tracas | jette un coup d'œil |
| ticket de caisse | frustré | doit | justement |

1. Le… est le sud de la France.
2. Améliorer son français, c'est… ce que Brian essayait de faire.
3. Brian n'est pas content de son achat; il est….
4. Pour rapporter quelque chose à la Fnac, il faut que Brian ait le….
5. Quand le vendeur… sur le dictionnaire électronique, il le regarde très vite.
6. Pour savoir faire marcher un appareil, Brian doit lire le….
7. Brian veut savoir s'il… de l'argent au vendeur.
8. Si Brian avait essayé le dictionnaire électronique avant de quitter le magasin, il aurait évité tout ce….

Après avoir payé à la caisse, on reçoit un ticket de caisse. (Créteil)

## 4 ▷ C'est à toi!

*Questions personnelles.*

1. Qu'est-ce que tu fais pour mieux parler français?
2. Est-ce que tu as acheté quelque chose qui t'aide quand tu étudies le français? Si oui, quoi?
3. Quand ta famille et toi, vous faites des achats au supermarché, est-ce que vous utilisez quelquefois des bons de réduction?
4. Après avoir acheté quelque chose, pour combien de temps est-ce que tu gardes le ticket de caisse?
5. Après avoir acheté un appareil électronique, est-ce que tu lis toujours le mode d'emploi avant d'utiliser l'appareil?
6. Qu'est-ce que tu fais quand tu ne sais pas faire marcher quelque chose?
7. Est-ce que tu as jamais acheté un appareil électronique qui n'a pas marché? Si oui, qu'est-ce que tu as fait?
8. Si tu rapportes au magasin un appareil qui ne marche pas, préfères-tu qu'on l'échange contre un autre appareil, qu'on le fasse réparer ou qu'on te rembourse?

Es-tu déçu(e) quand ton répondeur (*answering machine*) ne marche pas?

## Le Midi

La région du sud de la France s'appelle fréquemment le Midi. Au sud-est du Midi se trouve une des provinces les plus pittoresques du pays, la Provence. Sa frontière à l'ouest, c'est le Rhône, et à l'est, c'est l'Italie.

le Rhône
le Midi
Avignon
l'Italie
la Provence

Les villages de Provence sont pittoresques. (Murs)

## Avignon

Une des villes les plus intéressantes de Provence est Avignon. C'est une vieille ville située sur le Rhône. Elle est importante dans l'histoire religieuse du Moyen Âge pour son Palais des Papes, exemple de l'architecture gothique. Au quatorzième siècle sept papes (chefs de l'église catholique) ont quitté Rome pour habiter cet édifice, qui était aussi une forteresse. Les papes ont déménagé à Avignon pour être plus indépendants et pour avoir plus d'autorité. En ce temps-là, avec l'arrivée des papes, la ville d'Avignon était une des plus grandes d'Europe. Le Palais des Papes existe toujours à Avignon et sert de site pour un festival d'art dramatique pendant l'été, le Festival d'Avignon. On y présente des pièces de théâtre, des ballets et de la musique classique.

Les papes ont habité le Palais des Papes de 1309 à 1376. (Avignon)

Des affiches t'informent du lieu et de l'heure des pièces pendant le Festival. (Avignon)

# Le pont d'Avignon

C'est au Moyen Âge qu'une épidémie de peste, maladie mortelle, attaquait la région. Beaucoup d'Avignonnais sont morts de la peste, mais quelques Avignonnais ont réussi à sortir de la ville en prenant le pont Saint-Bénezet pour traverser le Rhône. Ceux qui ont pu partir d'Avignon et donc se protéger de la peste étaient tellement contents qu'ils ont fêté leur départ de la ville par une danse de joie sur le pont. C'est l'image de cette danse qui a donné la chanson "Sur le pont d'Avignon":

Sur le pont d'Avignon
L'on y danse, l'on y danse,
Sur le pont d'Avignon
L'on y danse tout en rond.

D'un côté cette chanson est une chanson folklorique avec son air simple et mélodique. De l'autre côté c'est une danse macabre qui nous rappelle les Français qui sont morts à l'époque de la peste. La chanson reste pourtant populaire même aujourd'hui parmi les Français et ceux qui apprennent la langue.

Quelle indication suivrais-tu pour trouver le pont Saint-Bénezet?

Le pont d'Avignon du douzième siècle n'a aujourd'hui que quatre de ses 22 arches originales.

---

## 5  La Provence et Avignon

*Répondez aux questions suivantes.*

1. Comment s'appelle la partie sud de la France?
2. Qu'est-ce que c'est que la Provence?
3. Quelles sont les frontières de la Provence?
4. Où la ville d'Avignon est-elle située?
5. Qui habitait à Avignon au quatorzième siècle?
6. Au quatorzième siècle, quelle ville française était une des plus grandes d'Europe?
7. Au quatorzième siècle, quelle maladie tuait les Avignonnais?
8. Pourquoi les Avignonnais dansaient-ils sur le pont Saint-Bénezet?
9. Qu'évoque la chanson "Sur le pont d'Avignon"?
10. De nos jours qu'est-ce qui se passe à Avignon chaque été?

Les pièces classiques sont populaires au Festival d'Avignon, qui a lieu chaque été.

*Lisez des renseignements d'un dépliant qui décrit des attractions de la ville d'Avignon. Puis répondez aux questions qui suivent.*

---

*Avignon, site stratégique dans la vallée du Rhône, doit son origine au Rocher des Doms. Avec la venue des papes au XIV<sup>ème</sup>, la ville devient une seconde Rome. L'art l'enrichira aux XVII et XVIII<sup>èmes</sup>, et elle demeurera terre pontificale jusqu'à la révolution.*

### ■ PALAIS DES PAPES

place du palais    tél.    04 90 27 50 74/71
              fax    04 90 86 61 21

- du 2/11 au 31/03: 9h – 12h45/14h – 18h
- du 1/04 au 1/11: 9h – 19h (festival 9h – 21h)
- du 5/08 au 30/09: 9h – 20h

Caisses fermées 45 mn avant. Visites guidées toute l'année. Fermé 1/01 et 25/12.

Forteresse gothique du XIV<sup>e</sup> siècle, où séjournèrent sept papes et deux antipapes. La cour d'honneur abrite le festival depuis 1947.

### ■ PONT ST BÉNEZET

rue Ferruce    tél.    04 90 85 60 16
tous les jours sauf 25/12, 1/01, 1/05 et 14/07

- du 1/11 au 29/02: 9h – 13h14h – 17h sauf lundi
- octobre et mars: 9h – 13h/14h – 17h tous les jours
- du 1/04 au 30/09: 9h – 18h30 tous les jours

Le pont d'Avignon fut construit au XII<sup>e</sup> siècle, détruit plusieurs fois par les crues du Rhône, il fut reconstruit à plusieurs reprises jusqu'au XVII<sup>e</sup>. La chapelle St Nicolas est dédiée au patron des mariniers. Il abrite le musée du costume rhodanien.

### ■ MUSÉE LAPIDAIRE

27, rue de la République tél.  04 90 85 75 38

- 10h – 12h/14h – 18h, sauf mardi, 1/01, 1/05, 25/12

Archéologie antique dans une belle chapelle baroque du XVII<sup>e</sup>.

### ■ MUSÉE THÉODORE AUBANEL

7 place St Pierre tél.    04 90 82 95 54

Musée privé ouvert au public sur rendez-vous. Visites gratuites et commentées.

Fermé J.F., samedi, dimanche et août.

Littérature provençale et histoire de l'imprimerie.

### ■ MUSÉE REQUIEN

67, rue Joseph Vernet tél. 04 90 82 43 51

- du mardi au samedi: 9h – 12h/14h – 18h
- gratuit

Histoire naturelle

---

### Le Festival d'Avignon

Créé en 1947 par Jean Vilar, le Festival d'Avignon est devenu le rendez-vous mondial du spectacle vivant. Il se déroule généralement entre le 10 juillet et le 5 août. Festival de création, son programme annuel est établi autour de l'actualité du théâtre, de la danse et de la musique. Il accueille 120 000 spectateurs. Un avant-programme est disponible chaque année à partir du 15 mars, alors que le programme définitif est diffusé dès le 10 mai.

### Le Festival off

Il s'est développé à partir de la fin des années 60. Près de 100 lieux, plus de 350 spectacles. Des "jeunes compagnies" venues de toutes les régions de France et du monde entier. La jeune création, très présente dans les rues de la ville, crée l'atmosphère festive unique qu'apprécie un large public de plus en plus nombreux autour de cette centaine de lieux ouverts à l'occasion de cette immense confrontation artistique où sont représentées toutes les disciplines du Spectacle Vivant. (Avant-programme vers le 15 mai)

---

1. Pourquoi est-ce que la ville d'Avignon s'appelle "une seconde Rome"?
2. Si vous visitez le Palais des Papes en juin, à quelle heure y a-t-il des visites guidées?
3. Où le Festival d'Avignon a-t-il lieu?
4. Quelles sont les dates du festival?
5. Combien de personnes assistent au festival chaque année?
6. Comment s'appelle le festival alternatif où jouent les jeunes compagnies théâtrales?
7. Comment s'appelle la petite chapelle qui se trouve sur le pont Saint-Bénezet?
8. Si vous vous intéressez à l'archéologie, quel musée faut-il visiter?
9. Quel musée est fermé pendant les vacances d'août?
10. Quel est le tarif d'entrée au musée d'histoire naturelle?

## Journal personnel

The song "Sur le pont d'Avignon" recalls the terrible flight of the residents of Avignon from the plague that ravaged their city in the fourteenth century. Some contemporary songs also commemorate historical events. For example, upon the death of Diana, Princess of Wales, who was inspired to write a song about her? Why do you think it became so popular? Do you know to whom the singer's original version of "Candle in the Wind" pays tribute? Can you think of any American folk songs or popular songs, similar to "Sur le pont d'Avignon," that make us remember something or someone?

## Past conditional tense

The past conditional (**le conditionnel passé**) is a tense used to tell what would have happened in the past if certain conditions had been met. Like the **passé composé** and the **plus-que-parfait**, the past conditional consists of a helping verb and a past participle. To form the past conditional, use the conditional tense of the helping verb **avoir** or **être** and the past participle of the main verb. Agreement of the past participle in the past conditional is the same as in the **passé composé** and the **plus-que-parfait**.

|  | *réparer* | *se lever* |
|---|---|---|
| je/j' | aurais réparé | me serais levé(e) |
| tu | aurais réparé | te serais levé(e) |
| il/elle/on | aurait réparé | se serait levé(e) |
| nous | aurions réparé | nous serions levé(e)s |
| vous | auriez réparé | vous seriez levé(e)(s)(es) |
| ils/elles | auraient réparé | se seraient levé(e)s |

J'**aurais voulu** l'utiliser tout de suite.

Le client ne **serait** pas **parti** du magasin sans avoir lu le mode d'emploi.

*I would have wanted to use it right away.*

*The customer would not have left the store without having read the instructions.*

Aurais-tu acheté des pêches au marché sans avoir vérifié si elles étaient mûres?

 **À Avignon**

*Dites ce que ces personnes auraient fait si elles avaient voyagé à Avignon avec Brian et ses amis, selon les illustrations et les verbes indiqués.*

**Modèle:**

Jean-Marc et son amie/flâner
**Jean-Marc et son amie auraient flâné dans les rues.**

1. tout le monde/danser

2. les jeunes/visiter

3. Serge et toi, vous/participer

4. Jeanne et Françoise/aller

5. Jacqueline/s'intéresser

6. tu/faire du shopping

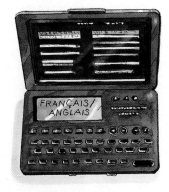

7. je/améliorer

8. nous/s'amuser

## 8 ▶ Faites des phrases!

*Dites ce que vous n'auriez pas fait sans avoir fait quelque chose d'autre. Formez huit phrases logiques en utilisant le conditionnel passé. Choisissez un élément des colonnes A et B pour chaque phrase. Suivez le modèle.*

| A | B |
|---|---|
| manger dans un restaurant | sans avoir dit "au revoir" |
| quitter un restaurant | sans l'avoir utilisé |
| aller au cinéma | sans avoir regardé le menu |
| entrer dans un théâtre | sans avoir su quel film on jouait |
| choisir un appareil électronique | sans l'avoir conduite |
| envoyer une lettre | sans y avoir mis des timbres |
| acheter une voiture | sans avoir payé l'addition |
| partir | sans avoir acheté de billet |

**Modèle:**

**Je n'aurais pas mangé dans un restaurant sans avoir regardé le menu.**

## 9 ▶ Dans le Midi

*Avec un(e) partenaire, parlez de ce que vous auriez fait ou pas si vous aviez eu l'occasion d'aller dans le Midi avec Brian et ses amis. Suivez le modèle.*

**Modèle:**

louer un vélo
A: **Aurais-tu loué un vélo?**
B: **Bien sûr, j'en aurais loué un. Et toi, aurais-tu loué un vélo?**
A: **Non, je n'en aurais pas loué.**

1. voir le pont d'Avignon
2. aller sur la côte d'Azur
3. passer du temps au bord de la mer
4. prendre des photos
5. envoyer des cartes postales à ta famille
6. rester dans une auberge de jeunesse
7. sortir tous les soirs
8. essayer d'améliorer ton français

Nous nous serions arrêtés sur la place de l'Horloge pour regarder les acrobates.

# Past conditional tense in sentences with *si*

Use the past conditional tense along with **si** and the **plus-que-parfait** to tell what would have happened *if* something else had already happened or *if* some condition contrary to reality had been met.

| si + plus-que-parfait | past conditional |
|---|---|

**Si** j'**avais essayé** le dictionnaire électronique avant de quitter le magasin, j'**aurais évité** tous ces ennuis.

*If I had tried the electronic dictionary before leaving the store, I would have avoided all these problems.*

J'**aurais pu** vous éviter tout ce tracas **si** c'était moi qui vous **avais vendu** le dico.

*I would have been able to save you all this trouble if I had sold you the dictionary.*

Note in the examples above that the phrase with **si** and the **plus-que-parfait** can either begin or end the sentence.

Aurais-tu acheté des souvenirs si tu étais allé(e) à Avignon?

Te serais-tu reposé(e) au jardin du Palais des Papes si tu avais eu du temps libre?

**10** ▸ **Qu'est-ce qu'on aurait fait?**

*Dites ce que les personnes suivantes auraient fait si elles avaient eu ce qui est illustré. Suivez le modèle.*

**Modèle:**

Francine/payer moins
**Si Francine avait eu un bon d'achat, elle aurait payé moins.**

1. je/aller à la Fnac

2. tu/faire marcher l'appareil électronique

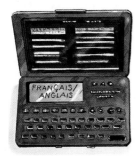

3. Édouard et moi, nous/vouloir l'utiliser tout de suite

FRANPRIX GOUVION
MERCI DE VOTRE
VISITE
À BIENTÔT!

05-01-06
17:24
0001 0002 183

LIQUIDES 2     -0.99
VIV.PROT.LIT   -1.05
COMP POMME     -1.52
GAUFRE 275G    -0.91
GA2 SEMOULX4   -1.91

SOUS TOTAL  6.38
ESPÈCES    -6.38

4. Olivier et toi, vous/ régler l'affaire

5. les ados/téléphoner au SAMU

6. mon père/se dépêcher d'en prendre

7. Nadia/s'arrêter à la pharmacie

8. tu/pouvoir marcher

*Formez huit phrases logiques qui expliquent ce qui se serait passé s'il y avait eu certaines conditions.*
*Choisissez un élément des colonnes A et B pour chaque phrase. Suivez le modèle.*

| A | B |
|---|---|
| Patrick/jouer au foot | tu/se fouler la cheville |
| Karine/arriver à Fontainebleau à 10h00 | je/tomber en descendant du train |
| je/se faire mal | il/avoir un ballon |
| tu/avoir besoin de béquilles | les clients/ne pas être contents de leur achat |
| Brian/comprendre le problème | le train/partir à l'heure |
| nous/faire réparer le dictionnaire électronique | la vendeuse/leur rendre un service |
| vous/échanger votre nouvel appareil | vous/garder le ticket de caisse |
| le vendeur/leur rembourser le prix | il/jeter un coup d'œil |
| les clients/être très heureux | il/ne pas marcher |

**Modèle:**

**Patrick aurait joué au foot**
**s'il avait eu un ballon.**

Serais-tu allé(e) à Avignon si tu avais eu un billet d'avion gratuit?

**12** **En partenaires**

*Avec un(e) partenaire, posez des questions sur ce que vous auriez fait si les choses indiquées*
*s'étaient passées. Puis répondez aux questions. Suivez le modèle.*

**Modèle:**

tu/te casser le bras

A: **Qu'est-ce que tu aurais fait si tu**
  **t'étais cassé le bras?**
B: **Si je m'étais cassé le bras, je serais**
  **allé(e) à la salle des urgences. Et**
  **toi, qu'est-ce que tu aurais fait si**
  **tu t'étais cassé le bras?**
A: **Si je m'étais cassé le bras, j'aurais**
  **téléphoné au SAMU.**

1. tu/te réveiller très tard
2. tu/avoir mal à la gorge
3. ta voiture/tomber en panne
4. tu/perdre tes devoirs
5. quelqu'un/te voler ton argent
6. tes parents/ne pas te permettre de sortir
7. tu/gagner mille dollars
8. tu/passer une semaine dans le Midi

# Communication

## 13 À vous de jouer!

 Avec un(e) partenaire, jouez les rôles de deux personnes dans un grand magasin. La première personne joue le rôle d'un vendeur qui travaille au rayon des appareils électroniques. La deuxième personne joue le rôle d'un client qui y a acheté quelque chose qui ne marche pas. Pendant votre conversation:

1. Le vendeur demande s'il peut aider le client.
2. Le client lui montre ce qu'il a acheté et explique que l'appareil ne marche pas.
3. Le vendeur lui demande s'il a gardé le ticket de caisse.
4. Le vendeur lui demande s'il peut jeter un coup d'œil.
5. Le vendeur confirme qu'il y a un problème.
6. Le client dit pourquoi il est déçu et demande ce qu'il peut faire.
7. Le vendeur offre deux suggestions pour régler l'affaire.
8. Le client choisit la solution qu'il préfère.
9. Le client demande combien il lui doit.
10. Le vendeur lui dit que ce service est gratuit.
11. Le client remercie le vendeur.

## 14 Un(e) employé(e) désagréable

On apprécie tous les vendeurs ou les vendeuses qui nous rendent un service, comme celui de l'Activité 13. Mais avez-vous jamais dû discuter un problème avec un vendeur ou une vendeuse qui était impoli(e) et ne vous a pas aidé(e)? Écrivez un paragraphe dans lequel vous décrivez ce problème, tout ce qui s'est passé pendant votre conversation avec la personne impolie et comment vous vous êtes senti(e) en quittant le magasin. Qu'est-ce que vous auriez fait si vous aviez su tout cela à l'avance? (Si vous n'avez jamais été dans une situation comme celle-ci, vous pouvez en créer une en vous servant de votre imagination.)

# Reading Instructions

Here are some tips on how to read instructions in French.

- First, think about the kinds of new words you will need to understand, depending on the product and type of instructions. Besides looking for cognates, search for familiar stems in new words so that you can guess their meaning in context. But be prepared to use your French/English dictionary to look up key words that are repeated throughout the instructions if you can't figure them out on your own.
- Second, use any headings, illustrations or photos to help you understand each step in the process.
- Third, visualize each step to make the process clear in your mind.

Now apply these tips as you read the recipe for a French dessert.

## 15 ▸ Pour commencer...

*Avant de lire la recette, répondez aux questions suivantes.*

1. Est-ce que tu aimes faire la cuisine?
2. Quels plats est-ce que tu sais préparer?
3. La bonne cuisine fait partie de toutes les cultures. Quelle cuisine préfères-tu? Pourquoi?

### Gâteau renversé aux poires caramélisées

les ingrédients

2 ou 3 poires mûres

pour le caramel:   100 g de sucre
2 cuillerées à soupe d'eau

pour la pâte:   2 œufs
100 g de sucre en poudre
125 g de farine
60 g de beurre
½ sachet de levure chimique

Dans une petite casserole, préparez un caramel blond clair. Mélangez le sucre et l'eau à température élevée jusqu'à ce que le sucre soit fondu, brun clair et transparent.

**A**

Puis versez immédiatement le caramel dans un moule. Préparez la pâte. Puis mélangez les œufs avec le sucre en poudre.

**B**

Lorsque le mélange est mousseux,

**C**

ajoutez la farine et la levure,

**D**

puis le beurre fondu. Pelez les poires; coupez-les en fines tranches après avoir enlevé le cœur et les pépins.

**E**

Ensuite disposez les tranches en corolle sur le caramel.

**F**

Versez la pâte sur les poires sans les déplacer,

et couvrez les fruits uniformément.

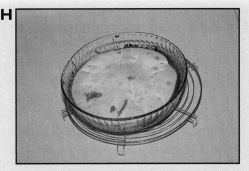

Faites cuire à 220°C jusqu'à ce que la pâte soit dorée. Piquez la pâte avec la pointe d'un couteau. Si le couteau est taché de pâte quand vous l'enlevez, cuisez le gâteau pendant quelques minutes de plus. Si le couteau est propre, sortez le gâteau du four.

Démoulez le gâteau quand il est encore chaud. Couvrez le moule avec une grande assiette. Mettez des gants, tenez le moule et l'assiette ensemble fermement et retournez-les de sorte que le gâteau tombe dans l'assiette.

Laissez refroidir quelques minutes et vous serez prêt à servir.

## 16 ▸ Le gâteau renversé

*Répondez aux questions suivantes.*

1. Qu'est-ce qu'on prépare?
2. Quels sont deux nouveaux mots que tu as compris tout de suite parce qu'ils ressemblent aux mots anglais?
3. Quel nouveau mot est facile à comprendre parce que tu reconnais sa racine (*root*)? Quelle est la définition de ce mot en anglais?
4. Quels sont cinq mots clés (*key*) dans la recette que tu devrais chercher dans ton dictionnaire?
5. De quel fruit a-t-on besoin pour faire ce dessert?
6. Quels sont les ingrédients pour le caramel?
7. Après avoir fait le caramel, qu'est-ce qu'on prépare ensuite?
8. Comment coupe-t-on les poires?
9. Comment couvre-t-on les fruits?
10. À quelle température est-ce qu'on fait cuire le gâteau?
11. Pourquoi faut-il piquer la pâte avec la pointe d'un couteau?
12. Comment démoule-t-on le gâteau?

**En ordre chronologique**

*Mettez les instructions suivantes en ordre chronologique d'après la recette. Écrivez "1" pour la première phrase, "2" pour la deuxième phrase, etc.*

1. Disposez les tranches en corolle sur le caramel.
2. Laissez refroidir quelques minutes.
3. Ajoutez la farine et la levure.
4. Pelez les poires.
5. Faites cuire à 220°C.
6. Mélangez les œufs avec le sucre en poudre.
7. Enlevez le cœur et les pépins des poires.
8. Piquez la pâte avec la pointe d'un couteau.
9. Préparez le caramel.
10. Couvrez les poires avec la pâte.

18 **Un masque de carnaval**

*Voici les instructions pour faire un masque de carnaval. Elles sont accompagnées d'illustrations à la page suivannte. Les instructions sont numérotées correctement, mais les illustrations ne sont pas en ordre. D'abord, lisez les instructions en vous servant des mots qui ressemblent aux mots anglais. Puis, cherchez les mots clés que vous ne comprenez pas dans votre dictionnaire. Enfin, mettez les illustrations en ordre chronologique.*

**Pour faire un masque simple**
Le matériel:

| | |
|---|---|
| du carton-pâte (46 cm de haut x 30,5 cm de large) | des marqueurs |
| | du ruban adhésif |
| un crayon | des boutons |
| une agrafeuse | des feuilles |
| des agrafes | des couleurs |
| des ciseaux | des plumes |
| de la ficelle ou un élastique étroit | |

1. Pliez la feuille de carton-pâte en deux.
2. Pliez la feuille encore une fois pour qu'elle soit divisée en quatre.
3. Dépliez la feuille et tenez-la contre votre visage de sorte que la ligne la plus longue vous coupe le visage en deux verticalement, et la ligne la plus courte vous coupe les yeux horizontalement. Indiquez où sont les yeux avec un crayon. Coupez des trous de 2,54 cm de large, mais faites attention que les trous ne soient pas à plus de 1,9 cm du pli au centre de la feuille.

4. Dépliez la feuille de sorte que vous puissiez voir à travers les trous. Indiquez où sont le nez et la bouche avec un crayon, et découpez des trous avec les ciseaux.

5. En pliant, dépliant et coupant en plusieurs sens, vous pouvez créer la silhouette désirée aux bords du masque. Pour sculpter le masque, vous pouvez couper les bords et les joindre avec des agrafes. Couvrez les agrafes avec du ruban adhésif pour que cela ne vous coupe pas.

6. Faites un trou de chaque côté du masque, à 1,9 cm du bord du masque à côté des yeux. Attachez de la ficelle ou des élastiques étroits pour que le masque tienne sur votre tête.

7. Décorez votre masque comme vous voudrez avec des marqueurs, des boutons, des feuilles, des rubans, des couleurs, des plumes, etc.

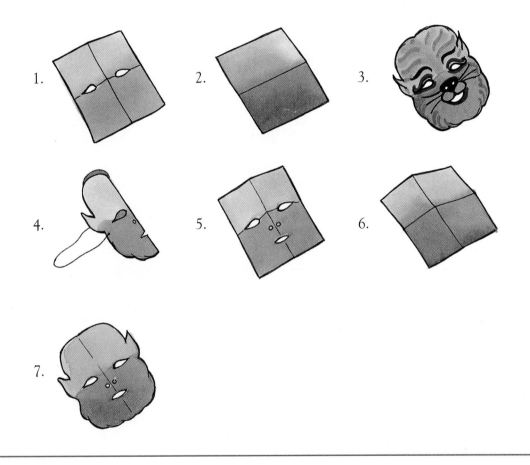

# Dossier fermé

Si tu étais en France et tu voyais un accident dans la rue et que quelqu'un avait besoin d'aide médicale, que ferais-tu?

    B.   Je ferais le 15 sur un téléphone.

Le 15 est le numéro de téléphone du SAMU, le service d'assistance médicale d'urgence. Aux États-Unis, tu fais le 911 en cas d'urgences, mais en France c'est le 15 que tu fais.

## ✓ Évaluation culturelle

*Pour voir si vous avez bien compris la culture française, décidez si chaque phrase est **vraie** ou **fausse**.*

1. Fontainebleau était la résidence des rois quand ils allaient à la chasse.
2. La chasse est le sport le plus populaire parmi les Français.
3. La Coupe du Monde est un grand événement sportif de football.
4. Les Français téléphonent au SAMU quand ils ont besoin d'aide médicale rapide.
5. Les Français sont obligés d'offrir de l'aide quand ils voient un accident.
6. Les Français vont au drugstore quand ils ont besoin de faire préparer une ordonnance.
7. On appelle la région du sud de la France le Midi.
8. La ville d'Avignon se trouve en Provence.
9. Les papes sont allés de Rome à Avignon pour se protéger de la peste.
10. Le Festival d'Avignon a lieu chaque année sur le pont Saint-Bénezet.

La ville d'Avignon, située en Provence, est aussi dans le Midi.

## ✓ Évaluation orale

 *Avec un(e) partenaire, jouez les rôles de deux personnes dans une pharmacie. La première personne joue le rôle d'une personne qui ne se sent pas du tout bien parce qu'elle a mangé quelque chose de mauvais. La deuxième personne joue le rôle d'un pharmacien ou une pharmacienne. En parlant avec le pharmacien ou la pharmacienne, la personne malade doit:*

1. demander si le pharmacien ou la pharmacienne peut faire quelque chose pour l'aider
2. expliquer pourquoi elle ne se sent pas bien
3. dire où elle a mal
4. demander si le pharmacien ou la pharmacienne peut suggérer quelque chose à prendre pour se sentir mieux
5. demander le mode d'emploi du médicament
6. demander le prix du médicament
7. dire qu'elle lui est très reconnaissante
8. lui dire "au revoir"

*Pendant la conversation le pharmacien ou la pharmacienne doit répondre logiquement à ce que la personne malade dit.*

# ✓ Évaluation écrite

*Imaginez qu'un(e) de vos ami(e)s francophones vous a invité(e) à passer le weekend à la maison de campagne de sa famille. Malheureusement, vous venez d'avoir un accident, et vous avez des blessures. Écrivez une lettre aux parents de votre ami(e) pour refuser l'invitation. Dans votre lettre, dites:*

1. que vous êtes très reconnaissant(e) de leur invitation
2. pourquoi vous devez la refuser
3. que si vous n'aviez pas eu cet accident, vous auriez bien voulu l'accepter
4. ce qui s'est passé
5. où vous avez mal
6. qui vous a aidé(e) et comment
7. que vous êtes très déçu(e) de ne pas accepter leur invitation
8. que vous leur souhaitez un bon weekend

# ✓ Évaluation visuelle

*Hier Monique a acheté un lecteur de DVD, mais il ne marchait pas. Aujourd'hui elle a l'intention de le rendre au magasin. Mais quelque chose de grave s'est passé quand elle conduisait au magasin. Écrivez un paragraphe qui décrit la journée de Monique et ce qui lui est arrivé. Utilisez les illustrations et les nouvelles expressions de l'Unité 10. (Avant de commencer, regardez les sections* Révision de fonctions *aux pages 469-70 et* Vocabulaire *à la page 471.)*

# Révision de fonctions

Can you do all of the following tasks in French?
- I can ask about someone's health.
- I can give information about various topics, including health.
- I can talk about what happened in the past.
- I can describe someone's character traits.
- I can ask if someone can do something.
- I can admit to something.
- I can agree with someone.
- I can ask someone for help.
- I can ask for permission.
- I can confirm what someone has said.
- I can ask for the price of something.
- I can estimate something.
- I can compare things.
- I can make an assumption.
- I can express emotions.
- I can say what displeases me.
- I can say that I'm disappointed.
- I can suggest what people can do.
- I can accept an invitation.
- I can say that I'm grateful.
- I can end a conversation.

To inquire about health and welfare, use:
**Qu'as-tu fait?** *What did you do?*

To give information, use:
**Je me suis cassé** la cheville. *I broke my ankle.*
**Je me suis foulé** le poignet. *I sprained my wrist.*

To describe past events, use:
**J'aurais voulu** l'utiliser tout de suite. *I would have wanted to use it right away.*

To describe character, use:
J'ai pu demander à **quelqu'un de** gentil. *I was able to ask someone nice.*

To inquire about capability, use:
**Tu n'as pas trop de mal à** marcher avec *It doesn't hurt too much to walk*
des béquilles? *on crutches?*

To admit, use:
**Je dois dire** qu'il était un peu compliqué. *I must say that it was a little complicated.*

Je dois dire que ma partenaire est en retard.

To agree with someone, use:
**Sans blague!** *No kidding!*

To ask for help, use:
**J'ai pu demander à** quelqu'un de gentil *I was able to ask someone nice to come*
**de venir m'aider.** *and help me.*

To ask for permission, use:
**Ça vous gêne si** je jette un coup d'œil? *Does it bother you if I take a quick look?*
**Laissez-moi voir.** *Let me see.*

To express confirmation, use:
**Vous avez raison.** *You're right.*

To ask for a price, use:
**Je vous dois combien?** *How much do I owe you?*

To estimate, use:
**Environ** dix jours. *About ten days.*

To compare, use:

J'aurai **autant de** mal au début que la dernière fois.

*It will hurt as much at the beginning as last time.*

To hypothesize, use:

**Si** j'**avais essayé** le dictionnaire électronique avant de quitter le magasin, j'**aurais évité** tous ces ennuis.

*If I had tried the electronic dictionary before leaving the store, I would have avoided all these problems.*

To express emotions, use:

Brian est **frustré** parce que son dictionnaire électronique ne marche pas.
**Ça me rend très heureux.**

*Brian is frustrated because his electronic dictionary doesn't work. That makes me very happy.*

Merci. Ça me rend heureuse.

To express displeasure, use:

**C'est vraiment quelque chose d'embêtant.**

*That's really something annoying.*

To express disappointment, use:

Moi qui étais **déçu**, maintenant ça va mieux.

*I was disappointed, now things are better.*

To make suggestions, use:

**Si on changeait** la pile?

*What if we changed the battery?*

To accept an invitation, use:

**Ça serait très gentil.**

*That would be very nice.*

To express gratitude, use:

**Je te serais très reconnaissante.**

*I'd be very grateful.*

To terminate a conversation, use:

**Je te reverrai.**
**À bientôt.**

*I'll see you again.*
*See you soon.*

# Vocabulaire

un **accident** accident A
un **achat** purchase B
s' **adapter** to adapt A
un **antibiotique** antibiotic A
un **appareil** appliance B
   **arriver** to happen A
une **aspirine** aspirin A
une **attente: une salle d'attente** waiting room A
   **autant de** as much, as many A
   **avoir raison** to be right B

un **ballon** (inflated) ball A
un **bandage** bandage A
une **béquille** crutch A
une **blague** joke B
   **Sans blague!** No kidding! B
une **blessure** wound A
une **boîte** box A
un **bon de réduction** coupon B

   **c'est: C'est à vous de voir.** It's up to you. B
une **canette** can A
   **cassé(e)** broken A
se **casser** to break A
une **cheville** ankle A
un(e) **client(e)** customer B
   **compliqué(e)** complicated B
un **coup: jeter un coup d'œil** to take a quick look B

   **déçu(e)** disappointed B
   **devoir** to owe B
un **dico** dictionary B
   **droit(e)** right A

   **élevé(e)** raised A
   **embêtant(e)** annoying A
   **entouré(e)** wrapped A
   **environ** about B
   **éviter** to avoid B
une **expression** expression B

se **faire mal** to hurt oneself A
   **fauteuil: un fauteuil roulant** wheelchair A
se **fouler** to sprain A
   **frustré(e)** frustrated B

   **gauche** left A
   **gêner** to bother B
   **gratuitement** free B

un **hôpital** hospital A

   **jeter un coup d'œil** to take a quick look B
   **justement** exactly B

   **laisser: laissez-moi** let me B
le **Midi** the south of France B
le **mode d'emploi** instructions B
   **moi-même** myself B

   **n'importe quel, n'importe quelle** just any A
   **n'importe qui** anyone A
   **neuf, neuve** new B

   **œil: jeter un coup d'œil** to take a quick look B
une **ordonnance** prescription A

une **pastille** lozenge A
une **pharmacie** pharmacy, drugstore A
une **phrase** phrase, sentence B
une **pile** battery B
un **plâtre** cast A
un **poignet** wrist A

une **radiographie** X ray A
   **raison: avoir raison** to be right B
   **rapporter** to bring back B
   **rattraper** to trap A
un **rayon** (store) department B
une **réduction** reduction B
   **rembourser** to reimburse B
   **rendre (+ adjective)** to make B
   **réparer** to repair B
un **résultat** result A
se **retrouver** to meet A
   **revoir** to see again A
   **rien** nothing B
   **roulant(e): un fauteuil roulant** wheelchair A

une **salle d'attente** waiting room A
une **salle des urgences** emergency room A
le **SAMU (service d'assistance médicale d'urgence)** emergency medical service A
   **si** what if B

un **tel, une telle** such a A
un **ticket de caisse** receipt B
le **tracas** trouble B

l' **un(e)... l'autre** (the) one . . . the other A
une **urgence: la salle des urgences** emergency room A

# Grammar Summary

## Possessive Adjectives

| Singular | | | Plural |
|---|---|---|---|
| **Masculine** | **Feminine before a Consonant Sound** | **Feminine before a Vowel Sound** | |
| mon | ma | mon | mes |
| ton | ta | ton | tes |
| son | sa | son | ses |
| notre | notre | notre | nos |
| votre | votre | votre | vos |
| leur | leur | leur | leurs |

## Demonstrative Adjectives

| | **Masculine before a Consonant Sound** | **Masculine before a Vowel Sound** | **Feminine** |
|---|---|---|---|
| **Singular** | ce | cet | cette |
| **Plural** | ces | ces | ces |

## Indefinite Adjectives

| | |
|---|---|
| *aucun(e)... ne (n')* | not one, no |
| *autre* | other |
| *certain(e)* | certain |
| *chaque* | each, every |
| *même* | same |
| *la plupart de* | most |
| *plusieurs* | several |
| *quelques* | some |
| *tout(e)* | all, every |

## Quel

| | **Masculine** | **Feminine** |
|---|---|---|
| **Singular** | quel | quelle |
| **Plural** | quels | quelles |

## Tout

| | **Masculine** | **Feminine** |
|---|---|---|
| **Singular** | tout | toute |
| **Plural** | tous | toutes |

## Agreement of Adjectives

|  | Masculine | Feminine |
|---|---|---|
| add **e** | Il est bavard. | Elle est bavarde. |
| no change | Il est suisse. | Elle est suisse. |
| change **-er** to **-ère** | Il est cher. | Elle est chère. |
| change **-eux** to **-euse** | Il est paresseux. | Elle est paresseuse. |
| double consonant + **e** | Il est gros. | Elle est grosse. |

## Irregular Feminine Adjectives

| Masculine before a Consonant Sound | Masculine before a Vowel Sound | Feminine |
|---|---|---|
| blanc |  | blanche |
| frais |  | fraîche |
| long |  | longue |
| beau | bel | belle |
| nouveau | nouvel | nouvelle |
| vieux | vieil | vieille |

## Irregular Plural Adjectives

|  | Singular | Plural |
|---|---|---|
| no change | amoureux | amoureux |
|  | bon marché | bon marché |
|  | frais | frais |
|  | heureux | heureux |
|  | marron | marron |
|  | orange | orange |
|  | paresseux | paresseux |
|  | super | super |
|  | sympa | sympa |
|  | vieux | vieux |
| -eau → -eaux | beau | beaux |
|  | nouveau | nouveaux |
| -al → -aux | national | nationaux |

## Position of Adjectives

Most adjectives usually follow their nouns. But adjectives expressing beauty, age, goodness and size precede their nouns. Some of these preceding adjectives are:

| | |
|---|---|
| autre | joli |
| beau | mauvais |
| bon | nouveau |
| grand | petit |
| gros | vieux |
| jeune | |

## Comparative of Adjectives

| | | | | |
|---|---|---|---|---|
| **plus** | + | adjective | + | **que** |
| **moins** | + | adjective | + | **que** |
| **aussi** | + | adjective | + | **que** |

## Superlative of Adjectives

| | | | | |
|---|---|---|---|---|
| **le/la/les** | + | **plus** | + | adjective |

## Irregular Plural Nouns

| | **Singular** | **Plural** |
|---|---|---|
| no change | autobus | autobus |
| **-al** → **-aux** | animal | animaux |
| | journal | journaux |
| **-eau** → **-eaux** | bateau | bateaux |
| **-eu** → **-eux** | feu | feux |
| | jeu | jeux |

## Comparative of Adverbs

| | | | | |
|---|---|---|---|---|
| **plus** | + | adverb | + | **que** |
| **moins** | + | adverb | + | **que** |
| **aussi** | + | adverb | + | **que** |

Some adverbs have an irregular comparative form:

| **Adverb** | **Comparative** |
|---|---|
| **bien** *(well)* | **mieux** *(better)* |
| **beaucoup** *(a lot, much)* | **plus** *(more)* |
| **peu** *(little)* | **moins** *(less)* |

## Superlative of Adverbs

| | | | | |
|---|---|---|---|---|
| **le** | + | **plus** | + | adverb |

To form the superlative of *bien*, *beaucoup* and *peu*, put *le* before these adverbs' irregular comparative forms.

| **Adverb** | **Comparative** | **Superlative** |
|---|---|---|
| **bien** | **mieux** | **le mieux** |
| **beaucoup** | **plus** | **le plus** |
| **peu** | **moins** | **le moins** |

## Expressions of Quantity

| | |
|---|---|
| *assez de* | enough |
| *beaucoup de* | a lot of, many |
| *combien de* | how much, how many |
| *moins de* | less |
| *(un) peu de* | (a) little, few |
| *plus de* | more |
| *trop de* | too much, too many |

| | |
|---|---|
| *une boîte de* | a can of, a box of |
| *une bouteille de* | a bottle of |
| *une canette de* | a can of |
| *un kilo de* | a kilogram of |
| *un morceau de* | a piece of |
| *un pot de* | a jar of |
| *une tasse de* | a cup of |
| *une tranche de* | a slice of |

## Direct Object Pronouns

| | Masculine | Feminine | Before a Vowel Sound |
|---|---|---|---|
| **Singular** | me | me | m' |
| | te | te | t' |
| | le | la | l' |
| **Plural** | nous | nous | nous |
| | vous | vous | vous |
| | les | les | les |

## Indirect Object Pronouns

| | Masculine or Feminine | Before a Vowel Sound |
|---|---|---|
| **Singular** | me | m' |
| | te | t' |
| | lui | lui |
| **Plural** | nous | nous |
| | vous | vous |
| | leur | leur |

## Order of Double Object Pronouns

| | | | | | | | |
|---|---|---|---|---|---|---|---|
| subject | + | **me**<br>**te**<br>**nous**<br>**vous**<br>**se** | + | **le**<br>**la**<br>**les** | + | **lui**<br>**leur** | + **y** + **en** + verb |

## Stress Pronouns

| Singular | | Plural | |
|---|---|---|---|
| **moi** | *je* | **nous** | *nous* |
| **toi** | *tu* | **vous** | *vous* |
| **lui** | *il* | **eux** | *ils* |
| **elle** | *elle* | **elles** | *elles* |

## Interrogative Pronouns

| | Subject | Direct Object | Object of Preposition |
|---|---|---|---|
| **People** | qui<br>qui est-ce qui | qui<br>qui est-ce que | qui |
| **Things** | qu'est-ce qui | que<br>qu'est-ce que | quoi |

### *Lequel*

| | Masculine | Feminine |
|---|---|---|
| **Singular** | lequel | laquelle |
| **Plural** | lesquels | lesquelles |

### *Dont*

**dont** = **de** + noun

## Demonstrative Pronouns

| | Masculine | Feminine |
|---|---|---|
| **Singular** | celui | celle |
| **Plural** | ceux | celles |

## Possessive Pronouns

| | Singular | | Plural | |
|---|---|---|---|---|
| | **Masculine** | **Feminine** | **Masculine** | **Feminine** |
| mine | **le mien** | **la mienne** | **les miens** | **les miennes** |
| yours | **le tien** | **la tienne** | **les tiens** | **les tiennes** |
| his, hers, its, one's | **le sien** | **la sienne** | **les siens** | **les siennes** |
| ours | **le nôtre** | **la nôtre** | **les nôtres** | |
| your | **le vôtre** | **la vôtre** | **les vôtres** | |
| theirs | **le leur** | **la leur** | **les leurs** | |

## Indefinite Pronouns

| | |
|---|---|
| *aucun(e)... ne (n')* | not one |
| *un(e) autre* | another |
| *la plupart* | most |
| *plusieurs* | several |
| *quelqu'un* | someone, somebody |
| *quelque chose* | something |
| *tous les deux* | both |

## Present Tense of Regular Verbs

| -er parler | | | |
|---|---|---|---|
| je | parle | nous | parlons |
| tu | parles | vous | parlez |
| il/elle/on | parle | ils/elles | parlent |

| -ir finir | | | |
|---|---|---|---|
| je | finis | nous | finissons |
| tu | finis | vous | finissez |
| il/elle/on | finit | ils/elles | finissent |

| -re perdre | | | |
|---|---|---|---|
| je | perds | nous | perdons |
| tu | perds | vous | perdez |
| il/elle/on | perd | ils/elles | perdent |

## Regular Imperatives

| -er parler | -ir finir | -re perdre |
|---|---|---|
| parle | finis | perds |
| parlez | finissez | perdez |
| parlons | finissons | perdons |

## Present Tense of Reflexive Verbs

| se coucher | | | | | |
|---|---|---|---|---|---|
| je | me | couche | nous | nous | couchons |
| tu | te | couches | vous | vous | couchez |
| il/elle/on | se | couche | ils/elles | se | couchent |

## Imperative of Reflexive Verbs

| -er<br>se réveiller |
| --- |
| Réveille-toi!<br>Réveillez-vous!<br>Réveillons-nous! |

## Present Tense of Irregular Verbs

| accéder | | | |
| --- | --- | --- | --- |
| j' | accède | nous | accédons |
| tu | accèdes | vous | accédez |
| il/elle/on | accède | ils/elles | accèdent |

| acheter | | | |
| --- | --- | --- | --- |
| j' | achète | nous | achetons |
| tu | achètes | vous | achetez |
| il/elle/on | achète | ils/elles | achètent |

| aller | | | |
| --- | --- | --- | --- |
| je | vais | nous | allons |
| tu | vas | vous | allez |
| il/elle/on | va | ils/elles | vont |

| appeler | | | |
| --- | --- | --- | --- |
| j' | appelle | nous | appelons |
| tu | appelles | vous | appelez |
| il/elle/on | appelle | ils/elles | appellent |

| appuyer | | | |
| --- | --- | --- | --- |
| j' | appuie | nous | appuyons |
| tu | appuies | vous | appuyez |
| il/elle/on | appuie | ils/elles | appuient |

| s'asseoir | | | | | |
| --- | --- | --- | --- | --- | --- |
| je | m' | assieds | nous | nous | asseyons |
| tu | t' | assieds | vous | vous | asseyez |
| il/elle/on | s' | assied | ils/elles | s' | asseyent |

| avoir | | | |
| --- | --- | --- | --- |
| j' | ai | nous | avons |
| tu | as | vous | avez |
| il/elle/on | a | ils/elles | ont |

## boire

| | | | |
|---|---|---|---|
| je | bois | nous | buvons |
| tu | bois | vous | buvez |
| il/elle/on | boit | ils/elles | boivent |

## conduire

| | | | |
|---|---|---|---|
| je | conduis | nous | conduisons |
| tu | conduis | vous | conduisez |
| il/elle/on | conduit | ils/elles | conduisent |

## connaître

| | | | |
|---|---|---|---|
| je | connais | nous | connaissons |
| tu | connais | vous | connaissez |
| il/elle/on | connaît | ils/elles | connaissent |

## construire

| | | | |
|---|---|---|---|
| je | construis | nous | construisons |
| tu | construis | vous | construisez |
| il/elle/on | construit | ils/elles | construisent |

## courir

| | | | |
|---|---|---|---|
| je | cours | nous | courons |
| tu | cours | vous | courez |
| il/elle/on | court | ils/elles | courent |

## croire

| | | | |
|---|---|---|---|
| je | crois | nous | croyons |
| tu | crois | vous | croyez |
| il/elle/on | croit | ils/elles | croient |

## devoir

| | | | |
|---|---|---|---|
| je | dois | nous | devons |
| tu | dois | vous | devez |
| il/elle/on | doit | ils/elles | doivent |

## dire

| | | | |
|---|---|---|---|
| je | dis | nous | disons |
| tu | dis | vous | dites |
| il/elle/on | dit | ils/elles | disent |

## se distraire

| | | | | | |
|---|---|---|---|---|---|
| je me | distrais | nous | nous | distrayons |
| tu te | distrais | vous | vous | distrayez |
| il/elle/on se | distrait | ils/elles | se | distraient |

## dormir

| | | | |
|---|---|---|---|
| je | dors | nous | dormons |
| tu | dors | vous | dormez |
| il/elle/on | dort | ils/elles | dorment |

## écrire

| | | | |
|---|---|---|---|
| j' | écris | nous | écrivons |
| tu | écris | vous | écrivez |
| il/elle/on | écrit | ils/elles | écrivent |

## s'ennuyer

| | | | | | |
|---|---|---|---|---|---|
| je m' | ennuie | nous | nous | ennuyons |
| tu t' | ennuies | vous | vous | ennuyez |
| il/elle/on s' | ennuie | ils/elles | s' | ennuient |

## essayer

| | | | |
|---|---|---|---|
| j' | essaie | nous | essayons |
| tu | essaies | vous | essayez |
| il/elle/on | essaie | ils/elles | essaient |

## être

| | | | |
|---|---|---|---|
| je | suis | nous | sommes |
| tu | es | vous | êtes |
| il/elle/on | est | ils/elles | sont |

## faire

| | | | |
|---|---|---|---|
| je | fais | nous | faisons |
| tu | fais | vous | faites |
| il/elle/on | fait | ils/elles | font |

## falloir

| | |
|---|---|
| il | faut |

## s'intégrer

| | | | | | |
|---|---|---|---|---|---|
| je m' | intègre | nous | nous | intégrons |
| tu t' | intègres | vous | vous | intégrez |
| il/elle/on s' | intègre | ils/elles | s' | intègrent |

## jeter

| | | | | |
|---|---|---|---|---|
| je | jette | nous | jetons |
| tu | jettes | vous | jetez |
| il/elle/on | jette | ils/elles | jettent |

## lire

| | | | | |
|---|---|---|---|---|
| je | lis | nous | lisons |
| tu | lis | vous | lisez |
| il/elle/on | lit | ils/elles | lisent |

## maintenir

| | | | | |
|---|---|---|---|---|
| je | maintiens | nous | maintenons |
| tu | maintiens | vous | maintenez |
| il/elle/on | maintient | ils/elles | maintiennent |

## mettre

| | | | | |
|---|---|---|---|---|
| je | mets | nous | mettons |
| tu | mets | vous | mettez |
| il/elle/on | met | ils/elles | mettent |

## mourir

| | | | | |
|---|---|---|---|---|
| je | meurs | nous | mourons |
| tu | meurs | vous | mourez |
| il/elle/on | meurt | ils/elles | meurent |

## naître

| | | | | |
|---|---|---|---|---|
| je | nais | nous | naissons |
| tu | nais | vous | naissez |
| il/elle/on | naît | ils/elles | naissent |

## offrir

| | | | | |
|---|---|---|---|---|
| j' | offre | nous | offrons |
| tu | offres | vous | offrez |
| il/elle/on | offre | ils/elles | offrent |

## ouvrir

| | | | | |
|---|---|---|---|---|
| j' | ouvre | nous | ouvrons |
| tu | ouvres | vous | ouvrez |
| il/elle/on | ouvre | ils/elles | ouvrent |

## partir

| | | | | |
|---|---|---|---|---|
| je | pars | | nous | partons |
| tu | pars | | vous | partez |
| il/elle/on | part | | ils/elles | partent |

## payer

| | | | | |
|---|---|---|---|---|
| je | paie | | nous | payons |
| tu | paies | | vous | payez |
| il/elle/on | paie | | ils/elles | paient |

## peindre

| | | | | |
|---|---|---|---|---|
| je | peins | | nous | peignons |
| tu | peins | | vous | peignez |
| il/elle/on | peint | | ils/elles | peignent |

## se plaindre

| | | | | | | |
|---|---|---|---|---|---|---|
| je | me | plains | nous | nous | | plaignons |
| tu | te | plains | vous | vous | | plaignez |
| il/elle/on | se | plaint | ils/elles | | se | plaignent |

## plaire

| | | | | |
|---|---|---|---|---|
| je | plais | | nous | plaisons |
| tu | plais | | vous | plaisez |
| il/elle/on | plaît | | ils/elles | plaisent |

## pleuvoir

| | |
|---|---|
| il | pleut |

## pouvoir

| | | | | |
|---|---|---|---|---|
| je | peux | | nous | pouvons |
| tu | peux | | vous | pouvez |
| il/elle/on | peut | | ils/elles | peuvent |

## préférer

| | | | | |
|---|---|---|---|---|
| je | préfère | | nous | préférons |
| tu | préfères | | vous | préférez |
| il/elle/on | préfère | | ils/elles | préfèrent |

## prendre

| | | | | |
|---|---|---|---|---|
| je | prends | | nous | prenons |
| tu | prends | | vous | prenez |
| il/elle/on | prend | | ils/elles | prennent |

## protéger

| | | | |
|---|---|---|---|
| je | protège | nous | protégeons |
| tu | protèges | vous | protégez |
| il/elle/on | protège | ils/elles | protègent |

## recevoir

| | | | |
|---|---|---|---|
| je | reçois | nous | recevons |
| tu | reçois | vous | recevez |
| il/elle/on | reçoit | ils/elles | reçoivent |

## répéter

| | | | |
|---|---|---|---|
| je | répète | nous | répétons |
| tu | répètes | vous | répétez |
| il/elle/on | répète | ils/elles | répètent |

## savoir

| | | | |
|---|---|---|---|
| je | sais | nous | savons |
| tu | sais | vous | savez |
| il/elle/on | sait | ils/elles | savent |

## sécher

| | | | |
|---|---|---|---|
| je | sèche | nous | séchons |
| tu | sèches | vous | séchez |
| il/elle/on | sèche | ils/elles | sèchent |

## se sentir

| | | | | | |
|---|---|---|---|---|---|
| je me | sens | nous | nous | | sentons |
| tu te | sens | vous | vous | | sentez |
| il/elle/on se | sent | ils/elles | | se | sentent |

## servir

| | | | |
|---|---|---|---|
| je | sers | nous | servons |
| tu | sers | vous | servez |
| il/elle/on | sert | ils/elles | servent |

## sortir

| | | | |
|---|---|---|---|
| je | sors | nous | sortons |
| tu | sors | vous | sortez |
| il/elle/on | sort | ils/elles | sortent |

## suivre

|  |  |  |  |
|---|---|---|---|
| je | suis | nous | suivons |
| tu | suis | vous | suivez |
| il/elle/on | suit | ils/elles | suivent |

## se taire

|  |  |  |  |  |  |
|---|---|---|---|---|---|
| je me | tais | nous | nous | taisons |
| tu te | tais | vous | vous | taisez |
| il/elle/on se | tait | ils/elles | se | taisent |

## vaincre

|  |  |  |  |
|---|---|---|---|
| je | vaincs | nous | vainquons |
| tu | vaincs | vous | vainquez |
| il/elle/on | vainc | ils/elles | vainquent |

## valoir

|  |  |  |  |
|---|---|---|---|
| je | vaux | nous | valons |
| tu | vaux | vous | valez |
| il/elle/on | vaut | ils/elles | valent |

## venir

|  |  |  |  |
|---|---|---|---|
| je | viens | nous | venons |
| tu | viens | vous | venez |
| il/elle/on | vient | ils/elles | viennent |

## vivre

|  |  |  |  |
|---|---|---|---|
| je | vis | nous | vivons |
| tu | vis | vous | vivez |
| il/elle/on | vit | ils/elles | vivent |

## voir

|  |  |  |  |
|---|---|---|---|
| je | vois | nous | voyons |
| tu | vois | vous | voyez |
| il/elle/on | voit | ils/elles | voient |

## vouloir

|  |  |  |  |
|---|---|---|---|
| je | veux | nous | voulons |
| tu | veux | vous | voulez |
| il/elle/on | veut | ils/elles | veulent |

## Verbs + *à* + Infinitives

| | | |
|---|---|---|
| aider | commencer | réussir |
| s'amuser | continuer | |
| apprendre | inviter | |

## Verbs + *de* + Infinitives

| | | |
|---|---|---|
| arrêter | demander | finir |
| choisir | se dépêcher | offrir |
| décider | dire | rêver |

## Verbs + Infinitives

| | | |
|---|---|---|
| adorer | espérer | savoir |
| aimer | falloir | sembler |
| aller | pouvoir | venir |
| désirer | préférer | vouloir |
| devoir | regarder | |

## Verbs + *de* + Nouns

| | |
|---|---|
| *avoir besoin de* | to need |
| *avoir envie de* | to want, to feel like |
| *avoir peur de* | to be afraid of |
| *être amoureux/amoureuse de* | to be in love with |
| *être content(e) de* | to be happy about |
| *faire la connaissance de* | to meet |
| *se méfier de* | to distrust |
| *s'occuper de* | to take care of |
| *parler de* | to speak/talk about |
| *se plaindre de* | to complain about |
| *rêver de* | to dream about |
| *se servir de* | to use |
| *se souvenir de* | to remember |
| *traiter de* | to treat |
| *se tromper de* | to be mistaken/wrong about |

## Negation in Present Tense

| | |
|---|---|
| ne... jamais | Je **ne** vois **jamais** Hélène. |
| ne... pas | Vous **ne** mangez **pas**. |
| ne... personne | Il **n'**y a **personne** ici. |
| ne... plus | Tu **ne** fais **plus** de footing? |
| ne... rien | Nous **ne** faisons **rien**. |

## Passé Composé with Regular Past Participles

| jouer | | | | | |
|---|---|---|---|---|---|
| j' | ai | joué | nous | avons | joué |
| tu | as | joué | vous | avez | joué |
| il/elle/on | a | joué | ils/elles | ont | joué |

| finir | | | | | |
|---|---|---|---|---|---|
| j' | ai | fini | nous | avons | fini |
| tu | as | fini | vous | avez | fini |
| il/elle/on | a | fini | ils/elles | ont | fini |

| attendre | | | | | |
|---|---|---|---|---|---|
| j' | ai | attendu | nous | avons | attendu |
| tu | as | attendu | vous | avez | attendu |
| il/elle/on | a | attendu | ils/elles | ont | attendu |

## Passé Composé with Irregular Past Participles

| Infinitive | Past Participle |
|---|---|
| avoir | eu |
| boire | bu |
| conduire | conduit |
| connaître | connu |
| courir | couru |
| croire | cru |
| devoir | dû |
| dire | dit |
| écrire | écrit |
| être | été |
| faire | fait |
| falloir | fallu |
| lire | lu |
| mettre | mis |
| offrir | offert |
| ouvrir | ouvert |
| pouvoir | pu |
| prendre | pris |
| recevoir | reçu |
| savoir | su |
| suivre | suivi |
| vivre | vécu |
| voir | vu |
| vouloir | voulu |

## Passé Composé with Être

| | aller | | | sortir | |
|------|--------|---------|------|--------|---------|
| je | suis | allé | je | suis | sorti |
| je | suis | allée | je | suis | sortie |
| tu | es | allé | tu | es | sorti |
| tu | es | allée | tu | es | sortie |
| il | est | allé | il | est | sorti |
| elle | est | allée | elle | est | sortie |
| on | est | allé | on | est | sorti |
| nous | sommes | allés | nous | sommes | sortis |
| nous | sommes | allées | nous | sommes | sorties |
| vous | êtes | allé | vous | êtes | sorti |
| vous | êtes | allée | vous | êtes | sortie |
| vous | êtes | allés | vous | êtes | sortis |
| vous | êtes | allées | vous | êtes | sorties |
| ils | sont | allés | ils | sont | sortis |
| elles | sont | allées | elles | sont | sorties |

Some of the verbs that use être as the helping verb in the *passé composé* are:

| Infinitive | Past Participle |
|------------|-----------------|
| aller | allé |
| arriver | arrivé |
| descendre | descendu |
| devenir | devenu |
| entrer | entré |
| monter | monté |
| mourir | mort |
| naître | né |
| partir | parti |
| rentrer | rentré |
| rester | resté |
| retourner | retourné |
| revenir | revenu |
| sortir | sorti |
| tomber | tombé |
| venir | venu |

## *Passé Composé* of Reflexive Verbs

| se réveiller | | | |
|---|---|---|---|
| je | me | suis | réveillé |
| je | me | suis | réveillée |
| tu | t' | es | réveillé |
| tu | t' | es | réveillée |
| il | s' | est | réveillé |
| elle | s' | est | réveillée |
| on | s' | est | réveillé |
| nous | nous | sommes | réveillés |
| nous | nous | sommes | réveillées |
| vous | vous | êtes | réveillé |
| vous | vous | êtes | réveillée |
| vous | vous | êtes | réveillés |
| vous | vous | êtes | réveillées |
| ils | se | sont | réveillés |
| elles | se | sont | réveillées |

## Present Participle

| Verb | Present Participle |
|---|---|
| entrer | **entrant** |
| aller | **allant** |
| offrir | **offrant** |
| sortir | **sortant** |
| répondre | **répondant** |
| dire | **disant** |

## Past Infinitive

| | | | | |
|---|---|---|---|---|
| après | + | **avoir**<br>**être** | + | past participle |

## Subjunctive of Regular Verbs

| | chanter | choisir | vendre |
|---|---|---|---|
| que je | chante | choisisse | vende |
| que tu | chantes | choisisses | vendes |
| qu'il/elle/on | chante | choisisse | vende |
| que nous | chantions | choisissions | vendions |
| que vous | chantiez | choisissiez | vendiez |
| qu'ils/elles | chantent | choisissent | vendent |

## Subjunctive of Irregular Verbs

|  | aller | faire | pouvoir | savoir | vouloir |
|---|---|---|---|---|---|
| que je (j') | aille | fasse | puisse | sache | veuille |
| que tu | ailles | fasses | puisses | saches | veuilles |
| qu'il/elle/on | aille | fasse | puisse | sache | veuille |
| que nous | allions | fassions | puissions | sachions | voulions |
| que vous | alliez | fassiez | puissiez | sachiez | vouliez |
| qu'ils/elles | aillent | fassent | puissent | sachent | veuillent |

|  | boire | croire | devoir | prendre | recevoir |
|---|---|---|---|---|---|
| que je | boive | croie | doive | prenne | reçoive |
| que tu | boives | croies | doives | prennes | reçoives |
| qu'il/elle/on | boive | croie | doive | prenne | reçoive |
| que nous | buvions | croyions | devions | prenions | recevions |
| que vous | buviez | croyiez | deviez | preniez | receviez |
| qu'ils/elles | boivent | croient | doivent | prennent | reçoivent |

|  | venir | voir | avoir | être |
|---|---|---|---|---|
| que je (j') | vienne | voie | aie | sois |
| que tu | viennes | voies | aies | sois |
| qu'il/elle/on | vienne | voie | ait | soit |
| que nous | venions | voyions | ayons | soyons |
| que vous | veniez | voyiez | ayez | soyez |
| qu'ils/elles | viennent | voient | aient | soient |

## Subjunctive after Impersonal Expressions

| | |
|---|---|
| *il est nécessaire que* | it is necessary that |
| *il est important que* | it is important that |
| *il est indispensable que* | it is indispensable that |
| *il est essentiel que* | it is essential that |
| *il est possible que* | it is possible that |
| *il est impossible que* | it is impossible that |
| *il vaut mieux que* | it is better that |
| *il est bon que* | it is good that |
| *il est surprenant que* | it is surprising that |
| *il est utile que* | it is useful that |

## Subjunctive after Expressions of Wish, Will or Desire

| | | | |
|---|---|---|---|
| aimer | to like, to love | préférer | to prefer |
| désirer | to want | souhaiter | to wish, to hope |
| exiger | to require | vouloir | to want |

## Subjunctive after Expressions of Emotion

| | |
|---|---|
| être content(e) que | to be happy that |
| être heureux/heureuse que | to be happy that |
| être triste que | to be sad that |
| être désolé(e) que | to be sorry that |
| être fâché(e) que | to be angry that |
| être étonné(e) que | to be surprised that |
| avoir peur que | to be afraid that |
| regretter que | to be sorry that |
| s'inquiéter que | to worry that |
| Ça me surprend que.... | It surprises me that .... |
| Ça m'embête que.... | It bothers me that .... |
| C'est dommage que.... | It's too bad that .... |

## Use of the Subjunctive and the Indicative

| Subjunctive | Indicative |
|---|---|
| Je doute que.... | Je ne doute pas que.... |
| Penses-tu que...? | Je pense que.... |
| Je ne pense pas que.... | Ne penses-tu pas que...? |
| Crois-tu que...? | Je crois que.... |
| Je ne crois pas que.... | Ne crois-tu pas que...? |
| Je ne suis pas sûr(e) que.... | Je suis sûr(e) que.... |
| Es-tu sûr(e) que...? | N'es-tu pas sûr(e) que...? |
| Je ne suis pas certain(e) que.... | Je suis certain(e) que.... |
| Es-tu certain(e) que...? | N'es-tu pas certain(e) que...? |
| Il n'est pas vrai que.... | Il est vrai que.... |
| Est-il vrai que...? | N'est-il pas vrai que...? |
| Il n'est pas évident que.... | Il est évident que.... |
| Est-il évident que...? | N'est-il pas évident que...? |

## Imperfect Tense

| travailler | | | |
|---|---|---|---|
| je | travaillais | nous | travaillions |
| tu | travaillais | vous | travailliez |
| il/elle/on | travaillait | ils/elles | travaillaient |

## Imperfect Tense of *Être*

| être | | | |
|---|---|---|---|
| j' | étais | nous | étions |
| tu | étais | vous | étiez |
| il/elle/on | était | ils/elles | étaient |

## Conditional Tense of Regular Verbs

| jouer | | | |
|---|---|---|---|
| je | jouerais | nous | jouerions |
| tu | jouerais | vous | joueriez |
| il/elle/on | jouerait | ils/elles | joueraient |

## Conditional Tense of Irregular Verbs

| Infinitive | Conditional Stem |
|---|---|
| aller | ir- |
| s'asseoir | assiér- |
| avoir | aur- |
| courir | courr- |
| devoir | devr- |
| envoyer | enverr- |
| être | ser- |
| faire | fer- |
| falloir | faudr- |
| mourir | mourr- |
| pleuvoir | pleuvr- |
| pouvoir | pourr- |
| recevoir | recevr- |
| savoir | saur- |
| valoir | vaudr- |
| venir | viendr- |
| voir | verr- |
| vouloir | voudr- |

## Conditional Tense with *Si*

| si | + | imperfect | conditional |
|---|---|---|---|

## Future Tense of Regular Verbs

| trouver | | | |
|---|---|---|---|
| je | **trouverai** | Je **trouverai** toutes les réponses. | *I'll find all the answers.* |
| tu | **trouveras** | Où **trouveras**-tu un appartement? | *Where will you find an apartment?* |
| il/elle/on | **trouvera** | On **trouvera** beaucoup d'outils de recherche. | *You'll find many search engines.* |
| nous | **trouverons** | Qu'est-ce que nous **trouverons**? | *What will we find?* |
| vous | **trouverez** | Vous **trouverez** une liste d'adresses. | *You'll find a list of addresses.* |
| ils/elles | **trouveront** | Elles ne **trouveront** rien. | *They won't find anything.* |

## Future Tense after *Quand*

| quand | + | future | future |
|-------|---|--------|--------|

## Future Tense with *Si*

| si | + | present | future |
|----|---|---------|-----------|
| si | + | present | present |
| si | + | present | imperative |

## Pluperfect Tense

|            | demander        | aller              |
|------------|-----------------|--------------------|
| j'         | avais demandé   | étais allé(e)      |
| tu         | avais demandé   | étais allé(e)      |
| il/elle/on | avait demandé   | était allé(e)      |
| nous       | avions demandé  | étions allé(e)s    |
| vous       | aviez demandé   | étiez allé(e)(s)(es) |
| ils/elles  | avaient demandé | étaient allé(e)s   |

## Past Conditional Tense

|            | réparer         | se lever                |
|------------|-----------------|-------------------------|
| j'         | aurais réparé   | me serais levé(e)       |
| tu         | aurais réparé   | te serais levé(e)       |
| il/elle/on | aurait réparé   | se serait levé(e)       |
| nous       | aurions réparé  | nous serions levé(e)s   |
| vous       | auriez réparé   | vous seriez levé(e)(s)(es) |
| ils/elles  | auraient réparé | se seraient levé(e)s    |

## Past Conditional Tense with *Si*

| si | + | plus-que-parfait | past conditional |
|----|---|------------------|------------------|

# Vocabulary
## French/English

All words and expressions introduced as active vocabulary in the *C'est à toi!* textbook series appear in this end vocabulary. The number following the meaning of each word or expression indicates the unit in which it appears for the first time in this textbook. If there is more than one meaning for a word or expression and it has appeared in different units, the corresponding unit numbers are listed. Words and expressions that were introduced in the first two levels of *C'est à toi!* do not have a number after them.

## A

**à** to; at; in; *À bientôt.* See you soon.; *à côté (de)* beside, next to; *À demain.* See you tomorrow.; *à droite* to (on) the right; *à gauche* to (on) the left; *à l'heure* on time; *à la fois* all at once; *à la télé* on TV; *à mon avis* in my opinion; *à part* aside from; *à pied* on foot; *à plein temps* full-time 4; *à ta place* if I were you 5; *À tes souhaits!* Bless you!

**abondant(e)** plentiful 9

une **abréviation** abbreviation 3

**accéder** to access 6

**accélérer** to accelerate

un **accent** accent 2

**accepter** to accept

un **accessoire** accessory

un **accident** accident 10

**accompagner** to accompany 5

**accueillant(e)** hospitable, friendly 2

un **achat** purchase 10

**acheter** to buy

un **acteur, une actrice** actor, actress

**actif, active** active

une **activité** activity 5

l' **actualité (f.)** current events

s' **adapter** to adapt 10

une **addition** bill, check (at a restaurant)

**administratif, administrative** administrative 4

une **administration** administration 8

**admirer** to admire

un(e) **ado** teenager

**adorer** to love

une **adresse** address

l' **aérobic (m.)** aerobics

un **aérogramme** aerogram (air letter)

un **aéroport** airport

des **affaires (f.)** business 8; *des affaires de toilette (f.)* toiletries

une **affiche** poster

l' **affranchissement (m.)** postage

**africain(e)** African

l' **Afrique (f.)** Africa

l' **âge (m.)** age; *Tu as quel âge?* How old are you?

**âgé(e)** old

un **agent** agent; *un agent de police* police officer

une **agrafeuse** stapler 1

**agréer** to accept 4; *Je vous prie d'agréer, Monsieur (ou Madame), mes salutations distinguées.* Yours truly, 4

**agresser** to attack 7

**ah** oh; *Ah bon?* Really 7

l' **aide (f.)** help

**aider** to help

**aimable** nice

**aimer** to like, to love

**ainsi que** as well as 9

l' **air (m.)** appearance 2

un **album** album 3

l' **alcoolisme (m.)** alcoholism

l' **algèbre (f.)** algebra 1

l' **Algérie (f.)** Algeria

**algérien, algérienne** Algerian

l' **Allemagne (f.)** Germany

l' **allemand (m.)** German (language)

**allemand(e)** German

**aller** to go; *allons-y* let's go (there)

**allô** hello (on telephone)

des **allocations (f.)** benefits, allowance 7

**allumer** to turn on

**alors** (well) then

une **ambassade** embassy 2

une **ambiance** atmosphere 7

**ambitieux, ambitieuse** ambitious 8

**améliorer** to improve 8

une **amende** fine

**américain(e)** American

l' **Amérique (f.)** America; *l'Amérique du Nord (f.)* North America; *l'Amérique du Sud (f.)* South America

un(e) **ami(e)** friend

l' **amour (m.)** love

**amoureux, amoureuse** in love

**amusant(e)** funny, amusing

s' **amuser** to have fun, to have a good time

un **an** year; *J'ai… ans.* I'm … years old.

l' **anglais (m.)** English (language)

**anglais(e)** English

l' **Angleterre (f.)** England

un **animal** animal

une **année** year

un **anniversaire** birthday; *Bon anniversaire!* Happy Birthday!

une **annonce** advertisement 4; *des petites annonces* want ads 4

**annoncer** to announce 4

un **anorak** ski jacket

un **antibiotique** antibiotic 10

une **antilope** antelope 9

**août** August

un **appareil** appliance 10; *un appareil-photo* camera 9

une **apparence** appearance 7

un **appartement** apartment

**appeler** to call 7; *s'appeler* to be named 4

**apprécier** to appreciate 4

**apprendre** to learn

s' **approcher (de)** to approach, to come up (to) 2

**appuyer** to press 6

**après** after

l' **après-midi (m.)** afternoon

un **arbre** tree

un **arc** arch

une **arcade** arcade 1

une **arche** arch

l' **argent (m.)** money, silver; *l'argent liquide (m.)* cash

une **armée** army

une **armoire** wardrobe

**arrêter** to stop; *s'arrêter* to stop

une **arrivée** arrival

**arriver** to arrive; to happen 10

un **arrondissement** district 3

**arroser** to water

l' **art (m.)** art

un **article** article 6

un **artisan** craftsperson 9

un(e) **artiste** artist

un **ascenseur** elevator

**asiatique** Asian

l' **Asie (f.)** Asia

un **aspirateur** vacuum cleaner

une **aspirine** aspirin 10

**assassiner** to assassinate 8

s' **asseoir** to sit down

**assez** rather, quite; enough 4; *assez de* enough

une **assiette** plate

**assis(e)** seated

un(e) **assistant(e)** assistant 3

**assister à** to attend

l' **assurance (f.)** insurance 4

un **atelier** studio 3; workshop 9

un(e) **athlète** athlete

**attendre** to wait (for); *s'attendre à* to expect 2

une **attente: une salle d'attente** waiting room 10

**Attention!** Watch out! Be careful!

**atterrir** to land

**au** to (the), at (the); in (the); on the; *au moins* at least; *au revoir* good-bye; *Au secours!* Help!; *au-dessus de* above

une **auberge de jeunesse** youth hostel

**aucun(e)... ne (n')** not one, no 2

**aujourd'hui** today

**aussi** also, too; as

**aussitôt que** as soon as

l' **Australie (f.)** Australia

**australien, australienne** Australian

**autant de** as much, as many 10

une **auto (automobile)** car; *une auto tamponneuse* bumper car 1

**autobiographique** autobiographical 3

un **autobus** (city) bus

une **auto-école** driving school

**automatique** automatic

l' **automne (m.)** autumn, fall

**autre** other; *un(e) autre* another

**autrefois** formerly 9

l' **Autriche (f.)** Austria 8

une **autruche** ostrich 9

**aux** to (the), at (the), in (the)

**avance: en avance** early

**avancé(e)** advanced 6

**avant (de)** before

**avec** with

l' **avenir (m.)** future 6

une **aventure** adventure

une **avenue** avenue

un **avion** airplane; *par avion* by air mail

un **avis: à mon avis** in my opinion

un(e) **avocat(e)** lawyer

**avoir** to have; *avoir beau* (to do something) in vain 8; *avoir besoin de* to need; *avoir bonne/mauvaise mine* to look well/sick; *avoir chaud* to be warm, hot; *avoir de la chance* to be lucky 1; *avoir envie de* to want, to feel like; *avoir faim* to be hungry; *avoir froid* to be cold; *avoir l'air* to look 2; *avoir lieu* to take place 8; *avoir mal (à...)* to hurt, to have a/an ... ache, to have a sore ...; *avoir mal au cœur* to feel nauseous; *avoir peur (de)* to be afraid (of); *avoir quel âge* to be how old; *avoir raison* to be right 10; *avoir soif* to be thirsty; *avoir... ans* to be ... (years old)

**avril** April

## B

le **baby-sitting** baby-sitting

le **bac (baccalauréat)** diploma/exam at end of *lycée*

des **bagages (m.)** luggage, baggage

une **bague** ring

une **baguette** long, thin loaf of bread

une **baignoire** bathtub

un **bain: un peignoir de bain** bathrobe; *une salle de bains* bathroom

**baisser** to lower

un **bal** dance

un **balcon** balcony

un **ballet** ballet 3

un **ballon** (inflated) ball 10

une **banane** banana

le **banco** adobe 9

un **bandage** bandage 10

une **bande: une bande dessinée** comic strip; *une bande originale* sound track 3

une **banque** bank

un **banquier, une banquière** banker

un **baobab** baobab tree 9

une **barbe** beard

**bas: en bas** at the bottom 3

des **bas (m.)** (panty) hose

le **basket (basketball)** basketball

des **baskets (f.)** hightops

une **bataille** battle 8

un **bateau** boat

un **bâton** ski pole

une **batterie** drums

**bavard(e)** talkative

**beau, bel, belle** beautiful, handsome; *avoir beau* (to do something) in vain 8

**beaucoup** a lot, (very) much; *beaucoup de* a lot of, many

un **beau-frère** stepbrother, brother-in-law

un **beau-père** stepfather, father-in-law

la **beauté** beauty 5

un **bébé** baby 6

**beige** beige

**belge** Belgian

la **Belgique** Belgium

une **belle-mère** stepmother, mother-in-law

une **belle-sœur** stepsister, sister-in-law

**ben** well; *bon ben* well then

le **Bénin** Benin 3

une **béquille** crutch 10

un **besoin** need 4; *avoir besoin de* to need

**bête** stupid, dumb

**Beurk!** Yuk!

le **beurre** butter

une **bibliothèque** library

**bien** well; really; fine, good; *bien sûr* of course

**bientôt** soon

**Bienvenue!** Welcome!

un **bijou** jewel

**bilingue** bilingual 4

un **billet** ticket; bill (money)

la **biologie** biology

une **bise** kiss

un **bisou** kiss 5

une **blague** joke 10; *Sans blague!* No kidding! 10

**blanc, blanche** white

une **blessure** wound 10

**bleu(e)** blue

un **bloc-notes** notepad 1

**blond(e)** blond

un **blouson** jacket (outdoor)

le **bœuf** beef

**Bof!** What can I say? 9

**boire** to drink

une **boisson** drink, beverage

une **boîte** dance club; can; box 10; *une boîte aux lettres* mailbox

un **bol** bowl

**bon, bonne** good; *Ah bon?* Really? 7; *Bon anniversaire!* Happy Birthday!; *bon ben* well then; *bon marché* cheap; *Bonne journée!* Have a good day!

un **bon de réduction** coupon 10

**bonjour** hello

**bonsoir** good evening

le **bord** side, shore; *au bord de la mer* at the seashore

une **botte** boot

une **bouche** mouth

un **boucher, une bouchère** butcher

une **boucherie** butcher shop

une **boucle d'oreille** earring

une **bouillabaisse** fish soup

un **boulanger, une boulangère** baker

une **boulangerie** bakery

un **boulot** job, work

une **boum** party

une **bouteille** bottle

une **boutique** shop, boutique

un **bracelet** bracelet

se **brancher** to connect 6

un **bras** arm

**Bravo!** Well done! 6

une **brosse: une brosse à cheveux** hairbrush; *une brosse à dents* toothbrush

se **brosser** to brush

un **bruit** noise

**brûler** to burn

**brun(e)** dark (hair), brown

un **budget** budget 7

un **bulletin météo** weather report

un **bureau** desk; office 1; *un bureau de change* currency exchange; *un bureau de location* box office 3

**burlesque** burlesque, comical

un **bus** (city) bus

# C

**c'est** this is, it's; he is, she is; that's; *C'est à vous de voir.* It's up to you. 10

**ça** that, it; *Ça fait....* That's/It's . . . .; *Ça fait combien?* How much is it/that?; *Ça va?* How are things going?; *Ça va bien.* Things are going well.

un **cabinet** (doctor or dentist's) office

un **cadeau** gift, present

le **cadre** sector 4

un **café** café; coffee; *un café au lait* coffee with milk

une **cage** cage 7; *une cage à lapins* rabbit hutch 7

un **cahier** notebook

une **caisse** cashier's (desk)

un **caissier, une caissière** cashier

le **calcul** calculus 1

un **calendrier** calendar

**calme** quiet; calm 2

une **camarade: une camarade de chambre** roommate; *une camarade de classe* classmate

le **camembert** Camembert cheese

le **Cameroun** Cameroon

**camerounais(e)** Cameroonian

un **camion** truck

la **campagne** country, countryside

le **camping** camping

un **camping** campground

le **Canada** Canada

**canadien, canadienne** Canadian

un **canapé** couch, sofa

un **canard** duck

une **canette** can 10

un **canoë** canoe

une **cantine** cafeteria

une **capitale** capital

un **capot** hood

**car** because 7

un **car** tour bus 2

un **carnet** notebook 1

une **carotte** carrot

une **carte** map; card; *une carte de crédit* credit card; *une carte postale* postcard

un **cas** case

une **cascade** waterfall

une **case** hut 9

une **casquette** cap

**cassé(e)** broken 10

se **casser** to break 10

une **cassette** cassette

un(e) **catholique** Catholic 8

un **CD** CD

**ce, cet, cette; ces** this, that; these, those; *ce que* what 4; *ce qui* what 4, that 6; *ce sont* they are, these are, those are

une **ceinture** belt; *une ceinture de sécurité* seat belt

**cela** that 5

**célèbre** famous

**celui, celle; ceux, celles** this one, that one, the one; these, those, the ones 7

un **censeur** assistant principal, dean 1

**cent** (one) hundred

un **centre** center; *un centre commercial* shopping center, mall

des **céréales (f.)** cereal

une **cerise** cherry

**certain(e)** certain 4

une **chaîne** channel 4

une **chaise** chair

une **chambre** bedroom; room; *une camarade de chambre* roommate

un **champ** field

un **champignon** mushroom

la **chance** luck

un **change: un bureau de change** currency exchange

un **changement** change

**changer** to change; *changer de vitesse* to shift gears

une **chanson** song

**chanter** to sing 3

un **chanteur, une chanteuse** singer

un **chapeau** hat

une **chapelle** chapel

**chaque** each, every

une **charcuterie** delicatessen

un **charcutier, une charcutière** delicatessen owner

**chargé(e)** full

la **chasse** hunting 8

**chasser** to hunt 9

un **chat** cat

un **château** castle

**chaud(e)** warm, hot; *avoir chaud* to be warm, hot

un **chauffeur** driver

une **chaussette** sock

une **chaussure** shoe

un **chef** chef; boss 2; head 4; chief 8; *un chef d'orchestre* conductor 3; *un chef-d'œuvre* masterpiece 3; *un chef de train* conductor 5

un **chemin** path, way

une **chemise** shirt

un **chèque de voyage** traveler's check

**cher, chère** expensive; dear

**chercher** to look for; *venir chercher* to pick up, to come and get

un **chercheur, une chercheuse** researcher

un(e) **chéri(e)** darling

un **cheval** horse

des **cheveux (m.)** hair

une **cheville** ankle 10

une **chèvre** goat

**chez** to the house/home of; at the house/home of; *chez moi* to my house

un **chien** dog

la **chimie** chemistry

la **Chine** China

**chinois(e)** Chinese

des **chips (m.)** snacks

le **chocolat** chocolate; *un chocolat chaud* hot chocolate

**choisir** to choose

un **choix** choice

le **chômage** unemployment

un **chômeur, une chômeuse** unemployed person 7

une **chose** thing; *quelque chose* something

le **christianisme** Christianity 8

**Chut!** Sh! 5

**ciao** bye

**ci-joint** enclosed 4

un **cimetière** cemetery

le **cinéma** movies

un **cinéma** movie theater 3

**cinq** five

**cinquante** fifty

**cinquième** fifth

**circonspect(e)** cautious, reserved 7

la **circulation** traffic

une **cité** housing development 7

un **citron** lemon

une **clarinette** clarinet

une **classe** class

un **clavier** keyboard 6

un(e) **client(e)** customer 10

une **clientèle** customers, clientele 4

un **climat** climate 7

la **climatisation (clim)** air conditioning

un **clip** video clip

**cliquer** to click 6

un **coca** Coke

un **cochon** pig

un **cœur** heart; *avoir mal au cœur* to feel nauseous

un **coiffeur, une coiffeuse** hairdresser

un **coin** corner 7

un **colis** package

une **collection** collection 3

**collectionner** to collect

un **collier** necklace

**combien** how much; *combien de* how much, how many

une **comédie** comedy

une **commande** order

**comme** like, for; how; as; *comme ci, comme ça* so-so; *comme d'habitude* as usual

**commencer** to begin

**comment** what; how; *Comment vas-tu?* How are you?

un(e) **commerçant(e)** shopkeeper

le **commerce** trade 6

**commercial(e)** commercial 6

un **commissariat** police station 2

une **compagnie** company 4

**complet, complète** complete, full

**complexe** complicated 8

**compliqué(e)** complicated 10

**composer** to compose 3

un **compositeur, une compositrice** composer 3

**composter** to stamp

un **composteur** ticket stamping machine

**comprendre** to understand 1

**compris(e)** included

un(e) **comptable** accountant

**compter** to intend 4; to count, to rely 7

un **comptoir** counter

un **concert** concert

une **concession** African housing area 9

un **conducteur, une conductrice** driver

**conduire** to drive

une **conférence** lecture 1

la **confiture** jam

**congolais(e)** Congolese

la **connaissance** knowledge 6

une **connaissance** acquaintance

**connaître** to know

un(e) **conquérant(e)** conqueror 8

un **conseil** (piece of) advice 8

**considérer** to consider 7

**consommer** to use

la **construction** building 8

**construire** to build 6

une **consultation** séance, session 1

**contemporain(e)** contemporary

**content(e)** happy

**continuer** to continue

un **contraste** contrast 9

un **contrat** contract 4

**contre** against 4; for 8; *par contre* on the other hand 9

un **contrôle de sécurité** security check

**contrôler** to control

un **contrôleur, une contrôleuse** inspector

**controversé(e)** controversial 3

une **conversation** conversation

un **copain, une copine** friend

**copier** to copy 8

un **coq** rooster; *le coq au vin* chicken cooked in wine

des **coquilles Saint-Jacques au curry (f.)** curried scallops

**coranique** of the Islamic religion 9

une **corbeille** wastebasket

un **corps** body

un(e) **correspondant(e)** host brother/sister

une **corvée** chore

un **costume** man's suit

une **côte** coast; *la côte d'Azur* Riviera

un **côté** side; *à côté (de)* beside, next to; *de l'autre côté* on the other side 9

la **Côte-d'Ivoire** Ivory Coast

un **cou** neck

se **coucher** to go to bed

une **couleur** color

un **couloir** hall; aisle

un **coup: Donne-moi un coup de main....** Give me a hand ....; *jeter un coup d'œil* to take a quick look 10

un **couple** couple

une **cour** court 8

**courageux, courageuse** courageous

**courir** to run

le **courrier** mail

un **cours** course, class; *au cours de* in the course of, during

une **course** race

les **courses: faire les courses** to go grocery shopping

**court(e)** short

le **couscous** couscous

un(e) **cousin(e)** cousin

un **couteau** knife

**coûter** to cost

un **couvert** table setting

un **crabe** crab

un **crayon** pencil

**créer** to create 4

une **crème caramel** caramel custard

une **crémerie** dairy store

une **crêpe** crêpe; pancake

une **crevette** shrimp

**critiquer** to criticize 8

**croire** to believe, to think; *Je crois que oui.* I think so. 5

une **croisade** crusade 8

un **croisement** intersection

un **croissant** croissant

des **crudités (f.)** raw vegetables

une **cuiller** spoon

le **cuir** leather

une **cuisine** kitchen; cooking

un **cuisinier, une cuisinière** cook

une **cuisinière** stove

la **culture** culture

**culturel, culturelle** cultural 7

un **CV** curriculum vitae 4

# D

**d'abord** first

**d'accord** OK; *être d'accord* to agree 5

**d'après** according to

**d'habitude** usual 7

une **dame** lady

**dans** in; on

**danser** to dance

une **date** date

un **dauphin** dolphin

**de (d')** of, from; a, an, any; some; in, by; about; *de l'autre côté* on the other side 9; *de nos jours* these days 9; *de plus* furthermore, what's more, more; *de sorte que* so that 9

se **débrouiller** to manage 5

le **début** beginning 2

une **décapotable** convertible
**décembre** December
**décider (de)** to decide
une **déclaration** report 2
**déclarer** to declare
**décoller** to take off
**décrire** to describe
**déçu(e)** disappointed 10
**défendre** to defend 8
la **défense** defense 6
un **défilé** parade
se **déguiser** to dress up
**dehors** outside
**déjà** already
**déjeuner** to have lunch
le **déjeuner** lunch; *le petit déjeuner* breakfast
**délivrer** to free
**demain** tomorrow
**demander** to ask for; to ask
**démarrer** to start (up)
**déménager** to move
**demi(e)** half; *et demi(e)* thirty (minutes), half past
un **demi-frère** half-brother
une **demi-heure** half an hour
une **demi-sœur** half-sister
**démolir** to demolish 8
**dénoncer** to denouce, to expose 6
une **dent** tooth; *une brosse à dents* toothbrush
le **dentifrice** toothpaste
un(e) **dentiste** dentist
un **départ** departure
**dépasser** to pass, to exceed
se **dépêcher** to hurry
**dépendre (de)** to depend (on) 7
**dépenser** to spend 6
**déprimant(e)** depressing 7
**déprimé(e)** depressed 2
**depuis** for, since; *depuis combien de temps* how long; *depuis quand* since when
**dernier, dernière** last
**derrière** behind
**des** some; from (the), of (the); any
**dès que** as soon as 6

**descendre** to go down; to get off 3
une **description** description 3
se **déshabiller** to undress
**désirer** to want; *Vous désirez?* What would you like?
**désolé(e)** sorry
un **dessert** dessert
le **dessin** drawing; *un dessin animé* cartoon
**dessus: au-dessus de** above
une **destination** destination
**deux** two
**deuxième** second
**devant** in front of
**développer** to develop 6
**devenir** to become
**devoir** to have to; to owe 10
les **devoirs (m.)** homework
un **dico (dictionnaire)** dictionary
**Dieu (m.)** God 8
**différent(e)** different 7
**difficile** hard, difficult
**diffuser** to broadcast 7
**diligent(e)** hardworking
**dimanche (m.)** Sunday
un **dindon** turkey
le **dîner** dinner, supper
un **dinosaure** dinosaur 9
**diplômé(e)** possessing a diploma 4
**dire** to say, to tell
**direct(e)** direct; *en direct* live 4
un **directeur, une directrice** principal 1
**dis** say
une **discothèque** discotheque 7
**disponible** available 5
se **disputer** to argue 7
une **disquette** diskette
une **dissertation** research paper 1
**distingué(e)** distinguished 4; *Je vous prie d'agréer, Monsieur (ou Madame), mes salutations distinguées.* Yours truly, 4
une **distraction** entertainment 3
se **distraire** to enjoy oneself, to have a good time 7
une **diversité** diversity 7

**diviser** to divide 8
un **divorce** divorce 7
**divorcer** to get divorced 7
**dix** ten
**dix-huit** eighteen
**dixième** tenth
**dix-neuf** nineteen
**dix-sept** seventeen
un **docteur** doctor
un **document** document 2
un **documentaire** documentary
un **doigt** finger; *un doigt de pied* toe
un **dollar** dollar
un **domaine** field, area 6
**Dommage!** Too bad!
**donc** so, then
**donner** to give; *donner sur* to overlook; *Donnez-moi....* Give me . . . .
**dont** of which/whom, about which/whom, whose 5; *la façon dont* the way in which 5
**dormir** to sleep
un **dortoir** dormitory room (for more than one person)
un **dos** back
la **douane** customs
un **douanier, une douanière** customs agent
**doubler** to pass (a vehicle)
**doucement** gradually
une **douche** shower
**doué(e)** gifted
**douter** to doubt 4
**douze** twelve
un **drame** drama
un **drap** sheet
la **drogue** drugs
**droit(e)** right 10; *à droite* to (on) the right
**drôle** funny
**du** from (the), of (the); some, any; in (the)
un **duc** duke 8
**dur(e)** hard
une **durée** length 3
**durer** to last 8
un **DVD** DVD
**dynamique** dynamic

# E

l' **eau (f.)** water; *l'eau minérale (f.)* mineral water

**échanger** to exchange

les **échecs (m.)** chess

une **école** school; *les grandes écoles* elite, specialized universities 4

**écologique** ecological 6

**écoute** listen

**écouter** to listen (to); *écouter de la musique* to listen to music

un **écran** screen 6

**écrire** to write

un **écrivain** writer

l' **éducation (f.)** education

un **effort** effort

**effrayé(e)** frightened 2

une **église** church

**égoïste** selfish

**Eh!** Hey!

**électronique** electronic 6

un **éléphant** elephant

un(e) **élève** student

**élevé(e)** high 4; raised 10

**elle** she, it; her

**elles** they (f.); them (f.)

l' **e-mail (m.)** e-mail 6

**embaucher** to hire 4

**embêtant(e)** annoying 10

**embêter** to bother 5

une **émission** program

**emmener** to take (someone) along

un **empereur** emperor 8

un **empire** empire 8

un **emploi** job 4; *un emploi du temps* schedule

un(e) **employé(e)** employee, clerk 2

**emprunter (à)** to borrow (from) 9

**en** to (the); on; in; by, as; made of; some, any, of (about, from) it/them; while, upon 2; *en avance* early; *en bas* at the bottom 3; *en direct* live 4; *en général* in general 3; *en ligne* online 6; *en plus* in addition 5; *en retard* late; *en solde* on sale

**enchanté(e)** delighted

**encore** still; *ne (n')… pas encore* not yet

un **endroit** place 2

l' **énergie (f.)** energy

un(e) **enfant** child

**enfin** finally

**engagé(e)** committed 6

**enlever** to remove; *enlever la poussière* to dust

des **ennuis (m.)** problems 5

s' **ennuyer** to get bored, to be bored 5

une **enquête** survey

**enregistrer** to record 3; *faire enregistrer ses bagages (m.)* to check one's baggage

l' **enseignement (m.)** education 1

**ensemble** together

un **ensemble** outfit

**ensuite** next 1

**entendre** to hear; *entendre parler de* to hear about 6; *s'entendre* to get along 2

**enthousiaste** enthusiastic 4

**entier, entière** whole 6

**entouré(e)** wrapped 10

s' **entraîner** to train, to work out 1

**entre** between, among

une **entrée** entrance; entrée (course before main dish)

**entrer** to enter, to come in

une **enveloppe** envelope

**envers** towards 8

l' **envie (f.): avoir envie de** to want, to feel like

**environ** about 10

l' **environnement (m.)** environment

**envoyer** to send

une **épaule** shoulder

**épicé(e)** spicy

une **époque** time 9

l' **épouvante (f.)** horror

**épuisé(e)** exhausted 2

une **équipe** team 6

l' **escalade (f.)** climbing

une **escale** stop, stopover

un **escalier** stairs, staircase

un **escargot** snail

l' **espace (m.)** space 6

l' **Espagne (f.)** Spain

l' **espagnol (m.)** Spanish (language)

**espagnol(e)** Spanish

**espérer** to hope

**essayer** to try 1

l' **essence (f.)** gasoline

**essentiel, essentielle** essential 3

**est** is

l' **est (m.)** east

**est-ce que?** (phrase introducing a question)

**et** and

**établir** to establish 6

un **étage** floor, story

un **étang** pond

les **États-Unis (m.)** United States

l' **été (m.)** summer

**éteindre** to turn off

**étonné(e)** surprised 5

un **étranger, une étrangère** foreigner 7

**être** to be; *être à* to belong to 9; *être d'accord* to agree 5; *être en train de* (+ infinitive) to be busy (doing something); *Nous sommes le* (+ date). It's the (+ date).

une **étude** study

un(e) **étudiant(e)** student

**étudier** to study; *Étudions….* Let's study . . . .

**euh** uhm

un **euro** euro

l' **Europe (f.)** Europe

**européen, européenne** European

**eux** them (m.)

un **événement** event 8

**évident(e)** evident, obvious 4

un **évier** sink

**éviter** to avoid 10

un **examen** test, exam 1

**excellent(e)** excellent 6

une **excursion** trip

**excusez-moi** excuse me

un **exemple: par exemple** for example

exigeant(e) demanding 2
exiger to require 4
exotique exotic
une expérience experience 4
expliquer to explain 2
un exposé report 1
une exposition exhibit, exhibition
une expression expression 10
extra fantastic, terrific, great

# F

une fac (faculté) university
fâché(e) angry 2
se fâcher to get angry 2
facile easy
une façon way 5; *la façon dont* the way in which 5
un facteur, une factrice letter carrier
faible weak
la faim hunger; *J'ai faim.* I'm hungry.
faire to do, to make; *faire attention* to pay attention 2; *faire de l'aérobic (m.)* to do aerobics; *faire de l'escalade (f.)* to go climbing; *faire de la gym (gymnastique)* to do gymnastics; *faire de la luge* to go tobogganing 1; *faire de la musculation* to do body building; *faire de la planche à neige* to go snowboarding 1; *faire de la planche à roulettes* to go skateboarding 1; *faire de la planche à voile* to go windsurfing; *faire de la plongée sous-marine* to go scuba diving; *faire de la voile* to go sailing; *faire des études* to study 4; *faire du (+ number)* to wear size (+ number); *faire du baby-sitting* to baby-sit; *faire du camping* to go camping, to camp; *faire du canoë* to go canoeing; *faire du cheval* to go horse-back riding; *faire du footing* to go running; *faire du karaté* to do karate; *faire du roller* to go in-line skating; *faire du shopping* to go shopping; *faire du ski de fond* to go

cross-country skiing 1; *faire du ski nautique* to go waterskiing, to water-ski; *faire du sport* to play sports; *faire du vélo* to go biking; *faire enregistrer ses bagages (m.)* to check one's baggage; *faire la connaissance (de)* to meet; *faire la queue* to stand in line; *faire le plein* to fill up the gas tank; *faire le tour* to take a tour; *faire les courses* to go grocery shopping; *faire les devoirs* to do homework; *faire les magasins* to go shopping; *faire les touristes* to act like tourists 5; *faire partie de* to be a part of 9; *faire prisonnier/prisonnière* to take prisoner 8; *faire sécher le linge* to dry clothes; *faire un somme* to take a nap 5; *faire un stage* to have on-the-job training; *faire un tour* to go for a ride; *faire un tour de grande roue* to go on the Ferris wheel 1; *faire un tour de manège* to go on the merry-go-round 1; *faire un tour de montagnes russes* to go on the roller coaster 1; *faire un voyage* to take a trip 5; *faire une promenade* to go for a ride, to go for a walk; *se faire mal* to hurt oneself 10

fait: Ça fait.... That's/It's . . . .; *Quel temps fait-il?* What's the weather like? How's the weather?; *Il fait beau.* It's (The weather's) beautiful/nice.; *Il fait chaud.* It's (The weather's) hot/warm.; *Il fait du soleil.* It's sunny.; *Il fait du vent.* It's windy.; *Il fait frais.* It's (The weather's) cool.; *Il fait froid.* It's (The weather's) cold.; *Il fait mauvais.* It's (The weather's) bad.

falloir to be necessary, to have to
familial(e) family 7
une famille family
une famine famine 6

un(e) fana fanatic, buff
fantastique fantastic 9
un fast-food fast-food restaurant
fatigant(e) tiring 2
fatigué(e) tired
la faune animal life 9
faut: il faut it is necessary, one has to/must, we/you have to/must; *il me faut* I need
un fauteuil armchair; *un fauteuil roulant* wheelchair 10
favorable favorable
favori, favorite favorite
un fax fax 5
faxer to fax
une femme wife; woman; *une femme au foyer* housewife; *une femme d'affaires* businesswoman; *une femme politique* politician
une fenêtre window
un fer à repasser iron
une ferme farm
fermer to close
un fermier, une fermière farmer
une fête holiday, festival
fêter to celebrate
un feu (traffic) light; *un feu d'artifice* fireworks
une feuille de papier sheet of paper
un feutre felt-tip pen 1
février February
une fiche: une fiche d'inscription registration form 1; *une fiche de commande* order form
fier, fière proud 8
la fièvre fever
une figure face
une fille girl; daughter
un film movie
un fils son
la fin end 1
fin(e) intricate 9
finalement eventually, in the end
finir to finish
flâner to stroll
une fleur flower
un(e) fleuriste florist

un **fleuve** river

**flexible** flexible 4

une **flûte** flute

une **fois** time; once 1; *à la fois* all
at once

le **fon** Fon (African language) 3

le **fond: au fond de** at the end
of

une **fondation** foundation 6

le **foot (football)** soccer

le **footing** running

une **forme: être en bonne/
mauvaise forme** to be in
good/bad shape

**formidable** great, terrific

un **formulaire** form 4

**fort(e)** strong

un **fou, une folle** crazy person 1

**fouiller** to search, to go
through 2

un **foulard** scarf

se **fouler** to sprain 10

un **four** oven

une **fourchette** fork

la **fourrure** fur 6

**frais, fraîche** cool, fresh

une **fraise** strawberry

un **franc** franc 9

le **français** French (language)

**français(e)** French

la **France** France

**franchement** frankly

**francophone** French-
speaking

le **franglais** franglais (English
words used in French) 7

un **frère** brother

un **frigo** refrigerator

des **frissons (m.)** chills

des **frites (f.)** French fries

**froid(e)** cold; *avoir froid* to be
cold

le **fromage** cheese

une **frontière** border, boundary 6

un **fruit** fruit; *des fruits de mer
(m.)* seafood

**frustré(e)** frustrated 10

une **fusée** rocket 6

# G

**gagner** to win 1

une **galère: Quelle galère!** What
a drag!

une **galerie** hall, gallery; *la galerie
des miroirs déformants* fun
house 1

un **gant** glove; *un gant de toilette*
bath mitt

un **garage** garage

**garanti(e)** guaranteed 4

un **garçon** boy

un **garde forestier** park ranger 5

**garder** to keep

une **gare** train station

un **gars** guy 5

un **gâteau** cake

**gâter** to spoil

**gauche** left 10; *à gauche* to
(on) the left

la **Gaule** Gaul 8

un(e) **Gaulois(e)** inhabitant
of/from Gaul 8

une **gazelle** gazelle 9

**gêner** to bother 10

un **général** general 8

**général(e)** general 3

**généreux, généreuse**
generous

**génial(e)** great, terrific,
fantastic 7

un **genou** knee

un **genre** kind, type 3

des **gens (m.)** people

**gentil, gentille** nice

la **géographie** geography

la **géométrie** geometry 1

un(e) **gérant(e)** manager 5

le **gibier** game 9

une **girafe** giraffe

une **glace** ice cream; mirror; *une
glace à la vanille* vanilla ice
cream; *une glace au chocolat*
chocolate ice cream

le **golf** golf

une **gomme** eraser 1

une **gorge** throat

un **gorille** gorilla

**goûter** to taste

le **goûter** afternoon snack

un **gouvernement** government 4

**gouverner** to govern 8

**grâce** thanks 6

des **graffiti (m.)** graffiti 7

**grand(e)** tall, big, large; *les
grandes écoles* elite,
specialized universities 4

une **grand-mère** grandmother

un **grand-parent** grandparent 2

un **grand-père** grandfather

une **grange** barn

un **gratte-ciel** skyscraper 9

**gratuit(e)** free

**gratuitement** free 10

**grave** serious

le **grec** Greek 1

un **grenier** attic

la **grippe** flu

**gris(e)** gray

**gros, grosse** big, fat, large

un **groupe** group 5

la **Guadeloupe** Guadeloupe

**guadeloupéen,
guadeloupéenne** inhabitant
of/from Guadeloupe

une **guerre** war

un **guichet** ticket window; *un
guichet automatique* ATM
machine

un **guide** guidebook 3

**guillotiner** to guillotine 8

une **guitare** guitar

**guyanais(e)** inhabitant
of/from French Guiana

la **Guyane française** French
Guiana

la **gym (gymnastique)**
gymnastics

un **gymnase** gym 5

# H

**habillé(e)** dressed 2

s' **habiller** to get dressed

**habiter** to live

une **habitude** habit 9

**Haïti (f.)** Haiti

**haïtien, haïtienne** Haitian

un **hamburger** hamburger

des **haricots verts (m.)** green
beans

**haut(e)** tall, high

**Hein?** Huh? What? 1

un **héros, une héroïne** hero, heroine

l' **heure (f.)** hour, time, o'clock; *à l'heure* on time; *Quelle heure est-il?* What time is it?

**heureusement** fortunately

**heureux, heureuse** happy

**heurter** to hit, to run into 1

**hier** yesterday

un **hippopotame** hippopotamus

l' **histoire (f.)** history; story

le **hit-parade** the charts

l' **hiver (m.)** winter

une **HLM (habitation à loyer modéré)** public housing 7

un **homme** man; *un homme au foyer* househusband; *un homme d'affaires* business-man; *un homme politique* politician

**honnête** honest

un **hôpital** hospital 10

un **horaire** schedule, timetable

un **hot-dog** hot dog

un **hôtel** hotel

une **hôtesse de l'air** flight attendant 5

l' **huile (f.)** oil

**huit** eight

**huitième** eighth

**humain(e)** human 2

**humanitaire** humanitarian 6

une **hyène** hyena 9

# I

**ici** here

une **idée** idea

**il** he, it

**il y a** there is, there are; ago; *Il n'y a pas de quoi.* You're welcome.

une **île** island

**illuminé(e)** illuminated 8

**ils** they (m.)

**imaginer** to imagine

un(e) **imbécile** idiot 2

un **immeuble** apartment building

l' **immigration (f.)** immigration

un(e) **immigré(e)** immigrant 7

un **imperméable (imper)** raincoat

**important(e)** important 2

**impossible** impossible 3

un **impôt** tax 8

une **impression** impression, feeling 3

**impressionniste** Impressionist

une **imprimante** printer 6

**incroyable** unbelievable 2

l' **indépendance (f.)** independence 8

**indépendant(e)** independent 7

un **indice** rating 3

**indiquer** to indicate

**indispensable** indispensable 3

l' **Indochine (f.)** Indochina 3

**inférieur(e)** less, lower 4

un **infirmier, une infirmière** nurse

une **influence** influence 7

un **informaticien, une informaticienne** computer specialist

des **informations (f.)** news

l' **informatique (f.)** computer science

**informer** to inform 9

l' **inforoute (f.)** information superhighway 6

un **ingénieur** engineer

s' **inquiéter** to worry

s' **installer** to move 5

un **instrument** instrument 9

s' **intégrer** to become integrated 7

**intelligent(e)** intelligent

**interdit(e)** prohibited 3

**intéressant(e)** interesting

**intéresser** to interest; *s'intéresser à* to be interested in 9

un **intérêt** interest 6

une **interro (interrogation)** quiz, test

une **intrigue** plot 3

**inutile** useless 2

**inviter** to invite

l' **Irak (m.)** Iraq 6

l' **Italie (f.)** Italy

**italien, italienne** Italian

**ivoirien, ivoirienne** from the Ivory Coast

# J

**j'** I

**jamais** ever 1; *ne (n')… jamais* never

une **jambe** leg

le **jambon** ham

**janvier** January

le **Japon** Japan

**japonais(e)** Japanese

un **jardin** garden, lawn; park

**jaune** yellow

le **jazz** jazz

**je** I

un **jean** (pair of) jeans

**jeter un coup d'œil** to take a quick look 10

un **jeu** game; *un jeu télévisé* game show; *des jeux d'adresse* games of skill 1; *des jeux vidéo (m.)* video games

**jeudi (m.)** Thursday

**jeune** young

un(e) **jeune** young person 3

**joli(e)** pretty

**jouer** to play; to act, to play (a part) 3; *jouer au basket* to play basketball; *jouer au foot* to play soccer; *jouer au golf* to play golf; *jouer au tennis* to play tennis; *jouer au volley* to play volleyball; *jouer aux cartes (f.)* to play cards; *jouer aux échecs (m.)* to play chess; *jouer aux jeux vidéo* to play video games

un **jour** day; *de nos jours* these days 9

un **journal** newspaper; journal 7

le **journalisme** journalism

un(e) **journaliste** journalist

une **journée** day; *Bonne journée!* Have a good day!

**juillet** July

**juin** June

**jumeau, jumelle** twin

une **jupe** skirt

le **jus: le jus d'orange** orange juice; *le jus de fruit* fruit juice; *le jus de pamplemousse* grapefruit juice; *le jus de pomme* apple juice; *le jus de raisin* grape juice; *le jus de tomate* tomato juice

**jusqu'à** up to, until

**juste** just, only

**justement** exactly 10

la **justice** justice 8

## K

le **karaté** karate

le **ketchup** ketchup

un **kilogramme (kilo)** kilogram

un **kilomètre** kilometer

un **kiosque à journaux** newsstand 3

## L

**là** there, here

**là-bas** over there

un **labo (laboratoire)** laboratory 1

un **lac** lake

**laid(e)** unattractive

**laisser** to leave; *laissez-moi* let me 10

le **lait** milk

une **lampe** lamp

**lancer** to launch 6

un **lanceur de satellites** satellite launcher 6

une **langue** language 3

un **lapin** rabbit

**large** wide 8

le **latin** Latin (language)

se **laver** to wash (oneself)

un **lave-vaisselle** dishwasher

**le, la, l'** the; him, her, it; *le (+ day of the week)* on (+ day of the week); *le (+ number)* on the (+ ordinal number)

une **leçon** lesson

un **lecteur de DVD** DVD player

la **lecture** reading 1

un **légume** vegetable

le **lendemain** the next day

**lequel, laquelle; lesquels, lesquelles** which one; which ones 7

**les** the; them

la **lessive** laundry

une **lettre** letter; *une boîte aux lettres* mailbox

**leur** their; to them

le **leur, la leur** theirs 9

se **lever** to get up

une **lèvre** lip; *le rouge à lèvres* lipstick

**libéral(e)** liberal 8

la **liberté** liberty

une **librairie** bookstore

**libre** free (not busy)

un **lieu** place 8; *avoir lieu* to take place 8

une **ligne** line 6; *en ligne* online 6

la **limite de vitesse** speed limit

une **limonade** lemon-lime soda

le **linge: faire sécher le linge** to dry clothes

un **lion** lion

**liquide: l'argent liquide (m.)** cash

**lire** to read

une **liste** list 1

un **lit** bed; *des lits jumeaux* twin beds; *un grand lit* double bed

la **littérature** literature 1

un **livre** book

une **location: un bureau de location** box office 3

le **logement** housing 7

une **loi** law 7

**loin** far

les **loisirs (m.)** leisure activities

**long, longue** long

**longtemps** (for) a long time 5

**lorsque** when 3

**louer** to rent

la **loyauté** loyalty 8

une **luge** toboggan 1

**lui** to him, to her; him

une **lumière** light

**lundi (m.)** Monday

des **lunettes (f.)** glasses; *des lunettes de soleil (f.)* sunglasses

une **lutte** fight 6

le **Luxembourg** Luxembourg

**luxembourgeois(e)** from Luxembourg

un **lycée** high school

un **lycéen, une lycéenne** high school student 1

## M

**m'appelle: je m'appelle** my name is

une **machine à laver** washer

**Madagascar (f.)** Madagascar

**Madame (Mme)** Mrs., Ma'am; *Madame une telle* Mrs. So-and-so 5

**Mademoiselle (Mlle)** Miss

un **magasin** store; *un grand magasin* department store

un **magazine** magazine

**maghrébin(e)** inhabitant of/from the Maghreb 7

**magnifique** magnificent

**mai** May

un **maillot de bain** swimsuit

une **main** hand

**maintenant** now

**maintenir** to maintain 8

une **mairie** town hall

**mais** but

une **maison** house

**mal** bad, badly; *avoir mal (à…)* to hurt, to have a/an . . . ache, to have a sore . . .

**malade** sick

une **maladie** disease, illness

**malgache** inhabitant of/from Madagascar

**malheureusement** unfortunately 9

le **Mali** Mali 9

**maltraité(e)** mistreated 6

**maman (f.)** Mom

la **Manche** English Channel

un **manège** merry-go-round 1

**manger** to eat; *manger de la pizza* to eat pizza; *une salle à manger* dining room

un(e) **manifestant(e)** demonstrator 4

une **manifestation** demonstration 4

**manifester** to demonstrate 4

un **manteau** coat

un **manuel** textbook 1

le **maquillage** makeup

se **maquiller** to put on makeup

un(e) **marchand(e)** merchant

un **marché** market

**marcher** to walk; to work 5

**mardi (m.)** Tuesday

un **mari** husband

un **mariage** marriage

un(e) **marié(e)** groom, bride

se **marier** to get married 7

le **Maroc** Morocco

**marocain(e)** Moroccan

la **maroquinerie** leather goods 9

une **marque** brand 7

un(e) **marquis(e)** marquis, marchioness 8

**marrant(e)** funny

**marre: J'en ai marre!** I'm sick of it! I've had it!

**marron** brown

**mars** March

**martiniquais(e)** inhabitant of/from Martinique

la **Martinique** Martinique

le **mascara** mascara

un **massacre** massacre 8

un **match** game, match

les **maths (f.)** math

un **matin** morning; *le matin* in the morning

**mauvais(e)** bad

le **maximum** maximum 4; *Il faut profiter de la vie au maximum.* We have to live life to the fullest.

la **mayonnaise** mayonnaise

**me** (to) me; myself

un **mec** guy

**méchant(e)** mean

le **mécontentement** dissatisfaction 4

un **médecin** doctor

se **méfier de** to distrust 2

**meilleur(e)** better 6; *le meilleur, la meilleure* best 5

un **melon** melon

un **membre** member

**même** even; same 3

le **ménage** housework

un **menu** fixed-price meal

une **mer** sea; *au bord de la mer* at the seashore; *des fruits de mer* seafood; *la mer des Antilles* Caribbean Sea; *la mer du Nord* North Sea; *la mer Méditerranée* Mediterranean Sea

**merci** thanks

**mercredi (m.)** Wednesday

une **mère** mother

**Mesdames** ladies

un **message** message

**Messieurs-Dames** ladies and gentlemen

un **métier** trade, craft

un **mètre** meter 5

un **métro** subway

un **metteur en scène** director

**mettre** to put (on), to set; to turn on 5

**mexicain(e)** Mexican

le **Mexique** Mexico

un **micro-onde** microwave

**midi** noon

le **Midi** the south of France 10

le **mien, la mienne** mine 9

**mieux** better; *le mieux* the best

**mignon, mignonne** cute

le **mil** millet 9

**mille** (one) thousand

un **million** million

**mince** slender; *Mince!* Darn!

la **mine: avoir bonne/mauvaise mine** to look well/sick

**minimum** minimum 4

un **minivan** minivan

**minuit** midnight

une **minute** minute

un **miroir** mirror 1

une **mission** mission 6

**moche** ugly

le **mode d'emploi** instructions 10

**modèle** model 9

**moderne** modern

**moi** me, I

**moi-même** myself 10

un **moine** monk 8

**moins** minus; less; *au moins* at least; *moins le quart* quarter to

un **mois** month

un **moment** moment

**mon, ma; mes** my

**Monaco (m.)** Monaco

une **monarchie** monarchy 8

le **monde** world; people

**mondial(e)** world-wide 6

**monégasque** inhabitant of/from Monaco

**monétaire** monetary 8

un **moniteur, une monitrice** instructor; monitor 6

la **monnaie** change

**monoparental(e)** single-parent 7

**Monsieur** Mr., Sir; *Monsieur un tel* Mr. So-and-so 5

une **montagne** mountain; *des montagnes russes* roller coaster 1

**monter** to go up; to get on; to get in

une **montre** watch

**montrer** to show; *Montrez-moi....* Show me . . . .

un **monument** monument

un **morceau** piece

un **mot** word 7

un **mouchoir** handkerchief

une **moule** mussel

**mourir** to die

une **mousse** mousse; *une mousse au chocolat* chocolate mousse

la **moutarde** mustard

un **mouton** sheep

le **moyen** way 4; means 9

**moyen, moyenne** medium

un **mur** wall 7

**mûr(e)** ripe

la **musculation** body building

un **musée** museum

un **musicien, une musicienne** musician

la **musique** music

**mystérieux, mystérieuse** mysterious

**N**

**n'est-ce pas?** isn't that so?

**n'importe quel, n'importe quelle** just any 10

**n'importe qui** anyone 10

**nager** to swim

**naître** to be born

une **nappe** tablecloth

**national(e)** national

une **nationalité** nationality

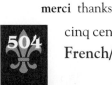

**la nature** nature 3; *une nature morte* still life 3

**naturellement** naturally

**ne (n')... aucun(e)** no, not any 2

**ne (n')... jamais** never

**ne (n')... ni... ni...** neither ... nor 2

**ne (n')... pas** not

**ne (n')... pas encore** not yet

**ne (n')... personne** no one, nobody, not anyone

**ne (n')... plus** no longer, not anymore

**ne (n')... que** only 2

**ne (n')... rien** nothing, not anything

**nécessaire** necessary 3

**négocier** to negotiate 8

**la neige** snow 1

**neiger: Il neige.** It's snowing.

**nettoyer** to clean

**neuf** nine

**neuf, neuve** new 10

**neuvième** ninth

**un nez** nose

**ni... ni... ne (n')** neither ... nor 2

**le Niger** Niger 9

**noir(e)** black

**un nom** name; *un nom de jeune fille* maiden name 2

**nombreux, nombreuse** numerous 7

**non** no

**non-traditionnel, non-traditionnelle** nontraditional 7

**le nord** north

**un(e) Normand(e)** inhabitant of/from Normandy 8

**une note** note 1; grade 7

**notre; nos** our

**le nôtre, la nôtre** ours 9

**nourrir** to feed

**la nourriture** food

**nous** we; us; ourselves; to us

**nouveau, nouvel, nouvelle** new

**des nouvelles (f.)** news 9

**novembre** November

**nucléaire** nuclear

**une nuit** night 5

**un numéro** number; issue 4; *un numéro de téléphone* telephone number

## O

**un objet d'art** objet d'art

**obligé(e): être obligé(e) de** to be obliged to, to have to

**une occasion** opportunity 9

**l' Occident (m.)** West 8

**occupé(e)** busy

**s' occuper de** to take care of 5; to deal with 8

**un océan** ocean; *l'océan Atlantique (m.)* Atlantic Ocean; *l'océan Indien (m.)* Indian Ocean; *l'océan Pacifique (m.)* Pacific Ocean

**l' océanographie (f.)** oceanography 6

**octobre** October

**un œil** eye; *jeter un coup d'œil* to take a quick look 10

**un œuf** egg; *des œufs brouillés (m.)* scrambled eggs; *des œufs sur le plat (m.)* fried eggs

**offrir** to offer, to give

**oh** oh; *Oh là là!* Wow! Oh no! Oh dear!

**un oignon** onion

**un oiseau** bird

**OK** OK

**une omelette** omelette

**on** they, we, one; *On y va?* Shall we go (there)?

**un oncle** uncle

**onze** eleven

**une opinion** opinion

**optimiste** optimistic 7

**l' or (m.)** gold

**oral(e)** oral 1

**orange** orange

**une orange** orange

**un orchestre** orchestra 3

**ordinaire** regular (gasoline)

**un ordinateur** computer

**une ordonnance** prescription 10

**ordonner** to order 8

**une oreille** ear

**organisé(e)** organized 4

**une origine** origin 7

**ou** or

**où** where

**ouais** yeah

**oublier** to forget 6

**l' ouest (m.)** west

**oui** yes

**un ours** bear

**un outil de recherche** search engine 6

**ouvert(e)** frank 7

**un ouvrier, une ouvrière** (factory) worker

**ouvrir** to open

## P

**un pagne** African skirt 9

**le pain** bread; *le pain grillé* toast; *le pain perdu* French toast

**une paire** pair 9

**la paix** peace 8

**un pamplemousse** grapefruit

**une panne** breakdown; *tomber en panne* to have a (mechanical) breakdown

**un panneau** sign

**panoramique** panoramic 5

**un pantalon** (pair of) pants

**une pantoufle** slipper

**papa (m.)** Dad

**par** per; by; *par avion* by air mail; *par conséquent* consequently 8; *par contre* on the other hand 9; *par exemple* for example

**le paradis** paradise

**un parapluie** umbrella

**un parc** park; *un parc d'attractions* amusement park 1

**parce que** because

**parcourir** to travel through, to cover 5

**pardon** excuse me

**un pare-brise** windshield

**un parent** parent; relative

**paresseux, paresseuse** lazy

**parfait(e)** perfect

**parier** to bet

**parler** to speak, to talk; *Tu parles!* No way! You're kidding!, You're not kidding! 5

**parmi** among 6

part: **à part** aside from

**partager** to share 9

un **parti** (political) party 4

**participer à** to take part in 4

**partir** to leave

**partout** everywhere 3

**pas** not; *pas du tout* not at all

un **passager, une passagère** passenger

un(e) **passant(e)** passerby 7

le **passé** past 8

un **passeport** passport

**passer** to show (a movie); to spend (time); to pass, to go (by); to take (a test) 1; to play (on the radio) 7; *passer à la douane* to go through customs; *passer l'aspirateur (m.)* to vacuum; *se passer* to happen 2, to go 5

un **passe-temps** pastime 1

**passionnant(e)** exciting, fascinating 6

une **pastèque** watermelon

une **pastille** lozenge 10

le **pâté** pâté

la **patience** patience 5

une **pâtisserie** pastry store

un **pâtissier, une pâtissière** pastry store owner

**pauvre** poor

la **pauvreté** poverty 6

un **pavillon** pavilion, hall 9

**payer** to pay 2

un **pays** country

un **paysage** landscape 3; scenery 5

un **paysan, une paysanne** peasant 9

une **peau** skin 9

une **pêche** peach

un **peigne** comb

se **peigner** to comb (one's hair)

un **peignoir de bain** bathrobe

**peindre** to paint 3

un **peintre** painter 3

une **pelouse** lawn

**pendant** during; *pendant que* while 2

une **pendule** clock

**pénible** unpleasant

**penser (à)** to think (of)

**percé** pierced 5

**perdre** to lose; *perdre son temps* to waste one's time 7

un **père** father

se **perfectionner** to improve

**permettre** to permit, to allow 6

un **permis de conduire** driver's license

une **personnalité** personality

une **personne** person; *ne (n')… personne* no one, nobody, not anyone; *personne ne (n')* nobody, no one 2

le **personnel** personnel, staff 4

**peser** to weigh

**petit(e)** short, little, small; *le petit déjeuner* breakfast; *mon petit* son

des **petits pois (m.)** peas

(un) **peu** (a) little; *(un) peu de* (a) little, few

le **peuple** people 8

la **peur: avoir peur (de)** to be afraid (of)

**peut-être** maybe

une **pharmacie** pharmacy, drugstore 10

un **pharmacien, une pharmacienne** pharmacist

la **philosophie** philosophy

un **phoque** seal 6

une **photo** photo, picture

une **phrase** phrase, sentence 10

la **physique** physics

un **piano** piano

une **pièce** room; coin; *une pièce (de théâtre)* play 3

un **pied** foot; *à pied* on foot; *un doigt de pied* toe

**pieux, pieuse** pious 8

une **pile** battery 10

un **pilote** pilot

**piqueniquer** to have a picnic

une **piscine** swimming pool

une **piste** trail, run, track 1

une **pizza** pizza

un **placard** cupboard

la **place** room, space; *une place (public)* square; place; seat 3; *à ta place* if I were you 5

**placé(e)** placed, situated

une **plage** beach

se **plaindre** to complain 5

**plaire** to please 3

un **plaisir** pleasure

**plaît: … me plaît.** I like . . . .

un **plan** map

une **planche: une planche à neige** snowboard 1; *une planche à roulettes* skateboard 1; *la planche à voile* windsurfing

une **plante** plant

un **plat** dish; *le plat principal* main course

un **plâtre** cast 10

**plein(e)** full; *à plein temps* full-time 4; *faire le plein* to fill up the gas tank

**pleuvoir: Il pleut.** It's raining.

le **plomb** lead

la **plongée sous-marine** scuba diving

**plonger** to dive

la **pluie** rain 9

la **plupart (de)** most 7

**plus** more; *de plus* furthermore, what's more, more; *en plus* in addition 5; *le plus (+ adverb)* the most (+ adverb); *le/la/les plus (+ adjective)* the most (+ adjective); *ne (n')… plus* no longer, not anymore; *plus tard* later

**plusieurs** several 3

**plûtot** rather 2

un **pneu** tire

**po: les sciences po** political science 1

un **poignet** wrist 10

une **poire** pear

les **pois (m.): des petits pois (m.)** peas

un **poisson** fish; *un poisson rouge* goldfish

le **poivre** pepper

**poli(e)** polite

la **police** police 2

un **policier, une policière** detective

**politique** political

la **pollution** pollution

une **pomme** apple; *une pomme de terre* potato

un **pompier** firefighter

un(e) **pompiste** gas station attendant

un **pont** bridge

**populaire** popular 3

le **porc** pork

une **porte** door; gate; *une porte d'embarquement* departure gate; *un porte-bagages* overhead compartment 5

un **portefeuille** billfold, wallet

**porter** to wear

**poser** to ask (a question) 2

une **possibilité** possibility

**possible** possible

un **poste** job, position 4

une **poste** post office

un **postier, une postière** postal worker

un **pot** jar

le **potage** soup

une **poubelle** garbage can

une **poule** hen

un **poulet** chicken

**pour** for; (in order) to

un **pourcentage** percentage 4

**pourquoi** why

**pourri(e)** spoiled 9

**pourtant** however 9

**pousser** to push 4; to grow 9

la **poussière** dust; *enlever la poussière* to dust

**pouvoir** to be able to

**pratique** practical

**préférer** to prefer

**premier, première** first

**prendre** to take, to have (food or drink); *prendre rendez-vous* to make an appointment

un **prénom** first name

**préparatoire** preparatory 4

**préparer** to prepare; *se préparer* to get ready

**près (de)** near

le **présent** present 8

**présenter** to introduce; *se présenter* to come, to appear 4

**préserver** to save, to protect

**presque** almost

**pressé(e)** in a hurry 7

**prêt(e)** ready

**prêter** to lend 9

**prier** to beg 4; *Je vous en prie.* You're welcome.; *Je vous prie d'agréer, Monsieur (ou Madame), mes salutations distinguées.* Yours truly, 4

**principal(e)** main

le **printemps** spring

un **prisonnier, une prisonnière** prisoner 8

un **prix** price 3

un **problème** problem

**prochain(e)** next

un(e) **prof** teacher

un **professeur** teacher

une **profession** occupation

**profiter de** to take advantage of; *Il faut profiter de la vie au maximum.* We have to live life to the fullest.

le **progrès** progress 6

un **projet** project 4; plan 9

une **promenade** ride; walk

**proposer** to propose 5

**propre** own 5; clean 7

la **protection** protection 6

**protéger** to protect 6

un(e) **protestant(e)** Protestant 8

une **province** province 5; *en province* in the provinces 8

**puis** then

**puisque** since 2

**puissant(e)** powerful

un **pull** sweater

un **pyjama** pyjamas

# Q

**qu'est-ce que** what; *Qu'est-ce que c'est?* What is it/this?; *Qu'est-ce que c'est que...?* What is...? 9; *Qu'est-ce que tu as?* What's the matter with you?

**qu'est-ce qui** what

un **quai** platform

une **qualification** qualification 4

**quand** when

**quant à** as for 6

**quarante** forty

un **quart** quarter; *et quart* fifteen (minutes after), quarter after; *moins le quart* quarter to

un **quartier** quarter, neighborhood

**quatorze** fourteen

**quatre** four

**quatre-vingt-dix** ninety

**quatre-vingts** eighty

**quatrième** fourth

**que** how; than, as, that; which, whom; what; *Que je suis bête!* How dumb I am!; *Que vous êtes gentils!* How nice you are!

le **Québec** Quebec (Province) 4

un(e) **Québécois(e)** inhabitant of/from Quebec

**quel, quelle** what, which; *Quel, Quelle...!* What (a)...!

**quelqu'un** someone, somebody

**quelque chose** something

**quelquefois** sometimes

**quelques** some

une **question** question 2

la **queue: faire la queue** to stand in line

**qui** who, whom; which, that; *qui est-ce que* whom; *qui est-ce qui* who

une **quiche** quiche

**quinze** fifteen

**quitter** to leave (a person or place)

**quoi** what; *Il n'y a pas de quoi.* You're welcome.

**quotidien, quotidienne** daily

# R

**raconter** to tell (about)

une **radio** radio 7

une **radiographie** X ray 10

un **raisin** grape

une **raison** reason 4; *avoir raison* to be right 10

**ranger** to pick up, to arrange

**rapide** fast

**rapidement** rapidly, fast

**rappeler** to remind 9; *se rappeler* to remember 2

**rapporter** to bring back 10

des **rapports (m.)** relations, relationship 2

une **raquette** racket

se **raser** to shave

un **rasoir** razor

**rassurant(e)** reassuring 2

**rater** to fail 1

**rattraper** to trap 10

un **rayon** (store) department 10

un **récépissé** receipt 2

la **réception** reception desk

un(e) **réceptionniste** receptionist

**recevoir** to receive, to get

la **recherche** research 1; *un outil de recherche* search engine 6

**recommander** to recommend

**recommencer** to begin again

**reconnaissant(e)** grateful 4

**reconnaître** to recognize 3

**recycler** recycle

la **rédaction** composition 1

une **réduction** reduction 10

**réduit(e)** reduced 3

un **refuge** shelter 6

**regarder** to watch; to look (at); *se regarder* to look at oneself

le **reggae** reggae

**régler** to pay

un **règne** reign 8

**regretter** to be sorry; to regret 2

une **reine** queen

se **rejoindre** to meet

une **relation** relation(ship) 7

**religieux, religieuse** religious 9

la **religion** religion 8

une **relique** relic 8

**rembourser** to reimburse 10

**remercier** to thank

**remplir** to fill (out)

**rencontrer** to meet 7; *se rencontrer* to meet 9

un **rendez-vous** appointment; *prendre rendez-vous* to make an appointment

**rendre** to hand in, to return 6; *rendre* (**+ adjective**) to make 10; *rendre un service* to help 5; *rendre visite (à)* to visit; *se rendre compte* to realize 5

des **renseignements (m.)** information 3

la **rentrée** first day of school 1

**rentrer** to come home, to return, to come back

**réparer** to repair 10

un **repas** meal

**repasser** to iron

**répéter** to repeat 2

**répondre** to answer 2

une **réponse** answer 2

un **reportage** report 4

un **reporter** reporter

se **reposer** to rest 2

la **République Démocratique du Congo** Democratic Republic of the Congo

le **R.E.R. (Réseau Express Régional)** express subway to suburbs

une **réservation** reservation

**réserver** to reserve

un(e) **résident(e)** resident 7

**résoudre** to solve

une **responsabilité** responsibility 1

**ressembler à** to look like, to resemble

un **restaurant** restaurant

**rester** to stay, to remain

un **résultat** result 10

**retard: en retard** late

**retourner** to return 5

se **retrouver** to meet 10

**réunir** to reunite, to bring together 8

**réussir** to pass (a test), to succeed

une **réussite** success 9

se **réveiller** to wake up

**revenir** to come back, to return; *Je n'en reviens pas.* I can't get over it. 1

**rêver** to dream

**revoir** to see again 10

une **révolution** revolution 8

le **rez-de-chaussée** ground floor

un **rhume** cold

**riche** rich

**rien** nothing 10; *ne (n')… rien* nothing, not anything; *rien ne (n')* nothing 2

**rigoler** to laugh 1; *rigoler comme des fous* to laugh like crazy 1

une **rivière** river

une **robe** dress

un **rocher** rock 5

**rocheux, rocheuse** rocky

le **rock** rock (music)

un **roi** king

un **rôle** role 3

le **roller** in-line skating

un(e) **Romain(e)** Roman 8

un **roman** novel

**rose** pink

une **roue** wheel 1; *une grande roue* Ferris wheel 1

**rouge** red; *le rouge à lèvres* lipstick

**roulant(e): un fauteuil roulant** wheelchair 10

**rouler** to drive

une **route** road

**roux, rousse** red (hair)

le **Ruanda** Rwanda 6

une **rue** street

**rusé(e)** crafty, sly 8

le **russe** Russian 1

# S

**s'appelle: elle s'appelle** her name is; *il s'appelle* his name is

**s'il te plaît** please; *s'il vous plaît* please

le **sable** sand 5

un **sac: un sac à dos** backpack; *un sac à main* purse

le **Sahara** Sahara 9

un(e) **saint(e)** saint

une **saison** season

une **salade** salad

un **salaire** salary 4

une **salle: une salle à manger** dining room; *une salle d'attente* waiting room 10; *une salle de bains* bathroom; *une salle de classe* classroom; *une salle de conférences* lecture hall 1; *une salle des urgences* emergency room 10

un **salon** living room

**salut** hi; good-bye

une **salutation** greeting 4; *Je vous prie d'agréer, Monsieur (ou Madame), mes salutations distinguées.* Yours truly, 4

**samedi (m.)** Saturday

le **SAMU (service d'assistance médicale d'urgence)** emergency medical service 10

une **sandale** sandal

un **sandwich** sandwich; *un sandwich au fromage* cheese sandwich; *un sandwich au jambon* ham sandwich

**sans** without

un(e) **sans-abri** homeless person

la **santé** health

un **satellite** satellite 5

**satisfait(e) (de)** satisfied (with) 2

la **sauce hollandaise** hollandaise sauce

une **saucisse** sausage

le **saucisson** salami

**sauf** except

un **saumon** salmon

**sauvage** wildlife 5

**sauvegarder** to save 6

**savoir** to know (how)

le **savon** soap

un **saxophone** saxophone

un **scénario** script 3

un(e) **scénariste** scriptwriter 3

la **science-fiction** science fiction

1es **sciences (f.)** science; *les sciences po* political science 1

**scientifique** scientific

**scolaire** school

un **sculpteur** sculptor 3

la **sculpture** sculpture

**se** himself, herself, oneself, themselves

un **sèche-cheveux** hair dryer

un **sèche-linge** dryer

**sécher** to dry; to skip (a class) 1

le **secours: Au secours!** Help!

un(e) **secrétaire** secretary

la **sécurité: une ceinture de sécurité** seat belt

**seize** sixteen

un **séjour** family room; stay; *un séjour en famille* family stay

le **sel** salt

**selon** according to

une **semaine** week

**sembler** to seem; *Il me semble….* It seems to me ….

le **Sénégal** Senegal

**sénégalais(e)** Senegalese

un **sens unique** one-way (street)

**sensible** sensitive

se **sentir** to feel 2

**sept** seven

**septembre** September

**septième** seventh

**sérieusement** seriously

**sérieux, sérieuse** serious; *au sérieux* seriously

un **serveur, une serveuse** server

un **service** service 4; *rendre un service* to help 5

une **serviette** napkin; towel

**servir** to serve 5; *se servir de* to use 5

**seulement** only

le **shampooing** shampoo

le **shopping** shopping

un **short** (pair of) shorts

**si** yes (on the contrary); so; if; what if 10

le **SIDA** AIDS

un **siècle** century

un **siège** seat

le **sien, la sienne** his, hers, its, one's 9

un **signe** sign 3

**signer** to sign

**simple** simple 7

un **singe** monkey

le **sirop d'érable** maple syrup

**situé(e)** situated 5

**six** six

**sixième** sixth

le **ski: le ski de fond** cross-country skiing 1; *le ski nautique* waterskiing

**skier** to ski

le **SMIC** minimum wage 4

un **snack-bar** snack bar 9

**social(e)** social 7

une **société** society 7

une **sœur** sister

la **soif: J'ai soif.** I'm thirsty.

un **soir** evening; *ce soir* tonight; *le soir* in the evening

**soixante** sixty

**soixante-dix** seventy

des **soldes (f.)** sale(s)

le **soleil** sun

**solide** steady

un **somme** nap 5; *faire un somme* to take a nap 5

**son, sa; ses** his, her, one's, its

**sonner** to ring 5

une **sorte: de sorte que** so that 9

**sortir** to go out; *sortir la poubelle* to take out the garbage

un **souhait: À tes souhaits!** Bless you!

**souhaiter** to wish, to hope 4

la **soupe** soup

**souriant(e)** smiling 2

une **souris** mouse 6

**sous** under

un **sous-sol** basement

des **sous-vêtements (m.)** underwear

se **souvenir** to remember 5

**souvent** often

**spatial(e)** space 6

**spécial(e)** special

se **spécialiser** to specialize 4

une **spécialité** specialty

un **spectacle** show 3

un **sport** sport

**sportif, sportive** athletic

un **squelette** skeleton 9

un **stade** stadium

un **stage** on-the-job training

une **station** station; *une station-service* gas station

une **statue** statue

un **steak** steak; *un steak-frites* steak with French fries

une **stéréo** stereo

un **steward** flight attendant 5

une **stratégie** strategy 6

un **stylo** pen

le **succès** success 3

le **sucre** sugar

le **sud** south

**suffisamment** enough 4

**suisse** Swiss

la **Suisse** Switzerland

**suivant(e)** following, next

**suivre** to follow, to take (a class)

un **sujet** subject 6; *au sujet de* about 7

**super** super, terrific, great; premium (gasoline)

**superbe** superb

un **supermarché** supermarket

un **supplément** extra charge

**sur** on; in; about; to

**sûr(e)** sure 4; *bien sûr* of course

**surprenant(e)** surprising 2

**surprendre** to surprise 5

une **surprise** surprise

**surtout** especially

**survivre** to survive 8

un **sweat** sweatshirt

**sympa (sympathique)** nice

**sympathiser** to get along

un **syndicat d'initiative** tourist office

un **synthé (synthétiseur)** synthesizer

un **système** system 8

## T

**t'appelles: tu t'appelles** your name is

un **tabac** tobacco shop

une **table** table

un **tableau** (chalk)board; painting; *le tableau des arrivées et des départs* arrival and departure information

**Tahiti (f.)** Tahiti

**tahitien, tahitienne** Tahitian

une **taille** size

un **taille-crayon** pencil sharpener

un **tailleur** woman's suit

se **taire** to be quiet 2

**Tant mieux.** That's great.

**Tant pis.** Too bad.

une **tante** aunt

un **tapis** rug

**tard** late; *plus tard* later

un **tarif** rate, price 3

une **tarte (aux fraises)** (strawberry) pie

une **tartine** slice of buttered bread

une **tasse** cup

un **taux** rate 4

un **taxi** taxi

**te** to you; yourself; you

la **technologie** technology 6

un **tee-shirt** T-shirt

un **tel, une telle** such a 10

la **télé (télévision)** TV, television; *à la télé* on TV

la **télématique** communication by computer 6

un **téléphone** telephone

**téléphoner** to phone (someone), to make a call

**tellement** so much 5

une **température** temperature

le **temps** weather; time; *Quel temps fait-il?* What's the weather like? How's the weather?; *à plein temps* full-time 4; *au bon vieux temps* in the good old days 9

**tendu(e)** strained 7

des **tennis (m.)** tennis shoes

le **tennis** tennis

la **terminale** last year of *lycée*

**terminer** to finish; *se terminer* to end 4

la **terre** earth 6; land 8; *une pomme de terre* potato

le **terrorisme** terrorism

une **tête** head

le **thé** tea; *le thé au citron* tea with lemon; *le thé au lait* tea with milk

un **théâtre** theater

un **ticket** ticket 1; *un ticket de caisse* receipt 10

le **tien, la tienne** yours 9

**Tiens!** Hey!

un **tigre** tiger

un **timbre** stamp

**timide** timid, shy

un **titre** title 6

le **Togo** Togo 7

**toi** you

les **toilettes (f.)** toilet

une **tomate** tomato

un **tombeau** tomb

**tomber** to fall 8; *tomber en panne* to have a (mechanical) breakdown

**ton, ta; tes** your

une **tondeuse** lawn mower

**tondre** to mow

**tôt** early

une **touche** key (on keyboard) 6

**toucher** to cash; to get 7

**toujours** always; still

un **tour** trip; *le tour* tour

une **tour** tower

un(e) **touriste** tourist 5

une **tournée** tour

**tourner** to turn; to shoot (a movie) 3

**tous** all

la **Toussaint** All Saints' Day

**tout** all, everything; *tout à coup* all of a sudden 2; *tout de suite* right away, right now; *tout droit* straight ahead

**tout(e); tous, toutes** all, every; *tous les deux* both; *tout le monde* everybody

le **tracas** trouble 10

**traditionnel, traditionnelle** traditional 9

un **train** train; *être en train de* (+ *infinitive*) to be busy (doing something)

un **traitement** treatment 6

**traiter** to treat 5

un **trajet** trip

une **tranche** slice

**transformer** to transform 8

le **travail** work

**travailler** to work

**traverser** to cross

**treize** thirteen

**trente** thirty

**très** very

une **tribu** tribe 8

un **triomphe** triumph

**triste** sad

**trois** three

**troisième** third

un **trombone** trombone; paper clip 1

se **tromper (de)** to be mistaken, to be wrong 5

une **trompette** trumpet

**trop** too; too much; *trop de* too much, too many

**troublé(e)** disrupted 8

une **trousse** pencil case

**trouver** to find; to think; *se trouver* to be (located) 3

un **truc** thing 5

**tu** you

**tuer** to kill 8

la **Tunisie** Tunisia

**tunisien, tunisienne** Tunisian

# U

**un, une** one; a, an; *l'un(e)... l'autre* (the) one ... the other 10

**universitaire** university 7

une **université** university

une **urgence: la salle des urgences** emergency room 10

**utile** useful 3

**utiliser** to use

# V

les **vacances (f.)** vacation

une **vache** cow

**vachement** really, very

**vaincre** to defeat, to conquer 8

la **vaisselle** dishes

**valable** valid 3

une **valise** suitcase

**valoir mieux** to be better 3

se **vanter** to boast 9

une **variété** variety 3

un **vase** vase

**vaut: il vaut mieux** it is better 3

**vécu(e)** real-life 3

une **vedette** (movie) star 3

la **veille** night before

un **vélo** bicycle, bike

un **vendeur, une vendeuse** salesperson

**vendre** to sell

**vendredi (m.)** Friday

**venir** to come; *venir chercher* to pick up, to come and get; *venir de* **(+ infinitive)** to have just

le **vent** wind

la **vente** sales 4

un **ventilateur** fan 5

un **ventre** stomach

**vérifier** to check

un **verre** glass; *des verres de contact (m.)* contacts

une **version** version 3

**vert(e)** green

une **veste** (sport) jacket

des **vêtements (m.)** clothes

un **vétérinaire** veterinarian

la **vie** life

le **Vietnam** Vietnam

**vietnamien, vietnamienne** Vietnamese

**vieux, vieil, vieille** old; *mon vieux* buddy

**vif, vive** bright

un **village** village

une **ville** city; *en ville* downtown

le **vin** wine

**vingt** twenty

la **violence** violence 8

**violet, violette** purple

un **violon** violin

une **visite** visit; *rendre visite (à)* to visit

**visiter** to visit (a place)

**vite** fast, quickly

la **vitesse** speed; *changer de vitesse* to shift gears; *la limite de vitesse* speed limit

des **vitraux (m.)** stained glass windows 8

**vivre** to live

le **vocabulaire** vocabulary 7

**voici** here is/are

une **voie** (train) track

**voilà** here is/are, there is/are; that's it

la **voile** sailing

**voir** to see

une **voiture** car; (train) car; *une voiture de sport* sports car

une **voix** voice

un **vol** flight; theft 2

**voler** to steal (from), to rob 2

le **volley (volleyball)** volleyball

**votre; vos** your

le **vôtre, la vôtre** yours 9

**voudrais** would like

**vouloir** to want; *vouloir bien* to be willing

**vous** you; to you; yourself, yourselves

un **voyage** trip

**voyager** to travel

un **voyageur, une voyageuse** traveler

un(e) **voyant(e)** fortuneteller, clairvoyant 1

**voyons** let's see

**vrai(e)** true; real

**vraiment** really

une **vue** view

# W

les **W.-C. (m.)** toilet

le **web** Web 6

un **weekend** weekend

# Y

**y** there, (about) it

le **yaourt** yogurt

des **yeux (m.)** eyes

# Z

un **zèbre** zebra

**zéro** zero

un **zoo** zoo

**Zut!** Darn!

# Vocabulary
# English/French

All words and expressions introduced as active vocabulary in the *C'est à toi!* textbook series appear in this end vocabulary. The number following the meaning of each word or expression indicates the unit in which it appears for the first time in this textbook. If there is more than one meaning for a word or expression and it has appeared in different units, the corresponding unit numbers are listed. Words and expressions that were introduced in the first two levels of *C'est à toi!* do not have a number after them.

## A

a un, une; de (d'); *a lot* beaucoup; *a lot of* beaucoup de

abbreviation une abréviation 3

to be able to pouvoir

about de (d'); sur; en; au sujet de 7; environ 10; *about them* en; *about which/whom* dont 5; *(about) it* y

above au-dessus de

to accelerate accélérer

accent un accent 2

to accept accepter; agréer 4

to access accéder 6

accessory un accessoire

accident un accident 10

to accompany accompagner 5

according to d'après; selon

accountant un(e) comptable

ache: to have a/an . . . ache avoir mal (à...)

acquaintance une connaissance

to act jouer 3

active actif, active

activities: leisure activities les loisirs (m.)

activity une activité 5

actor un acteur

actress une actrice

to adapt s'adapter 10

addition: in addition en plus 5

address une adresse

administration une administration 8

administrative administratif, administrative 4

to admire admirer

adobe le banco 9

ads: want ads des petites annonces (f.) 4

advanced avancé(e) 6

advantage: to take advantage of profiter de

adventure une aventure

advertisement une annonce 4

advice (piece of) un conseil 8

aerobics l'aérobic (m.); *to do aerobics* faire de l'aérobic (m.)

aerogram (air letter) un aérogramme

to be afraid (of) avoir peur (de)

Africa l'Afrique (f.)

African africain(e); *African housing area* une concession 9; *African skirt* un pagne 9

after après

afternoon l'après-midi (m.)

again: to see again revoir 10

against contre 4

age l'âge (m.)

agent un agent; *customs agent* un douanier, une douanière

ago il y a

to agree être d'accord 5

ahead: straight ahead tout droit

AIDS le SIDA

air conditioning la climatisation

air mail: by air mail par avion

airplane un avion

airport un aéroport

aisle un couloir

album un album 3

alcoholism l'alcoolisme (m.)

algebra l'algèbre (f.) 1

Algeria l'Algérie (f.)

Algerian algérien, algérienne

all tout; tous; tout(e), tous, toutes; *all at once* à la fois; *all of a sudden* tout à coup 2; *All Saints' Day* la Toussaint; *not at all* pas du tout

to allow permettre 6

allowance des allocations (f.) 7

almost presque

already déjà

also aussi

always toujours

ambitious ambitieux, ambitieuse 8

America l'Amérique (f.); *North America* l'Amérique du Nord (f.); *South America* l'Amérique du Sud (f.)

American américain(e)

among entre; parmi 6

amusement park un parc d'attractions 1

amusing amusant(e)

**an** un; une; de (d')

**and** et

**angry** fâché(e) 2; *to get angry* se fâcher 2

**animal** un animal; *animal life* la faune 9

**ankle** une cheville 10

to **announce** annoncer 4

**annoying** embêtant(e) 10

**another** un(e) autre

**answer** une réponse 2

to **answer** répondre 2

**antelope** une antilope 9

**antibiotic** un antibiotique 10

**any** de (d'); des; du; en; *just any* n'importe quel, n'importe quelle 10; *not any* ne (n')... aucun(e) 2

**anymore: not anymore** ne (n')... plus

**anyone** n'importe qui 10; *not anyone* ne (n')... personne

**anything: not anything** ne (n')... rien

**apartment** un appartement; *apartment building* un immeuble

**appearance** l'air (m.) 2; une apparence 7

**apple** une pomme; *apple juice* le jus de pomme

**appliance** un appareil 10

**appointment** un rendez-vous; *to make an appointment* prendre rendez-vous

to **appreciate** apprécier 4

to **approach** s'approcher (de) 2

**April** avril

**arcade** une arcade 1

**arch** un arc, une arche

**area** un domaine 6

to **argue** se disputer 7

**arm** un bras

**armchair** un fauteuil

**army** une armée

to **arrange** ranger

**arrival** une arrivée; *arrival and departure information* le tableau des arrivées et des départs

to **arrive** arriver

**art** l'art (m.); *objet d'art* un objet d'art

**article** un article 6

**artist** un(e) artiste

**as** aussi, que; en; comme; *as for* quant à 6; *as many* autant de 10; *as much* autant de 10; *as soon as* aussitôt que; dès que 6; *as usual* comme d'habitude; *as well as* ainsi que 9

**Asia** l'Asie (f.)

**Asian** asiatique

**aside from** à part

to **ask** demander; *to ask (a question)* poser 2; *to ask for* demander

**aspirin** une aspirine 10

to **assassinate** assassiner 8

**assistant** un(e) assistant(e) 3; *assistant principal* un censeur 1

**at** à; *at (the)* au, aux; *at least* au moins; *at the bottom* en bas 3; *at the end of* au fond de; *at the seashore* au bord de la mer

**athlete** un(e) athlète

**athletic** sportif, sportive

**Atlantic Ocean** l'océan Atlantique (m.)

**ATM machine** un guichet automatique

**atmosphere** une ambiance 7

to **attack** agresser 7

to **attend** assister à

**attendant: flight attendant** une hôtesse de l'air 5; *gas station attendant* un(e) pompiste

**attention: to pay attention** faire attention 2

**attic** un grenier

**August** août

**aunt** une tante

**Australia** l'Australie (f.)

**Australian** australien, australienne

**Austria** l'Autriche (f.) 8

**autobiographical** autobiographique 3

**automatic** automatique

**autumn** l'automne (m.)

**available** disponible 5

**avenue** une avenue

to **avoid** éviter 10

# B

**baby** un bébé 6

to **baby-sit** faire du baby-sitting

**baby-sitting** le baby-sitting

**back** un dos; *to come back* rentrer, revenir

**backpack** un sac à dos

**bad** mal; mauvais(e); *It's bad.* Il fait mauvais.; *Too bad!* Dommage!; Tant pis.

**badly** mal

**baggage** des bagages (m.); *to check one's baggage* faire enregistrer ses bagages (m.)

**baker** un boulanger, une boulangère

**bakery** une boulangerie

**balcony** un balcon

**ball (inflated)** un ballon 10

**ballet** un ballet 3

**banana** une banane

**bandage** un bandage 10

**bank** une banque

**banker** un banquier, une banquière

**baobab tree** un baobab 9

**barn** une grange

**basement** un sous-sol

**basketball** le basket (basket-ball); *to play basketball* jouer au basket

**bath mitt** un gant de toilette

**bathrobe** un peignoir de bain

**bathroom** une salle de bains

**bathtub** une baignoire

**battery** une pile 10

**battle** une bataille 8

to **be** être; *Be careful!* Attention!; *to be (located)* se trouver 3; *to be . . . (years old)* avoir... ans; *to be a part of* faire partie de 9; *to be able to* pouvoir; *to be afraid (of)* avoir peur (de); *to be better* valoir mieux 3; *to be bored* s'ennuyer 5; *to be born* naître; *to be busy (doing*

*something)* être en train de (+ *infinitive*); *to be cold* avoir froid; *to be how old* avoir quel âge; *to be hungry* avoir faim; *to be in good/bad shape* être en bonne/mauvaise forme; *to be interested in* s'intéresser à 9; *to be (located)* se trouver 3; *to be lucky* avoir de la chance 1; *to be mistaken* se tromper (de) 5; *to be named* s'appeler 4; *to be necessary* falloir; *to be obliged to* être obligé(e) de; *to be quiet* se taire 2; *to be right* avoir raison 10; *to be sorry* regretter; *to be thirsty* avoir soif; *to be warm/hot* avoir chaud; *to be willing* vouloir bien; *to be wrong* se tromper 5

**beach** une plage

**beans: green beans** des haricots verts (m.)

**bear** un ours

**beard** une barbe

**beautiful** beau, bel, belle; *It's beautiful.* Il fait beau.

**beauty** la beauté 5

**because** parce que; car 7

to **become** devenir; *to become integrated* s'intégrer 7

**bed** un lit; *double bed* un grand lit; *to go to bed* se coucher; *twin beds* des lits jumeaux

**bedroom** une chambre

**beef** le bœuf

**before** avant (de)

to **beg** prier 4

to **begin** commencer; *to begin again* recommencer

**beginning** le début 2

**behind** derrière

**beige** beige

**Belgian** belge

**Belgium** la Belgique

to **believe** croire

to **belong to** être à 9

**belt** une ceinture; *seat belt* une ceinture de sécurité

**benefits** des allocations (f.) 7

**Benin** le Bénin 3

**beside** à côté (de)

**best** le meilleur, la meilleure 5; *the best* le mieux

to **bet** parier

**better** mieux; meilleur(e) 6; *it is better* il vaut mieux 3; *to be better* valoir mieux 3

**between** entre

**beverage** une boisson

**bicycle** un vélo

**big** grand(e); gros, grosse

**bike** un vélo

**biking: to go biking** faire du vélo

**bilingual** bilingue 4

**bill (at a restaurant)** une addition; *bill (money)* un billet

**billfold** un portefeuille

**biology** la biologie

**bird** un oiseau

**birthday** un anniversaire; *Happy Birthday!* Bon anniversaire!

**black** noir(e)

**Bless you!** À tes souhaits!

**blond** blond(e)

**blue** bleu(e)

**board** un tableau

to **boast** se vanter 9

**boat** un bateau

**body** un corps; *body building* la musculation; *to do body building* faire de la musculation

**book** un livre

**bookstore** une librairie

**boot** une botte

**border** une frontière 6

to be **bored, to get bored** s'ennuyer 5

to be **born** naître

to **borrow (from)** emprunter (à) 9

**boss** un chef 2

**both** tous les deux

to **bother** embêter 5; gêner 10

**bottle** une bouteille

**bottom: at the bottom** en bas 3

**boundary** une frontière 6

**boutique** une boutique

**bowl** un bol

**box** une boîte 10; *box office* un bureau de location 3

**boy** un garçon

**bracelet** un bracelet

**brand** une marque 7

**bread** le pain; *long, thin loaf of bread* une baguette; *slice of buttered bread* une tartine

to **break** se casser 10

**breakdown** une panne; *to have a (mechanical) breakdown* tomber en panne

**breakfast** le petit déjeuner

**bride** une mariée

**bridge** un pont

**bright** vif, vive

to **bring: to bring back** rapporter 10; *to bring together* réunir 8

to **broadcast** diffuser 7

**broken** cassé(e) 10

**brother** un frère; *host brother* un correspondant

**brother-in-law** un beau-frère

**brown** brun(e); marron

to **brush** se brosser

**buddy** mon vieux

**budget** un budget 7

**buff** un(e) fana

to **build** construire 6

**building** la construction 8; *apartment building* un immeuble

**bumper car** une auto tamponneuse 1

**burlesque** burlesque

to **burn** brûler

**bus: (city) bus** un autobus, un bus; *tour bus* un car 2

**business** des affaires (f.) 8

**businessman** un homme d'affaires

**businesswoman** une femme d'affaires

**busy** occupé(e); *free (not busy)* libre; *to be busy (doing something)* être en train de (+ *infinitive*)

**but** mais

**butcher** un boucher, une bouchère; *butcher shop* une boucherie

**butter** le beurre

to **buy** acheter

**by** de (d'); en, par; *by air mail* par avion

**bye** ciao

# C

**café** un café

**cafeteria** une cantine

**cage** une cage 7

**cake** un gâteau

**calculus** le calcul 1

**calendar** un calendrier

**call: to make a call** téléphoner

to **call** appeler 7

**calm** calme 2

**Camembert cheese** le camembert

**camera** un appareil-photo 9

**Cameroon** le Cameroun

**Cameroonian** camerounais(e)

to **camp** faire du camping

**campground** un camping

**camping** le camping; *to go camping* faire du camping

**can** une boîte; une canette 10; *garbage can* une poubelle

**Canada** le Canada

**Canadian** canadien, canadienne

**canoe** un canoë

**canoeing: to go canoeing** faire du canoë

**cap** une casquette

**capital** une capitale

**car** une voiture; une auto (automobile); *bumper car* une auto tamponneuse 1; *(train) car* une voiture; *sports car* une voiture de sport

**caramel custard** une crème caramel

**card** une carte; *credit card* une carte de crédit; *to play cards* jouer aux cartes (f.)

**care: to take care of** s'occuper de 5

**careful: Be careful!** Attention!

**Caribbean Sea** la mer des Antilles

**carrot** une carotte

**cartoon** un dessin animé

**case** un cas

**cash** l'argent liquide (m.)

to **cash** toucher

**cashier** un caissier, une caissière; *cashier's (desk)* une caisse

**cassette** une cassette

**cast** un plâtre 10

**castle** un château

**cat** un chat

**Catholic** un(e) catholique 8

**cautious** circonspect(e) 7

**CD** un CD

to **celebrate** fêter

**cemetery** un cimetière

**center** un centre; *shopping center* un centre commercial

**century** un siècle

**cereal** des céréales (f.)

**certain** certain(e) 4

**chair** une chaise

**chalkboard** un tableau

**change** la monnaie; un changement

to **change** changer

**channel** une chaîne 4; *English Channel* la Manche

**chapel** une chapelle

**charge: extra charge** un supplément

**charts** le hit-parade

**cheap** bon marché

**check (at a restaurant)** une addition; *security check* un contrôle de sécurité; *traveler's check* un chèque de voyage

to **check** vérifier; *to check one's baggage* faire enregistrer ses bagages (m.)

**cheese** le fromage; *Camembert cheese* le camembert; *cheese sandwich* un sandwich au fromage

**chef** un chef

**chemistry** la chimie

**cherry** une cerise

**chess** les échecs (m.); *to play chess* jouer aux échecs (m.)

**chicken** un poulet; *chicken cooked in wine* le coq au vin

**chief** un chef 8

**child** un(e) enfant

**chills** des frissons (m.)

**China** la Chine

**Chinese** chinois(e)

**chocolate** le chocolat; *chocolate ice cream* une glace au chocolat; *chocolate mousse* une mousse au chocolat; *hot chocolate* un chocolat chaud

**choice** un choix

to **choose** choisir

**chore** une corvée

**Christianity** le christianisme 8

**church** une église

**city** une ville

**clairvoyant** un(e) voyant(e) 1

**clarinet** une clarinette

**class** un cours; une classe; *to take (a class)* suivre

**classmate** une camarade de classe

**classroom** une salle de classe

**clean** propre 7

to **clean** nettoyer

**cleaner: vacuum cleaner** un aspirateur

**clerk** un(e) employé(e) 2

to **click** cliquer 6

**clientele** une clientèle 4

**climate** un climat 7

**climbing** l'escalade (f.); *to go climbing* faire de l'escalade (f.)

**clip: video clip** un clip; *paper clip* un trombone 1

**clock** une pendule

to **close** fermer

**clothes** des vêtements (m.); *to dry clothes* faire sécher le linge

**club: dance club** une boîte

**coast** une côte

**coat** un manteau

**coffee** un café; *coffee with milk* un café au lait

**coin** une pièce

**Coke** un coca

**cold** froid(e); *It's cold.* Il fait froid.; *to be cold* avoir froid

**cold** un rhume

to **collect** collectionner

**collection** une collection 3

**color** une couleur

**comb** un peigne

to **comb (one's hair)** se peigner

to **come** venir; se présenter 4; *to come and get* venir chercher; *to come back* rentrer, revenir; *to come home* rentrer; *to come in* entrer; *to come up (to)* s'approcher (de) 2

**comedy** une comédie

**comic strip** une bande dessinée

**comical** burlesque

**commercial** commercial(e) 6

**committed** engagé(e) 6

**communication by computer** la télématique 6

**company** une compagnie 4

**compartment: overhead compartment** un porte-bagages 5

to **complain** se plaindre 5

**complete** complet, complète

**complicated** complexe 8; compliqué(e) 10

to **compose** composer 3

**composer** un compositeur, une compositrice 3

**composition** la rédaction 1

**computer** un ordinateur; *communication by computer* la télématique 6; *computer science* l'informatique (f.); *computer specialist* un informaticien, une informaticienne

**concert** un concert

**conductor** un chef d'orchestre 3; un chef de train 5

**Congo: Democratic Republic of the Congo** la République Démocratique du Congo 6

**Congolese** congolais(e)

to **connect** se brancher 6

to **conquer** vaincre 8

**conqueror** un(e) conquérant(e) 8

**consequently** par conséquent 8

to **consider** considérer 7

**contacts** des verres de contact (m.)

**contemporary** contemporain(e)

to **continue** continuer

**contract** un contrat 4

**contrast** un contraste 9

to **control** contrôler

**controversial** controversé(e) 3

**conversation** une conversation

**convertible** une décapotable

**cook** un cuisinier, une cuisinière

**cooking** la cuisine

**cool** frais, fraîche; *It's cool.* Il fait frais.

to **copy** copier 8

**corner** un coin 7

to **cost** coûter

**couch** un canapé

to **count** compter 7

**counter** un comptoir

**country** la campagne; un pays

**countryside** la campagne

**couple** un couple

**coupon** un bon de réduction 10

**courageous** courageux, courageuse

**course** un cours; *entrée (course before main dish)* une entrée; *in the course of* au cours de; *main course* le plat principal

**court** une cour 8

**couscous** le couscous

**cousin** un(e) cousin(e)

to **cover** parcourir 5

**cow** une vache

**crab** un crabe

**craft** un métier

**craftsperson** un artisan 9

**crafty** rusé(e) 8

**crazy: crazy person** un fou, une folle 1; *to laugh like crazy* rigoler comme des fous 1

to **create** créer 4

**credit card** une carte de crédit

**crêpe** une crêpe

to **criticize** critiquer 8

**croissant** un croissant

to **cross** traverser

**cross-country skiing** le ski de fond 1; *to go cross-country skiing* faire du ski de fond 1

**crusade** une croisade 8

**crutch** une béquille 10

**cultural** culturel, culturelle 7

**culture** la culture

**cup** une tasse

**cupboard** un placard

**currency exchange** un bureau de change

**current events** l'actualité (f.)

**curriculum vitae** un CV 4

**curried scallops** des coquilles Saint-Jacques au curry

**custard: caramel custard** une crème caramel

**customer** un(e) client(e) 10

**customers** une clientèle 4

**customs** la douane; *customs agent* un douanier, une douanière; *to go through customs* passer à la douane

**cute** mignon, mignonne

**D**

**Dad** papa (m.)

**daily** quotidien, quotidienne

**dairy store** une crémerie

**dance** un bal; *dance club* une boîte

to **dance** danser

**dark (hair)** brun(e)

**darling** un(e) chéri(e)

**Darn!** Zut!; Mince!

**date** une date

**daughter** une fille

**day** un jour; une journée; *Have a good day!* Bonne journée!; *in the good old days* au bon vieux temps 9; *the next day* le lendemain; *these days* de nos jours 9

to **deal with** s'occuper de 8

**dean** un censeur 1

**dear** cher, chère

**December** décembre

to **decide** décider (de)

to **declare** déclarer

to **defeat** vaincre 8

to **defend** défendre 8

**defense** la défense 6

**delicatessen** une charcuterie; *delicatessen owner* un charcutier, une charcutière

**delighted** enchanté(e)

**demanding** exigeant(e) 2

**Democratic Republic of the Congo** la République Démocratique du Congo

to **demolish** démolir 8

to **demonstrate** manifester 4

**demonstration** une manifestation 4

**demonstrator** un(e) manifestant(e) 4

to **denounce** dénoncer 6

**dentist** un(e) dentiste

**department** un rayon 10; *department store* un grand magasin

**departure** un départ; *arrival and departure information* le tableau des arrivées et des départs; *departure gate* une porte d'embarquement

to **depend (on)** dépendre (de) 7

**depressed** déprimé(e) 2

**depressing** déprimant(e) 7

to **describe** décrire

**description** une description 3

**desk** un bureau; *cashier's (desk)* une caisse; *reception desk* la réception

**dessert** un dessert

**destination** une destination

**detective** un policier, une policière

to **develop** développer 6

**dictionary** un dictionnaire

to **die** mourir

**different** différent(e) 7

**difficult** difficile

**dining room** une salle à manger

**dinner** le dîner

**dinosaur** un dinosaure 9

**diploma: diploma at end of** **lycée** le bac (baccalauréat); *possessing a diploma* diplômé(e) 4

**direct** direct(e)

**director** un metteur en scène

**disappointed** déçu(e) 10

**discotheque** une discothèque 7

**disease** une maladie

**dish** un plat

**dishes** la vaisselle

**dishwasher** un lave-vaisselle

**diskette** une disquette

**disrupted** troublé(e) 8

**dissatisfaction** le mécontentement 4

**distinguished** distingué(e) 4

**district** un arrondissement 3

to **distrust** se méfier de 2

to **dive** plonger

**diversity** une diversité 7

to **divide** diviser 8

**diving: scuba diving** la plongée sous-marine; *to go scuba diving* faire de la plongée sous-marine

**divorce** un divorce 7

**divorced: to get divorced** divorcer 7

to **do** faire; *(to do something) in vain* avoir beau 8; *to do aerobics* faire de l'aérobic (m.); *to do body building* faire de la musculation; *to do gymnastics* faire de la gym

(gym-nastique); *to do homework* faire les devoirs; *to do karate* faire du karaté

**doctor** un médecin; un docteur

**document** un document 2

**documentary** un documentaire

**dog** un chien

**dollar** un dollar

**dolphin** un dauphin

**done: Well done!** Bravo! 6

**door** une porte

**dormitory room (for more than one person)** un dortoir

**double bed** un grand lit

to **doubt** douter 4

**downtown** en ville

**drag: What a drag!** Quelle galère!

**drama** un drame

**drawing** le dessin

to **dream** rêver

**dress** une robe; *to dress up* se déguiser

**dressed** habillé(e) 2; *to get dressed* s'habiller

**drink** une boisson

to **drink** boire

to **drive** conduire; rouler

**driver** un chauffeur; un conducteur, une conductrice; *driver's license* un permis de conduire

**driving school** une auto-école

**drugs** la drogue

**drugstore** une pharmacie 10

**drums** une batterie

to **dry** sécher; *to dry clothes* faire sécher le linge

**dryer** un sèche-linge; *hair dryer* un sèche-cheveux

**duck** un canard

**duke** un duc 8

**dumb** bête; *How dumb I am!* Que je suis bête!

**during** pendant; au cours de

**dust** la poussière

to **dust** enlever la poussière

**DVD** un DVD; *DVD player*
un lecteur de DVD

**dynamic** dynamique

# E

**each** chaque

**ear** une oreille

**early** en avance; tôt

**earring** une boucle d'oreille

**earth** la terre 6

**east** l'est (m.)

**easy** facile

to **eat** manger; *to eat pizza*
manger de la pizza

**ecological** écologique 6

**education** l'éducation (f.);
l'enseignement (m.) 1

**effort** un effort

**egg** un œuf; *fried eggs* des
œufs sur le plat (m.);
*scrambled eggs* des œufs
brouillés (m.)

**eight** huit

**eighteen** dix-huit

**eighth** huitième

**eighty** quatre-vingts

**electronic** électronique 6

**elephant** un éléphant

**elevator** un ascenseur

**eleven** onze

**e-mail** l'e-mail (m.) 6

**embassy** une ambassade 2

**emergency: emergency
medical service** le SAMU
(service d'assistance
médicale d'urgence) 10;
*emergency room* la salle des
urgences 10

**emperor** un empereur 8

**empire** un empire 8

**employee** un(e) employé(e) 2

**enclosed** ci-joint 4

**end** la fin 1; *at the end of* au
fond de; *in the end*
finalement

to **end** se terminer 4

**energy** l'énergie (f.); *nuclear
energy* l'énergie nucléaire

**engine: search engine** un
outil de recherche 6

**engineer** un ingénieur

**England** l'Angleterre (f.)

**English** anglais(e); *English
(language)* l'anglais (m.);
*English Channel* la Manche

to **enjoy (oneself)** se distraire 7

**enough** assez de; assez,
suffisamment 4

to **enter** entrer

**entertainment** une
distraction 3

**enthusiastic** enthousiaste 4

**entrance** une entrée

**entrée (course before main
dish)** une entrée

**envelope** une enveloppe

**environment**
l'environnement (m.)

**eraser** une gomme 1

**especially** surtout

**essential** essentiel,
essentielle 3

to **establish** établir 6

**euro** un euro

**Europe** l'Europe (f.)

**European** européen,
européenne

**even** même

**evening** un soir; *in the evening*
le soir

**event** un événement 8;
*current events* l'actualité (f.)

**eventually** finalement

**ever** jamais 1

**every** chaque; tout(e), tous,
toutes

**everybody** tout le monde

**everything** tout

**everywhere** partout 3

**evident** évident(e) 4

**exactly** justement 10

**exam** un examen 1; *exam at
end of lycée* le bac
(baccalauréat)

**example: for example** par
exemple

to **exceed** dépasser

**excellent** excellent(e) 6

**except** sauf

**exchange: currency
exchange** un bureau de
change

to **exchange** échanger

**exciting** passionnant(e) 6

**excuse me** pardon;
excusez-moi

**exhausted** épuisé(e) 2

**exhibit, exhibition** une
exposition

**exotic** exotique

to **expect** s'attendre à 2

**expensive** cher, chère

**experience** une expérience 4

to **explain** expliquer 2

to **expose** dénoncer 6

**express subway to suburbs** le
R.E.R. (Réseau Express
Régional)

**expression** une expression 10

**extra charge** un supplément

**eye** un œil; *eyes* des yeux (m.)

# F

**face** une figure

**factory worker** un ouvrier,
une ouvrière

to **fail** rater 1

**fall** l'automne (m.)

to **fall** tomber 8

**family** une famille;
familial(e) 7; *family room*
un séjour; *family stay* un
séjour en famille

**famine** une famine 6

**famous** célèbre

**fan** un ventilateur 5

**fanatic** un(e) fana

**fantastic** extra; génial(e) 7;
fantastique 9

**far** loin

**farm** une ferme

**farmer** un fermier, une
fermière

**fascinating** passionnant(e) 6

**fast** vite; rapide; rapidement

**fast-food restaurant** un fast-
food

**fat** gros, grosse

**father** un père

**father-in-law** un beau-père

**favorable** favorable

**favorite** favori, favorite

**fax** un fax 5

to **fax** faxer

**February** février

to **feed** nourrir

to **feel** se sentir 2; *to feel like* avoir envie de; *to feel nauseous* avoir mal au cœur

**feeling** une impression 3

**felt-tip pen** un feutre 1

**Ferris wheel** une grande roue 1; *to go on the Ferris wheel* faire un tour de grande roue 1

**festival** une fête

**fever** la fièvre

**few** (un) peu de

**fiction: science fiction** la science-fiction

**field** un champ; un domaine 6

**fifteen** quinze; *fifteen (minutes after)* et quart

**fifth** cinquième

**fifty** cinquante

**fight** une lutte 6

to **fill (out)** remplir; *to fill up the gas tank* faire le plein

**finally** enfin

to **find** trouver

**fine** une amende

**fine** bien

**finger** un doigt

to **finish** finir; terminer

**firefighter** un pompier

**fireworks** un feu d'artifice

**first** premier, première; d'abord; *first day of school* la rentrée 1; *first name* un prénom

**fish** un poisson; *fish soup* une bouillabaisse

**five** cinq

**fixed-price meal** un menu

**flexible** flexible 4

**flight** un vol; *flight attendant* une hôtesse de l'air, un steward 5

**floor** un étage; *ground floor* le rez-de-chaussée

**florist** un(e) fleuriste

**flower** une fleur

**flu** la grippe

**flute** une flûte

to **follow** suivre

**following** suivant(e)

**Fon (African language)** le fon 3

**food** la nourriture

**foot** un pied; *on foot* à pied

**for** pour; comme; depuis; contre 8; *(for) a long time* longtemps 5; *as for* quant à 6; *for example* par exemple

**foreigner** un étranger, une étrangère 7

to **forget** oublier 6

**fork** une fourchette

**form** un formulaire 4; *order form* une fiche de commande; *registration form* une fiche d'inscription 1

**formerly** autrefois 9

**fortunately** heureusement

**fortuneteller** un(e) voyant(e) 1

**forty** quarante

**foundation** une fondation 6

**four** quatre

**fourteen** quatorze

**fourth** quatrième

**franc** un franc 9

**France** la France; *the south of France* le Midi 10

**franglais (English words used in French)** le franglais 7

**frank** ouvert(e) 7

**frankly** franchement

**free** gratuit(e); gratuitement 10; *free (not busy)* libre

to **free** délivrer

**French** français(e); *French (language)* le français; *French fries* des frites (f.); *French toast* le pain perdu; *French-speaking* francophone

**French Guiana** la Guyane française; *inhabitant of/from French Guiana* guyanais(e)

**fresh** frais, fraîche

**Friday** vendredi (m.)

**fried eggs** des œufs sur le plat (m.)

**friend** un(e) ami(e); un copain, une copine

**friendly** accueillant(e) 2

**fries: French fries** des frites (f.); *steak with French fries* un steak-frites

**frightened** effrayé(e) 2

**from** de (d'); *from (the)* des, du; *from it/them* en

**front: in front of** devant

**fruit** un fruit; *fruit juice* le jus de fruit

**frustrated** frustré(e) 10

**full** chargé(e); plein(e); complet, complète

**fullest: We have to live life to the fullest.** Il faut profiter de la vie au maximum.

**full-time** à plein temps 4

**fun: fun house** la galerie des miroirs déformants 1; *to have fun* s'amuser

**funny** drôle; marrant(e); amusant(e)

**fur** la fourrure 6

**furthermore** de plus

**future** l'avenir (m.) 6

# G

**gallery** une galerie

**game** un jeu, un match; le gibier 9; *game show* un jeu télévisé; *games of skill* des jeux d'adresse 1; *to play video games* jouer aux jeux vidéo; *video games* des jeux vidéo (m.)

**garage** un garage

**garbage: garbage can** une poubelle; *to take out the garbage* sortir la poubelle

**garden** un jardin

**gas station** une station-service; *gas station attendant* un(e) pompiste

**gas tank: to fill up the gas tank** faire le plein

**gasoline** l'essence (f.); *premium (gasoline)* super; *regular (gasoline)* ordinaire

**gate** une porte; *departure gate* une porte d'embarquement

**Gaul** la Gaule 8

**gazelle** une gazelle 9

**gears: to shift gears** changer de vitesse

**general** général(e) 3; un général 8; *in general* en général 3

**generous** généreux, généreuse

**geography** la géographie

**geometry** la géométrie 1

**German** allemand(e); *German (language)* l'allemand (m.)

**Germany** l'Allemagne (f.)

to **get** recevoir; toucher 7; *I can't get over it.* Je n'en reviens pas. 1; *to come and get* venir chercher; *to get along* sympathiser; s'entendre 2; *to get angry* se fâcher 2; *to get bored* s'ennuyer 5; *to get divorced* divorcer 7; *to get dressed* s'habiller; *to get in* monter; *to get married* se marier 7; *to get off* descendre 3; *to get on* monter; *to get ready* se préparer; *to get up* se lever

**gift** un cadeau

**gifted** doué(e)

**giraffe** une girafe

**girl** une fille

to **give** donner; offrir; *Give me . . . .* Donnez-moi....; *Give me a hand . . . .* Donnez-moi un coup de main....

**glass** un verre

**glasses** des lunettes (f.)

**glove** un gant

to **go** aller; se passer 5; *let's go (there)* allons-y; *Shall we go (there)?* On y va?; *to go (by)* passer; *to go biking* faire du vélo; *to go camping* faire du camping; *to go canoeing* faire du canoë; *to go climbing* faire de l'escalade (f.); *to go cross-country skiing* faire du ski de fond 1; *to go down* descendre; *to go for a ride* faire un tour; faire une promenade; *to go for a walk* faire une promenade; *to go grocery shopping* faire les courses; *to go horseback riding* faire du cheval; *to go in-line*

*skating* faire du roller; *to go on the Ferris wheel* faire un tour de grande roue 1; *to go on the merry-go-round* faire un tour de manège 1; *to go on the roller coaster* faire un tour de montagnes russes 1; *to go out* sortir; *to go running* faire du footing; *to go sailing* faire de la voile; *to go scuba diving* faire de la plongée sous-marine; *to go shopping* faire du shopping, faire les magasins; *to go skateboarding* faire de la planche à roulettes 1; *to go snowboarding* faire de la planche à neige 1; *to go through* fouiller 2; *to go through customs* passer à la douane; *to go to bed* se coucher; *to go tobogganing* faire de la luge 1; *to go up* monter; *to go waterskiing* faire du ski nautique; *to go windsurfing* faire de la planche à voile

**goat** une chèvre

**God** Dieu (m.) 8

**gold** l'or (m.)

**goldfish** un poisson rouge

**golf** le golf; *to play golf* jouer au golf

**good** bon, bonne; bien; *good evening* bonsoir; *good-bye* au revoir, salut; *Have a good day!* Bonne journée!; *in the good old days* au bon vieux temps 9

**gorilla** un gorille

to **govern** gouverner 8

**government** un gouvernement 4

**grade** une note 7

**gradually** doucement

**graffiti** des graffiti (m.) 7

**grandfather** un grand-père

**grandmother** une grand-mère

**grandparent** un grand-parent 2

**grape** un raisin; *grape juice* le jus de raisin

**grapefruit** un pamplemousse; *grapefruit juice* le jus de pamplemousse

**grateful** reconnaissant(e) 4

**gray** gris(e)

**great** super; formidable; extra; génial(e) 7; *That's great.* Tant mieux.

**Greek** le grec 1

**green** vert(e); *green beans* des haricots verts (m.)

**greeting** une salutation 4

**groom** un marié

**ground floor** le rez-de-chaussée

**group** un groupe 5

to **grow** pousser 9

**Guadeloupe** la Guadeloupe; *inhabitant of/from Guadeloupe* guadeloupéen, guadeloupéenne

**guaranteed** garanti(e) 4

**Guiana: French Guiana** la Guyane française; *inhabitant of/from French Guiana* guyanais(e)

**guidebook** un guide 3

to **guillotine** guillotiner 8

**guitar** une guitare

**guy** un mec; un gars 5

**gym** un gymnase 5

**gymnastics** la gym, la gymnastique; *to do gymnastics* faire de la gym (gymnastique)

# H

**habit** une habitude 9

**hair** des cheveux (m.); *hair dryer* un sèche-cheveux; *to comb (one's hair)* se peigner

**hairbrush** une brosse à cheveux

**hairdresser** un coiffeur, une coiffeuse

**Haiti** Haïti (f.)

**Haitian** haïtien, haïtienne

**half** demi(e); *half an hour* une demi-heure; *half past* et demi(e)

**half-brother** un demi-frère

**half-sister** une demi-sœur

**hall** un couloir; une galerie; un pavillon 9; *lecture hall* une salle de conférences 1

**ham** le jambon; *ham sandwich* un sandwich au jambon

**hamburger** un hamburger

**hand** une main; *Give me a hand . . . .* Donne-moi un coup de main....; *on the other hand* par contre 9

to **hand in** rendre 6

**handkerchief** un mouchoir

**handsome** beau, bel, belle

to **happen** se passer 2; arriver 10

**happy** content(e), heureux, heureuse; *Happy Birthday!* Bon anniversaire!

**hard** difficile; dur(e)

**hardworking** diligent(e)

**hat** un chapeau

to **have** avoir; *Have a good day!* Bonne journée!; *I've had it!* J'en ai marre!; *one has to, we/you have to* il faut; *to have (food or drink)* prendre; *to have a/an . . . ache, to have a sore . . .* avoir mal; *to have a (mechanical) breakdown* tomber en panne; *to have a good time* s'amuser; se distraire 7; *to have a picnic* piqueniquer; *to have fun* s'amuser; *to have just* venir de (+ *infinitive*); *to have lunch* déjeuner; *to have on-the-job training* faire un stage; *to have to* devoir, falloir; être obligé(e) de; *We have to live life to the fullest.* Il faut profiter de la vie au maximum.

**he** il; *he is* c'est

**head** une tête; un chef 4

**health** la santé

to **hear** entendre; *to hear about* entendre parler de 6

**heart** un cœur

**hello** bonjour; *hello (on telephone)* allô

**help** l'aide (f.); *Help!* Au secours!

to **help** aider; rendre un service 5

**hen** une poule

**her** son, sa; ses; le, la, l'; elle; *her name is* elle s'appelle; *to her* lui

**here** là; ici; *here is/are* voilà, voici

**hero** un héros

**heroine** une héroïne

**hers** le sien, la sienne 9

**herself** se

**Hey!** Eh!, Tiens!

**hi** salut

**high** haut(e); élevé(e) 4

**high school** un lycée; *high school student* un lycéen, une lycéenne 1

**hightops** des baskets (f.)

**him** le, la, l'; lui; *to him* lui

**himself** se

**hippopotamus** un hippopotame

to **hire** embaucher 4

**his** son, sa; ses; le sien, la sienne 9; *his name is* il s'appelle

**history** l'histoire (f.)

to **hit** heurter 1

**holiday** une fête

**hollandaise sauce** la sauce hollandaise

**home: at/to the home of** chez; *to come home* rentrer

**homeless person** un(e) sans-abri

**homework** les devoirs (m.); *to do homework* faire les devoirs

**honest** honnête

**hood** un capot

to **hope** espérer; souhaiter 4

**horror** l'épouvante (f.)

**horse** un cheval

**horseback riding: to go horseback riding** faire du cheval

**hospitable** accueillant(e) 2

**hospital** un hôpital 10

**host brother** un correspondant; *host sister* une correspondante

**hostel: youth hostel** une auberge de jeunesse

**hot** chaud(e); *hot chocolate* un chocolat chaud; *It's hot.* Il fait chaud.; *to be hot* avoir chaud

**hot dog** un hot-dog

**hotel** un hôtel

**hour** l'heure (f.); *half an hour* une demi-heure

**house** une maison; *at/to the house of* chez; *fun house* la galerie des miroirs déformants 1; *to my house* chez moi

**househusband** un homme au foyer

**housewife** une femme au foyer

**housework** le ménage

**housing** le logement 7; *African housing area* une concession 9; *housing development* une cité 7; *public housing* une HLM (habitation à loyer modéré) 7

**how** comment; que; comme; *How are things going?* Ça va?; *How are you?* Comment vas-tu?; *How dumb I am!* Que je suis bête!; *how long* depuis combien de temps; *how many* combien de; *how much* combien, combien de; *How much is it/that?* Ça fait combien?; *How nice you are!* Que vous êtes gentils!; *How old are you?* Tu as quel âge?; *How's the weather?* Quel temps fait-il?

**however** pourtant 9

**Huh?** Hein? 1

**human** humain(e) 2

**humanitarian** humanitaire 6

**hundred: (one) hundred** cent

**hunger** la faim

**hungry: I'm hungry.** J'ai faim.; *to be hungry* avoir faim

to **hunt** chasser 9

**hunting** la chasse 8

**hurry: in a hurry** pressé(e) 7

to **hurry** se dépêcher

to **hurt** avoir mal (à...); *to hurt oneself* se faire mal 10

**husband** un mari

**hut** une case 9

**hutch: rabbit hutch** une cage à lapins 7

**hyena** une hyène 9

# I

**I** j', je; moi; *I can't get over it.* Je n'en reviens pas. 1; *I need* il me faut; *I think so.* Je crois que oui. 5

**ice cream** une glace; *chocolate ice cream* une glace au chocolat; *vanilla ice cream* une glace à la vanille

**idea** une idée

**idiot** un(e) imbécile 2

**if** si; *if I were you* à ta place 5; *what if* si 10

**illness** une maladie

**illuminated** illuminé(e) 8

to **imagine** imaginer

**immigrant** un(e) immigré(e) 7

**immigration** l'immigration (f.)

**important** important(e) 2

**impossible** impossible 3

**impression** une impression 3

**Impressionist** impressionniste

to **improve** se perfectionner; améliorer 8

**in** dans; à, en, sur; de (d'); *in (the)* au, aux, du; *in a hurry* pressé(e) 7; *in addition* en plus 5; *in front of* devant; *in general* en général 3; *in my opinion* à mon avis; *in order to* pour; *in the course of* au cours de; *in the end* finalement; *in the evening* le soir; *in the good old days* au bon vieux temps 9; *in the morning* le matin; *in the provinces* en province 8; *(to do something) in vain* avoir beau 8

**included** compris(e)

**independence** l'indépendance (f.) 8

**independent** indépendant(e) 7

**Indian Ocean** l'océan Indien (m.)

to **indicate** indiquer

**indispensable** indispensable 3

**Indochina** l'Indochine (f.) 3

**influence** une influence 7

to **inform** informer 9

**information** des renseignements (m.) 3; *arrival and departure information* le tableau des arrivées et des départs; *information superhighway* l'inforoute (f.) 6

**inhabitant: inhabitant of/from French Guiana** guyanais(e); *inhabitant of/from Gaul* un(e) Gaulois(e) 8; *inhabitant of/from Guadeloupe* guadeloupéen, guadeloupéenne; *inhabitant of/from Madagascar* malgache; *inhabitant of/from Martinique* martiniquais(e); *inhabitant of/from Monaco* monégasque; *inhabitant of/from Normandy* un(e) Normand(e) 8; *inhabitant of/from Quebec* un(e) Québécois(e); *inhabitant of/from the Maghreb* maghrébin(e) 7

**in-line skating** le roller; *to go in-line skating* faire du roller

**inspector** un contrôleur, une contrôleuse

**instructions** le mode d'emploi 10

**instructor** un moniteur, une monitrice

**instrument** un instrument 9

**insurance** l'assurance (f.) 4

**integrated: to become integrated** s'intégrer 7

**intelligent** intelligent(e)

to **intend** compter 4

**interest** un intérêt 6

to **interest** intéresser

**interested: to be interested in** s'intéresser à 9

**interesting** intéressant(e)

**intersection** un croisement

**intricate** fin(e) 9

to **introduce** présenter

to **invite** inviter

**Iraq** l'Irak (m.) 6

**iron** un fer à repasser

to **iron** repasser

**is** est; *isn't that so?* n'est-ce pas?

**Islamic: of the Islamic religion** coranique 9

**island** une île

**issue** un numéro 4

**it** elle, il; ça; le, la, l'; y; en; *about it* y; *from it* en; *it is better* il vaut mieux 3; *it is necessary* il faut; *It seems to me . . . .* Il me semble....; *it's* c'est; *It's . . . .* Ça fait....; *It's bad.* Il fait mauvais.; *It's beautiful.* Il fait beau.; *It's cold.* Il fait froid.; *It's cool.* Il fait frais.; *It's hot.* Il fait chaud.; *It's nice.* Il fait beau.; *It's raining.* Il pleut.; *It's snowing.* Il neige.; *It's sunny.* Il fait du soleil.; *It's the (+ date).* Nous sommes le (+ date).; *It's up to you.* C'est à vous de voir. 10; *It's warm.* Il fait chaud.; *It's windy.* Il fait du vent.; *of it* en; *that's it* voilà

**Italian** italien, italienne

**Italy** l'Italie (f.)

**its** son, sa; ses; le sien, la sienne 9

**Ivory Coast** la Côte-d'Ivoire; *from the Ivory Coast* ivoirien, ivoirienne

# J

**jacket (outdoor)** un blouson; *ski jacket* un anorak; *sport jacket* une veste

**jam** la confiture

**January** janvier

**Japan** le Japon

**Japanese** japonais(e)

**jar** un pot

**jazz** le jazz

**jeans: (pair of) jeans** un jean

**jewel** un bijou

**job** un boulot; un emploi, un poste 4; *on-the-job training* un stage

**joke** une blague 10

**journal** un journal 7

**journalism** le journalisme

**journalist** un(e) journaliste

**juice: apple juice** le jus de

pomme; *fruit juice* le jus de fruit; *grape juice* le jus de raisin; *grapefruit juice* le jus de pamplemousse; *orange juice* le jus d'orange; *tomato juice* le jus de tomate

**July** juillet

**June** juin

**just** juste; *just any* n'importe quel, n'importe quelle 10; *to have just* venir de (+ *infinitive*)

**justice** la justice 8

## K

**karate** le karaté; *to do karate* faire du karaté

to **keep** garder

**ketchup** le ketchup

**key (on keyboard)** une touche 6

**keyboard** un clavier 6

**kidding: No kidding!** Sans blague 10; *You're kidding!* Tu parles!; *You're not kidding!* Tu parles! 5

to **kill** tuer 8

**kilogram** un kilogramme (kilo)

**kilometer** un kilomètre

**kind** un genre 3

**king** un roi

**kiss** une bise; un bisou 5

**kitchen** une cuisine

**knee** un genou

**knife** un couteau

to **know** connaître; *to know (how)* savoir

**knowledge** la connaissance 6

## L

**laboratory** un labo (laboratoire) 1

**ladies** Mesdames; *ladies and gentlemen* Messieurs-Dames

**lady** une dame

**lake** un lac

**lamp** une lampe

**land** une terre 8

to **land** atterrir

**landscape** un paysage 3

**language** une langue 3

**large** grand(e); gros, grosse

**last** dernier, dernière; *last year of* **lycée** la terminale

to **last** durer 8

**late** en retard; tard

**later** plus tard

**Latin (language)** le latin

to **laugh** rigoler 1; *to laugh like crazy* rigoler comme des fous 1

to **launch** lancer 6

**launcher: satellite launcher** un lanceur de satellites 6

**laundry** la lessive

**law** une loi 7

**lawn** un jardin; une pelouse; *lawn mower* une tondeuse

**lawyer** un(e) avocat(e)

**lazy** paresseux, paresseuse

**lead** le plomb

to **learn** apprendre

**least: at least** au moins

**leather** le cuir; *leather goods* la maroquinerie 9

to **leave** partir; laisser; *to leave (a person or place)* quitter

**lecture** une conférence 1; *lecture hall* une salle de conférences 1

**left** gauche 10; *to (on) the left* à gauche

**leg** une jambe

**leisure activities** les loisirs (m.)

**lemon** un citron; *tea with lemon* le thé au citron

**lemon-lime soda** une limonade

to **lend** prêter 9

**length** une durée 3

**less** moins; inférieur(e) 4

**lesson** une leçon

**let me** laissez-moi 10

**letter** une lettre; *letter carrier* un facteur, une factrice

**liberal** libéral(e) 8

**liberty** la liberté

**library** une bibliothèque

**license: driver's license** un permis de conduire

**life** la vie; *We have to live life to the fullest.* Il faut profiter de la vie au maximum.

**light** une lumière; *traffic light* un feu

**like** comme

to **like** aimer; *I like . . .* . . . me plaît.; *What would you like?* Vous désirez?; *would like* voudrais

**limit: speed limit** la limite de vitesse

**line** une ligne 6; *to stand in line* faire la queue

**lion** un lion

**lip** une lèvre

**lipstick** le rouge à lèvres

**list** une liste 1

to **listen (to)** écouter; *listen* écoute; *to listen to music* écouter de la musique

**literature** la littérature 1

**little** petit(e); *a little* (un) peu, (un) peu de

**live** en direct 4

to **live** habiter; vivre; *We have to live life to the fullest.* Il faut profiter de la vie au maximum.

**living room** un salon

**long** long, longue; *(for) a long time* longtemps 5; *how long* depuis combien de temps

**longer: no longer** ne (n')... plus

**look: to take a quick look** jeter un coup d'œil 10

to **look** avoir l'air 2; *to look (at)* regarder; *to look at oneself* se regarder; *to look for* chercher; *to look like* ressembler à; *to look well/sick* avoir bonne/mauvaise mine

to **lose** perdre

**lot: a lot** beaucoup; *a lot of* beaucoup de

**love** l'amour (m.); *in love* amoureux, amoureuse

to **love** aimer; adorer

**lower** inférieur(e) 4

to **lower** baisser

**loyalty** la loyauté 8

**lozenge** une pastille 10

**luck** la chance

**lucky: to be lucky** avoir de la chance 1

**luggage** des bagages (m.)

**lunch** le déjeuner; *to have lunch* déjeuner

**Luxembourg** le Luxembourg; *from Luxembourg* luxembourgeois(e)

## M

**Ma'am** Madame (Mme)

**machine: ATM machine** un guichet automatique; *ticket stamping machine* un composteur

**Madagascar** Madagascar (f.); *inhabitant of/from Madagascar* malgache

**made of** en

**magazine** un magazine

**magnificent** magnifique

**maiden name** un nom de jeune fille 2

**mail** le courrier

**mailbox** une boîte aux lettres

**main** principal(e); *main course* le plat principal

to **maintain** maintenir 8

to **make** faire; rendre (+ **adjective**) 10; *to make a call* téléphoner; *to make an appointment* prendre rendez-vous

**makeup** le maquillage; *to put on makeup* se maquiller

**Mali** le Mali 9

**mall** un centre commercial

**man** un homme

to **manage** se débrouiller 5

**manager** un(e) gérant(e) 5

**many** beaucoup; *as many* autant de 10; *how many* combien de; *too many* trop de

**map** une carte; un plan

**maple syrup** le sirop d'érable

**March** mars

**marchioness** une marquise 8

**market** un marché

**marquis** un marquis 8

**marriage** un mariage

**married: to get married** se marier 7

**Martinique** la Martinique; *inhabitant of/from Martinique* martiniquais(e)

**mascara** le mascara

**massacre** un massacre 8

**masterpiece** un chef-d'œuvre 3

**match** un match

**math** les maths (f.)

**matter: What's the matter with you?** Qu'est-ce que tu as?

**maximum** le maximum 4

**May** mai

**maybe** peut-être

**mayonnaise** la mayonnaise

**me** moi; me; *to me* me

**meal** un repas; *fixed-price meal* un menu

**mean** méchant(e)

**means** le moyen 9

**medical: emergency medical service** le SAMU (service d'assistance médicale d'urgence) 10

**Mediterranean Sea** la mer Méditerranée

**medium** moyen, moyenne

to **meet** faire la connaissance (de); se rejoindre; rencontrer 7; se rencontrer 9; se retrouver 10

**melon** un melon

**member** un membre

**merchant** un(e) marchand(e)

**merry-go-round** un manège 1; *to go on the merry-go-round* faire un tour de manège 1

**message** un message

**meter** un mètre 5

**Mexican** mexicain(e)

**Mexico** le Mexique

**microwave** un micro-onde

**midnight** minuit

**milk** le lait; *coffee with milk* un café au lait; *tea with milk* le thé au lait

**millet** le mil 9

**million** un million

**mine** le mien, la mienne 9

**mineral water** l'eau minérale (f.)

**minimum** minimum 4; *minimum wage* le SMIC 4

**minivan** un minivan

**minus** moins

**minute** une minute

**mirror** une glace; un miroir 1

**Miss** Mademoiselle (Mlle)

**mission** une mission 6

**mistaken: to be mistaken** se tromper (de) 5

**mistreated** maltraité(e) 6

**mitt: bath mitt** un gant de toilette

**model** modèle 9

**modern** moderne

**Mom** maman (f.)

**moment** un moment

**Monaco** Monaco (m.); *inhabitant of/from Monaco* monégasque

**monarchy** une monarchie 8

**Monday** lundi (m.)

**monetary** monétaire 8

**money** l'argent (m.)

**monitor** un moniteur 6

**monk** un moine 8

**monkey** un singe

**month** un mois

**monument** un monument

**more** plus; de plus; *what's more* de plus

**morning** un matin; *in the morning* le matin

**Moroccan** marocain(e)

**Morocco** le Maroc

**most** la plupart (de) 7; *the most* (+ adjective) le/la/les plus (+ *adjective*); *the most* (+ adverb) le plus (+ *adverb*)

**mother** une mère

**mother-in-law** une belle-mère

**mountain** une montagne

**mouse** une souris 6

**mousse** une mousse; *chocolate mousse* une mousse au chocolat

**mouth** une bouche

to **move** déménager; s'installer 5

**movie** un film; *movie theater* un cinéma 3; *movies* le cinéma; *(movie) star* une vedette 3

to **mow** tondre

**mower: lawn mower** une tondeuse

**Mr.** Monsieur; *Mr. So-and-so* Monsieur un tel 5

**Mrs.** Madame (Mme); *Mrs. So-and-so* Madame une telle 5

**much: how much** combien; combien de; *as much* autant de 10; *How much is it/that?* Ça fait combien?; *so much* tellement 5; *too much* trop de, trop; *very much* beaucoup

**museum** un musée

**mushroom** un champignon

**music** la musique

**musician** un musicien, une musicienne

**mussel** une moule

**must: one/we/you must** il faut

**mustard** la moutarde

**my** mon, ma; mes; *my name is* je m'appelle

**myself** me; moi-même 10

**mysterious** mystérieux, mystérieuse

**N**

**name** un nom; *first name* un prénom; *her name is* elle s'appelle; *his name is* il s'appelle; *maiden name* un nom de jeune fille 2; *my name is* je m'appelle; *your name is* tu t'appelles

**named: to be named** s'appeler 4

**nap** un somme 5; *to take a nap* faire un somme 5

**napkin** une serviette

**national** national(e)

**nationality** une nationalité

**naturally** naturellement

**nature** la nature 3

**nauseous: to feel nauseous** avoir mal au cœur

**near** près (de)

**necessary** nécessaire 3

to be **necessary** falloir; *it is necessary* il faut

**neck** un cou

**necklace** un collier

**need** un besoin 4

to **need** avoir besoin de; *I need* il me faut

to **negotiate** négocier 8

**neighborhood** un quartier

**neither . . . nor** ne (n')... ni... ni..., ni... ni... ne (n') 2

**never** ne (n')... jamais

**new** nouveau, nouvel, nouvelle; neuf, neuve 10

**news** des informations (f.); des nouvelles (f.) 9

**newspaper** un journal

**newsstand** un kiosque à journaux 3

**next** suivant(e); prochain(e); ensuite 1; *next to* à côté (de); *the next day* le lendemain

**nice** sympa (sympathique); gentil, gentille; aimable; *How nice you are!* Que vous êtes gentils!; *It's nice.* Il fait beau.

**Niger** le Niger 9

**night** une nuit 5; *night before* la veille

**nine** neuf

**nineteen** dix-neuf

**ninety** quatre-vingt-dix

**ninth** neuvième

**no** non; aucun(e)... ne (n'), ne (n')... aucun(e) 2; *No kidding!* Sans blague 10; *no longer* ne (n')... plus; *no one* ne (n')... personne; personne ne (n') 2; *No way!* Tu parles!

**nobody** ne (n')... personne; personne ne (n') 2

**noise** un bruit

**nontraditional** non-traditionnel, non-traditionnelle 7

**noon** midi

**nor: neither . . . nor** ne (n')... ni... ni..., ni... ni... ne (n') 2

**Normandy: inhabitant of/from Normandy** un(e) Normand(e) 8

**north** le nord; *North America* l'Amérique du Nord (f.); *North Sea* la mer du Nord

**nose** un nez

**not** pas; ne (n')... pas; *not any* ne (n')... aucun(e) 2; *not anymore* ne (n')... plus; *not anyone* ne (n')... personne; *not anything* ne (n')... rien; *not at all* pas du tout; *not one* aucun(e)... ne (n') 2; *not yet* ne (n')... pas encore

**note** une note 1

**notebook** un cahier; un carnet 1

**notepad** un bloc-notes 1

**nothing** ne (n')... rien; rien ne (n') 2; rien 10

**novel** un roman

**November** novembre

**now** maintenant

**nuclear** nucléaire; *nuclear energy* l'énergie nucléaire

**number** un numéro; *telephone number* un numéro de téléphone

**numerous** nombreux, nombreuse 7

**nurse** un infirmier, une infirmière

**O**

**o'clock** l'heure (f.)

**objet d'art** un objet d'art

to be **obliged to** être obligé(e) de

**obvious** évident(e) 4

**occupation** une profession

**ocean** un océan; *Atlantic Ocean* l'océan Atlantique (m.); *Indian Ocean* l'océan Indien (m.); *Pacific Ocean* l'océan Pacifique (m.)

**oceanography** l'océanographie (f.) 6

**October** octobre

**of** de (d'); *of (the)* des, du; *of course* bien sûr; *of it/them* en; *of which/whom* dont 5

**off: to get off** descendre 3

to **offer** offrir

**office** un bureau 1; *box office* un bureau de location 3; *office (doctor or dentist's)* un cabinet; *tourist office* un syndicat d'initiative

**often** souvent

**oh** ah; oh; *Oh no! Oh dear!* Oh là là!

**oil** l'huile (f.)

**OK** d'accord; OK

**old** vieux, vieil, vieille; âgé(e); *How old are you?* Tu as quel âge?; *I'm . . . years old.* J'ai... ans.; *to be . . . (years old)* avoir... ans; *to be how old* avoir quel âge

**omelette** une omelette

**on** sur; en; dans; *on (+ day of the week)* le (+ day of the week); *on foot* à pied; *on sale* en solde; *on the* au; *on the (+ ordinal number)* le (+ number); *on the other hand* par contre 9; *on the other side* de l'autre côté 9; *on time* à l'heure; *on TV* à la télé

**once** une fois 1; *all at once* à la fois

**one** un; on; une; *no one* ne (n')... personne; personne ne (n') 2; *(the) one . . . the other* l'un(e)... l'autre 10; *the ones* ceux, celles 7; *this one, that one, the one* celui, celle 7; *which one* lequel, laquelle 7; *which ones* lesquels, lesquelles 7

**one's** son, sa; ses; le sien, la sienne 9

**oneself** se; *to enjoy (oneself)* se distraire 7; *to look at oneself* se regarder; *to wash (oneself)* se laver

**one-way (street)** un sens unique

**onion** un oignon

**online** en ligne 6

**only** juste; seulement; ne (n')... que 2

**on-the-job training** un stage; *to have on-the-job training* faire un stage

to **open** ouvrir

**opinion** une opinion; *in my opinion* à mon avis

**opportunity** une occasion 9

**optimistic** optimiste 7

**or** ou

**oral** oral(e) 1

**orange** une orange; orange; *orange juice* le jus d'orange

**orchestra** un orchestre 3

**order** une commande; *order form* une fiche de commande

to **order** ordonner 8

**organized** organisé(e) 4

**origin** une origine 7

**ostrich** une autruche 9

**other** autre; *(the) one . . . the other* l'un(e)... l'autre 10

**our** notre; nos

**ours** le nôtre, la nôtre 9

**ourselves** nous

**outfit** un ensemble

**outside** dehors

**oven** un four

**over there** là-bas

**overhead compartment** un porte-bagages 5

to **overlook** donner sur

to **owe** devoir 10

**own** propre 5

**owner: pastry store owner** un pâtissier, une pâtissière

**Pacific Ocean** l'océan Pacifique (m.)

**package** un colis

to **paint** peindre 3

**painter** un peintre 3

**painting** un tableau

**pair** une paire 9

**pancake** une crêpe

**panoramic** panoramique 5

**pants: (pair of) pants** un pantalon

**panty hose** des bas (m.)

**paper: paper clip** un trombone 1; *research paper* une dissertation 1; *sheet of paper* une feuille de papier

**parade** un défilé

**paradise** le paradis

**parent** un parent

**park** un jardin; un parc; *amusement park* un parc d'attractions 1; *park ranger* un garde forestier 5

**part: to be a part of** faire partie de 9; *to take part in* participer à 4

**party** une boum; *(political) party* un parti 4

to **pass** passer; dépasser; *to pass (a test)* réussir; *to pass (a vehicle)* doubler

**passenger** un passager, une passagère

**passerby** un(e) passant(e) 7

**passport** un passeport

**past** le passé 8

**pastime** un passe-temps 1

**pastry store** une pâtisserie; *pastry store owner* un pâtissier, une pâtissière

**pâté** le pâté

**path** un chemin

**patience** la patience 5

**pavilion** un pavillon 9

to **pay** régler; payer 2; *to pay attention* faire attention 2

**peace** la paix 8

**peach** une pêche

**pear** une poire

**peas** des petits pois (m.)

**peasant** un paysan, une paysanne 9

**pen** un stylo; *felt-tip pen* un feutre 1

**pencil** un crayon; *pencil case* une trousse; *pencil sharpener* un taille-crayon

**people** le monde; des gens (m.); le peuple 8

**pepper** le poivre

**per** par

**percentage** un pourcentage 4

**perfect** parfait(e)

to **permit** permettre 6

**P**

**person** une personne; *crazy person* un fou, une folle 1; *homeless person* un(e) sans-abri; *unemployed person* un chômeur, une chômeuse 7; *young person* un(e) jeune 3

**personality** une personnalité

**personnel** le personnel 4

**pharmacist** un pharmacien, une pharmacienne

**pharmacy** une pharmacie 10

**philosophy** la philosophie

to **phone (someone)** téléphoner

**photo** une photo

**phrase** une phrase 10

**physics** la physique

**piano** un piano

to **pick up** ranger; venir chercher

**picnic: to have a picnic** piqueniquer

**picture** une photo

**pie** une tarte; *strawberry pie* une tarte aux fraises

**piece** un morceau; *(piece of) advice* un conseil 8

**pierced** percé 5

**pig** un cochon

**pilot** un pilote

**pink** rose

**pious** pieux, pieuse 8

**pizza** une pizza; *to eat pizza* manger de la pizza

**place** une place; un endroit 2; un lieu 8; *to take place* avoir lieu 8

**placed** placé(e)

**plan** un projet 9

**plant** une plante

**plate** une assiette

**platform** un quai

**play** une pièce (de théâtre) 3

to **play** jouer; *to play (a part)* jouer 3; *to play (on the radio)* passer 7; *to play basketball* jouer au basket; *to play cards* jouer aux cartes (f.); *to play chess* jouer aux échecs (m.); *to play golf* jouer au golf; *to play soccer* jouer au foot; *to play sports* faire du sport; *to play tennis* jouer au tennis;

*to play video games* jouer aux jeux vidéo; *to play volleyball* jouer au volley

**please** s'il vous plaît; s'il te plaît

to **please** plaire 3

**pleasure** un plaisir

**plentiful** abondant(e) 9

**plot** une intrigue 3

**pole: ski pole** un bâton

**police** la police 2; *police officer* un agent de police; *police station* un commissariat 2

**polite** poli(e)

**political** politique; *(political) party* un parti 4; *political science* les sciences po 1

**politician** un homme politique, une femme politique

**pollution** la pollution

**pond** un étang

**pool: swimming pool** une piscine

**poor** pauvre

**popular** populaire 3

**pork** le porc

**position** un poste 4

**possibility** une possibilité

**possible** possible

**post office** une poste

**postage** l'affranchissement (m.)

**postal worker** un postier, une postière

**postcard** une carte postale

**poster** une affiche

**potato** une pomme de terre

**poverty** la pauvreté 6

**powerful** puissant(e)

**practical** pratique

to **prefer** préférer

**premium (gasoline)** super

**preparatory** préparatoire 4

to **prepare** préparer

**prescription** une ordonnance 10

**present** un cadeau; le présent 8

to **press** appuyer 6

**pretty** joli(e)

**price** un prix, un tarif 3

**principal** un directeur, une directrice 1; *assistant principal* un censeur 1

**printer** une imprimante 6

**prisoner** un prisonnier, une prisonnière 8; *to take prisoner* faire prisonnier/prisonnière 8

**problem** un problème

**problems** des ennuis (m.) 5

**program** une émission

**progress** le progrès 6

**prohibited** interdit(e) 3

**project** un projet 4

to **propose** proposer 5

to **protect** préserver; protéger 6

**protection** la protection 6

**Protestant** un(e) protestant(e) 8

**proud** fier, fière 8

**province** une province 5; *in the provinces* en province 8

**public housing** une HLM (habitation à loyer modéré) 7

**purchase** un achat 10

**purple** violet, violette

**purse** un sac à main

to **push** pousser 4

to **put (on)** mettre; *to put on makeup* se maquiller

**pyjamas** un pyjama

# Q

**qualification** une qualification 4

**quarter** un quart; un quartier; *quarter after* et quart; *quarter to* moins le quart

**Quebec (Province)** le Québec 4; *inhabitant of Quebec* un(e) Québécois(e)

**queen** une reine

**question** une question 2

**quiche** une quiche

**quickly** vite

**quiet** calme; *to be quiet* se taire 2

**quite** assez

**quiz** une interro (interrogation)

## R

**rabbit** un lapin; *rabbit hutch* une cage à lapins 7

**race** une course

**racket** une raquette

**radio** une radio 7; *to play (on the radio)* passer 7

**rain** la pluie 9

to **rain: It's raining.** Il pleut.

**raincoat** un imperméable (imper)

**raised** élevé(e) 10

**ranger: park ranger** un garde forestier 5

**rapidly** rapidement

**rate** un tarif 3; un taux 4

**rather** assez; plutôt 2

**rating** un indice 3

**raw vegetables** des crudités (f.)

**razor** un rasoir

to **read** lire

**reading** la lecture 1

**ready** prêt(e); *to get ready* se préparer

**real** vrai(e)

to **realize** se rendre compte 5

**real-life** vécu(e) 3

**really** bien; vraiment; vachement; *Really?* Ah bon? 7

**reason** une raison 4

**reassuring** rassurant(e) 2

**receipt** un récépissé 2; un ticket de caisse 10

to **receive** recevoir

**reception desk** la réception

**receptionist** un(e) réceptionniste

to **recognize** reconnaître 3

to **recommend** recommander

to **record** enregistrer 3

**recycle** recycler

**red** rouge; *red (hair)* roux, rousse

**reduced** réduit(e) 3

**reduction** une réduction 10

**refrigerator** un frigo

**reggae** le reggae

**registration form** une fiche d'inscription 1

to **regret** regretter 2

**regular (gasoline)** ordinaire

**reign** un règne 8

to **reimburse** rembourser 10

**relation(ship)** une relation 7

**relations** des rapports (m.) 2

**relationship** des rapports (m.) 2

**relative** un parent

**relic** une relique 8

**religion** la religion 8

**religious** religieux, religieuse 9

to **rely** compter 7

to **remain** rester

to **remember** se rappeler 2; se souvenir 5

to **remind** rappeler 9

to **remove** enlever

to **rent** louer

to **repair** réparer 10

to **repeat** répéter 2

**report** un exposé 1; une déclaration 2; un reportage 4; *weather report* un bulletin météo

**reporter** un reporter

to **require** exiger 4

**research** la recherche 1; *research paper* une dissertation 1

**researcher** un chercheur, une chercheuse

to **resemble** ressembler à

**reservation** une réservation

to **reserve** réserver

**reserved** circonspect(e) 7

**resident** un(e) résident(e) 7

**responsibility** une responsabilité 1

to **rest** se reposer 2

**restaurant** un restaurant; *fast-food restaurant* un fast-food

**result** un résultat 10

to **return** rentrer, revenir; retourner 5; rendre 6

to **reunite** réunir 8

**revolution** une révolution 8

**rich** riche

**ride** une promenade; *to go for a ride* faire un tour; faire une promenade

**riding: to go horseback riding** faire du cheval

**right** droit(e) 10; *right away/now* tout de suite; *to be right* avoir raison 10; *to (on) the right* à droite

**ring** une bague

to **ring** sonner 5

**ripe** mûr(e)

**river** un fleuve, une rivière

**Riviera** la côte d'Azur

**road** une route

to **rob** voler 2

**rock** un rocher 5; *rock (music)* le rock

**rocket** une fusée 6

**rocky** rocheux, rocheuse

**role** un rôle 3

**roller coaster** des montagnes russes 1; *to go on the roller coaster* faire un tour de montagnes russes 1

**Roman** un(e) Romain(e) 8

**room** une pièce; la place; une chambre; *dining room* une salle à manger; *dormitory room (for more than one person)* un dortoir; *emergency room* la salle des urgences 10; *family room* un séjour; *living room* un salon; *waiting room* une salle d'attente 10

**roommate** une camarade de chambre

**rooster** un coq

**rug** un tapis

**run** une piste 1

to **run** courir; *to run into* heurter 1

**running** le footing; *to go running* faire du footing

**Russian** le russe 1

**Rwanda** le Ruanda 6

## S

**sad** triste

**Sahara** le Sahara 9

**sailing** la voile; *to go sailing* faire de la voile

**saint** un(e) saint(e); *All Saints' Day* la Toussaint

salad une salade

salami le saucisson

salary un salaire 4

sale(s) des soldes (f.); *on sale* en solde

sales la vente 4

salesperson un vendeur, une vendeuse

salmon un saumon

salt le sel

same même 3

sand le sable 5

sandal une sandale

sandwich un sandwich; *cheese sandwich* un sandwich au fromage; *ham sandwich* un sandwich au jambon

satellite un satellite 5; *satellite launcher* un lanceur de satellites 6

satisfied (with) satisfait(e) de 2

Saturday samedi (m.)

sauce: hollandaise sauce la sauce hollandaise

sausage une saucisse

to save préserver; sauvegarder 6

saxophone un saxophone

to say dire; *say* dis; *What can I say?* Bof! 9

scallops: curried scallops des coquilles Saint-Jacques au curry

scarf un foulard

scenery un paysage 5

schedule un emploi du temps; un horaire

school scolaire

school une école; *driving school* une auto-école; *first day of school* la rentrée 1; *high school* un lycée

science les sciences (f.); *political science* les sciences po 1

science fiction la science-fiction

scientific scientifique

scrambled eggs des œufs brouillés (m.)

screen un écran 6

script un scénario 3

scriptwriter un(e) scénariste 3

scuba diving la plongée sous-marine; *to go scuba diving* faire de la plongée sous-marine

sculptor un sculpteur 3

sculpture la sculpture

sea une mer; *Caribbean Sea* la mer des Antilles; *Mediterranean Sea* la mer Méditerranée; *North Sea* la mer du Nord

seafood des fruits de mer (m.)

seal un phoque 6

séance une consultation 1

search engine un outil de recherche 6

to search fouiller 2

seashore: at the seashore au bord de la mer

season une saison

seat un siège; une place 3; *seat belt* une ceinture de sécurité

seated assis(e)

second deuxième

secretary un(e) secrétaire

sector le cadre 4

security check un contrôle de sécurité

to see voir; *let's see* voyons; *See you soon.* À bientôt.; *See you tomorrow.* À demain.; *to see again* revoir 10

to seem sembler; *It seems to me . . . .* Il me semble....

selfish égoïste

to sell vendre

to send envoyer

Senegal le Sénégal

Senegalese sénégalais(e)

sensitive sensible

sentence une phrase 10

September septembre

serious sérieux, sérieuse; grave

seriously au sérieux; sérieusement

to serve servir 5

server un serveur, une serveuse

service un service 4; *emergency medical service* le SAMU (service d'assistance médicale d'urgence) 10

session une consultation 1

to set mettre

setting: table setting un couvert

seven sept

seventeen dix-sept

seventh septième

seventy soixante-dix

several plusieurs 3

Sh! Chut! 5

shampoo le shampooing

shape: to be in good/bad shape être en bonne/mauvaise forme

to share partager 9

sharpener: pencil sharpener un taille-crayon

to shave se raser

she elle; *she is* c'est

sheep un mouton

sheet un drap

shelter un refuge 6

to shift gears changer de vitesse

shirt une chemise

shoe une chaussure; *tennis shoes* des tennis (m.)

to shoot (a movie) tourner 3

shop une boutique

shopkeeper un(e) commerçant(e)

shopping le shopping; *shopping center* un centre commercial; *to go grocery shopping* faire les courses; *to go shopping* faire du shopping, faire les magasins

shore le bord

short court(e), petit(e)

shorts: (pair of) shorts un short

shoulder une épaule

show un spectacle 3; *game show* un jeu télévisé

to show montrer; *Show me . . .* Montrez-moi....; *to show (a movie)* passer

shower une douche

shrimp une crevette

shy timide

sick malade; *I'm sick of it!* J'en ai marre!

side un côté; le bord; *on the other side* de l'autre côté 9

sign un panneau; un signe 3

to sign signer

silver l'argent (m.)

simple simple 7

since depuis; puisque 2; *since when* depuis quand

to sing chanter 3

singer un chanteur, une chanteuse

single-parent monoparental(e) 7

sink un évier

Sir Monsieur

sister une sœur; *host sister* une correspondante

sister-in-law une belle-sœur

to sit down s'asseoir

situated placé(e); situé(e) 5

six six

sixteen seize

sixth sixième

sixty soixante

size une taille

skateboard une planche à roulettes 1

skateboarding: *to go skateboarding* faire de la planche à roulettes 1

skating: *in-line skating* le roller; *to go in-line skating* faire du roller

skeleton un squelette 9

ski: *ski jacket* un anorak; *ski pole* un bâton

to ski skier

skill: *games of skill* des jeux d'adresse 1

skin une peau 9

to skip (a class) sécher 1

skirt une jupe; *African skirt* un pagne 9

skyscraper un gratte-ciel 9

to sleep dormir

slender mince

slice une tranche; *slice of buttered bread* une tartine

slipper une pantoufle

sly rusé(e) 8

small petit(e)

smiling souriant(e) 2

snack: *snack bar* un snack-bar 9; *afternoon snack* le goûter

snacks des chips (m.)

snail un escargot

snow la neige 1; *It's snowing.* Il neige.

snowboard une planche à neige 1

snowboarding: *to go snowboarding* faire de la planche à neige 1

so si; donc; *so-so* comme ci, comme ça; *so much* tellement 5; *so that* de sorte que 9

soap le savon

soccer le foot (football); *to play soccer* jouer au foot

social social(e) 7

society une société 7

sock une chaussette

soda: *lemon-lime soda* une limonade

sofa un canapé

to solve résoudre

some des; du; de (d'), quelques; en

somebody, someone quelqu'un

something quelque chose

sometimes quelquefois

son un fils; mon petit

song une chanson

soon bientôt; *as soon as* aussitôt que; dès que 6

sore: *to have a sore . . .* avoir mal (à...)

sorry désolé(e)

to be sorry regretter

sound track une bande originale 3

soup la soupe; le potage; *fish soup* une bouillabaisse

south le sud; *South America* l'Amérique du Sud (f.); *the south of France* le Midi 10

space la place; l'espace (m.), spatial(e) 6

Spain l'Espagne (f.)

Spanish espagnol(e); *Spanish (language)* l'espagnol (m.)

to speak parler

special spécial(e)

to specialize se spécialiser 4

specialty une spécialité

speed la vitesse; *speed limit* la limite de vitesse

to spend dépenser 6; *to spend (time)* passer

spicy épicé(e)

to spoil gâter

spoiled pourri(e) 9

spoon une cuiller

sport un sport; *sport jacket* une veste; *sports car* une voiture de sport; *to play sports* faire du sport

to sprain se fouler 10

spring le printemps

square: *public square* une place

stadium un stade

staff le personnel 4

stained glass windows des vitraux (m.) 8

staircase, stairs un escalier

stamp un timbre

to stamp composter

to stand in line faire la queue

stapler une agrafeuse 1

star: *(movie) star* une vedette 3

to start (up) démarrer

station une station; *gas station* une station-service; *gas station attendant* un(e) pompiste; *police station* un commissariat 2; *train station* une gare

statue une statue

stay un séjour; *family stay* un séjour en famille

to stay rester

steady solide

steak un steak; *steak with French fries* un steak-frites

to steal (from) voler 2

stepbrother un beau-frère

stepfather un beau-père

stepmother une belle-mère

**stepsister** une belle-sœur

**stereo** une stéréo

**still** encore, toujours; *still life* une nature morte 3

**stomach** un ventre

**stop** une escale

to **stop** arrêter; s'arrêter

**stopover** une escale

**store** un magasin; *department store* un grand magasin

**story** un étage; une histoire

**stove** une cuisinière

**straight ahead** tout droit

**strained** tendu(e) 7

**strategy** une stratégie 6

**strawberry** une fraise; *strawberry pie* une tarte aux fraises

**street** une rue; *one-way (street)* un sens unique

to **stroll** flâner

**strong** fort(e)

**student** un(e) élève, un(e) étudiant(e); *high school student* un lycéen, une lycéenne 1

**studio** un atelier 3

**study** une étude

to **study** étudier; faire des études 4; *Let's study . . . .* Étudions....

**stupid** bête

**subject** un sujet 6

**suburbs: express subway to suburbs** le R.E.R. (Réseau Express Régional)

**subway** un métro; *express subway to suburbs* le R.E.R. (Réseau Express Régional)

to **succeed** réussir

**success** le succès 3; une réussite 9

**such a** un tel, une telle 10

**sudden: all of a sudden** tout à coup 2

**sugar** le sucre

**suit: man's suit** un costume; *woman's suit* un tailleur

**suitcase** une valise

**summer** l'été (m.)

**sun** le soleil

**Sunday** dimanche (m.)

**sunglasses** des lunettes de soleil (f.)

**sunny: It's sunny.** Il fait du soleil.

**super** super

**superhighway: information superhighway** l'inforoute (f.) 6

**superb** superbe

**supermarket** un supermarché

**supper** le dîner

**sure** sûr(e) 4

**surprise** une surprise

to **surprise** surprendre 5

**surprised** étonné(e) 5

**surprising** surprenant(e) 2

**survey** une enquête

to **survive** survivre 8

**sweater** un pull

**sweatshirt** un sweat

to **swim** nager

**swimming pool** une piscine

**swimsuit** un maillot de bain

**Swiss** suisse

**Switzerland** la Suisse

**synthesizer** un synthé, un synthétiseur

**syrup: maple syrup** le sirop d'érable

**system** un système 8

## T

**table** une table; *table setting* un couvert

**tablecloth** une nappe

**Tahiti** Tahiti (f.) 10

**Tahitian** tahitien, tahitienne

to **take** prendre; *to take (a class)* suivre; *to take (a test)* passer 1; *to take a nap* faire un somme 5; *to take a quick look* jeter un coup d'œil 10; *to take a tour* faire le tour; *to take a trip* faire un voyage 5; *to take advantage of* profiter de; *to take (someone) along* emmener; *to take care of* s'occuper de 5; *to take off* décoller; *to take out the garbage* sortir la poubelle; *to take part in* participer à 4; *to take place* avoir lieu 8; *to take prisoner* faire prisonnier/ prisonnière 8

to **talk** parler

**talkative** bavard(e)

**tall** grand(e); haut(e)

**tank: to fill up the gas tank** faire le plein

to **taste** goûter

**tax** un impôt 8

**taxi** un taxi

**tea** le thé; *tea with lemon* le thé au citron; *tea with milk* le thé au lait

**teacher** un(e) prof, un professeur

**team** une équipe 6

**technology** la technologie 6

**teenager** un(e) ado

**telephone** un téléphone; *telephone number* un numéro de téléphone

**television** la télé (télévision)

to **tell** dire; *to tell (about)* raconter

**temperature** une température

**ten** dix

**tennis** le tennis; *tennis shoes* des tennis (m.); *to play tennis* jouer au tennis

**tenth** dixième

**terrific** super; formidable; extra; génial(e) 7

**terrorism** le terrorisme

**test** une interro (interrogation); un examen 1; *to pass (a test)* réussir; *to take (a test)* passer 1

**textbook** un manuel 1

**than** que

to **thank** remercier

**thanks** merci; grâce 6

**that** ça; ce, cet, cette, que; qui; cela 5; ce qui 6; *so that* de sorte que 9; *that one* celui, celle 7; *that's* c'est; *That's . . . .* Ça fait....; *That's great.* Tant mieux.; *that's it* voilà

**the** le, la, l', les; *the one* celui, celle 7; *the ones* ceux, celles 7

**theater** un théâtre; *movie theater* un cinéma 3

**theft** un vol 2

**their** leur

**theirs** le leur, la leur 9

**them** les; eux, elles; *about/from them* en; *of them* en; *to them* leur

**themselves** se

**then** puis; donc; *(well) then* alors

**there** là; y; *over there* là-bas; *there is/are* voilà, il y a

**these** ces; ceux, celles 7; *these are* ce sont; *these days* de nos jours 9

**they** on; *they (f.)* elles; *they (m.)* ils; *they are* ce sont

**thing** une chose; un truc 5; *How are things going?* Ça va?; *Things are going well.* Ça va bien.

to **think** croire, trouver; *I think so.* Je crois que oui. 5; *to think (of)* penser (à)

**third** troisième

**thirsty: I'm thirsty.** J'ai soif.; *to be thirsty* avoir soif

**thirteen** treize

**thirty** trente; *thirty (minutes)* et demi(e)

**this** ce, cet, cette; *this is* c'est; *this one* celui, celle 7

**those** ces; ceux, celles 7; *those are* ce sont

**thousand: one thousand** mille

**three** trois

**throat** une gorge

**through: to go through** fouiller 2

**Thursday** jeudi (m.)

**ticket** un billet; un ticket 1; *ticket stamping machine* un composteur; *ticket window* un guichet

**tiger** un tigre

**time** l'heure (f.); une fois; le temps; une époque 9; *(for) a long time* longtemps 5; *on time* à l'heure; *to have a good time* s'amuser; se distraire 7; *to waste one's time* perdre son temps 7; *What time is it?* Quelle heure est-il?

**timetable** un horaire

**timid** timide

**tire** un pneu

**tired** fatigué(e)

**tiring** fatigant(e) 2

**title** un titre 6

**to** à; sur; *in order to* pour; *to (the)* au, aux, en; *to her/him* lui; *to them* leur; *to us* nous

**toast** le pain grillé; *French toast* le pain perdu

**tobacco shop** un tabac

**toboggan** une luge 1

**tobogganing: to go tobogganing** faire de la luge 1

**today** aujourd'hui

**toe** un doigt de pied

**together** ensemble

**Togo** le Togo 7

**toilet** les toilettes (f.), les W.-C. (m.)

**toiletries** des affaires de toilette (f.)

**tomato** une tomate; *tomato juice* le jus de tomate

**tomb** un tombeau

**tomorrow** demain

**tonight** ce soir

**too** aussi; trop; *Too bad!* Dommage!; Tant pis.; *too many* trop de; *too much* trop, trop de

**tooth** une dent

**toothbrush** une brosse à dents

**toothpaste** le dentifrice

**tour** le tour; une tournée; *to take a tour* faire le tour; *tour bus* un car 2

**tourist** un(e) touriste 5; *to act like tourists* faire les touristes 5; *tourist office* un syndicat d'initiative

**towards** envers 8

**towel** une serviette

**tower** une tour

**town hall** une mairie

**track** une voie; une piste 1; *sound track* une bande originale 3; *train track* une voie

**trade** un métier; le commerce 6

**traditional** traditionnel, traditionnelle 9

**traffic** la circulation; *traffic light* un feu

**trail** une piste 1

**train** un train; *(train) car* une voiture; *train station* une gare; *train track* une voie

to **train** s'entraîner 1

**training: on-the-job training** un stage; *to have on-the-job training* faire un stage

to **transform** transformer 8

to **trap** rattraper 10

to **travel** voyager; *to travel through* parcourir 5

**traveler** un voyageur, une voyageuse; *traveler's check* un chèque de voyage

to **treat** traiter 5

**treatment** un traitement 6

**tree** un arbre; *baobab tree* un baobab 9

**tribe** une tribu 8

**trip** un tour; un voyage; une excursion; un trajet; *to take a trip* faire un voyage 5

**triumph** un triomphe

**trombone** un trombone

**trouble** le tracas 10

**truck** un camion

**true** vrai(e)

**truly: Yours truly,** Je vous prie d'agréer, Monsieur (ou Madame), mes salutations distinguées. 4

**trumpet** une trompette

to **try** essayer 1

**T-shirt** un tee-shirt

**Tuesday** mardi (m.)

**Tunisia** la Tunisie

**Tunisian** tunisien, tunisienne

**turkey** un dindon

to **turn** tourner; *to turn off* éteindre; *to turn on* allumer, mettre 5

**TV** la télé (télévision); *on TV* à la télé

**twelve** douze

**twenty** vingt

**twin** jumeau, jumelle; *twin beds* des lits jumeaux

**two** deux

**type** un genre 3

## U

**ugly** moche

**uhm** euh

**umbrella** un parapluie

**unattractive** laid(e)

**unbelievable** incroyable 2

**uncle** un oncle

**under** sous

to **understand** comprendre 1

**underwear** des sous-vêtements (m.)

to **undress** se déshabiller

**unemployed person** un chômeur, une chômeuse 7

**unemployment** le chômage

**unfortunately** malheureusement 9

**United States** les États-Unis (m.)

**university** une fac (faculté), une université; universitaire 7; *elite, specialized universities* les grandes écoles 4

**unpleasant** pénible

**until, up to** jusqu'à

**up: It's up to you.** C'est à vous de voir. 10

**upon** en 2

**us** nous; *to us* nous

to **use** utiliser; consommer; se servir de 5

**useful** utile 3

**useless** inutile 2

**usual** d'habitude 7; *as usual* comme d'habitude

## V

**vacation** les vacances (f.)

to **vacuum** passer l'aspirateur (m.)

**vacuum cleaner** un aspirateur

**vain: (to do something) in vain** avoir beau 8

**valid** valable 3

**vanilla ice cream** une glace à la vanille

**variety** une variété 3

**vase** un vase

**vegetable** un légume; *raw vegetables* des crudités (f.)

**version** une version 3

**very** très; vachement; *very much* beaucoup

**veterinarian** un vétérinaire

**video clip** un clip

**video games** des jeux vidéo (m.); *to play video games* jouer aux jeux vidéo

**Vietnam** le Vietnam

**Vietnamese** vietnamien, vietnamienne

**view** une vue

**village** un village

**violence** la violence 8

**violin** un violon

**visit** une visite

to **visit** rendre visite (à); *to visit (a place)* visiter

**vocabulary** le vocabulaire 7

**voice** une voix

**volleyball** le volley (volley-ball); *to play volleyball* jouer au volley

## W

**wage: minimum wage** le SMIC 4

to **wait (for)** attendre

**waiting room** une salle d'attente 10

to **wake up** se réveiller

**walk** une promenade; *to go for a walk* faire une promenade

to **walk** marcher

**wall** un mur 7

**wallet** un portefeuille

**want ads** des petites annonces (f.) 4

to **want** désirer; vouloir; avoir envie de

**war** une guerre

**wardrobe** une armoire

**warm** chaud(e); *It's warm.* Il fait chaud.; *to be warm* avoir chaud

to **wash (oneself)** se laver

**washer** une machine à laver

to **waste one's time** perdre son temps 7

**wastebasket** une corbeille

**watch** une montre

to **watch** regarder; *Watch out!* Attention!

**water** l'eau (f.); *mineral water* l'eau minérale (f.)

to **water** arroser

**waterfall** une cascade

**watermelon** une pastèque

to **water-ski** faire du ski nautique

**waterskiing** le ski nautique; *to go waterskiing* faire du ski nautique

**way** un chemin; le moyen 4; une façon 5; *No way!* Tu parles!; *the way in which* la façon dont 5

**we** nous, on; *We have to live life to the fullest.* Il faut profiter de la vie au maximum.

**weak** faible

to **wear** porter; *to wear size (+ number)* faire du (+ number)

**weather** le temps; *The weather's bad.* Il fait mauvais.; *The weather's beautiful/nice.* Il fait beau.; *The weather's cold.* Il fait froid.; *The weather's cool.* Il fait frais.; *The weather's hot/warm.* Il fait chaud.; *weather report* un bulletin météo; *What's the weather like? How's the weather?* Quel temps fait-il?

**Web** le web 6

**Wednesday** mercredi (m.)

**week** une semaine

**weekend** un weekend

to **weigh** peser

**Welcome!** Bienvenue!; *You're welcome.* Je vous en prie.; Il n'y a pas de quoi.

**well** bien; ben; *Well done!* Bravo! 6; *well then* alors, bon ben

**were: if I were you** à ta place 5

**west** l'ouest (m.); *West* l'Occident (m.) 8

**what** comment; qu'est-ce que; quel, quelle; quoi; qu'est-ce qui, que; ce que, ce qui 4; *What?* Hein? 1; *What (a) . . . !* Quel, Quelle...!; *What a drag!* Quelle galère!; *What can I say?* Bof! 9; *what if* si 10; *What is . . .?* Qu'est-ce que c'est que...? 9; *What is it/this?* Qu'est-ce que c'est?; *What time is it?* Quelle heure est-il?; *What would you like?* Vous désirez?; *what's more* de plus; *What's the matter with you?* Qu'est-ce que tu as?; *What's the weather like?* Quel temps fait-il?

**wheel** une roue 1; *Ferris wheel* une grande roue 1

**wheelchair** un fauteuil roulant 10

**when** quand; lorsque 3; *since when* depuis quand

**where** où

**which** quel, quelle; que, qui; *about which, of which* dont 5; *the way in which* la façon dont 5; *which one* lequel, laquelle 7; *which ones* lesquels, lesquelles 7

**while** en, pendant que 2

**white** blanc, blanche

**who** qui; qui est-ce qui

**whole** entier, entière 6

**whom** qui; que; qui est-ce que; *about whom, of whom* dont 5

**whose** dont 5

**why** pourquoi

**wide** large 8

**wife** une femme

**wildlife** sauvage 5

to be **willing** vouloir bien

to **win** gagner 1

**wind** le vent

**window** une fenêtre; *ticket window* un guichet

**windshield** un pare-brise

**windsurfing** la planche à voile; *to go windsurfing* faire de la planche à voile

**windy: It's windy.** Il fait du vent.

**wine** le vin; *chicken cooked in wine* le coq au vin

**winter** l'hiver (m.)

to **wish** souhaiter 4

**with** avec

**without** sans

**woman** une femme

**word** un mot 7

**work** le travail; un boulot

to **work** travailler; marcher 5; *to work out* s'entraîner 1

**worker** un ouvrier, une ouvrière; *factory worker* un ouvrier, une ouvrière; *postal worker* un postier, une postière

**workshop** un atelier 9

**world** le monde

**world-wide** mondial(e) 6

to **worry** s'inquiéter

**would like** voudrais

**wound** une blessure 10

**Wow!** Oh là là!

**wrapped** entouré(e) 10

**wrist** un poignet 10

to **write** écrire

**writer** un écrivain

**wrong: to be wrong** se tromper (de) 5

**X**

**X ray** une radiographie 10

**Y**

**yeah** ouais

**year** un an; une année; *I'm . . . years old.* J'ai... ans.; *last year of lycée* la terminale; *to be . . . (years old)* avoir... ans

**yellow** jaune

**yes** oui; *yes (on the contrary)* si

**yesterday** hier

**yet: not yet** ne (n')... pas encore

**yogurt** le yaourt

**you** tu, vous; toi; te; *if I were you* à ta place 5; *to you* te, vous; *You're kidding!* Tu parles!; *You're not kidding!* Tu parles! 5; *You're welcome.* Je vous en prie.; Il n'y a pas de quoi.

**young** jeune; *young person* un(e) jeune 3

**your** ton, ta, tes, votre, vos; *your name is* tu t'appelles

**yours** le tien, la tienne, le vôtre, la vôtre 9; *Yours truly,* Je vous prie d'agréer, Monsieur (ou Madame), mes salutations distinguées. 4

**yourself** te, vous

**yourselves** vous

**youth hostel** une auberge de jeunesse

**Yuk!** Beurk!

**Z**

**zebra** un zèbre

**zero** zéro

**zoo** un zoo

# Grammar Index

# Photo Credits

Cover: visualgroup mediastudio
Abbreviations: top (t), bottom (b), left (l), right (r), center (c)
Almasy, Paul/CORBIS: 432
Almasy, Paul/La Documentation française: 357
Antoniadis, Leonardo/La Documentation française: 83 (t), 175 (t)
Art Institute of Chicago, The, Gustave Caillebotte, French, 1848-94, Paris Street; Rainy Day, oil on canvas, 1876/77, 212.2 x 276.2 cm, Charles H. and Mary F. S. Worcester Collection, 1964.336: 110
Art Resource: 360
Balarot, Jean-François/La Documentation française: 255 (b)
Barrett, Peter/CORBIS: xx-1
Barthélémy, Jean/La Documentation française: 255 (b)
Barthélémy, Jean/Nivière/Aslan/SIPA Press: 165 (Modèle)
Barton, Paul/CORBIS: 202
Baumann, Arnaud/SIPA Press: 135 (t)
Beck, Peter/CORBIS: 165 (#5)
Brittany Ferries: 203, 215
Bucci, Bernardo/CORBIS: 434
Bulloz: 343
Cats, Jolanda and Hans Withoos/zefa/CORBIS: 404 (t)
CNES/La Documentation française: 249 (tr), 256
Commission Canadienne du Tourisme: 29 (B.), 32 (b), 34
Conger, Dean/CORBIS: 377
Cuisset, Thibaut/La Documentation française: 288-89
Damm, F./zefa/CORBIS: 404 (b)
D'Angelo, J.J./Eurostar/SNCF/CAV/La Documentation française: 254 (b)
Danson, Andrew/Commission Canadienne du Tourisme: 29 (E.)
de Wys, Leo/IFA/Leo deWys Inc.: 106, 137, 173 (b)
Dickman, Jay/CORBIS: v (b)
Documentation française, La: 255 (t)
Downie, G./Visual Contact: 110 (t)
Edgar/Megapress: 226 (b)
Englebert, Victor: xiii, 25, 92, 115, 290, 296 (t), 298, 301 (b), 329 (t), 332, 384-85, 386, 389 (t, b), 393 (t, c, b), 395 (t), 410 (t), 422, 425 (t)
Facell/Villard/SIPA Press: 364
Firefly Productions/CORBIS: 251 (tr)
Flipper, Florent/Unicorn Stock Photos: 124, 183 (t)
Fralin, Alfred: 347 (b)
Franken, Owen/CORBIS: x (t), 122, 134 (#8), 249 (bl)
French Government Tourist Office: vii (t), xi (t)
Fried, Robert: 10 (b), 16, 29 (b), 38 (b), 68, 71, 84 (t), 90 (t), 101 (t), 107, 118, 130 (t), 133 (t), 134 (#2, #6), 146, 162, 174 (b), 177 (b), 195, 223, 245, 297 (b), 314 (t), 323, 333, 336, 345 (t), 348, 352 (t), 365, 367 (t), 378, 414, 428-29, 442, 448, 451 (t), 452 (c), 454, 457 (t), 459, 466
Garnett, R./Visual Contact: 221 (t)
Giardino, Patrik/CORBIS: 221 (c)
Gibson, Keith: xi (b), 2, 5, 7 (t), 12 (t), 14, 18, 19 (Modèle: l'eau minérale, #1, #6, #7), 27 (b), 40 (t), 45 (b), 59 (tr), 63 (t), 81 (t), 88, 91 (#1: moules, #6 both), 120 (t), 125, 130 (b), 131 (b), 132, 135 (b), 166, 177 (t), 182 (t), 186, 205, 216, 242 (l), 243, 248 (b), 258 (l, r), 266 (cr), 270 (t), 275 (t), 277, 279, 310 (b), 315 (t, b), 316 (b), 328, 329 (b), 426, 433 (b), 451 (c)
Ginies/SIPA Press: 108 (r)
Giraudon/Art Resource: xii (t), 337 (tr, bl, br), 347 (c), 355 (r)
Glumack, Ben: 4 (t, b), 19 (Modèle: crayon, #2, #3, #4, #5, #8), 59 (cl, cc, cr, bl, br), 91 (Modèle: bananes, #1: crevettes, #2 both, #3 both, #5 both, #7 both, #8 both), 155 (cl, cr), 165 (#2, #8), 175 (b), 251 (b), 308 (t, cl), 400
Gorbun, Richard/Leo de Wys Inc.: 176 (b)
Greenberg, Jeff /Leo deWys Inc.: 182 (b), 276 (b)
Greenberg, Jeff/Unicorn Stock Photos: 52, 182 (b)

Guignard, Philippe/EPAMARNE/La Documentation française: 173 (t)
Guyomard/La Documentation française: 359
Hadj/SIPA Press: 283
Hebberd, Lindsay/CORBIS: 409
Heitman, Tim: 451 (b)
Henri, Michel/SNCF/CAV/La Documentation française: 254 (t)
Holden, L./Visual Contact: 226 (t), 228
Inden, A./zefa/CORBIS: 388 (t)
Inter Nationes: 82 (b), 346
Jo, Everett C./Leo de Wys Inc.: 206 (t)
Joliot/La Documentation française: 356 (r)
José, Nicolas/SIPA Press: 267 (c), 270 (b)
Kotoh/Leo de Wys Inc.: 435 (t)
Krist, Bob/CORBIS: 198-99
Larson, June: iv (t), 59 (l)
Larvor, Gilles/Vu/La Documentation française: 269
Last, Victor: 296 (b)
Le Bacquer/La Documentation française: 102
Leo deWys Inc.: 137, 173 (b), 276 (t)
Lessing, Eric/Art Resource: 355 (l), 356 (l), 361 (t), 362 (t), 363
Lido/SIPA Press: 376
Lisle, Chris/CORBIS: 408 (b)
Long, Lew/CORBIS: 468
Lowry, W./Visual Contact: 163
Manning, Lawrence/CORBIS: 405
Mayer, Joel: 387, 388 (b), 392, 394 (b), 398
Minamikawa/SIPA Press: 83 (c)
Ministère de l'Intérieur/SIRP/La Documentation française: 82 (t), 83 (b), 98 (l)
Moctar/SIPA Press: 109 (c), 134 (#4), 308 (b)
Moen, Diana: 338
Nana Productions/SIPA Press: 111, 142
Nebinger/Nivière/SIPA Press: 134 (Modèle)
NECO/SIPA Press: 267 (r)
Nice Matin/SIPA Press: x (b), 267 (l)
Office de Tourisme de Saint-Martin: 204 (t, b), 206 (b), 207 (t, b), 209 (t), 212, 242 (r)
Office des congrès et du tourisme du grand Montréal: 29 (C.), 37, 39
Ollivain, P./SNCF/CAV/La Documentation française: 227 (b)
O'Neill/Megapress: 31 (t)
Peterson, Mark/CORIBS: 221 (b)
Petrocik, Joe/Clement-Petrocik Co.: 209 (b)
Philiptchenko/Megapress: 227 (t)
Premier Ministre—Service photographique/La Documentation française: 361 (b)
Preston, Neal/CORBIS: 109 (t), 116 (b), 134 (#1)
Prezant, Steve/CORBIS: 46
Prouser, Fred/SIPA Press: 109 (b)
Psihoyos, Louie/CORBIS: 390 (C.)
Quittemelle/Megapress: 33, 134 (#5)
Retro/SIPA Press: 248 (t)
Retro/Stumpf/SIPA Press: 227 (t)
Reuters/CORBIS: 105
Rudling/SIPA Press: 236
Saunders, Richard/Leo de Wys Inc.: 410 (b)
Savage, Chuck/CORBIS: 152-53
Scala/Art Resource: xii (b), 337 (tl), 362 (b)
Schaub, George/Leo de Wys Inc.: 457 (b)
Shurgot, Sylvie: 461, 462 (all), 463 (all)
Simson, David: vi (t), vii (b), xiv (b), 10 (t), 12 (b), 13 (b), 17 (t, b), 19 (t, b), 21, 36, 38 (t), 41, 45 (t), 54 (t), 56-57, 60, 61, 63 (b), 64, 66, 74 (b), 75, 77 (tl, tr, bl, br), 78 (t, b), 79, 80 (t), 81 (br), 85, 87 (b), 89, 93, 98 (r), 99, 101 (b), 104, 116 (t), 117 (bl), 127, 131 (t), 139 (t, b), 141, 147, 150, 155 (b), 156, 159, 160, 161 (t), 168, 172, 174 (t), 178, 179, 180 (t, b), 183 (b), 185, 190, 194 (t), 196, 200, 211 (t, b), 229, 232, 235, 246, 251 (tl), 252 (r), 260, 263 (b), 268, 273, 275 (b), 282, 285, 286, 292, 293 (b), 294, 295 (b), 297 (t), 299, 300, 301 (t), 302, 303, 305, 306 (tl, tr, cl, cr, b), 307, 308 (cr), 309, 311, 312, 313 (l), 314 (b), 316 (t, 318), 320, 321, 330, 334, 352 (b), 368, 382, 395 (b), 406 (b), 407 (t), 413, 415, 416, 424, 430, 435 (b), 436 (t, b), 437, 438, 440, 443, 444, 447, 449, 452 (t), 469, 470
SIPA Press: 108 (l), 134 (#7)
Skelley, Ariel/CORBIS: 29 (D.)
St. Jacques, Pierre/Commission Canadienne du

Tourisme: 31 (b), 32 (t), 40 (b), 54 (b)
Stephan, Claude/MAE/La Documentation française: 252 (l)
Sternberg, Will: 10 (c), 22, 43, 120 (b), 133 (b), 136, 181, 191 (l), 194 (b), 261, 295 (t), 439
Stoecklein, David/CORBIS: 30
Swiss Tourist Office: 28 (t), 29 (A.)
Taylor, Mine: 80 (b)
Tellus Vision AB: 381, 411
Tessier/Megapress: v (t)
Teubner, Christian: 91 (#4: crème caramel)
Thierry, Daniel/La Documentation française: 452 (b), 456
Torrecilla/EFE/SIPA Press: 271
Tremsal, J. M.: 394 (t), 406 (t)
Turnley, P./CORBIS: 272
Turnley, Peter/CRDP Paris/La Documentation française: 8 (b)
Vaillancourt, Sarah: 128, 157, 158, 293 (t), 450 (t)
Valentine, Denis Anthony/CORBIS: 201 (l)
Vignal, B./SNCF/CAV/La Documentation française: 233
Welsch, Ulrike: 7 (b), 8 (t), 13 (t), 50 (t), 53 (t), 344, 421
Wheeler, Nik/CORBIS: 408 (t)
Zumstein, Mickaël/L'Œil Public/La Documentation française: 113 (b)

**Additional Credits**

Bromhead, Alison and Pat MacLagan, *In France*, EMC Publishing (photo): 347 (t)
European Commission (illustrations): 82, 97
Galeries Lafayette (diagram): 317
Greater Quebec Area Tourism and Convention Bureau (brochure): 33
Ionesco, Eugène, *La cantatrice chauve*, Éditions Gallimard, Paris (play): 237-40
*L'Officiel des Spectacles*, March 19-25, 1997 (film summary): 129
*L'Officiel des Spectacles*, September 17-23, 1997 (advertisement): 127
*L'Officiel des Spectacles*, September 17-23, 1997 (film summaries): 126-27
*L'Officiel des Spectacles*, September 17-23, 1997 (theater listings): 128-29
*L'Officiel des Spectacles*, September 17-23, 1997 (TV page): 114
LeForestier, Catherine and Maxime, "Comme un Arbre," Éditions Coïncidences, 1973 (song): 280-81
Malle, Louis, *Au revoir, les enfants*, Éditions Gallimard, Paris (screenplay): 143-44
Médecins Sans Frontières (article): 272
Médecins Sans Frontières (photos): 266 (tl, tr)
Miramax Zoë (movie postcard): 105
Office de tourisme d'Avignon (monument and museum guide): 453
Oyônô-Mbia, Guillaume, *Trois Prétendants, Un Mari*, Éditions CLE, Yaoundé, Cameroon: 418-20
*Pariscope*, July 28-August 3, 2004 (cover): 125
Prévert, Jacques, "Déjeuner du matin" in *Paroles*, Éditions Gallimard, Paris (poem): 94-95
Prévert, Jacques, "Le Cancre" in *Paroles*, Éditions Gallimard, Paris (poem): 96
RATP ("Carte Orange"): 66
RATP (R.E.R. map): 65
Rochefort, Christiane, *Les petits enfants du siècle* in *Easy Readers* series (a B-Level Book), EMC/Paradigm Publishing (novel): 324-25
Sempé, Jean-Jacques and René Goscinny, "La plage, c'est chouette" in *Les vacances du petit Nicolas*, Éditions Denoël, Paris (story): 47-48
VIA (timetable): 228

We have attempted to locate owners of copyright materials used in this book. If an error or omission has occurred, EMC/Paradigm Publishing will acknowledge the contribution in subsequent printings.